PSK

| 일반채용 | 경력채용 | 경찰간부시험 | 승진 |

The New
경찰 +plus
행정법

서울고시각

**Stand by
Strategy
Satisfaction**

새로운 출제경향에 맞춘 수험서의 완벽서

머리말

쉽고, 빠르고, 명확한 PSK The New 경찰행정법 plus로 합격한다.
(부제) 'Simple, Quick, Clear' The New 경찰행정법 plus

수험생을 위한 교재, 수험생을 위한 마음이 담긴 대한민국 최고의 전문(professional) 경찰행정법 교재입니다. 변화되는 경찰학 과목에서 경찰행정법 영역은 수험생에 가장 큰 학습목표가 되고 있습니다. 이에 새로운 관점에서 쉽고(Simple), 빠르고(Quick), 명확한 (Clear) 학습교재의 필요성은 절실해졌습니다. 합격노트로 요약정리하고 The New 경찰행정법 plus 교재로 준비하시면 경찰학을 아무 걱정 없이 고득점으로 확신할 수 있습니다.

본서의 방향
1. 최대한 적은시간을 투자하고 한권으로 고득점이 가능한 가장 완벽한 경찰행정법 교재입니다.
2. 경찰행정법, 이것만 준비하고 공부하여도 합격할 수 있다는 자신감이 교재의 최고목표 입니다.
3. 언제, 어디서나(ubiquitous) 이 한권의 교재로 경찰행정법을 편하고 즐겁게 공부하세요.

본서의 특징
1. 단원별 핵심지문에서 시험과 직결되는 문제 지문을 함께 정리하여 빠른 점수 향상에 도움이 되도록 하였습니다.
2. 합격노트와 잘 활용하여 본인만의 독특한 단권화 노트를 완성해 갈 수 있습니다.

늘 부족하지만 저를 아껴주는 여러분의 넘치는 사랑과 관심 속에 'PSK The New 경찰행정법 plus'를 발간하게 되었습니다. 본 교재를 발간하는데 많은 도움을 주신 (주)서울고시각 관계자분들께 감사를 드리며 지난 시간 학원에서 강의하고 있을 때 행복하다는 것을 많이 느꼈습니다. 대한민국 경찰수험생 모두에게 진심으로 감사에 말씀드립니다. 수험생 모두에 합격을 기원하겠습니다. 힘내시고 건강하게 파이팅 하세요!!

한큐에 끝내는 상규 경찰학
박 상 규

차 례

PART 01 경찰행정법 서론

Chapter 01 행정개념 / 3
제1절 | 행정의 의의 ··· 3
제2절 | 통치행위 ·· 5
제3절 | 행정의 분류 ·· 10

Chapter 02 경찰행정법 / 11
제1절 | 경찰행정법의 의의 ·· 11
제2절 | 행정의 법률적합성 원칙(법치행정의 원리) ················· 12
제3절 | 행정법의 법원 ·· 16
제4절 | 행정법의 일반원칙(조리) ··· 22
제5절 | 행정법의 효력 ·· 34

Chapter 03 행정상 법률관계 / 38
제1절 | 행정상 법률관계의 종류 ·· 38
제2절 | 공법관계와 사법관계의 구별 ····································· 41
제3절 | 행정법관계의 당사자(권리·의무의 주체) ···················· 43
제4절 | 행정법 관계의 내용(권리) ··· 46
제5절 | 무하자재량행사청구권 ·· 50
제6절 | 행정개입청구권 ·· 52
제7절 | 특별권력관계(특별행정법관계, 특별신분관계) ············ 54

Contents

PART 02 경찰작용법

Chapter 01 행정행위 / 63
제1절 | 행정행위의 의의 및 개념요소 ········ 63
제2절 | 행정행위의 종류 ········ 64

Chapter 02 경찰작용 / 73
제1절 | 서설 ········ 73
제2절 | 명령적 행위 ········ 77
제3절 | 경찰상 의무이행 확보수단 ········ 96
제4절 | 기타 ········ 110
제5절 | 경찰작용의 근거와 한계 ········ 112

PART 03 경찰구제법

Chapter 01 경찰구제법 / 125
제1절 | 구제제도 유형 ········ 125
제2절 | 개별적인 구제제도 ········ 126
제3절 | 행정심판 ········ 135
제4절 | 행정소송 ········ 139
제5절 | 행정절차 ········ 145
제6절 | 청원 ········ 147
제7절 | 옴부즈만 제도 ········ 149

차 례

부록 **관계법령**

1. 행정기본법 ··· 155
2. 행정절차법 ··· 163
3. 행정조사기본법 ·· 177
4. 행정대집행법 ·· 183
5. 행정심판법 ··· 184
6. 행정소송법 ··· 198
7. 국가배상법 ··· 204
8. 질서위반행위규제법 ··································· 207
9. 청원법 ·· 215
10. 개인정보 보호법 ······································ 219

# PART 01

경찰행정법 서론

01 행정개념
02 경찰행정법
03 행정상 법률관계

CHAPTER 01 행정개념

제1절 행정의 의의

1 행정개념의 성립

행정의 개념은 권력분립의 원칙과 법치주의를 전제로 성립되었다.

> **핵심지문**
> ① 권력분립은 학문상·실정법상 개념이다. ✕
> ⇨ 역사적 경험적 개념이다.
> ② 행정의 개념은 반드시 국민주권국가에만 있는 개념이다. ○
> ⇨ 절대군주시대에는 행정개념이 없다.
> ③ 행정의 개념은 삼권분립제도를 채용한 근대헌법 아래서 비로소 정립된다. ○

(1) 행정개념의 역사성
 ① 행정은 입법·사법과 함께 국가작용의 한 부분으로 성립·발전된 관념이다.
 ② 연혁적으로 절대군주의 통치권 가운데 입법권과 분화·독립되고 난 나머지의 국가기능이 행정으로 파악된다. 따라서 행정관념은 권력분립을 전제로 하여 성립되는 관념이다.

(2) 권력분립
 권력의 상호견제를 통하여, 국민의 기본권을 보장하려는 제도적 장치이다.

2 형식적 의미의 행정(누가 하는가)

(1) '국가기관'을 기준으로 하여 각 국가기관의 제도상의 권한배분에 따라 파악한다.
(2) 실정법에 의해 행정부의 권한으로 되어있는 작용(=행정부가 행하면)을 의미한다.

3 실질적 의미의 행정(무얼 하는가)

(1) 의의
 '국가작용'을 기준으로(행정의 성질에 따라 정립)하여 이론적으로 구성한다.

4 실질적 의미의 행정과 형식적 의미의 행정

구분		실질적 의미		
		입법(법 제정·개정)	사법(법 판단·선언)	행정(법 집행)
형식적 의미	입법	① 법률의 제정 ② 국회규칙의 제정	국회의원의 자격심사·징계	① 국회사무총장의 직원임명 ② 국회예산의 집행
	사법	대법원규칙의 제정	법원의 재판	① 법원행정처장의 직원임명 ② 일반법관의 임명 ③ 가족관계등록사무, 등기사무 ④ 법원예산의 집행 ⑤ 법원에서의 집행문 발부
	행정	① 대통령의 긴급명령·긴급재정·경제명령 ② 대통령령·총리령·부령의 제정 ③ 행정규칙의 제정 ④ 조례·규칙의 제정 중점 명령이나 규칙이라는 용어는 실질적 입법에 해당	① 대통령의 사면·복권 ② 행정심판위원회의 재결 ③ 토지수용위원회의 이의재결 ④ 징계위원회의 징계의결 ⑤ 소청심사위원회의 결정 ⑥ 국가배상심의회의 배상결정 ⑦ 귀속재산소청심의회의 판정(결정) ⑧ 통고처분 중점 위원회나 재결이라는 용어에 실질적 사법이 많다.	① 각종 허가(영업허가, 공물의 사용허가)·인가·특허·면허 ② 각종 처분(징계처분, 조세부과처분·체납처분) ③ 취소·철회(운전면허취소, 영업허가취소) ④ 각종 증명서의 발급 ⑤ 공무원 임명 ⑥ 대법원장·대법관의 임명 ⑦ 예산편성·집행 ⑧ 병력의 취득·관리 ⑨ 집회금지 통고

5 행정의 개념적 징표

E. Forsthoff교수의 "행정은 정의할 수 없고, 묘사할 수밖에 없다."는 행정의 개념징표설은 행정의 개념징표로 ① 공익실현을 목적으로 하는 점, ② 사회형성을 담당하는 점, ③ 행정주체의 작용인 점, ④ 적극적·미래지향적인 점, ⑤ 광범한 활동자유를 가지는 점, ⑥ 다양한 법형식에 의하여 행하여지는 점, ⑦ 구체적 사안에 대한 규율을 행하는 점을 들고 있다.

제2절 통치행위

1 의의

(1) 개념
① 고도의 정치성을 가진 국가행위(실체법적 개념)로서, 그에 대한 법적 판단이 가능함에도 불구하고 재판통제에서 제외(소송법적 개념)되는 행위를 말한다(대상적격-×, 처분성-× → 각하).
② 협의의 행정 + 통치행위 = 광의의 행정(O. Mayer) → 입법·사법과 함께 통치행위는 협의의 행정에서 제외된다.
③ 제4의 국가작용 : 입법도 사법도 행정도 아닌 고도의 정치적 의미를 지닌 제4의 국가작용이다.

> **핵심지문**
> ① 통치행위는 입법·사법·행정 이외의 제4의 국가작용이라고도 한다(오토마이어). ○
> ② 프랑스(독일-×) 최고행정재판소인 꽁세유데타의 판례를 통해 성립·발전하였다(실정법적 개념-×). ○
> ⇨ 통치행위는 이론상 도출된 개념으로 사법부자제설, 권력분립설이 이에 해당한다.
> ③ 통치행위에도 정치적 측면뿐만 아니라 법률적 측면도 있다. ○
> ④ 통치행위 주체는 대통령이나 국회의원 등 국가최고기관의 행위에서 인정된다. ○
> ⑤ 통치행위를 인정한다는 것은 법치주의에 대한 제약이 된다. ○

(2) 통치행위의 전제조건
통치행위의 전제조건에는 법치주의의 확립, 행정소송의 개괄주의, 국가배상책임의 인정이 있다.

> **핵심지문**
> ① 통치행위라는 개념이 생성되기 위해서는 법치주의와 행정소송에 있어서의 개괄주의가 확립되어야 한다. ○
> ② 한나라의 권력구조가 대통령제이든 내각책임제이든 모두 통치행위가 문제가 되고 있다. ○
> ③ 법치주의·행정에 대한 재판통제의 확립, 행정상 국가배상의 인정 등을 전제로 할 때 문제된다. ○
> ④ 통치행위의 논의의 실익은 행정소송사항에 대한 열기주의를 취하는 경우보다 개괄주의를 채택하는 경우에 더 나타난다. ○

2 범위(통치행위로 보는 것)

(1) 통치행위 관련 내용정리

의의		고도의 정치성으로 인해 사법심사가 제한되는 행위
행위주체		사법부만 불가, 행정부는 물론, 국회도 가능
판단주체		사법부만 가능
인정여부	학설	부정설/긍정설(通, 判) - 권력분립설, 사법자제설
	대법	통치행위면 사법자제 but 그것이 범죄행위 등에 해당하는지는 심사가능
	헌재	통치행위면 사법자제 but 그것이 기본권 침해에 직접 관련되면 심사가능
	이해	통치행위 개념 인정 but 당해 사법작용의 본연의 기능과 직접 관련될 경우 심사가능

> **핵심지문**
>
> ① 통치행위인지의 여부는 대법원뿐만 아니라 각급 법원에서도 판단이 가능하다. O
>   ⇨ 통치행위 여부의 판단은 오로지 사법부만에 의해 이루어져야 한다(대판 2003도7878).
> ② 국회의원의 자격심사·징계·제명처분에 대해서는 제소할 수 없다는 명문규정이 있다(헌법적 근거 제64조 제4항). O ⇨ 사법심사 대상-×
> ③ 국회의 법률제정 절차 ⇨ 이론상 통치행위 긍정 O
> ④ 대통령의 계엄의 선포, 긴급명령, 긴급재정경제명령 등 긴급권 행사는 통치행위에 해당한다. O
> ⑤ 우리나라 판례는 통치행위의 개념을 인정하고 있으며, 통치행위도 국민의 기본권적 가치를 실현하기 위한 수단이라는 한계를 반드시 지켜야 하는 것이고 국민의 기본권침해와 직접 관련되는 경우에는 당연히 심판의 대상이 된다고 본다. O
> ⑥ 대통령의 사면권 행사는 통치행위에 해당하며, 사법심사의 대상이 되지 않는다는 점에서 사법심사의 한계문제인 재량행위와 구별된다. O

3 통치행위 관련 판례

대법원 입장		① 사법부 내재적 한계설(권력분립설) 또는 사법자제설의 입장 ② 대통령의 서훈취소 : 통치행위(×) 사법심사 대상 (○)(예 서훈취소) ③ 긴급조치 : 통치행위(×) 사법심사 대상(○)
	가분 이론	④ 남북정상회담 : 사법심사 대상(×), / 대북송금행위 : 사법심사 대상(○) ⑤ (비상)계엄 선포행위의 당·부당 : 통치행위(○) 사법심사 대상 (×), / 계엄의 국헌문란 목적의 범죄행위 해당 여부 : 사법심사 대상 (○)
헌법재판소 입장		① 통치행위이면 사법자제 but 그것이 기본권 침해에 직접 관련되면 심사가능 ② 신행정수도건설·수도이전 그 자체 : 통치행위(×) 사법심사 대상(○) ↔ 국민투표에 붙일지 여부에 대한 대통령의 결정은 통치행위(○)이지만, 국민의 기본권 침해와 관련된 경우이므로 사법심사 대상(○)이다. ③ 긴급재정·경제명령(금융실명제 사건) : 통치행위(○) 이지만 기본권 침해와 직접 관련되어 사법심사 대상 (○) ④ 이라크 해외파병결정 : 통치행위(○) 사법심사 대상 (×) ⑤ 특별사면 : 통치행위(○) 사법심사 대상 (×) ⑥ 한미연합 군사훈련 : 통치행위(×) 사법심사 대상(○)

4 사법심사의 대상 여부에 관한 판례

사법심사 가능	대법원	① 남북정상회담 중 대북송금행위(대판 2003도7878) ② 서훈취소(대판 2012두26920) ③ 지방의회의원의 징계(대판 93누7341) ④ 비상계엄의 선포나 확대가 국헌문란의 목적을 달성하기 위해 행해진 경우(대판 96도3376) ⑤ 유신헌법에 근거한 대통령의 긴급조치(대판 2010도5986)
	헌재	⑥ 신행정수도건설·수도이전 문제를 국민투표에 부칠지 여부에 관한 대통령의 결정이 국민의 기본권침해와 직접관련되는 경우(헌재 2004헌마554) ⑦ 2007년 한미 전시증원연습결정(헌재 2007헌마369) ⑧ 긴급명령, 긴급재정경제명령발동이 국민의 기본권 침해와 직접 관련 있는 경우(헌재 93헌마186)
사법심사 불가	대법원	① 남북정상회담의 개최(대판 2003도7878) ② 군사시설보호구역의 설정·변경·해제 ③ 영전수여 ④ 법률안 거부권의 행사 ⑤ 국무총리·국무위원의 해임건의 ⑥ 국회의원의 자격심사·징계·제명 ⑦ 선전포고·강화 ⑧ 국가의 승인 ⑨ 외교대사의 신임·접수·파견
	헌재	⑩ 대통령의 사면결정(헌재 97헌바74) ⑪ 자이툰부대의 이라크 파병결정(헌재 2003헌마814) ⑫ 대통령의 지자체장 선거일공고 부작위(헌재 92헌마126)

대법원 판례

① 1964년 한일국교정상화 반대를 위한 6·3사태 시 비상계엄 선포 → 우리 대법원은 1964년 6.3비상계엄선포를 계기로 통치행위 관념을 인정하였다. O
② 1979년 10·26사태수습을 위한 비상계엄선포 → 우리 대법원은 통치행위 관념을 인정하였다. O
③ 군사지역 설정 일반행정 처분과 다른 정치적인 통치행위의 일종이다. O
④ 전두환 등의 12·12사태 군사 반란 = 통치행위 아니다. = 처벌가능 → 통치행위의 판단은 법원이 한다. ≠ 검찰 ≠ 헌재만 ≠ 대법원만 X
⑤ 대법원은 최근 남북정상회담개최와 그 과정상에서 북한 측에 사업권의 대가 명목으로 이루어진 대북송금행위가 모두 사법심사의 대상이 된다고 판단하였다. X
　⇨ 대법원은 최근 남북정상회담개최는 사법심사의 대상이 되지 않는다고 보았으나 그 과정상에 북한 측에 사업권의 대가 명목으로 이루어진 대북송금행위는 사법심사의 대상이 된다고 하였다. / 통치행위의 개념을 인정한다고 하더라도 과도한 사법심사의 자제가 기본권을 보장하고 법치주의 이념을 구현하여야 할 법원의 책무를 태만히 하거나 포기하는 것이 되지 않도록 그 인정을 지극히 신중하게 하여야 하며, 그 판단은 오로지 사법부만에 의하여 이루어져야 한다((대판 2003도7878, 가분이론, 대북송금사건).
⑥ 대법원은 대통령의 계엄선포의 당·부당을 판단할 권한은 국회만이 가지고 있다고 한다. 그러나 그 선포가 당연무효인 경우에는 법원이 심사할 수 있다. O
⑦ 대통령의 사면권행사는 통치행위로서 사법심사의 대상이 되지 않는다(서울행정법원 99구24405). O
⑧ 대통령의 서훈취소는 통치행위가 아니고, 처분이므로 취소소송의 대상이 된다(대판 2012두26920[독립유공자 서훈취소 처분의 취소]).
⑨ 통치행위란 정치적 성격이 강하기 때문에 법에 의해 규율되거나 사법심사의 대상이 되는 것이 적당하지 않은 행위를 말한다(비상계엄의 선포(대판 64초4 제1부 재정), 국민투표의 실시, 법률의 공포, 외교적 권한의 행사, 국제조약의 체결절차, 남북정상회담의 개최, 이라크파병결정, 사면 등 국가원수로서의 행위 등).

판례지문 헌법재판소 판례

① 통치행위의 사법심사와 관련하여 헌법재판소는 긴급재정경제명령이 국가긴급권의 일종으로서 고도의 정치적 결단에 의한 행위라 할지라도 국민의 기본권 침해와 관련되는 경우에는 심판대상이 된다고 하였다(헌재 93헌마186). ○
② '자치단체장 선거일불공고 위헌확인사건'에 대하여 소의 이익이 없다고 각하 결정하였다. 이는 통치행위성을 인정하여 각하한 것이 아니고 통치행위성 판단을 거부한 것이다(헌재, 92헌마126). ○
③ 국군(자이툰부대)을 이라크에 파견하기로 한 결정의 위헌확인 사건에서 대통령이 국군을 외국(이라크)에 파병하기로 한 결정이 성격상 국방 및 외교에 관련된 고도의 정치적 결단을 요하는 문제로서, 헌법과 법률이 정한 절차를 지켜 이루어진 것임이 명백하므로, 대통령과 국회의 판단은 존중되어야 하고 헌법재판소가 사법적 기준만으로 이를 심판하는 것은 자제되어야 한다는 이유로 각하의 결정을 선고하였다(헌재 2003헌마814). ○
④ 신행정수도건설이나 수도이전의 문제가 정치적 성격을 가지고 있는 것은 인정할 수 있지만, 그 자체로 고도의 정치적 결단을 요하여 사법심사의 대상으로 하기에는 부적절한 문제라고까지는 할 수 없다. 하지만 국민투표에 붙일지 여부에 관한 대통령의 의사결정이 사법심사의 대상이 될 경우 위 의사결정은 고도의 정치적 결단을 요하는 문제여서 사법심사를 자제함이 바람직하다고는 할 수 있고, 이에 따라 그 의사결정에 관련된 흠을 들어 위헌성이 주장되는 법률에 대한 사법심사 또한 자제함이 바람직하다고는 할 수 있다. 다만, 대통령의 위 의사결정이 국민의 기본권침해와 직접 관련되는 경우에는 헌법재판소의 심판대상이 될 수 있고, 이에 따라 위 의사결정과 관련된 법률도 헌법재판소의 심판대상이 될 수 있다(2004헌마554). ○

사례별 정리

분류		사례
통치행위(○)	사법심사(×)	이라크파병, 사면
통치행위(×)	사법심사(○)	한미연합훈련, 서훈취소, 신행정수도 이전 그 자체
통치행위(○)	사법심사(○)	긴급재정경제명령, 신행정수도 이전을 국민투표에 부칠지

제3절 | 행정의 분류

행정의 분류	구체적 분류
행정주체에 따른 분류	직접국가행정, 간접국가행정, 위임행정
목적에 따른 분류	질서행정, 급부행정, 유도행정, 공과행정, 조달행정, 계획행정
법적 효과에 따른 분류	침해(침익·부담)행정, 수익행정, 복효적 행정
수단에 따른 분류	권력적 행정, 관리(비권력)적 행정, 국고행정
법적 형식에 따른 분류	공법상의 행정, 사법상의 행정
법적 기속력에 따른 분류	기속적 행정, 재량적 행정

CHAPTER 02 경찰행정법

제1절 | 경찰행정법의 의의

1 행정법의 의의

대륙법계	① 공법, 사법 구별강조, 별도행정재판소 설치 ② 프랑스가 행정법의 시초 : 행정법원 출범(conseil d'Etat : 꽁세유 데따, 국참사원)
영미법계	① 공·사법의 구별을 구별하지 않음 ② 오늘날에는 행정법의 특수성 인정 ③ 2차대전 이후 행정법 발달, 행정법은 보통법의 특별법적 성격
우리나라	① 대륙법계 영향으로 공·사법 구별 ② 통상의 사법법원이 행정사건 관할 : 영·미법계 유사

2 행정법의 개념과 특수성

개념	행정에 관한 국내 공법이다. 따라서 헌법·입법법·사법법과 구별된다. 국고작용은 제외된다.
형식상의 특수성	① 성문성 : 예측가능성, 법적안정성 ② 형식의 다양성 : 법률, 법규명령, 조례, 행정규칙 등
성질상 특수성	① 획일·강행성 : 국가목적 실현위해 ② 기술성 : 대립·갈등 조정목적, ③ 단속규정성 : 행정상 강행법규를 위반한 경우 위반에 대한 제재
내용상 특수성	① 행정주체 우월성 : 행정실효성 확보 ② 공익우선성 : 합리적 비교형량 전제 ③ 평등서 : 많은 사람을 규율 대상으로 하기에 강하게 작용

3 행정법의 지도원리

(1) **헌법의 구체화법** : 행정법은 헌법의 구체화법(프리츠 베르너, F.Werner)
(2) **행정법의 지도원리**

민주국가의 원리		국민주권주의와 자유민주주의는 모든 국가기관과 국민이 존중할 최고의 가치규범이다 (헌재 88헌가6).
법치국가의 원리 (법치주의)	의의	① 법치주의는 법치행정의 원리로 구현 ② 법치행정의 목적 : 예견가능성 보장
	실질적 법치주의	① 종래 형식적 법치주의 : 오늘날 실질적 법치주의 전환 ② 법치주의 : 국가권력제한 & 국가권력구성원리
	내용	파생원칙 : 소급입법금지 원칙, 신뢰보호의 원칙, 명확성의 원칙, 자기책임의 원리, 죄형법정주의, 체계정당성의 원리, 적법절차의 원칙 등

제2절 행정의 법률적합성 원칙(법치행정의 원리)

1 서설

(1) 법치주의는 행정에서 법치행정의 원리로 구현된다. 특정인의 자의적인 지배가 아닌 법의 지배를 의미하며, 국가권력은 의회가 제정하는 법률에 의하여 발동되고 이에 대한 사법심사가 보장되어야 함을 의미한다.
(2) **법치행정의 목적** : 행정의 자의를 방지하고 행정의 예측가능성을 보장하기 위한이다.
(3) **법치행정의 원리** : 법률의 법규창조력·법률우위의 원칙·법률유보의 원칙이다.

> **핵심지문**
> ① 법치국가원리는 사람에 의한 지배를 배제하고 국민의 권리를 지키기 위하여 법에 의한 지배를 내용으로 하는 원리이다. ○
> ② 법치행정의 원리는 민주주의의 원리와 일정한 관계가 있다. ○
> ③ 현재는 비권력적 행정의 증대로 인하여 이에 대한 법적 통제가 주된 관심사항이 되고 있다. ○
> ④ 법치국가원리에 있어 법은 적극적으로는 국가권력발동의 근거로서의 기능을 소극적으로는 국가권력을 제한·통제하는 기능을 수행한다. ○

2 독일의 법치주의

(1) 법치주의의 내용(O. Mayer)

① 법률의 법규창조력 : 의회가 정립하는 형식적 법률만이 국민의 권리·의무에 영향을 줄 수 있다는 것이다.
② 법률우위의 원칙 : 행정의 모든 행위는 법률에 위반되어서는 안 된다. → 행정의 모든 영역에서 적용된다.
③ 법률유보의 원칙 : 행정권의 행위는 법률의 근거(수권)가 있어야 한다. '법률에 의한 규율'만을 뜻하는 것이 아니라 '법률에 근거한 규율'을 요청하는 것이므로 기본권 제한의 형식이 반드시 법률의 형식일 필요는 없고 법률에 근거를 두면서 위임의 구체성과 명확성을 구비 하면 된다.

[법률우위와 법률유보의 관계]

구분	법률우위	법률유보
법치주의 관점	소극적 의미	적극적 의미
적용 범위	모든 범위	범위에 대한 견해 대립
법률의 개념	성문법, 불문법(관습법, 조리)	성문의 법규에 한정(불문법 제외)
법률의 존재 여부	법률의 존재시 문제	법률의 부존재시 문제

> **핵심지문**
>
> ① 오토 마이어는 법률에 의한 행정의 원리로서 법률의 법규창조력·법률우위의 원칙 및 법률유보의 원칙을 주장하였다. ○
> ② 법률우위원칙은 법률이 있는 경우에 문제되는 것인 데 대하여, 법률유보원칙은 법률이 없는 경우에 문제되는 것이다. ○
> ③ 법률유보의 '법률'에는 국회에 의해 제정된 형식적 의미 법률뿐만 아니라, 명령이나 불문법원인 관습법도 포함된다. ✕
> ⇨ 불문법인 관습법은 법률유보의 법률에 포함되지 않는다.
> ④ 법률우위는 행정의 모든 영역에 적용되는 데 대하여, 법률유보는 일정한 영역에서만 적용된다. ○
> ⑤ 법률의 법규창조력에서의 법률은 원칙적으로 의회제정의 형식적 의미의 법률을 의미한다. ○
> ⑥ 법률의 우위의 원칙은 법률의 법규창조력의 적극적 표현이며, 법률유보의 원칙은 소극적 표현에 해당한다. ✕
> ⇨ 법률의 우위의 원칙은 법률의 법규창조력의 소극적 표현이며, 법률유보의 원칙은 적극적 표현에 해당한다.
> ⑦ 법률우위의 원칙은 일정한 행정작용에 적용되나 법률유보의 원칙은 모든 행정작용에 적용된다. ✕

⇨ 법률의 유보원칙은 일정한 행정작용에 적용되나 법률우위의 원칙은 모든 행정작용에 적용된다.
⑧ 행정청이 행정을 행한 이후 행정처분이 위법한 경우에 그것을 취소할 수 있는 근거가 되는 것은 법률우위의 원칙 때문이다. O
⑨ 법률유보의 원칙은 행정권의 발동에 있어서 조직규범의 근거가 필요하다는 것을 말한다. X
⇨ 법률유보의 원칙은 행정권의 발동에 있어서 작용규범의 근거가 필요하다는 것을 말한다.

(2) 형식적 법치주의와 실질적 법치주의

구분	형식적 법치주의	실질적 법치주의
법률의 법규창조력	독립명령	독립명령의 제한 및 통제
위임입법	광범한 위임입법	위임입법의 한계 설정
행정부의 재량	자유재량행위이론	자유재량의 범위축소 및 통제
법률유보	침해유보설	급부행정유보설・중요사항유보설・전부유보설
법률우위	• 합법성(형식)만 중시 • 정당성(내용)은 무시	• 합법성 + 정당성(내용)도 중시 • 합헌적 법률의 우위
국가배상책임	불인정	인정
행정소송	열기주의	개괄주의
관할	행정재판소에 의한 재판	행정재판소의 사법재판소화
행정통제	미흡	행정과정의 절차적 통제
의미	법에 의한 지배(Rule By Law)	법의 지배(Rule Of Law)

핵심지문

① 형식적 법치주의에서는 독립명령권・긴급명령권・포괄적 위임입법이 이루어졌다. O
② 형식적 법치주의에서는 합헌적 법률우위의 원칙을 내용으로 한다. X
⇨ 실질적 법치주의에서 합헌적 법률우위를 원칙으로 한다.
③ 형식적 법치주의에서는 법치주의의 적용배제영역을 제한적으로 파악하였다. X
⇨ 형식적 법치주의에서는 법치주의의 적용배제영역을 포괄적으로 파악하였다(포괄적 위임입법의 인정, 침해유보설).
④ 실질적 법치주의하에서의 위임명령은 법률에서 그 내용 범위・목적을 구체적으로 정하여 위임한 사항에 대하여서만 제정할 수 있도록 하고 있다. O
⑤ 법치주의란 말은 영미의 '법의 지배'와 독일의 '법치국가'에 연원을 둔 용어이며, 통상적으로 이 양자의 어느 하나에 한정하지 않고 포괄적인 의미로 쓰인다. O

3 영미의 법의 지배(Dicey) - '영국에는 행정법이 없다.'

(1) 법의 절대적 우위

행정권의 재량이 축소된다. 법치주의 또는 법치국가는 독일의 용어인데 비해서 영국에서는 법의 지배(Rule Of Law)라고 한다. 이렇게 영국의 '법의 지배는 처음부터 실질적 법치주의에 부합하는 방향으로 발달하였다.

(2) 법 앞의 평등

누구든지 보통법재판소에서 평등하게 재판을 받을 권리가 있다.

(3) 헌법은 보통법 판례의 산물

성문법 외에 불문법이 가미된다.

4 실질적 법치주의

(1) 법률 창조력 원칙의 관철

오늘날 독립명령은 존재하지 아니하고, 긴급명령은 헌법에 의하여 그 발령요건이 엄격히 규정되어 있으며 예외적으로만 인정되고 있다. 또한 위임명령도 일반적으로 법률에서 그 내용·범위·목적을 구체적으로 정하여 위임한 사항에 대하여서만 제정할 수 있도록 하고 있다.

(2) 합헌적 법률의 우위

법률의 합헌성심사제도를 도입하여 합헌적 법률의 우위를 보장하고 있다. 우리나라에서는 법률의 내용에 대한 헌법의 제약은 위헌법률심사권에 의하여 담보되고 있다(헌법 제107조 제1항).

(3) 법률유보 원칙의 적용범위 확대

행정권의 발동은 법률의 근거(수권)가 있어야 하며, 법률의 근거 없이는 행정권이 발동될 수 없다는 원칙으로서 적극적 의미로서의 행정의 법률적합성을 의미한다.

[법률유보의 원칙에 관한 학설]

학설	배경 및 내용	비판	유보범위
침해유보설	• 배경 : 자유주의, 입헌군주제 • 내용 : 국민의 자유와 재산을 침해(규제)하는 침해행정작용에만 법률의 근거를 요한다는 견해	① 입헌군주제의 유물 ② 행정작용의 중점이 소극적인 침해행정에서 적극적인 급부행정으로 옮겨지게 된 오늘날의 복지국가에서는 그 기반을 상실	(국민권리침해·의무부과하는) 침해행정만
신침해유보설	침해행정 이외에 특별권력관계에서도 구성원의 자유와 권리를 침해하기 위해서는 법률의 근거를 요한다는 견해	다른 학설과는 달리 법률의 범위를 형식적 법률에 한정하지 않고 조직법이나 예산을 포함시키고 있어 학설 이해에 혼란을 초래할 여지가 있음	침해행정+특별권력관계+급부행정(조직법·예산유보)

권력행정유보설	침해행정이나 수익행정이거나를 막론하고 모든 권력행정은 법률의 근거를 요한다는 견해	법률유보의 범위를 침해유보설보다 다소 확대하였지만 기본적으로 침해유보설의 틀을 벗어나지 못함	(국민권리·의무 관련) 모든 권력작용
급부행정유보설 (사회유보설)	• 배경 : 사회적 복리국가 • 내용 : 국민의 자유와 재산에 대한 침해행정뿐만 아니라 급부행정 전반에도 법률의 근거가 있어야 한다는 견해	① 급부행정의 범위 애매 ② 급부행정 영역에서도 법률의 유보가 있어야 한다면 법률의 수권이 없는 경우에 행정기관은 국민에게 급부를 행할 수 없게 되어 오히려 부당	모든 권력작용 + 모든 급부행정 (공정성요구)
전부유보설	• 배경 : 국민주권주의와 의회민주주의 • 내용 : 모든 행정작용에 법률의 근거가 필요하다고 보는 견해	① 행정필요에 응하여 행정권이 즉각적으로 개입하여야 한다는 행정의 현실 및 탄력성의 요청이라는 측면에서 볼 때 타당성이 없음 ② 의회만이 민주적 정당성을 갖는다고 보는 것은 타당하지 않음	국가 모든 행정작용 (비판 : 행정의 소멸)
중요사항유보설 (본질성설)	법률유보의 범위와 강도는 해당 행정 분야의 내용·기능, 국민의 법적지위나 이익과의 관계 등을 고려하여 개별적·단계적으로 판단하여야 한다는 견해	본질적인 것과 비본질적인 것의 구별기준이 매우 모호하여 법률유보의 범위를 판단하는 구체적 기준이 되지 못함	중요·본질적 사항 의회가 심의·의결

> **핵심지문**
>
> 행정지도는 일반적으로 법률유보의 적용을 받지 않는다. O

제3절 행정법의 법원

(1) 개 념

경찰법에는 어떠한 것이 있는가? 경찰행정법의 법원이란 경찰행정(조직과 작용)에 관한 법이 어떻게 성립하고 어떠한 형식으로 존재하는가와 같은 법의 존재형식을 말한다. 경찰행정법의 법원에는 일정한 형식을 갖춘 성문법원과 일정한 형식을 갖추고 있지 않은 불문법원이 있다.

(2) 성문법원의 원칙

성문법원이 원칙인데, 그 이유는 국민에게 예측가능성을 보장하고 경찰권 발동에 민주적 정당성을 요하는 법치주의 원칙 때문이다.

1 성문법원(원칙)

(1) 헌 법
① 헌법은 국가의 기본적인 통치구조를 정한 기본법으로서, 헌법전 중에서 행정의 조직이나 작용의 기본원칙을 정한 부분은 그 범위 내에서 경찰행정법의 법원이 된다.
② 예를 들어 행정조직법정주의를 정한 헌법 제96조나, 국가안전보장·질서유지 또는 공공복리를 위한 국민의 자유와 권리제한의 법정주의를 정한 헌법 제37조 제2항은 경찰행정법의 법원이 된다.

(2) 법 률
① 국민의 권리와 의무에 관계되는 국가의 일체의 법규는 국회가 제정하는 법률에 의하여 정해진다.
② 경찰권의 발동도 법률에 근거하여야 하므로, 법률의 수권없이 경찰관청은 국민에 대하여 명령·강제할 수 없는 것이다.
③ 법률은 경찰행정상의 법률관계에 있어 가장 중심적인 법원이며, 경찰의 조직이나 작용에 관한 기본적 사항은 모두 법률에 의하여 정해진다.

(3) 조약·국제법규
① 헌법에 의하여 체결·공포된 조약과 일반적으로 승인된 국제법규는 국내법과 같은 효력을 가진다(헌법 제6조).
② 일반적으로 승인된 국제법규에는 성문의 국제법규, 국제사회에서 일반적으로 승인된 (다자간)국제조약, 국제관습법을 포함한다.
③ 조약과 국제법규의 내용이 우리의 경찰활동에 관하여 구체적인 규정을 포함하고 있다면 별도의 국내법 제정절차 없이도 경찰활동을 위한 법원이 된다.
   예) 주한미군지위협정, 외교특권과 관련한 비엔나 조약 등

   핵심지문
   ① 지자제 생산 농산물에 대한 학교급식 재료구입비 지원조례 : GATT의 내국민대우원칙에 위반돼 무효이다. ○ ⇨ 조약이나 국제법규에 반하는 조례는 무효이다(상위법 우선의 원칙).(대판 2004추10, 2004추72, 급식조례 무효사건)
   ② 남북기본합의서는 조약에 해당하지 않아 국내법과 동일한 효력을 갖지 않는다. ○ (대판 98두14525)

(4) 법규명령
① 개념 : 국회가 제정하는 법형식을 법률이라고 부르는 데 대하여, 행정부가 정립하는 법형식을 총칭해서 명령이라고 부른다. 이러한 명령은 경찰행정법의 법원의 한 분야이기는 하나, 입법권이 국회에 속해 있는 헌법하에서, 행정기관이 법률의 규정을 떠나 독자적으로 입법작용을 할 수는 없다.

② 행정입법 : 행정입법(명령)은 법규성의 유무에 따라 크게 법규명령과 행정규칙(행정명령)으로 구분된다. 법규명령은 법규성을 가지는 규범으로서 외부관계를 규율하는 명령이고, 행정규칙은 법규성을 가지지 않는 규범으로서 내부관계를 규율하는 명령이다.

[행정입법체계]

행정입법	법규명령	위임명령 : 새로운 입법사항 규정 가능	외부	법규성 있음.
		집행명령 : 새로운 입법사항 규정 불가		
	행정명령(행정규칙)	훈령, 지시, 예규, 일일명령	내부	법규성 없음.
	자치법규(자치입법)	조례(지방의회), 규칙(지방자치단체장)	지역	법규성 있음.

③ 행정입법의 필요성(순기능)
　첫째, 전문적·기술적인 입법사항의 증대, 행정환경변화에 적응하는 입법의 필요
　둘째, 행정요원의 전문적 지식 및 경험의 활용, 국회의 부담경감
④ 법규명령 종류
　㉠ 내용에 따른 분류

위임명령	① 법률 또는 상위명령에 의해 개별적·구체적으로 위임된 사항에 관하여 발하는 명령이다. 예 대통령령, 시행령 ② 국민의 권리·의무에 관한 새로운 입법사항 규정이 가능하다.	상위법의 근거 (구체적 수권 필요)
집행명령	① 법률 또는 상위명령의 규정의 범위 안에서 그 집행에 관한 세부적 사항을 정하는 명령이다. 예 총리령, 부령, 시행규칙 ② 집행명령은 상위법령의 집행시 필요한 절차나 형식을 정하는데 그쳐야 하며, 국민의 권리·의무에 관한 새로운 입법사항을 정하여서는 안 된다.	상위법의 근거 (구체적 수권 불요)

　㉡ 법형식에 따른 분류

대통령령	대통령이 법률에서 구체적으로 범위를 정하여 위임받은 사항이나 법률을 시행하기 위하여 필요한 사항에 관하여 발하는 법규명령이다. 예 위임명령, 시행령
총리령 ·부령	ⓐ 국무총리 또는 행정 각부의 장이 법률이나 대통령령의 위임 또는 직권으로 발하는 법규명령이다. ⓑ 총리령과 부령의 효력은 동등하다고 본다(다수설). 예 집행명령, 시행규칙

(주의 위임명령은 법규명령이고, 집행명령은 행정규칙이다. − ×)

Tips 경찰청장은 훈령과 예규를 발할 수 있을 뿐, 법규명령은 발하지 못한다.

⑤ 법규명령의 한계

위임의 범위	구체적으로 범위를 정하여 위임받은 사항만을 위임할 수 있고(헌법 제75조), 법률에 의한 포괄적·일반적 수권은 허용되지 않는다(포괄적위임입법금지).
의회의 전속적 입법사항	원칙적으로 행정입법으로 위임될 수 없다.
재위임	① 법률로써 명시적 규정이 없다 하더라도 하위명령에 위임할 수 있으나 수임권한을 전부 다시 위임하는 것은 실질적으로 수권법의 내용을 바꾸는 것으로서 허용되지 않는다(전부 재위임 금지). ② 원칙적으로 권한의 위임에 대한 재위임은 법적 근거를 요하지만, 위임명령의 경우에는 법적 근거가 없더라도 재위임이 가능하다.
처벌규정의 위임	법률이 구성요건부분에 있어서 처벌대상행위의 구체적인 기준을 정하고, 형벌의 종류와 상한과 폭을 정하여 위임하는 것은 허용된다. (Tips 벌칙위임 가능)

⑥ 법령의 공포와 효력 및 시행

헌법 (제53조)	① 국회에서 의결된 법률안은 정부에 이송되어 15일 이내에 대통령이 공포한다(헌법 제53조 제1항). ② 법률안에 이의가 있을 때에는 대통령은 제1항의 기간(15일)내에 이의서를 붙여 국회로 환부하고, 그 재의를 요구할 수 있다. 국회의 폐회 중에도 또한 같다. ③ 대통령은 법률안의 일부에 대하여 또는 법률안을 수정하여 재의를 요구할 수 없다. ④ 재의의 요구가 있을 때에는 국회는 재의에 붙이고, 재적의원 과반수의 출석과 출석의원 3분의 2 이상의 찬성으로 전과 같은 의결을 하면 그 법률안은 법률로서 확정된다. ⑤ 대통령이 제1항의 기간 내에 공포나 재의의 요구를 하지 아니한 때에도 그 법률안은 법률로서 확정된다. ⑥ 대통령은 제4항과 제5항의 규정에 의하여 확정된 법률을 지체없이 공포하여야 한다. 제5항에 의하여 법률이 확정된 후 또는 제4항에 의한 확정법률이 정부에 이송된 후 5일 이내에 대통령이 공포하지 아니할 때에는 국회의장이 이를 공포한다. ⑦ 법률은 특별한 규정이 없는 한 공포한 날로부터 20일을 경과함으로써 효력을 발생한다. (주의 공포즉시 효력발생-×)
법령 등 공포에 관한 법률	제11조(공포 및 공고의 절차) ① 헌법개정·법률·조약·대통령령·총리령 및 부령의 공포와 헌법개정안·예산 및 예산 외 국고부담계약의 공고는 관보에 게재함으로써 한다. ② 「국회법」제98조 제3항 전단에 따라 하는 국회의장의 법률 공포는 서울특별시에서 발행되는 둘 이상의 일간신문에 게재함으로써 한다. ③ 제1항에 따른 관보는 종이로 발행되는 관보(이하 "종이관보"라 한다)와 전자적인 형태로 발행되는 관보(이하 "전자관보"라 한다)로 운영한다. ④ 관보의 내용 해석 및 적용 시기 등에 대하여 종이관보와 전자관보는 동일한 효력을 가진다. 제12조(공포일·공고일) 제11조의 법령 등의 공포일 또는 공고일은 해당 법령 등을 게재한 관보 또는 신문이 발행된 날로 한다. 제13조(시행일) 대통령령, 총리령 및 부령은 특별한 규정이 없으면 공포한 날부터 20일이 경과함으로써 효력을 발생한다. 제13조의2(법령의 시행유예기간) 국민의 권리 제한 또는 의무 부과와 직접 관련되는 법률, 대통령령, 총리령 및 부령은 긴급히 시행하여야 할 특별한 사유가 있는 경우를 제외하고는 공포일부터 적어도 30일이 경과한 날부터 시행되도록 하여야 한다.

(5) 조례와 규칙(자치법규)
① 개 념

조 례	① 지방자치단체는 법령의 범위에서 그 사무에 관하여 조례를 제정할 수 있다. 다만, 주민의 권리 제한 또는 의무 부과에 관한 사항이나 벌칙을 정할 때에는 법률의 위임이 있어야 한다. ② 법령에서 조례로 정하도록 위임한 사항은 그 법령의 하위 법령에서 그 위임의 내용과 범위를 제한하거나 직접 규정할 수 없다.(지방자치법 제28조)
규 칙	지방자치단체의 장은 법령 또는 조례의 범위에서 그 권한에 속하는 사무에 관하여 규칙을 제정할 수 있다(지방자치법 제29조).

② 범 위
  ㉠ 조례로써 주민의 권리제한 또는 의무부과에 관한 사항이나 벌칙을 정할 때에는 법률의 위임이 있어야 한다(지방자치법 제28조).
  ㉡ 지방자치단체는 조례를 위반한 행위에 대하여 조례로써 1천만원 이하의 과태료를 정할 수 있다(지방자치법 제34조).
  ㉢ 조례가 규칙보다 상위규범에 해당한다(지방자치법 제29조).
③ 향후 전망 : 전면적으로 자치경찰제도가 시행된다면, 경찰활동의 법원으로서 중요하게 여겨질 것이다.

2 불문법원

경찰행정상의 법률관계는 주로 성문법규로서 규율되지만, 때로는 성문법규의 공백을 메우거나 또는 의문점을 보충해석하기 위하여 불문법원이 이용되기도 한다.

(1) 관습법
① 관습법이란 사람과 사람 사이에 다년에 걸쳐 행해진 관습이 법적 확신을 얻어 법적 규율로서 여겨지는 것을 말한다(계속적 관행 + 법적확신(주관적 의사) / 국가승인 不要).
② 행정선례법과 같이 경찰의 취급이 수년간에 걸쳐 관행화하여 그것이 국민 사이에 법으로 믿어지기에 이른 것이 존재하는 경우에는 경찰도 이에 구속된다.
③ 경찰행정상의 법률관계에서는 민사상의 법률관계와 비교하여 관습법이 성립할 여지는 많지 않다.
④ 관습법은 제정법에 대해 열후적·보충적 성격을 갖는다(대판 80다3231).
⑤ 종 류

행정선례법	① 행정청의 반복적 관행이 법적 확신을 얻게 되어 형성된 관습법 ② 명문근거 있음(행정절차법, 국세기본법), 판례도 인정 예 비과세 관행(대판 2008두18250), 비과세 관행에 대한 의사(확신)는 묵시적으로도 가능
민중적 관습법	① 공법관계에서 일정한 관행이 오랫동안 계속됨으로써 성립하게 된 관습법 ② 명문근거 있음(수산업법상 입어권 / 관행어업권), 판례도 인정(용수권 등) 예 수산업법상 '입어의 관행'은 민중관습법에 해당(대판 93다45701)

(2) 판례법
   ① 판례법이란 행정소송에 관한 법원의 심리과정에 행정법규의 내용이 구체화되어 다른 행정사건의 해결기준으로서 작용하는 것을 말한다.
   ② 선례(판례)구속의 원칙이 적용되는 영미법계의 경우 당연히 판례의 법원성을 긍정하나, 대륙법계 국가는 성문법주의로서 판례의 법원성을 부정하고 있다.
   ③ 우리나라의 경우 대륙법계에 속하며(판례의 법원성×) 법률상으로 상급법원의 판결은 당해 사건에 한하여 하급심을 기속한다(심급제의 결과). 하지만 대법원판결이 갖는 사실상 구속력, 판례변경의 곤란성 등에 비추어 볼 때 판례의 법원성이 어느 정도 보장되어 있다고 볼 수 있다. 따라서 대법원 판례의 법원성에 대하여 법적 규정은 없으나(법상 개별사건에만 적용), 하급법원을 사실상 구속한다는 점과 행정권이 대법원 판례를 위반하기 어렵다는 점에서 사실상의 구속력을 인정하는 견해가 유력하다.
   ④ 헌법재판소의 위헌 결정은 법원으로서의 성격을 가진다. 법률의 위헌결정은 법원과 그 밖의 국가기관 및 지방자치단체를 기속하고, 헌법소원의 인용결정은 모든 국가기관과 지방자치단체를 기속하기 때문이다(헌법재판소법 제47조, 75조).
   ⑤ 경찰행정법 관계에서는 법규에 불비·결함·모순 등이 발견되므로 법해석상 의문점이 생기는 것이 많다. ㉠ 무효와 취소의 구별, ㉡ 재량권 행사의 한계, ㉢ 총기사용의 한계에 대해서는 판례법이 성립할 수 있으나, ㉣ 소송의 제기기간과 같이 성문법에 명문화되어 있는 사항에 대해서는 판례법이 성립하기 곤란하다.

   > **핵심지문**
   > ① 대법원 판례는 다른 사건에 대한 직접적 기속력은 없다 O ⇨ 당해 사건에 한하여 하급심 기속한다(대판 96다31307)
   > ② 헌법재판소 위헌결정은 법원으로서 성질이 인정된다. O ⇨ 다만, 헌법재판소 법률해석은 대법원·각급법원에 대한 구속력이 없다(대판 2004두10289, 2006다66272).
   > ③ 관습헌법 존재 인정, 관습헌법 개정 위해서는 헌법개정의 절차를 거쳐야 한다(서울이 수도, 헌법개정 없이 수도이전은 위험이다. 헌재 2004헌마554).

(3) 조 리
   ① 법령상 명시되어 있지는 않으나, 일반적으로 정의에 합치되는 보편적 원리로서 인정되고 있는 제 원칙을 '조리' 또는 법의 일반원칙(사물의 본질적 법칙, 행정법의 일반원칙)이라고 한다.
   ② 성문법과 관습법 등 불문법이 모두 없는 경우에 조리는(주의 조례는-×) 최후의 보충적 법원이라고 할 수 있다.
   ③ 조리에는 신의성실의 원칙, 평등의 원칙, 신뢰보호의 원칙, 부당결부금지의 원칙, 비례의 원칙, 자기구속의 법리, 권한남용의 금지 등이 있다.

④ 조리는 불문법원으로서 사인간의 법률관계뿐만 아니라, 행정상의 법률관계도 구속한다. 따라서 경찰관청의 행위가 형식상 적법하다고 하더라도, 이러한 법의 일반원칙(조리)에 위반할 경우에는 위법이 될 수 있다(법률우위의 원칙 적용).
⑤ 오늘날 법의 일반원칙(조리)은 성문화되어 가는 추세에 있다.

> 예 • 행정기본법, 경찰관직무집행법상의 비례의 원칙(제1조 제2항)
> • 행정절차법상의 신의성실의 원칙 및 신뢰보호의 원칙(제4조) 등
>
> 주의 현행법상 법의 일반원칙이 성문화된 사례는 찾아볼 수 없다. - ×

> 핵심지문
>
> 신뢰의 원칙, 죄형법정주의는 법의 일반원칙(조리)에 해당하지 않는다.

제4절 행정법의 일반원칙(조리)

행정법의 일반원칙은 조리로 표현되기도 하며 이는 행정법상 불문법원이므로 성문화될 필요가 없으나, 행정기본법 등 실정법에서 성문화된 경우가 있다.

> 핵심지문
>
> ① 행정법의 일반원칙의 기능에는 ⅰ) 행정법규 해석의 준거, ⅱ) 재량권의 한계설정, ⅲ) 행정법의 법원, ⅲ) 법률로부터 자유로운 행정에 있어서의 행정권의 한계설정이 있다. ○
> ② 조리는 행정법 분야에 있어서 입법의 불비, 법의 흠결이 있는 경우 법원으로 기능할 수 있다. ○
> ③ 행정법의 일반원칙은 다른 법원(法源)과의 관계에서 보충적 역할에 그치지 않으며 헌법적 효력을 갖고 한다. ○

1 비례의 원칙(과잉금지의 원칙)

(1) 의의

행정주체가 구체적인 목적의 실현을 함에 있어서 그 목적과 수단 사이에 합리적인 비례관계 유지되어야 한다는 것이다.

> 핵심지문
>
> ① 비례의 원칙은 독일에서 경찰법상의 판례법으로 형성되어 급부행정 등 모든 영역으로 확장되었다. ○

② 비례원칙이란 행정청이 행정작용을 통해 달성하려는 목적과 그 목적달성을 위해 행정청이 선택한 구체적 수단 간에 합리적 비례관계가 존재하여야 한다는 것을 의미한다. O
③ 행정작용에 대한 비례원칙은 일반적으로 헌법적 원칙으로 이해되고 있다. O
④ 비례의 원칙은 행정법의 법원으로서 성문법적 내용으로 분류되고 있다. X
⇨ 행정법의 법원으로서 불문법적 내용으로 분류되고 있다.

(2) 근거
헌법 제37조 제2항, 경찰관직무집행법 제2조 제1항, 행정기본법 제10조

(3) 내용
비례의 원칙에는 ① 행정이 추구하는 공익목적의 달성에 법적으로나 사실상으로나 적합하고 유용한 수단을 선택하여야 하며, ② 여러 적합한 수단 중에서도 공익상의 필요에 따른 최소한의 침해를 가져오는 수단을 선택하여야 하고, ③ 그 침해 정도는 공익상 필요의 정도와 상당한 비례관계가 유지되어야 한다는 것이다. 이는 단계구조를 이룬다.

> **핵심지문**
> 비례원칙의 내용으로 적합성, 필요성, 상당성의 원칙이 있으며, 특히 기본권 제한의 경우에도 밀접하게 관련이 있으며, 그 적용방법은 단계구조를 이루므로 적합성, 필요성, 상당성의 원칙이 순차적으로 적용된다. O

① 적합성 : 수단과 방법이 목적에 적합하여야 한다.

> **핵심지문**
> 적합성은 가장 적합한 수단일 것을 요구하는 것은 아니며, 목적달성에 기여할 수 있으면 충분하다. O

② 필요성 : 적법수단 중에서 필요한 수단일 것(최소침해의 원칙)이 요구된다.

> **핵심지문**
> ① 행정처분에 대해 다른 대체수단(주인이 폐업하겠다)이 있는 경우에 행정권 발동(3개월 영업정지)은 위법이다. 이를 대체수단의 제공이론이라 한다. O
> ② 음식점 영업허가의 신청이 있는 경우 부관으로서 부담을 붙이게 되면 공익목적을 달성할 수 있음에도 거부하는 경우는 필요성의 원칙 위반이다. O

③ 상당성(협의의 비례원칙) : 필요하고 적합한 수단을 통해 달성하려는 공익과 침해되는 사익 사이에 적절하고 균형이 이루어져야 한다.

> **핵심지문**
>
> ① "참새를 잡기 위해서 대포를 쓰지 말라."는 법언은 상당성의 원칙과 관련된다. O
> ② 벌점제 누적으로 인한 운전면허 취소는 생업에 막대한 지장을 초래하므로 비례원칙 위반이다. O
> ③ 공무원의 단 한차례 요정 출입시 파면처분은 비례원칙 위반이다. O
> ④ 행정권 행사에 의해 침해되는 사익뿐만 아니라 침해되는 공익도 이익형량에서 고려되어야 한다. O
> ⑤ 재량행위에서 이익형량이 다소 균형을 잃은 경우에는 위법은 아니며 부당에 그친다고 보아야 한다. O
> ⑥ 비례의 원칙 내지 과잉금지의 원칙은 i) 적합성의 원칙, ii) 필요성의 원칙(최소침해의 원칙), iii) 상당성의 원칙(협의의 비례원칙)으로 구성되어 있다. O
> ⑦ 비례원칙의 내용 중 상당성원칙을 흔히 협의의 비례원칙이라 한다. O
> ⑧ 건물개수명령으로도 목적을 달성할 수 있음에도 건물철거명령을 하였다면 이는 비례의 원칙 중 필요성(최소침해의 원칙)에 위배된다. O
> ⑨ 비례원칙에 반하는 행정작용은 위헌·위법이 된다. O
> ⑩ 비례의 원칙은 경찰행정에서 특히 중요한 의미를 갖는다. O
> ⑪ 비례원칙이 적용되는 것은 침해행정영역이고, 급부행정영역의 경우에는 이 원칙이 적용되지 않는다. X
>   ⇨ 비례원칙이 적용되는 것은 침해행정영역뿐만 아니라 급부행정영역의 경우에도 이 원칙이 적용된다.
> ⑫ 공용수용에 있어 사업을 위하여 필요한 최소한도를 초과한 부분에 대한 수용행위는 위법하다 할 것이다. O
> ⑬ 우리 판례는 행정규제의 상대방에게 침해되는 기본권을 보호할 수 있는 다른 대체수단이 존재하고 있을 때에는 비례의 원칙을 충족하는 것으로 본다. X
>   ⇨ 우리 판례는 행정규제의 상대방에게 침해되는 기본권을 보호할 수 있는 다른 대체수단이 존재하고 있을 때에는 비례의 원칙 중 최소침해의 원칙 위반으로 본다.

(4) 적용범위

행정법의 모든 영역에 적용된다.

> **핵심지문**
>
> 비례의 원칙은 재량권의 한계, 취소·철회의 제한, 행정계획의 통제원리, 사정판결, 급부행정의 한계, 규제적 행정지도, 경찰권발동의 한계, 행정행위의 부관의 한계, 대집행의 여부 등과는 밀접하게 관련이 있으나, 공법상의 확약과는 관련이 없다. O

(5) 위반의 효과
위법성이 인정되어 행정쟁송·손해배상청구·결과제거청구소송이 가능하다.

> 📰 **판례지문**
>
> ① 주유소영업의 양도인이 등유가 섞인 휘발유를 판매한 바를 모르고 이를 양수한 석유판매업자에게 '전(前)운영자의 위법사유'를 들어 사업정지기간 중 최장기간인 6월의 사업정지에 처한 처분은 비례의 원칙을 위반한 위법한 처분이라는 것이 판례이다. O
> ② 판례에 의하면, 공용수용은 원칙적으로 사업을 위하여 필요한 최소한도에 그쳐야 하므로, 그 한도를 넘는 부분은 수용대상이 아니므로 그 부분에 대한 수용은 위법하다고 본다. O
> ③ 변호사가 아닌 사람의 법률사무취급을 포괄적으로 금지하고 있는 조항에 대해 헌법재판소는 국민의 직업선택의 자유에 대한 최소한의 제한으로 과잉금지의 원칙에 위배되지 않는다고 판시하였다. O
> ④ 헌법재판소는 변호사법 제10조 제2항의 개업지 제한규정은 직업선택의 자유를 제한하는 것으로서 평등의 원칙, 비례의 원칙 등에 위반되어 위헌이라고 판시한 바 있다. O
> ⑤ 과징금의 액수가 법정상한비율을 초과하지 않는다고 하더라도 취득한 이익의 규모를 크게 초과하여 그 매출액에 육박한다면, 불법적인 경제적 이익의 박탈이라는 과징금 부과의 기본적 성격과 이익을 취득한 행위의 위법성의 정도에 비추어 볼 때 그 과징금 부과처분은 비례의 원칙에 위배된 재량권의 일탈·남용에 해당한다. O
> ⑥ 공무원이 근무시간 중 약 10분간 외출하여 다방에서 친구를 면담한 후 귀청한 것이 국무총리훈령에 위반된다 할지라도 위와 같은 다방출입이 징계의 종류 중 파면에 상당한 것이라고는 볼 수 없다. O

2 신뢰보호의 원칙

이론적 근거	① 종래 신의칙설(미망인 사건계기), ② 법적 안정성설(통설) 등이 대립
실정법적 근거	국세기본법 제18조 제3항, 행정절차법 제4조 제2항, 행정기본법 제12조 행정심판법 제27조 제5항
요건	① 행정기관의 선행조치(공적인 견해표명), ② 보호가치 있는 신뢰(개인에게 귀책사유가 없을 것), ③ 관계자의 신뢰에 기인한 처리행위, ④ 선행조치와 처리행위의 인과관계, ⑤ 선행조치에 반하는 행정작용과 개인의 손해 / 공익·제3자 정당한 이익을 현저히 해할 우려가 있는 경우가 아닐 것(소극적 요건)
적용영역	수익적 행정행위의 취소·철회, 계획보장청구권, 확약, 실권

(1) 의의
행정기관의 어떤 결정의 정당성 또는 존속성에 대한 국민의 보호가치 있는 신뢰는 보호되어야 한다는 원칙으로 독일의 학설·판례로 발전되었다. 이는 영미법상의 금반언의 원칙과 대체로 동일하다.

> 핵심지문
>
> 신뢰보호의 원칙이란 행정기관의 일정한 언동의 정당성 또는 존속성에 대한 사인의 보호 가치 있는 신뢰는 보호해 주어야 한다는 원칙을 말한다. ○

(2) 근거
① 이론적 근거 : 헌법상 법치국가원리인 법적 안정성(대판 2003두12899)
② 실정법적 근거 : 국세기본법 제18조 제3항, 행정절차법 제4조 제2항, 행정기본법 제12조, 행정심판법 제18조 제5항

> 핵심지문
>
> ① 신뢰보호의 원칙은 독일에서 경찰법상의 판례법으로 형성되었던 것이다. ✕
>   ⇨ 신뢰보호의 원칙은 독일에서 미망인사건(급부행정)을 계기로 형성되었고 경찰법상의 판례법으로 형성된 것은 비례의 원칙이다.
> ② 신뢰보호의 원칙은 대륙법계의 관념이지만 영미법계의 보통법상 금반언의 법리와 같은 이념을 가지고 있다. ○
> ③ 민법상 신의칙원칙에서 나왔다는 것이 통설·판례이다. ✕
>   ⇨ 민법상 신의칙원칙에서 나왔다는 것이 종래 미망인사건이고 오늘날 통설·판례는 법적안정성설이다.

(3) 신뢰보호의 요건

> 핵심지문
>
> 요건으로는 행정청의 선행행위의 존재, 보호가치 있는 신뢰, 이에 근거한 상대방의 처리행위 존재, 선행행위에 위반한 행정작용의 존재이다. ○

① 선행조치 : 적극적 언동 + 소극적 언동 + 명시적 언동 + 묵시적 언동

> 핵심지문
>
> ① 운전면허 취소사유에 해당하는 음주운전을 적발한 경찰관의 소속 경찰서장이 사무착오로 위반자에게 운전면허정지처분을 한 상태에서 위반자의 주소지 관할 지방경찰청장이 위반자에게 운전면허취소처분을 한 것은 선행처분에 대한 당사자의 신뢰 및 법적 안정성을 저해하는 것으로서 허용될 수 없다. ○
> ② 보세운송면허세의 부과근거이던 지방세법 시행령이 1977.9.20.에 폐지될 때까지 4년 동안 그 면허세를 부과할 수 있는 정을 알면서도 과세관청이 수출확대라는 공익상 필요에서 한 건도 이를 부과한 일이 없었다면 납세자는 그것을 믿을 수밖에 없고 그로써 비과세의 관행이 이루어졌다고 보아도 무방하다. ○
> ③ 폐기물 처리업에 대하여 관할 관청의 사전적정통보를 받고 막대한 비용을 들여 허가요

건을 갖춘 다음 허가 신청을 하였음에도 청소업자의 난립으로 효율적인 청소업무의 수행에 지장이 있다는 이유로 한 불허가처분은 적법하다. ✗
⇨ 신뢰보호의 원칙에 위반하여 위법하다. 판례는 신뢰보호원칙에 위반한 행위의 효력을 취소사유로 보고 있다.

④ 공적인 견해표명(처분청+공무원)은 행정조직의 형식적 권한분쟁에 구애될 것이 아니라 담당자의 조직상의 지위와 임무·당해 언동을 하게 된 구체적인 경위 및 그에 대한 납세자의 신뢰가능성에 비추어 실질적으로 판단하여야 한다. O
⑤ 부작위(풍산금속법인세부과사건) : 묵시적인 의사표시가 있었다고 하기 위해서는 단순한 부작위와는 달리 일정한 의사표시를 한 것으로 볼 수 있는 사정이 있어야 한다. O
⑥ 면허세부과처분사건에서 선행조치가 존재하는 경우에 그것은 적극적·소극적 언동이 포함되어 부작위도 포함된다고 하였다. O
⑦ 허위신고에 의한 LPG충전소 건축허가 취소는 상대방이 위법성을 알았을 경우 또는 중대한 과실로 알지 못한 경우에 해당하여 보호가치 없는 신뢰에 해당한다. O
⑧ 선행조치란 반드시 명시적·적극적 언동에 국한하지 않고 국민이 신뢰를 가질 만한 일정한 조치를 취하는 것을 말한다. O
⑨ 대법원은 선행조치로서 공적인 견해표명에 대해서 명시적 또는 묵시적인 경우도 인정하고 있으나 묵시적 견해표시가 있다고 하기 위해서는 단순한 부작위와는 달리 일정한 의사표시를 한 것으로 볼 수 있는 사정이 있어야 한다고 판시하였다. O
⑩ 상대방의 추상적인 질의에 대한 국세청의 일반론적인 회신도 공적인 견해를 명시적으로 표명한 것으로 신뢰보호원칙의 적용이 있다는 것이 판례의 입장이다. ✗
⇨ 상대방의 추상적인 질의에 대한 국세청의 일반론적인 회신은 공적인 견해를 명시적으로 표명한 것이 아니어서 신뢰보호원칙의 적용이 없다는 것이 판례의 입장이다.

② 보호가치가 있는 신뢰
관계인의 귀책사유가 없을 것, 귀책사유 유무는 상대방만이 아닌 관계자 모두를 기준으로 판단한다.

핵심지문

① 신뢰한 데에 개인에게 귀책사유가 없어야 한다. O
② 행정청의 견해표명이 정당하다고 신뢰한 데에 대하여 그 개인에게 귀책사유가 없어야 하는데 여기서 귀책사유라 함은 행정청의 견해표명의 하자가 상대방 등 관계자의 사실은폐나 기타 사위의 방법에 의한 신청행위 등 부정행위에 기인한 것을 말하고 그러한 부정행위가 없다고 하면 하자가 있음을 알았거나 중대한 과실로 알지 못한 경우 등은 포함되지 않는다. ✗
⇨ 행정청의 견해표명이 정당하다고 신뢰한 데에 대하여 그 개인에게 귀책사유가 없어야 하는데 여기서 귀책사유라 함은 행정청의 견해표명의 하자가 상대방 등 관계자

의 사실은폐나 기타 사위의 방법에 의한 신청행위 등 부정행위에 기인한 것을 말하고 그러한 부정행위가 없다고 하더라도 하자가 있음을 알았거나 중대한 과실로 알지 못한 경우 등도 포함된다.
③ 행정청의 처분행위가 아직 존재하지 않는 경우에도 기대이익이나 예상이익을 이유로 신뢰보호를 주장할 수 있다. ×
⇨ 행정청의 처분행위가 아직 존재하지 않는 경우에 기대이익이나 예상이익을 이유로 신뢰보호를 주장할 수 없다.
④ 상대방 개인뿐만 아니라 그의 대리인, 위임인 또는 보조인의 부정행위 개입, 선행조치의 위법성 인식 또는 과실이 존재하는 경우에는 보호가치가 부정된다. ○

③ 처리보호 : 신뢰보호는 처분 자체의 보호가 아닌 처분으로 인한 어떤 처리를 보호하는 것이다. 따라서 처분 후 사업 착수 전에는 허가를 취소해도 신뢰보호의 원칙은 적용이 없다.
④ 인과관계 : 선행처분과 신뢰 간에 인과관계가 있어야 한다(처분 있음을 모르는 자는 신뢰보호를 주장하지 못한다).

핵심지문

행정객체의 신뢰와 행위 사이의 인과관계는 일반 통상인을 기준으로 상당한 인과관계가 있는 경우에 인정된다. ○

⑤ 신뢰에 반하는 행정청의 조치

(4) 위반의 효과
신뢰보호원칙의 위반인 경우 구체적으로는 행정입법·공법상 계약은 무효, 행정행위의 경우 중대·명백설에 따라야 할 것이다. 판례와 다수설은 단순위법설(취소사유)을 취한다.

(5) 신뢰보호의 적용 영역
① 위법한 수익적 행정행위의 취소의 제한
② 적법한 수익적 행정행위의 철회의 제한
③ 계획(법령) 변경 : 신뢰보호에 근거한 보상 청구는 가능
④ 법령의 소급적 변경 금지
⑤ 실권(장기간 방치로 취소권 상실)
  독일은 1년 경과 시 취소권 상실로 본다는 규정이 있으나 우리는 규정이 없다. 다만 실권의 법리를 신의성실의 원칙에 바탕을 둔 파생원칙으로 인정한 판례가 있다.
⑥ 공법상 계약, 공공시설이용 보장, 행정지도, 행정상 확약

📄 **판례지문**

① 일반적으로는 소급입법이 금지되나(수익적인 경우에는 인정), 부진정소급의 경우에는 불이익의 경우에도 가능하다(헌재 96헌바94). ○
② 기간과세인 법인세에 있어 사업연도 진행 중 세법이 개정된 경우(불리하게 개정된 경우에도) 적용할 법률은 개정된 새로운 법률이다(대판 99두6767). ○
③ 법인세의 과세기간 중에 농어촌특별세법을 제정하여 법인세를 본세로 하는 농어촌특별세를 부과하기로 하면서, 그 법 시행일 이후 최초로 종료하는 사업연도의 개시일부터 적용토록 한 것은 정당하다. ○
④ 취소권을 상당기간 실행하지 않으면 실권되는 것은 신뢰보호의 원칙 때문이다. ○
⑤ 신뢰보호의 원칙에 근거하여 법률의 진정소급효가 인정되는 경우도 있다. ○
⑥ 신뢰보호원칙과 법률적합성의 원칙이 충돌 시 항상 법률적합성이 우선한다. ✕
⇨ 공익·사익 비교(이익)형량하여 결정한다.

📄 **판례지문**

① 판례에 의하면, 택시운전사가 운전면허정지기간 중의 운전행위를 하다가 적발되어 형사처벌을 받았으나 행정청으로부터 아무런 행정조치가 없어 안심하고 계속 운전업무에 종사하고 있던 중 행정청이 위 위반행위가 있은 이후에 장기간에 걸쳐 아무런 행정조치를 취하지 않은 채 방치하고 있다가 3년여가 지나서 이를 이유로 행정제재를 하면서 가장 무거운 운전면허를 취소하는 행정처분을 하였다면 이는 행정청이 그간 별다른 행정조치가 없을 것이라고 믿은 신뢰의 이익과 그 법적 안정성을 빼앗는 것이 되어 위법하다. ○ (대판 87누373)
② 수익적 행정행위의 철회는 적법하게 성립한 행정행위의 효력을 사정변경 등으로 인하여 장래에 향하여 소멸시키는 것이므로 하자있는 행정행위의 취소보다 상대방의 신뢰보호나 기득권존중이 더 엄격하게 고려되어야 한다. ○
③ 판례에 의하면, 종교법인이 도시계획구역 내 생산녹지로 답인 토지에 대하여 종교회관 건립을 이용목적으로 하는 토지거래계약의 허가를 받으면서 담당공무원이 관련 법규상 허용된다고 하여 이를 신뢰하고 건축준비를 하였으나 그 후 당해 지방자치단체장이 다른 사유를 들어 토지형질변경허가신청을 불허가한 것이 신뢰보호원칙에 반하다. ○
④ 자동차운송사업자에 대하여 교통사고가 일어난 지 1년 10개월이 지난 뒤 사고택시의 운송사업면허를 취소하는 것은 행정에 대한 국민의 신뢰를 저버리고 국민 생활의 안정을 해치는 것이어서 재량권의 범위를 일탈한 것이라고 보기는 어렵다. ○
⑤ 충전소 설치예정지로부터 100m 내에 있는 건물주의 동의를 얻지 못하였음에도 불구하고 이를 갖춘 양 허가신청을 하여 그 허가를 받아낸 경우에는 처분의 하자가 당사자의 사실은폐 내지 사위의 방법에 의한 신청행위에 기인한 것이라 할 것이어서 그 처분에 의한 이익이 위법하게 취득되었음을 알아 그 취소가능성도 능히 예상하고 있었다고 보아야 할 것이므로 수익적 행정행위인 액화석유가스충전사업허가처분의 취소에 위법이 없다. ○

⑥ 북한산 국립공원의 보호, 임상이 양호하고, 풍치·미관이 수려한 산림의 보호라고 하는 공익목적을 위하여 주택건설사업계획 사전결정을 거부할 수 있고, 당해 임야가 일반주거지역으로 지정된 바 있다 하더라도 구청장이 위와 같은 공익목적을 위하여 주택건설사업계획의 사전결정을 거부하는 것이 신뢰보호의 원칙에 어긋나거나 재량권을 남용한 것이라고 볼 수 없다. O (대판 97누11966)
⑦ 판례에 의하면 공익 또는 제3자의 정당한 이익을 해할 우려가 없어야 신뢰보호가 인정이 된다. O

3 평등의 원칙

(1) 의의
헌법 제11조, 행정기본법 제9조를 근거로 한 평등의 원칙은 행정작용에 있어 합리적인 사유없이 행정의 객체인 국민을 불공평하게 처우해서는 안된다는 것으로 행정의 자기구속의 법리의 근거가 된다.

핵심지문

① 자기구속의 법리 위반 시 행정의 재량통제를 위하여 비법규인 행정규칙(훈령)이 "평등원칙"을 매개로 법규로 전환된다. O
② 평등의 원칙은 재량준칙의 대외적 구속력과 밀접한 관련이 있으며, 평등의 원칙을 근거로 한 행정의 자기구속의 법리는 법률로부터 자유로운 행정영역과, 법률에 의해 행정재량여부가 부여된 사안에 대하여 행정의 자유를 제한함으로써 재량권 축소의 기능을 가지는 사후적 사법통제기능을 한다. O
③ 평등의 원칙은 헌법 제11조의 기본이념에서 도출되는 불문법원에 그 근거가 있다. O
④ 평등의 원칙은 법의 적용뿐만 아니라 입법작용 또한 정의와 형평에 합당하게 이루어질 것을 요구한다. O
⑤ 불법에서의 평등원칙의 적용은 인정되지 않는다. O
⑥ 어떠한 경우에도 타인보다 불리한 처분을 하여서는 안된다는 것이다. X
⇨ 그 어떠한 경우에도 타인보다 불리한 처분을 하여서는 안된다는 것이 아니고 합리적 차별은 가능하다는 실질적 평등을 의미한다.
⑦ 대법원은 유예기간 없이 개인택시운송사업면허기준을 변경하고 그에 기하여 면허신청을 거부한 처분은 신뢰보호의 원칙에는 반하지 않지만 평등의 원칙에는 반한다고 판시하였다. X
⇨ 대법원은 유예기간 없이 개인택시운송사업면허기준을 변경하고 그에 기하여 면허신청을 거부한 처분은 신뢰보호의 원칙에는 반하지 않고 평등의 원칙에도 반하지 않는다고 판시하였다.

⑧ 대법원은 동일한 징계사유(당직근무대기 중 화투놀이를 한 사실)에 대해서 3명은 견책을 하고 1명에 대해서는 파면을 한 것은 평등의 원칙에 반하는 것이라고 판시하였다. O
⑨ 행정법의 일반원칙 중 행정규칙의 법규성 인정여부와 관련하여 가장 밀접한 관계가 있는 원칙은 평등의 원칙이다. O
⑩ 재량권 행사의 기준을 정한 행정규칙인 재량준칙을 법규로 전환시켜 주는 기능을 하는 행정법의 일반원칙은 평등의 원칙이다. O
⑪ 평등의 원칙은 우리 헌법이 명문으로 규정한 원칙으로서 재량권행사의 한계원리로서 중요한 의미를 갖는다. O
⑫ 평등의 원칙은 행정의 자기구속의 법리와 밀접한 관련이 있다. O

(2) 자기구속의 원칙
① 의의
   행정권의 행사에 있어서 행정청은 상대방에 대하여 동종사안에 있어서 제3자에게 행한 결정에 구속된다.
② 기능
   ㉠ 국민의 권리보호기능
   ㉡ 행정규칙의 법규로의 전환기능 : 재량권행사의 기준을 행정규칙으로 정해놓은 경우에, 행정청은 자기가 정립한 기준에 구속을 받는다.
③ 근거 : 자기구속의 원칙은 평등의 원칙이나 신뢰보호의 원칙에 근거한다(헌재 90헌마13).
④ 요건
   ㉠ 재량영역일 것
   ㉡ 동종의 사안 · 동일한 행정청일 것
   ㉢ 행정선례가 있을 것
⑤ 한계
   ㉠ 적법한 관행에 한정, 위법한 경우 인정 될 수 없다(대판 2008두13132).
   ㉡ 처분청이 아닌 행정청에는 적용될 수 없다.
⑥ 위반의 효과 : 위헌 · 위법, 항고소송(취소쟁송)의 대상, 국가배상청구 가능하다.

핵심지문

① 자기구속의 법리는 규범력이 없는 행정규칙을 평등의 원칙을 매개로 하여 법규로 전환시키는 역할을 담당한다. O
② 자기구속의 법리를 근거로 제3자에게 행한 위법한 관행을 자기에게도 적용해 줄 것을 요구할 수 있다. X
  ⇨ 자기구속의 법리를 근거로 제3자에게 행한 위법한 관행을 자기에게도 적용해 줄 것을 요구할 수는 없다(위법의 평등을 주장할 수는 없다).
③ 자기구속의 법리는 1회 이상의 관행이 존재하지 않는 경우에도 예기관행을 근거로 적용을 주장할 수 있다.
  ⇨ 자기구속의 법리는 1회 이상의 관행이 존재할 것을 요구한다. 따라서 예기(미리 기대되거나 예상)관행을 근거로 적용을 주장할 수 없다.
④ 행정의 자기구속의 법리는 재량행위, 특히 재량준칙에만 인정된다. O

판례지문

① 행정의 자기구속의 법리는 국민의 권리보호기능, 행정규칙의 법규로 전환기능을 한다. O
② 헌법재판소는 재량준칙인 행정규칙이 그 정한 바에 따라 되풀이 시행되어 행정관행이 성립되면, 행정의 자기구속의 법리에 의거 대외적인 구속력을 가지게 된다고 한다. O
③ 행정의 자기구속의 법리는 i) 비교의 대상이 되는 1회 이상의 행정선례 또는 행정규칙이 존재하여야 하며, ii) 행정규칙이 재량영역에서 인정되는 재량준칙이어야 하며, iii) 위법의 평등적용주장은 인정되지 않으며, iv) 행정의 자기구속의 전제가 되는 선행행정관행이 존재하지 않는 행정규칙의 최초적용에는 한계가 있다. O
④ 국립대학교총장이 국가보안법위반죄로 기소유예처분을 받은 전력이 있는 당해 임용신청자를 사법대학의 전임강사로 임용하기에는 적절하지 않다고 보아 임용을 거부한 것은 위임용신청자의 여러 사정을 참작하더라도 재량권을 남용하였다고 할 수 없고, 또한 위 임용신청권자가 임용권자의 서류심사, 전공심사, 면접심사 등을 통과하였고 이 사건 처분 이후에도 잠시 시간강사를 맡았다는 등의 사정이 있다고 하더라도 위 임용거부가 신의칙에 반한다거나 자기구속의 원리에 위배된다고 할 수 없다. O

4 부당결부금지의 원칙

(1) 의의

행정청은 행정작용을 할 때 상대방에게 해당 행정작용과 실질적인 관련이 없는 의무를 부과해서는 아니 된다(행정기본법 제13조).

> **판례지문**
>
> ① 위헌인 법률에 근거하여 처분이 행하여진 경우, 이는 취소사유에 해당하며, 국세를 3회 이상 체납한 경우, 강제징수보다 더 중한 영업허가취소처분을 한 것은 비례원칙에 반하며, 부당결부에도 해당한다. O
> ② 지방자치단체장이 사업자에게 주택사업승인을 하면서 그 주택사업과는 아무런 관련이 없는 토지를 기부채납하도록 하는 부관을 주택사업계획승인에 붙인 경우 부당결부금지의 원칙에 위반하여 위법하다. 하지만 기부채납된 토지가 1/100 상당에 불과하고 이의제기를 하지 않아 부관의 하자가 중대·명백하여 당연무효라고는 볼 수 없다고 판시하였다. O
> ③ 오토바이(125cc초과)를 음주운전한 경우에 제1종 대형면허까지 취소하더라도 이는 위법한 처분이라고 볼 수 없다. X
> ⇨ 오토바이를 음주운전한 경우에 제1종 대형면허까지 취소하더라면 이는 위법한 처분이 된다.
> ④ 제1종 보통 및 대형운전면허의 소지자가 제1종 보통면허로 운전할 수 있는 차를 음주운전 하여 제1종 보통면허 및 대형면허까지 취소한 경우는 부당결부금지의 원칙에 반하는 처분이다. X
> ⇨ 제1종 보통 및 대형운전면허의 소지자가 제1종 보통면허로 운전할 수 있는 차를 음주운전하여 제1종 보통면허 및 대형면허까지 취소한 경우는 부당결부금지의 원칙에 반하지 않는다.

> **핵심지문**
>
> ① 부당결부금지의 원칙이란 행정작용을 함에 있어서 그와 실체적 관련이 없는 상대방의 반대급부를 조건으로 하여서는 안된다는 원칙을 말한다. O
> ② 인근공원에 환경미화사업을 할 것을 조건으로 호텔건축허가를 하는 경우가 부당결부금지원칙에 반하는 경우에 해당된다. O
> ③ 주택사업승인 시 그와 관련 없는 토지의 기부를 요구하였더라도 적법한 처분이다. X
> ⇨ 주택사업승인 시 그와 관련 없는 토지의 기부를 요구하였더라면 부당결부금지원칙에 위반하여 위법한 처분이다.
> ④ 국세 체납자에 대해서 관허사업을 제한하거나 법에 위반한 건축물에 대해서 전기나 수도 등을 공급하는 것을 중단하도록 하는 것을 비판하는 견해의 근거가 되는 것은 부당결부금지의 원칙이다. O
> ⑤ 건축허가를 하면서 이와 실체적 관련성이 없는 지방세 체납액을 전액 납부할 것을 조건으로 하였다면 이는 부당결부금지의 원칙에 반하는 것이다. O

5 신의성실의 원칙 (권한남용금지)

행정청은 직무를 수행함에 있어서 신의에 따라 성실히 수행하여야 한다(행정절차법 제4조 제1항, 행정기본법 제11조 제1항, 제2항, 국세기본법 제15조, 민법 제2조).

> **판례지문**
>
> ① 법치주의는 국가권력의 중립성과 공공성 및 윤리성을 확보하기 위한 것이므로, 모든 국가기관과 공무원은 헌법과 법률에 위배되는 행위를 하여서는 아니 됨은 물론 헌법과 법률에 의하여 부여된 권한을 행사할 때에도 그 권한을 남용하여서는 아니 된다(대판 2016두 47659). ○
> ② 실권의 법리는 신의성실원칙의 파생원칙이다(대판 87누915). ○ ⇨ 권한행사의 기회가 있음에도 불구하고 장기간 불행사시 권한행사 불가.
> ③ 정년을 1년 3개월 앞두고 호적상 출생연월일을 정정한 후 정년연장을 요구함은 신의성실 원칙에 위배되지 않는다(대판 2008두21300) ○ ⇨ 상대방의 신의에 반하여 권리를 행사하는 것이 정의관념에 비추어 용인될 수 없는 정도는 아니다.
> ④ 사실상의 장애사유가 있는 휴업급여 미청구에 대한 근로복지공단의 소멸시효 항변은 신의성실원칙에 위배된다(대판 2007두2173).

제5절 행정법의 효력

행정법의 효력의 문제는 행정법이 어느 범위에서 어떤 관계자를 구속하는가의 문제이다. 행정법의 주류를 이루는 성문법규는 그 효력범위에 있어서 시간적·장소적·대인적 효력의 세 가지가 있다.

> **핵심지문**
>
> 행정법령은 그 강행성 때문에 이를 일반국민에게 주지시킬 필요가 있어서 공포와 효력발생시기에 일정한 시간적·절차적 간격을 두는 것이 원칙이다. ○

1 시간적 효력

(1) 효력발생시기
  ① 법규는 공포가 효력발생요건이다.
  ② 공포 : 관보·공보·신문 등에 게재·게시하는 행위
    ㉠ 일반적 시행일 : 대통령령, 총리령 및 부령은 특별한 규정이 없으면 공포한 날부터 20일이 경과함으로써 효력을 발생한다(헌법 제53조, 법령공포법 제13조).

ⓒ 법령의 시행유예기간 : 국민의 권리 제한 또는 의무 부과와 직접 관련되는 법률, 대통령령, 총리령 및 부령은 긴급히 시행하여야 할 특별한 사유가 있는 경우를 제외하고는 공포일부터 적어도 30일이 경과한 날부터 시행되도록 하여야 한다.
ⓒ 조례와 규칙 : 조례안이 지방의회에서 의결되면 지방의회의 의장은 의결된 날부터 5일 이내에 그 지방자치단체의 장에게 이송하여야 한다. 지방자치단체의 장은 조례안을 이송받으면 20일 이내에 공포하여야 한다. 조례와 규칙은 특별한 규정이 없으면 공포한 날부터 20일이 지나면 효력을 발생한다(지방자치법 제32조).

(2) 공포ㆍ공포일
① 공포의 방법
  ㉠ 헌법개정ㆍ법률ㆍ조약ㆍ대통령령ㆍ총리령 및 부령의 공포와 헌법개정안ㆍ예산 및 예산 외 국고부담계약의 공고는 관보에 게재함으로써 한다.
  ㉡ 국회의장이 대통령의 법률안 거부권행사로 인하여 재의결된 법률을 공포할 경우에는 서울특별시에서 발행되는 둘 이상의 일간신문에 게재함으로써 한다.
  ㉢ 관보의 내용 해석 및 적용 시기 등에 대하여 종이관보와 전자관보는 동일한 효력을 가진다.
  ㉣ 조례와 규칙의 공포는 해당 지방자치단체의 공보에 게재하는 방법으로 한다. 다만, 지방의회의 의장이 조례를 공포하는 경우에는 공보나 일간신문에 게재하거나 게시판에 게시한다.
② 공포한 날 : 법령 등의 공포일 또는 공고일은 해당 법령 등을 게재한 관보 또는 신문이 발행된 날로 한다.
③ 소급입법 금지의 원칙(신뢰보호의 원칙)
  ㉠ 행위시법주의 : 경과규정 등의 특별규정 없이 법령이 변경된 경우 그 변경 전에 발생한 사항에 대하여 구법령(행위시 법령) 적용된다.
  ㉡ 소급효금지는 행정법령이 특별한 사유가 없는 한 법령시행일 이후에만 적용되고 법령시행 전의 사실에 대해서는 적용하지 못함으로써 법치행정상 요구되는 법적 안정성을 유지하는 것은 말한다

진정 소급효	① 의의 : 이미 완성된 사실에 대해 사후 불리한 입법을 통해 소급 적용 금지 ② 예외적 허용되는 경우 : 소급입법을 예상할 수 있는 경우, 심히 중대한 공익상 사유가 있는 경우, 신법이 피적용자에게 유리한 경우
부진정 소급효	① 의의 : 진행 중인 사실에 대해서는 소급입법 가능 ② 예외적 금지되는 경우 : 법령이 실현하고자 하는 공익보다 침해받는 신뢰보호 가치가 더 큰 경우 신뢰보호 위해 금지 가능

  ㉢ 헌법불합치결정과 소급적용 : 헌법재판소가 헌법불합치결정 후 그 법률조항을 개정ㆍ폐지를 입법자에게 맡긴 경우 개선입법 소급적용 여부ㆍ범위는 입법자의 재량이다(대판 2007두21563).

(3) 효력의 소멸
① 한시법의 경우 : 그 기한이 도래함으로써 당연히 효력 소멸한다.
② 그 밖의 경우 : 상위법령에 의한 명시적 폐지나 내용상 모순되는 법령이 사후에 제정된 경우에는 효력이 소멸한다.

> **핵심지문**
>
> ① 한시법인 경우 그 유효기간 내의 위법행위에 대하여는 법령의 실효 후에도 처벌할 수 있다는 것이 판례의 태도이다. ○
> ② 집행명령은 근거법령인 상위법령이 폐지되면 특별한 규정이 없는 이상 실효된다. ○
> ③ 상위법령이 개정됨에 그친 경우, 개정법령과 성질상 모순·저촉되지 아니하고 개정된 상위법령의 시행에 필요한 사항을 규정하고 있는 경우라도 그 집행명령은 효력을 상실한다. ✕
> ⇨ 상위법령이 개정됨에 그친 경우, 개정법령과 성질상 모순. 저촉되지 아니하고 개정된 상위법령의 시행에 필요한 사항을 규정하고 있는 경우라면 그 집행명령은 효력을 지속한다.

2 지역적 효력

(1) 원칙
① 헌법, 법률, 명령은 전국적 효력(휴전선 이북까지)이 있다. 다만, 특정지역 종합개발 촉진법 등 특정지역에만 효력 있는 경우도 있다. 국제법상 치외법권 지역에는 효력이 미치지 않는다.
② 자치법규는 지자체 구역 내에서만 효력이 발생한다. 단, 자치법규도 관할 구역 넘어 적용되는 경우 있다(공공시설 관리 규칙).

> **핵심지문**
>
> ① 지방자치단체가 다른 지방자치단체의 구역에 공공시설을 설치한 경우, 공공시설을 설치한 지방자치단체의 조례가 공공시설에 적용된다. ○
> ② 국회에서 제정한 법령은 전국에 효력이 미치고, 지방자치단체가 제정한 조례·규칙은 당해 자치단체의 구역 내에서만 효력이 미친다. ○

3 대인적 효력

행정법규는 속지주의를 원칙으로 하고 속인주의를 가미하고 있다.

(1) 원칙 : 속지주의

우리 영토(선박, 항공기 포함) 내의 사건은 내국인, 외국인 불문하고 적용된다.

> **핵심지문**
>
> ① 치외법권자, 미합중국 군대 구성원은 행정법의 적용이 배제·제한된다. O
> ② 행정법규는 속지주의 원칙에 따라 원칙적으로 그 영토 또는 구역 내에 있는 모든 자에 대해 적용된다. O
> ③ 국외의 국민에게는 우리나라의 행정법규가 적용되지 않는다. X
>   ⇨ 국외의 국민에게는 우리나라의 행정법규가 적용된다(속인주의).

(2) 예외 : 속인주의 : 국외에 있는 한국인에 대해서도 여권법, 병역법 등 우리 행정법규 적용된다.

CHAPTER 03 행정상 법률관계

행정상 법률관계	행정조직법적 관계	조직내부관계	조직법
	행정작용법적 관계	행정주체와 행정객체간의 관계	
	공법관계 (행정법관계)	권력관계	일반권력관계(일반행정법관계) 특별권력관계(특별행정법관계)
		관리관계	비권력행정관계 단순고권행정관계
	사법관계 (넓은 의미의 국고관계)	좁은 의미의 국고관계	조달작용, 영리작용
		행정사법관계	

제1절 | 행정상 법률관계의 종류

1 행정조직법 관계

국가 對 공공단체, 행정관청 상호간, 공공단체 상호간 등의 대내적 관계로 권리·의무의 발생은 없다(협의의 행정상 법률관계에서는 제외됨).

2 행정작용법 관계 (대외적 관계 : 협의의 행정상 법률관계) = 공법관계 + 사법관계

① 공법관계
  ㉠ 권력관계(본래적 공법관계)
    ⓐ 분쟁 발생시 행정쟁송의 대상이 된다. 공법규정이 흠결이 있는 경우 사법규정의 유추적용이 가능하다.
    ⓑ 공정성, 확정성, 자력강제성이 발생한다.

> **핵심지문**
> ① i) 행정행위, ii) 행정벌·행정상 강제집행, iii) 공권을 위임받은 사인의 행위, iv) 특별권력관계는 권력관계에 해당한다. ○
> ② 권력관계에는 일반원리적 규정을 제외하고는 사법규정이 원칙적으로 적용되지 않는다.

③ 권력관계는 행정주체에게 우월적 지위가 인정된다. O
④ 권력관계에는 공정력·확정력·자력집행력 등 법률상 우월한 효력이 인정된다. O
⑤ 권력관계에는 특별한 규정이 없는 한 공법규정 및 공법원리가 적용된다. O
⑥ 권력관계에는 일체의 사법규정이 적용되지 않는다. X
  ⇨ 관리관계에도 사법상의 일반원리적 규정 내지 법기술적 규정은 적용될 수 있다.

ⓒ 비권력 관리관계(전래된 공법관계)
  ⓐ 법률유보원칙은 적용되지 않으나, 법률우위원칙은 적용된다.
  ⓑ 본래 사법과 동일한 법률관계이었던 것이 공공성을 이유로 전래된 것이므로 권력은 없다의 관계와는 달리 공정력·자력집행력·불가쟁력이 일반적으로 적용되지 않는다.

핵심지문

① 행정주체가 공법상 재산관리권 주체로서 하는 작용으로 i) 공법상 계약 ii) 합동행위 iii) 공물관리 iv) 공기업관리 등이 비권력 관계에 해당된다. O
② 관리관계는 대등한 입장이므로 원칙적으로 사법규정이 적용(분쟁은 민사소송 대상)된다. 다만 예외적으로 공익성, 윤리성 강한 경우 예외적으로 공법규정이 적용[분쟁을 행정소송(당사자소송)]으로 해결된다.
③ 관리관계는 원칙적으로 공법에 의해 규율된다. X
  ⇨ 관리관계는 행정주체가 공권력의 주체로서가 아니라 재산권 내지 사업의 관리주체의 지위에서 국민을 대하는 관계로서 원칙적으로 사법에 의하여 규율을 받는다.
④ 관리관계는 그 목적, 효과가 공공성을 가진다는 점에서 대등당사자 사이의 관계가 수정·보완된다. O
⑤ 관리관계에는 공정력이 인정되지 않는다. O
⑥ 관리관계에 관한 법적 분쟁은 민사소송의 관할에만 속한다. X
  ⇨ 관리관계는 사법관계를 수정하는 특별한 규정이 있거나 해석상 특별한 취급을 하여야 하는 경우에는 공법적 규율을 받으며 행정쟁송절차에 따르나 그렇지 않은 경우는 사법의 규율을 받아 민사소송절차에 따른다.
⑦ 관리관계와 사법관계는 비권력관계라는 점에서 동일하다. O

② 사법관계 : 행정주체가 사법상 재산권 주체로서 하는 작용(국고작용)이다.
  ㉠ 행정사법관계 : 사법적 형식에 의해 유도행정, 급부(공급)행정 분야에서 직접 행정목 달성하지만 공법원리의 규율을 받는 경우를 행정사법이라고 한다. 사법형식에 따른 행정이 행해질 수 있는 대표적인 영역은 급부행정(철도사업, 시영버스사업, 전기·수도·가스 등 공급사업, 우편사업, 하수도관리사업, 쓰레기처리사업)과 자금지원행정(보조금의 지급·융자)이다. 그러나 경찰, 조세 등 고권적 행정과 공익성이 강하게 요구되는 행정은 사법형식에 따른 관리가 인정될 수 없다고 보아야 한다. 다만, 수도료 부과와 이에 따른 수도료의 납부관계는 공법상 권리의무관계이다(대판 76다2517).

ⓒ 순수국고작용(순수 사법작용) : 물건구입, 도급공사계약 등 조달행정과 국고 수표 발행, 광산 매각, 국영광산 경영 등이 이에 해당한다.
ⓒ 권리구제 : 행정사법관계 기본적으로 사법관계이므로 행정사법관계에 관한 법적 분쟁은 민사소송의 대상이 된다.

> **핵심지문**
>
> ① 판례는 규정이 없는 경우 손실보상청구권에 관한 소송을 민사소송이라고 본다. O
> ② 행정사법이란 행정주체가 사법적 형식으로 경제적 활동을 하는 것을 내용으로 한다. O
> ③ 행정사법에서의 주체는 사법상의 완전한 사적자치를 향유할 수 있다. X
>   ⇨ 행정사법에서는 사법상의 완전한 사적자치를 향유할 수는 없고 공법규정 또는 원리에 의하여 구속을 받는다.
> ④ 국고관계에 대해서도 일정한 공법적 제한과 규제가 가해질 수 있다. O
> ⑤ 행정사법의 영역에서는 헌법적 원리에 의한 제한을 받지 않는다. X
>   ⇨ 행정사법의 영역도 자유권·평등의 원칙·비례의 원칙 등 헌법적 원리에 의한 제한을 받는다.
> ⑥ 행정사법은 주로 유도행정과 급부행정 등 복리행정의 영역에서 성립되고 있다. O
> ⑦ 경찰, 조세 등의 분야에서는 행정사법이 적용될 여지가 없다. O
> ⑧ 행정사법이론의 이론적 근거는 사적자치의 원칙으로의 도피를 막기 위함이다. O
> ⑨ 행정사법은 허용된 사법으로의 도피를 말한다.(×)
>   ⇨ 행정사법은 허용된 사법으로의 도피가 아닌 사법으로의 도피의 '억제'에 의미가 있다.

3 공법과 사법의 교착과 융합

(1) 교착
① 공·사법혼합관계 : 전화이용은 사법관계, 전화요금관계는 공법관계이다.
② 공법적 행위에 의해 사법적 효과를 발생시키는 경우 : 광업권 또는 어업권이 이에 해당한다.
③ 공법적 행위가 사법적 법률행위의 요소가 되는 경우 : 비영리법인의 설립인가 또는 공익사업의 양도인가 등이 있다.
④ 공법에 의해 사법상의 행위에 일정한 제한이 가해지는 경우 : 각종 영업이 경찰법에 의하여 제한이 이에 해당한다.

(2) 융합
공·사법 구별의 상대화는 공·사법융화현상을 가져왔고 이는 중간법적 성격을 띤 사회법영역에서 두드러진다.

핵심지문

① 공법과 사법의 구별은 행정소송법의 적용을 받아야 하는 사건의 범위를 명확히 하여 구체적인 사건에 적용하는 실체적 법규, 법원칙을 결정함에 있다. O
② 사법형식의 행정활동 전부를 광의의 국고작용이라고 한다. O
③ 광의의 국고작용에는 행정의 사법상 보조작용·영조물활동 및 사법형식에 의한 행정과제의 직접적 수행이 모두 포함된다. O
④ 광의의 국고작용 중에서 사법형식에 의한 행정과제의 직접적 수행을 제외한 것을 협의의 국고작용이라 한다. O
⑤ 사법형식에 의해 행정과제를 직접적으로 수행하는 경우는 내용상으로 국고작용에 해당하지 않으며 따라서 공법적 구속을 받는다. O
⑥ 귀속재산의 매각·임대는 공법관계에 해당하며, 행정재산의 임대행위(청사의 지하 일부를 매점으로 임대)도 공법관계에 해당한다. O

제2절 공법관계와 사법관계의 구별

1 제도적 구별

(1) 공법과 사법관계의 쟁송형태

구분	공법관계		행정상의 사법관계
	권력관계	관리관계	
법적 지위	공권력 주체	공법상 재산권 주체	사법상 재산권 주체
수단	권력·강제	비권력적	비권력적
특수성	공정력·확정력·집행력 인정	부정	부정
적용법규	공법	사법원칙, 예외적 공법	사법적용
쟁송형태	항고쟁송	당사자쟁송	민사소송

(2) 공법과 사법관계 사례 및 판례

구분	공법관계	사법관계
국유재산	• 국유재산 무단점유자 변상금 부과 • 행정재산의 임대 • 귀속재산 불하처분 • 국·공유재산의 목적외 사용	• 국유재산의 매각·임대 • 잡종재산의 대부료 납입 • 폐천부지 양여행위

근무관계	• 농지개량조합과 조합원의 관계 • 도시재개발조합의 조합원 지위확인 • 국가·지차제에 근무하는 청원경찰의 근무관계 • 서울특별시 시립무용단원의 위촉 • 국가의 한국주택공사에 대한 감독관계 • 지방전문직(계약직)공무원 근무관계 • 공중보건 채용계약의 해지 • 국립중앙극장 전속단원의 채용 • 시립합창단원에 대한 재위촉 거부 • 국방일보의 발행책임자인 국방홍보원장으로 채용된 계약직공무원에 대한 채용 계약	• 한국조폐공사 직원의 근무관계 • 서울지하철공사 직원의 근무관계 • 교직원·의료보험관리공단 직원의 근무관계 • 주한미군한국인직원의료보험조합직원의 근무관계 • 토지개량조합 연합회직원의 동 연합회에 대한 급여청구권 • 창덕궁·비원 안내원들의 근무관계
금전·계약	• 회사의 소득세 원천징수 • 공무원 연금관리공단의 급여결정 • 공용부담계약	• 물품매매계약, 건설도급계약 • 국고수표발행, 지방채 모집 • 입찰보증금 국고귀속조치 • 과오납조세 반환청구
공공서비스	• 전화요금 강제징수 • 수도요금 강제징수 • 국립병원 강제입원 • 시립도서관 이용관계	• 전화가입 계약·해지 • 국영철도·지자체지하철의 이용 • 국공립병원 유료입원 • 시영버스·시영식당의 이용
사립대	• 사립대학교의 학위 수여	• 사립대학교의 수업료 납부 • 사립학교교원과 학교법인의 근무관계
기타	• 징발법에 의한 국가와 피징발자와 관계 • 광업권 허가 • 공유수면매입면허 • 영조물 경영, 하천관리 • 행정강제 • 특별권력관계 • 공무원 임명	• 징발에 의한 피징발자의 손실보상 • 국유광산의 경영 • 국가가 회사의 주주가 되는 관계 • 지자체가 은행으로부터 일시 차입 • 국가배상소송 • 한국토지개발공사가 행한 입찰참가자격제한조치 • 부당이득반환청구권(국세환급금반환청구, 조세의 과오납) • 한국전력공사나 토지개발공사의 입찰참가자격제한처분

> **핵심지문**
>
> ① 일반적으로 행정사법관계는 공법관계로 본다. ✕
> ⇨ 행정사법관계는 본질적으로는 사법관계이나, 공공성 때문에 공법적 수정이 가해진다.
> ② 당연무효인 조세부과처분을 이유로 한 부당이득반환청구는 사법관계이다. ○
> ③ 국가와 국가의 관계도 행정상 법률관계라고 할 수 있다. ✕
> ⇨ 국가와 국가의 관계는 행정상 법률관계가 아닌 국제법관계로 볼 것이다.

제3절 | 행정법관계의 당사자(권리·의무의 주체)

1 행정주체

① 행정주체란 행정을 행하는 법주체를 말한다. 행정주체에는 국가, 지방자치단체, 공공조합, 영조물법인, 공법상 재단, 공무수탁사인이 있다. 이 중 지방자치단체, 공공조합, 영조물법인, 공법상 재단을 공공단체라 한다.

② 행정주체가 법인인 경우에는 행정을 실제로 행하는 것은 행정주체가 아니라 행정주체의 기관이다. 그러나 이들 기관의 행위의 법적 효과는 법인격체인 행정주체에게 귀속된다.

행정주체	국가		
	공공단체	지방자치단체	특별시, 광역시, 특별자치시, 도, 특별자치도
			시, 군, 자치구
		협의의 공공단체	영조물법인 — 인적+물적
			공법상 사단(=공공조합) — 인적
			공법상 재단 — 물적(재산)
	공무수탁사인(행정주체이면서 동시에 행정청)		

③ 행정주체와 행정기관의 구별

	행정주체	행정기관
개념	법적효과 귀속 받는 자	실제로 행정을 행하는 자
예시	대한민국/서울특별시	경찰청장/서울시장
종류	국가, 공공단체, 공무수탁사인	행정청
쟁송	당사자 소송의 피고 국가배상 소송의 피고	항고소송의 피고(행정청)
처분의 주체	×	○(행정청)

(1) 국가

시원적(어떤 것이 시작되는 맨 처음의 상태) 행정주체이다.

> **핵심지문**
> ① 행정기관(경찰청, 국가수사본부, 시·도경찰청, 경찰서)은 행정주체가 아니다. ○
> ② 행정주체를 대표하여 의사를 결정하고 외부에 표시하는 행정청(경찰청장, 국가수사본부장, 시·도경찰청장, 경찰서장)은 행정주체가 아니다. ○
> ③ 국가는 행정주체이지 행정객체가 될 수는 없다. ○

(2) 공공단체
① 지방자치단체
㉠ 보통지방자치단체
광역자치단체(특별시, 광역시, 도, 특별자치도)와 기초자치단체(자치구, 시, 군)가 있다.

> **핵심지문**
> 수원시 영통구는 일반구에 불과하여 행정주체가 아니다.

㉡ 특별지방자치단체 : 지방자치단체 조합(예 서울, 경기, 인천 쓰레기 처리조합)

> **핵심지문**
> 광역시의 자치구는 행정주체인 기초지방자치단체이나 기타 시의 구는 행정구역에 불과하다. ○

② 영조물법인 : 행정법상의 영조물에 독립된 법인격이 부여된 것을 말한다. 한국은행과 국립서울대학교는 독립된 법인격이 부여되고 있으므로 영조물법인이며 행정주체이다. 영조물이란 특정한 국가목적에 제공된 인적·물적 종합시설을 말한다(국립경찰대학(교육시설+교수), 국립경찰병원(의료시설+의사), 국립도서관(도서+사서), 국공립학교, 한국은행 등)이 있다. 영조물과 영조물법인의 관계는 다음과 같다. 행정주체가 운영하는 영조물은 인사·회계 등에 있어 법령상 엄격한 통제를 받기 때문에 능률적인 업무 수행에 제약을 받게 된다. 따라서 영조물의 능률적인 경영을 보장하기 위하여 독립적인 법인격을 부여하는 경우가 있는데, 이를 영조물법인이라 한다

> **핵심지문**
> ① 공공단체는 ⅰ) 설립목적의 법정, ⅱ) 설립, 조직 등의 강제, ⅲ) 국가적 공권의 부여, ⅳ) 면세, 보조금의 교부 등 특전의 부여, ⅴ) 국가의 감독을 받는다. ○
> ② 영조물법인과 영조물은 구별되는 개념으로써 영조물법인은 행정주체가 될 수 있으나 영조물은 행정주체가 될 수 없다. ○

③ 공법상 사단(=공공조합) : 공적 목적의 인적 결합체로서 법인격을 취득한 공법상 사단법인이다(농지개량조합, 변호사협회, 농업협동조합, 산림조합, 재향군인회, 상공회의소, 의료보험조합, 재개발조합, 재건축조합 등).
㉠ 개발사업을 목적으로 하는 것 : 토지구획정리조합, 재개발조합, 농지개량조합 등이 있다.
㉡ 동업자의 이익증진을 목적으로 하는 것 : 상공회의소, 변호사회, 약사회 등이 있다.
㉢ 공적 사업을 목적으로 하는 것 : 국민건강보험공단 등이 있다.
④ 공법상 재단 : 국가나 지방자치단체가 공공 목적을 위하여 출연한 재산을 관리하기 위하여 설립된 공법상의 재단법인을 말한다(예 한국연구재단).

> 핵심지문
> ① 변호사협회 또는 국민건강보험공단은 공공성이 있어 공법상 사단이지만 요식업자협회는 공공성이 없어 공법상 사단이 아니다.
> ② 판례는 대한변호사협회를 공법인으로 본다(헌재 2017헌마759, 대판 2019다260197).

(3) 공무수탁사인
① 개념 : 공행정 사무를 행정주체로부터 위탁받아 사무를 처리하는 행정주체인 사인이다(법인격 불문).
② 유형 : 자연인, 법인, 법인격 없는 단체
③ 공무사탁사인의 예

공무수탁사인인 경우		① 「교육법」에 따라 학위를 수여하는 사립대학총장 ② 경찰임무를 수행하는 항공기의 기장과 선장 ③ 사인이 별정우체국의 지정을 받아 체신업무를 경영하는 겨우 ④ 변호사협회가 변호사등록업무, 변호사 징계업무를 수행하는 경우 ⑤ 공증사무를 수행하는 공증인 ⑥ 「공익사업을 위한 토지 등의 취득 및 보상에 관한 법률」상 토지수용권을 행사하는 사인 ⑦ 「민영교도소 등의 설치 운영에 관한법률」상의 교정업무를 수행하는 교정법인 또는 민영교도소
공무수탁사인이 아닌 경우	공의무 부담사인	공권을 행사하는 것이 아니라 오로지 의무를 부담하는 자(처분권한-×)를 말함 예 소득세원천징수의무자, 석유사업자의 비축의무, 공무원에 대한 원조의무자(경범죄처벌법 제3조 제1항 제29호) 등
	행정보조인	행정임무를 자기책임 하에 수행함 없이 순수한 기술적인 집행만을 떠맡는 사인을 말함 예 ⓐ 아르바이트로 우편업무를 수행하는 사인, ⓑ 경찰에 의해 혈액검사를 위탁받은 의사
	행정대행자	행정을 단순히 대행인(차량등록의 대행자, 자동차검사의 대행자), 사법상 계약에 의해 경영위탁을 받은 민간위탁자(불법주정차나 사고차량의 견인을 위탁받은 견인업체) 등도 있다.

④ 법적근거 : 권한이 이전되므로 법적근거 필요하다.
⑤ 법률관계

행정주체와 공무수탁사인	① 공법상 위임 관계 : 공무수탁사인은 수탁 받은 공무를 수행하는 범위 내에서 행정주체이고, 행정절차법이나 행정소송법에서는 행정청이 된다. ② 특별감독관계 : 공무를 위임한 행정주체는 공무수탁사인의 수탁사무수행의 합법성·합목적성 지휘·감독 가능하다.
공무수탁사인과 국민	① 공무수탁사인을 직접 피청구인 또는 피고로 하여 행정심판과 행정소송을 제기할 수 있다(위임 행정청-×). ② 공무수탁사인의 불법행위는 국가를 상대로 국가배상청구 가능하다. ③ 적법한 공행정작용으로 재산권에 특별한 희생이 발생한 경우에는 공무수탁사인 상대로 손실보상청구 가능하다.

> **핵심지문**
>
> ① 영업허가를 받은 사인은 공무수탁사인이 아니다.
> ② 국가는 행정주체, 경찰서는 행정관서, 경찰서장은 행정청이다. 따라서 경찰서와 경찰서장은 행정주체가 아니다. ○
> ③ 소득세원천징수의무자를 공무수탁사인으로 보는 것은 다수설과 판례의 태도이다. ✕
>   ⇨ 다수설은 공무수탁사인으로 보나 판례는 조세원천징수의무자의 원천징수행위는 관계법령에서 규정된 징수 및 납부의무를 이행하기 위한 것에 불과한 것이지, 공권력의 행사로서의 행정처분을 한 경우에 해당하지 않는다고 하여 행정주체로서의 성격을 부인하고 조세원천징수행위를 행정기관의 보조하는 행위에 불과하다고 보고 있다(대판 89누4789).
> ④ 공무수탁사인과 국민간의 분쟁은 행정소송의 대상이 되지 않는다. ✕
>   ⇨ 공무수탁사인도 공권력을 부여받은 한도 내에서는 공권력 주체로서의 지위를 가지므로, 공무수탁사인과 국민간의 법적 분쟁은 행정쟁송에 의하여야 한다.
> ⑤ 공무수탁사인의 공무수행상의 과실로 손해를 받은 자는 공무수탁사인에게 손해배상을 청구할 수 있다. ○
> ⑥ 항고소송의 피고는 행정주체가 아닌 행정기관인 행정청이 된다. ○

2 행정객체

행정의 상대방을 행정객체라 한다. 행정객체에는 사인, 공공단체와 지방자치단체가 있다.
① 국가가 행정주체인 경우 : 공공단체와 사인이 행정객체
② 공공단체와 공무수탁사인이 행정주체인 경우 : 사인이 행정객체

제4절 행정법 관계의 내용(권리)

1 행정법 관계의 내용

행정법관계의 당사자가 가지는 공권과 공의무

2 공법관계와 공권

① 공법관계란 공법상의 권리의무관계, 즉 공권과 공의무로 이루어지는 관계를 말한다. 공권이란 공법관계에서 직접 자기를 위하여 일정한 이익을 주장할 수 있는 법률상의 힘을 말한다. 공의무란 의무자의 의사에 가하여진 공법상의 구속을 말한다.

② 공권에는 국가적 공권과 개인적 공권이 있다. 국가적 공권이란 행정주체가 우월한 의사의 주체로서 행정객체에 대하여 가지는 권리를 말한다. 그 권리의 목적을 기준으로 할 때 조직권, 경찰권, 하명권, 강제권, 행정계획권, 공용부담특권, 공기업특권, 조세권, 전매권, 재정권 등으로 나누어지고, 권리의 내용을 기준으로 명령권, 강제권, 형성권, 공법상의 물권으로 나누어진다. 국가적 공권은 권한의 성격이 강하다.

③ 개인적 공권이란 개인이 직접 자기의 이익을 위하여 행정주체에게 일정한 행위를 할 것을 요구할 수 있는 공법에 의해 주어진 법적인 힘을 말한다(예 신체의 자유, 선거권, 정보공개청구권, 국가배상청구권, 무하자재량행사청구권, 재량권의 0으로 수축이론 등). 개인적 공권에 대응하여 행정권에게는 일정한 작위는 또는 부작위의 의무가 부과된다. 개인적 공권을 통하여 국민은 행정과의 관계에서 행정객체일 뿐만 아니라 주체로서의 지위도 함께 가진다.

  ㉠ 개인적 공권의 성립요건 : 오늘날 공권이 성립하기 위하여는 다음의 두 요건을 갖추어야 한다.
    ⓐ 강행법규(공법)에 따라 행정주체에게 일정한 행위(작위 또는 부작위)를 하여야 할 의무가 부과되고 있어야 한다(강행법규의 존재).
    ⓑ 그 강행법규가 공익의 보호와 함께 사익의 보호를 목적으로 하고 있어야 한다(강행법규의 사익보호성).
  ㉡ 이전·포기 제한 : 공무원연금청구권, 생명·신체에 대한 손해배상(국가배상)청구권, 생활보호청구권

3 공권과 및 반사적 이익

(1) 반사적 이익의 의의

반사적 이익이란 공법이 공익을 위하여 행정주체나 그 객체에게 어떠한 작위 또는 부작위의 의무를 부과하거나(공공의 안녕이나 질서의 유지의무 부과, 의료법에서 의사에게 환자진료의무 부과) 또는 행정주체가 어떠한 공공시설(도로)을 운영함으로써 결과적으로 개인이 반사적으로 받게 되는 이익(도로통행의 이익 등)을 말한다.

(2) 공권과 반사적 이익의 구별실익

반사적 이익은 법에 따라 직접 보호된 이익이 아니므로 그 이익이 침해되어도 재판을 통하여 구제되지 않는다. 공권(법적 이익 포함)이 침해된 자는 재판을 통하여 권익의 구제를 청구할 수 있지만, 반사적 이익이 침해된 자는 재판을 통한 구제를 청구할 수 없고 그 이익의 침해를 감수하여야 한다. 달리 말하면 공권이 침해된 자는 행정소송에서 원고적격(소송을 제기할 자격)이 인정되지만, 반사적 이익이 침해된 자는 원고적격이 인정되지 않는다. 원고적격은 소송요건이므로 원고적격이 인정되지 않는 경우 그 소송은 부적법 각하된다. 국가배상에서 단순한 반사적 이익이 침해된 경우에는 손해가 발생하였다고 할 수 없다.

(3) 공권(법적 이익)과 반사적 이익의 구별기준

① 공권(법적 이익)이란 처분의 근거법규(공익목적을 위하여 행정주체에게 일정한 작위 또는 부작위를 발생시키는 실정법규)와 관계법규에 의해 보호된 개인의 이익을 말한다. 보다 정확히 말하면 공익을 보호하는 법규가 개인의 이익도 아울러 보호하고 있는 경우에 그 보호된 개인의 이익(건축법상 건축물 간 이격거리에 의해 보호된 일조권)이 공권이다. 이에 반하여 실정법규가 공익의 보호만을 목적으로 하고 있고 개인은 그로 인하여 반사적으로 이익을 누리는 경우에 그 개인의 이익(미관의 이익)은 반사적 이익이다. 즉, 공권과 반사적 이익의 구별기준은 처분의 근거법규 및 관계법규의 목적이 된다. (예 이웃의 채광(일조)을 보호하는 건축법의 규정은 주거환경의 보호라는 공익목적과 함께 인근주민의 채광의 이익(개인적 이익)을 아울러 보호하는 것을 목적으로 하고 있다고 해석되는데 이 경우 인근주민의 채광의 이익은 공권이다. 이에 반하여 건축물의 색채의 규제는 미관의 보호라는 공익목적만을 갖는 규정이므로 건축물의 색채의 규제에 따라 주민이 향유하는 미관의 이익은 반사적 이익이다.)

	구별기준	구별실익
개인의 공권	법규의 공익추구+부수적 사익보호성	원고적격 긍정, 손해배상청구 가능
반사적 이익	법규의 공익만 추구(사익보호-×)	원고적격 부정, 손해배상청구 불가

4 공권의 범위

① 공권(법적 이익)의 확대

　　공권의 확대는 여러 측면에서 행해졌다. 반사적 이익의 보호이익화, 기본권의 공권화, 적극적 청구권, 무하자재량행사청구권 등의 인정이 그것이다. 전통적 견해에 따르면 공권이 성립하기 위해서는 근거법령이 강행법규(기속법규)여야하며, 따라서 법이 행정청에게 재량권을 부여하고 있는 경우에는 공권이 성립할 수 없다고 보았다. 그런데 오늘날 재량에 대한 통제이론이 발전함에 따라 재량 행위의 경우에도 일정 범위에서 공권이 성립할 수 있음이 인정되게 되었다. 그 예가 무하자재량행사청구권과 행정권발동청구권이다.

② 반사적 이익의 보호이익(공권)화

　　종래 반사적 이익으로 여겨졌던 것이 법적 이익으로 인정되고 있는 경향이 있다. 그러나 법적 이익과 반사적 이익의 구별기준이 변경된 것은 아니다. 구별기준은 여전히 근거법규 또는 관계법규의 목적이다. 다만, 근거법규 또는 관계법규의 해석에 있어서 근거법규 또는 관계법규가 공익의 보호뿐만 아니라 개인의 이익을 또한 보호하고 있다는 것을 널리 인정함으로써 반사적 이익이 공권으로 발전되고 있는 것이다.

③ 반사적 이익의 보호이익화는 주로 행정처분에 대하여 이해관계 있는 제3자의 이익(인근주민의 이익 및 경업자의 이익)이 반사적 이익에서 법적 이익으로 발전됨에 따라 이루어지고 있다. 종래 행정처분의 상대방이 아닌 제3자가 갖는 이익은 반사적 이익에 불과하다고 보는 경우가 많았으나 오늘날에는 법적 이익으로 보는 경향이 있다.

④ 공권과 기본권 : 헌법상의 기본권(경쟁의 자유)도 그것이 구체적인 내용을 갖고 있어 법률에 의해 구체화되지 않아도 직접 적용될 수 있는 경우에는 재판상 주장될 수 있는 공권으로 보아야 할 것이다(자유권, 평등권, 재산권 등. 그러나 환경권은 부정(대판 2006두330 [새만금판결])).

⑤ 헌법상의 개인적 공권

구체적 기본권	자유권·평등권·재산권 등의 헌법상 기본권(구체적 기본권)은 법률에 의해 따로 구체화되지 않더라도 개인적 공권으로 인정된다.
추상적 기본권	환경권 등 사회적 기본권이나 재판청구권 등의 청구권적 기본권과 같이 법률에 의해 구체화될 필요가 있는 기본권(추상적 기본권)은 직접 개인적 공권으로 인정되지 않는다.

⑥ 개인적 공권에 해당하는 경우와 해당하지 않는 경우

개인적 공권에 해당하는 경우	① 자유권적 기본권·평등권·재산권 ② 타인과의 접견권(대판 91부8) ③ 변호인 접견권, 참정권
개인적 공권에 해당하지 않는 경우	① 사회권적 기본권(헌재 98헌마216) ② 퇴직급여청구권등 청구권적 기본권(헌재 2009헌마4085) ③ 무허가건물소유자의 시영아파트 특별분양신청권(대판 91누3352)

⑦ 특성

이전성의 제한	① 일신전속적 개인적 공권 : 이전성 제한 (양도, 상속, 압류금지·제한) ② 비일신전속적 개인적 공권 : 이전성 제한 없다.
포기성의 제한	① 원칙적으로 포기 불가하다. ② 행정소송에 있어서 소권은 개인의 국가에 대한 공권이므로 당사자의 합의로서 이를 포기할 수 없다(대판 94누4455).
대행의 제한	일신전속적인 특성 때문에 타인에게 대행이나 위임이 제한되는 경우가 많음.

제5절 　무하자재량행사청구권

1　의의
행정청에게 재량이 인정되어 있는 경우 개인이 행정청에 대하여 재량권의 하자 없는 행사를 청구할 수 있는 공법상 권리이다(새로운 형태의 공권).

2　법적 성질
① 하자있는 행정행위의 취소(소극적 권리)
② 하자 없는 재량권을 행사할 것을 청구(적극적 권리)
③ 선택재량뿐만 아니라 예외적으로 결정재량의 경우도 인정된다.
④ 최종결정에 도달하는 과정에서의 권리이다(절차적 권리-다수설).
⑤ 특정처분을 구하는 실체적 공권이 아닌 알맹이 없는 권리이다(형식적 권리).

> **핵심지문**
> 무하자재량행사청구권은 실정법상 명시적 규정은 없지만 판례는 인정한다.　O

3　인정여부

(1) 부정설
① 민중소송화의 우려가 있고, ② 현행법상 근거가 없으며, ③ 인정실익이 없다.

(2) 긍정설(통설)
일반적 청구권을 인정하는 것은 아니며, 재량을 허용하는 행정법규가 공익보호와 함께 관계인의 이익보호를 규정하고 있는 경우, 즉 청구권의 성립요건이 충족된 당사자에 한하여 인정되는 것이므로 민중소송화될 염려는 없다.

(3) 판례
검사임용거부처분취소청구 중에서 무하자재량행사청구권의 법리를 인정하여 명문의 규정이 없다고 하여도 조리상 임용여부의 응답의무를 인정하였다.

4　성립요건
무하자재량행사청구권도 공권이므로 무하자재량행사청구권의 성립요건은 공권의 성립요건과 같다. 즉, 행정청에게 강행법규에 의해 재량권을 행사하여 어떠한 처분을 하여야 할 의무가 부과되어야 한다(처분의무). 재량권을 부여하는 법규가 공익뿐만 아니라 관계 개인의 이익도 보호하는 것을 목적으로 하여야 한다(사익보호성).

5 청구권의 내용

(1) 무하자재량행사청구권이 인정되는 경우에는 행정청은 그의 재량권을 올바르게 행사하여 처분할 의무가 있고, 이에 대응하여 관계 개인은 재량권의 올바른 행사에 근거한 처분을 받을 권리를 갖게 된다. 즉 재량권 한계의 일탈이나 남용이 없는 적법한 응답을 요구할 권리를 가진다.

(2) 재량권이 영(零)으로 수축하는 경우에는 무하자재량행사청구권은 특정한 내용의 처분을 하여 줄 것을 청구할 수 있는 행정행위발급청구권 또는 행정개입청구권으로 전환된다.

6 실현수단

(1) **거부처분** : 의무이행심판, 취소소송 제기
(2) **부작위** : 의무이행심판, 부작위위법확인소송 제기
(3) **부담적 행정처분** : 취소심판, 취소소송 제기

> **핵심지문**
>
> ① 무하자재량행사청구권은 재량행위의 영역에서 공권의 성립을 인정한 점에서 큰 의미를 갖는다. O
> ② 좁은 의미의 무하자재량행사청구권은 선택재량만을 구 범위로서 인정하고 있으며, 넓은 의미의 무하자재량행사청구권(다수설)은 선택재량은 물론 결정재량까지 그 범위로서 인정하고 있다.
> ③ 무하자재량행사청구권은 개인이 행정청에 대하여 하자 없는 적법한 재량처분을 구하는 공권이다. O
> ④ 무하자재량행사청구권은 행정청에 대하여 특정처분을 구하는 실체적 공권이다. X
> ⇨ 무하자재량행사청구권은 기속행위에 대한 것과는 달리 특정처분을 구하는 실체적 공권은 아니고, 다만 종국처분의 형성과정에 있어서 재량권의 법적 한계를 준수하면서 어떠한 처분을 할 것을 구하는 형식적 권리이다.
> ⑤ 행정청에 대하여 적법한 재량처분을 구하는 적극적 공권이 아니라 단순히 위법한 처분을 배제하는 소극적 방어적 권리이다. X
> ⇨ 무하자재량행사청구권은 단순히 위법한 처분을 배제하는 소극적 또는 방어적 권리가 아니라 행정청에 대하여 적법한 재량처분을 할 것을 구하는 적극적 공권이다.
> ⑥ 무하자재량행사청구권은 실제로 사인의 청구가 거부되거나 방치되는 경우(부작위)에 문제된다. O
> ⑦ 무하자재량행사청구권을 만약 추상적 권리로 인정한다면 원고적격을 부당하게 넓혀 민중소송화할 염려가 있다는 지적도 있다. O
> ⑧ 행정개입청구권은 결정재량이 존재할 경우에 문제가 되는 것이지, 선택재량이 있는 경우에는 논의의 대상이 되지 않는다. O

⑨ 법령상 검사임용신청 및 그 처리에 관한 명문규정이 없는 경우에는 조리상 임용권자는 임용신청자들에게 전형의 결과인 임용여부의 응답을 해줄 의무가 없다. ✕
 ⇨ 검사의 임용에 있어서 임용권자가 임용 여부에 관하여 어떠한 내용의 응답을 할 것인지는 임용권자의 자유재량에 속하므로 일단 임용거부라는 응답을 한 이상 설사 그 응답내용이 부당하다고 하여도 사법심사의 대상으로 삼을 수 없는 것이 원칙이나 적어도 재량권의 한계일탈이나 남용이 없는 위법하지 않는 응답을 할 의무가 임용권자에 있다(대판 90누5825).
⑩ 검사의 임용에 있어서 임용권자가 임용여부에 관하여 어떠한 내용의 응답을 할 것인지는 임용권자의 자유재량에 속한다. ○

제6절 │ 행정개입청구권

1 의의

(1) 이론적 배경
행정편의주의의 극복, 반사적 이익의 공권화의 요청에 따라 독일의 띠톱판결에서 최초로 인정하였다(새로운 형태의 공권).

(2) 넓은 의미의 행정개입청구권(행정권발동청구권 = 행정행위발급청구권 + 좁은 의미의 행정개입청구권)
① 행정행위발급청구권 : 자기의 이익을 위해 자기에게 처분을 구하는 청구권이다(무료진료청구권, '생활보호 대상으로 인정해 달라'고 하는 청구권).
② 협의의 행정개입청구권 : 자기의 이익을 위해 제3자에게 처분할 것을 구하는 청구권이다(유해한 폐수를 배출하는 기업에 대한 조업중지명령).

> 핵심지문
> ① 행정개입청구권은 결정재량과 관련되고 선택재량과는 무관하다. ○
> ② 행정개입청구권은 사전예방적 청구이면서 사후구제적 청구이기도 하다. ○

2 인정여부

① 통설 : 중대한 법익에 위험이 있는 경우 행정개입청구권 인정
② 판례 : 행정개입청권 명시적 언급은 없으나 판례로 인정

3 법적 성질
① 실체적 권리성
② 사전예방적·사후구제적 성격

4 성립요건
① 강행법규의 존재
② 사익보호성의 존재

5 적용영역
위험방지 분야(예 위법건축물 규제행정, 환경보전행정, 소비자보호행정, 경찰행정 등)에서 인정된다.

6 행사방법
의무이행심판, 부작위위법확인소송 및 손해배상청구가 가능하다.

7 무하자재량행사청구권과 행정개입청구권의 비교

	무하자재량행사청구권	행정개입청구권
내용	적법한 재량을 구하는 권리	특정한 처분을 구하는 권리
성질	적극적 공권	
	형식적 공권	실체적 공권
국가의무	특정행위 의무(×)	특정행위 의무(○)
적용영역	기속행위(×), 재량행위(○)	기속행위(×), 재량이 0으로 수축하는 경우(○)

> **핵심지문**
>
> ① 재량의 0으로의 수축이론은 특정인의 생명, 신체 및 자유 등이 위협되는 상황에서는 행정청이 갖는 재량권이 영으로 수축되어 행정권을 발동해야 할 의무가 발생한다는 이론이다. ○
> ② 재량권의 영으로의 수축이론은 경찰권의 발동요건을 일반조항으로 규정하는 경찰행정법 영역에서 주로 적용된다. ○
> ③ 재량권의 영으로의 수축이론은 행정청의 재량권을 통제하기 위한 이론인데 재량권이 영으로 수축되는 경우 당해 재량행위는 내용적으로 기속행위로 전환된다고 본다. ○
> ④ 행정개입청구권은 행정청의 부작위로 인하여 권익을 침해당한 자가 당해 행정청에 대하여 타인에 대해 행정권의 발동을 청구할 수 있는 권리이다. ○

⑤ 협의의 행정개입청구권은 개인이 자기의 이익을 위하여 자기에 대한 행정권의 발동을 청구할 수 있는 권리이다. ✕
⇨ 국민이 자기의 이익을 위하여 자기에 대한 행정권발동을 청구할 수 있는 권리인 행정행위발급청구권은 광의의 행정개입청구권에 속하는 권리이다.
⑥ 행정개입청구권은 독일에서 경찰행정, 질서행정영역에서 논의된 것이다. ○
⑦ 우리나라에서의 무장공비출현사건과 독일의 띠톱판결은 행정개입청구권과 직접 관련된 사인들이다. ○
⑧ 행정개입청구권도 개인적 공권이므로 공권의 일반적인 성립요건을 충족해야 한다. ○
⑨ 우리나라 실정법상 행정개입청구권의 실행을 위한 가장 실효적인 소송형식은 의무이행 소송이다. ✕
⇨ 현행 행정소송법상 의무이행소송은 인정하고 있지 않다. 따라서 행정개입청구권의 실행을 위해서는 의무이행심판과 취소소송 및 부작위위법확인소송에 의할 수 밖에 없다.

제7절 특별권력관계(특별행정법관계, 특별신분관계)

1 개설

(1) 의의

① 특별행정법관계란 특별한 행정목적을 달성하기 위하여 특별권력기관과 특별한 신분을 가진 자와의 사이에 성립되는 특별한 법률관계를 말한다. 특별행정법관계는 행정주체와 일반 국민 사이에 성립되는 일반행정법관계에 대응하는 개념이다(예 경찰공무원의 근무관계, 군인의 군복무관계, 교도소 재소관계, 국공립학교의 재학관계 등).

② 특별권력관계이론의 성립과 쇠퇴로 특별행정법관계이론이 등장하였고, 특별행정법관계는 특별권력관계라는 개념을 대체하는 개념으로 사용되고 있다.

③ 특별권력관계란 특별한 행정목적을 달성하기 위하여 성립된 관계로서 특별권력주체에게 포괄적인 지배권이 부여되고 상대방인 특별한 신분에 있는 자는 이에 복종하여야 하는 관계를 말한다. 특별권력관계는 일반권력관계에 대응하는 개념이다.

> **핵심지문**
>
> ① 판례는 징계처분이 특별권력관계의 문제라서 재량권 행사는 비례원칙 위반시에도 사법심사 대상이 되지 않는다. ✕
>   ⇨ 오늘날 특별권력관계에도 법치주의가 적용된다고 본다. 따라서 사법심사의 대상이 된다.
> ② 특별행정법관계에서도 그 구성원의 기본권 제한은 원칙적으로 법률에 근거가 있어야만 가능하다. 우리나라 실정법상으로도 그 구성원의 기본권 제한에 관하여는 거의 법률에 근거를 두고 있다. ○

2 종래의 특별권력관계

① 특징
  ㉠ 특별권력은 법치주의 배제
  ㉡ 법적 근거 없이도 포괄적 지배·복종관계 유발
  ㉢ 사법심사 배제
  ㉣ 행정명령의 법규성 부정 등이다.
② 특별권력관계이론은 19세기 후반 독일에서 성립된 독일법에 특유한 이론이다. 프랑스법에는 특별권력관계이론이 존재하지 않는다. 특별권력관계이론이란 특별권력주체와 상대방은 행정목적의 달성상 필요하므로 국가와 일반 국민 사이의 관계보다는 밀접한 관계에 있다고 보고 나아가 특별권력관계의 상대방은 행정조직에 통합된 것으로 보았다. 따라서 특별권력관계는 행정의 내부관계로 보고 그 결과 법치주의가 적용되지 않는다고 보았다.
③ 특별권력관계는 법률에 따라 규율되어야 하는 것이 아니라 자율적인 내부규칙에 따라 규율될 영역으로 보았고, 특별권력관계의 목적상 필요한 경우에는 법률의 근거 없이도 기본권이 제한될 수 있는 것으로 보았고, 특별권력관계 내에서의 행위는 내부행위이므로 사법심사의 대상이 되지 않는다고 보았다.

> **핵심지문**
>
> ① 전통적 특별권력관계의 특징으로는 ⅰ) 포괄적 지배권, ⅱ) 법률에 근거 없는 기본권의 제한, ⅲ) 재판통제의 배제를 들 수 있다. ○
> ② 종래에는 특별권력관계에는 법치주의가 적용되지 않는다고 보았다. ○
> ③ 종래의 특별권력관계에서는 법률유보의 원칙은 물론 법률우위의 원칙도 적용되지 않는다. ✕
>   ⇨ 법률유보의 원칙과 달리 법률우위의 원칙은 특별권력관계에도 적용된다.

3 오늘날 전통적인 특별권력관계이론을 인정하지 않고, 종래 특별권력관계로 보았던 관계에도 법치주의가 적용된다고 보는 견해가 일반적이다.

> **핵심지문**
>
> 특별권력관계에서의 행위를 내부행위·외부행위로 나누지 않고 소의 이익이 있는 한 전면적으로 사법심사의 대상이 된다고 보는 것이 다수의 견해이다. O

4 성립과 소멸

(1) 성립
① 상대방의 동의 없는 법률의 규정에 따른 성립. 특별행정법관계가 법률의 규정에 근거하여 상대방의 동의 없이 성립하는 경우이다(군입대(병역법 제4장), 수형자의 교정시설 수용(「형의 집행 및 수용자의 처우에 관한 법률」 제16조), 감염병환자의 강제입원(「감염병의 예방 및 관리에 관한 법률」 제42조), 공공조합에의 강제가입(산림조합법 제18조, 「도시 및 주거환경정비법」 제39조)).
② 상대방의 동의에 따른 성립. 특별행정법관계가 상대방의 동의에 근거하여 성립되는 경우이다.
　㉠ 상대방의 동의가 그의 자유로운 의사에 기초한 경우(예 경찰공무원의 임명, 국공립학교 입학)
　㉡ 상대방의 동의가 법률에 따라 강제되는 경우(예 학령아동의 초등학교 취학)

> **핵심지문**
>
> ① 특별권력관계의 지위에 있는 자는 일반권력관계의 지위를 상실한다. X
> 　⇨ 특별권력관계의 지위에 있는 자라도 일반권력관계의 지위를 상실하는 것은 아니다.
> ② 특별권력관계는 법률의 규정에 의해서만 성립한다. X
> 　⇨ 특별권력관계는 법률의 규정뿐만 아니라 상대방의 동의에 의해서도 성립될 수 있다.
> ③ 지방자치단체와 지방공무원과의 관계는 이른바 특별권력관계에 속한다. O
> ④ 특별권력관계 내부의 질서를 위반한 자에 대해서는 형벌이 부과된다. X
> 　⇨ 특별권력관계 내부의 질서를 위반한 자에 대해서는 징계벌을 과할 수 있을 뿐이지 형벌을 부과할 수 있는 것은 아니다.
> ⑤ 독일에서 전통적 특별권력관계이론이 수정되는 계기가 된 연방헌법재판소의 판결은 수형자판결이다. O
> ⑥ 특별권력관계에 대하여도 법치행정의 원리가 적용된다. O
> ⑦ 특별권력관계 수정론자인 울레(Ule)에 의하면 경영수행관계는 원칙적으로 사법심사의 대상이 되지 않으나 기본관계는 사법심사의 대상이 된다고 하였다. O
> ⑧ 특별권력관계의 성립은 특별한 원인이 필요하다. 따라서 공권력을 가진 행정주체와 국민과의 관계에서 당연히 인정되는 것은 아니다. O

5 특별권력관계의 종류

(1) **공법상의 근무관계**
    국가나 지방자치단체에 대하여 포괄적인 근무의무를 지는 관계이다(예 공무원의 근무관계, 군복무 관계).

(2) **공법상의 영조물이용관계**(예 국·공립대학 재학관계, 교도소 재소관계)

(3) **공법상의 특별감독관계**[예 특허공기업, 공공조합, 공무수탁사인에 대한 국가의 감독관계(별정우체국장), 국가-지자체 관계]

(4) **공사단 관계**(예 공공조합과 그 조합원과의 관계)

> **판례지문**
> ① 산림조합과 조합원의 관계는 공법상 특별권력관계이다. ○
> ② 서울지하철공사 임원과 조합원과의 관계는 사법관계이므로 공법상 특별권력관계가 아니다. ○
> ③ 공기업 이용관계(국유철도 이용관계)는 특별권력관계가 아니며, 영업허가를 받은 자와의 국가와의 관계도 특별권력관계가 아니다. ○
> ④ 시영버스·시영식당·국영철도 등의 이용관계는 사법관계이므로 특별권력관계가 아니다. ○

> **핵심지문**
> ① 행정기관들간의 관계는 특별권력관계가 아니다. ○
> ② 판례는 농지개량조합과 그 직원과의 관계는 사법상의 근로계약관계가 아닌 공법상의 특별권력관계라고 한다. ○
> ③ 현대적 의미에서 국립도서관을 이용하는 법률관계는 특별권력관계로 설명된다. ✕
>   ⇨ 오늘날은 종래 특별권력관계로 보았던 영조물 이용관계도 그 대상에서 제외된다고 본다.

6 특별권력의 내용

(1) **명령권**
    발동형식은 개별적·구체적 명령(직무명령) 또는 일반적·추상적 행정규칙(영조물 규칙 등)의 형식에 의한다.
    ① 일반·추상적 형식[예 훈령(행정명령), 행정규칙, 영조물규칙]
    ② 개별·구체적 명령 형식(예 직무명령, 시정명령)

(2) 징계권
특별권력관계로부터의 배제와 신분상의 이익의 박탈에 그쳐야 한다(예 재산상의 이익 박탈 불가)

7 법치주의와의 관계

(1) 법률유보
① 원칙 : 특별행정법관계설에 따르면 법률유보의 원칙은 원칙상 그 관계에 적용된다. 즉, 국민의 권리를 제한하거나 의무를 부과하는 명령 또는 강제는 법률에 근거하여야 하고 법규사항을 정하는 특별명령은 법령에 근거가 있어야 제정될 수 있다
② 예외 : 특별한 행정목적을 효율적으로 달성할 수 있도록 하기 위하여 필요한 한도 내에서는 다소 포괄적인 수권도 가능하다.

> **판례지문**
> ① 특별행정법관계에서도 그 본질적 사항을 제외하고는 어느 정도 개괄조항에 의한 수권도 가능하다. O
> ② 특별행정법관계에서도 그 구성원의 기본권 제한은 원칙적으로 법률에 근거가 있어야만 이 가능하다. O
> ③ 우리나라 실정법상으로도 그 구성원의 기본권 제한에 관하여는 거의 법률에 근거를 두고 있다. O

(2) 기본권 제한
① 원칙 : 헌법 또는 법률의 근거를 요한다.
② 예외 : 절대적 기본권(종교의 자유, 사상의 자유 등)은 어떠한 경우에도 제한할 수 없으나, 상대적 기본권은 법률상의 근거가 있다면 제한이 가능하다.

> **핵심지문**
> 특별권력관계에 있어서 헌법이 규정한 기본권은 제한될 수 없다. X
> ⇨ 헌법상 기본권 중에 상대적 기본권은 법률로 제한이 가능하다.

> **판례지문**
> ① 구속된 피고인 또는 피의자의 접견권 제한에 있어서 제한의 필요가 없는데도 이를 제한하거나, 또는 필요가 있어도 지나치게 제한하는 것은 헌법상 기본권을 침해한 것으로 위헌이다(대판 91부8). O
> ② 차폐시설이 불충분하여 사용과정에서 신체부위가 다른 유치인들 및 경찰관들에게 관찰될 수 있고 냄새가 유출되는 유치실 내 화장실을 사용하도록 강제한 국가의 행위는 인간의 존엄과 가치를 규정한 헌법 제10조에 반한다(헌재 2000헌마546). O

③ 사관생도는 일반 국민보다 상대적으로 기본권이 더 제한될 수 있으나, 그러한 경우에도 법률유보원칙, 과잉금지원칙 등 기본권 제한의 헌법상 원칙들이 지켜져야 한다. 사관학교가 금주제도를 시행하는 취지에 비추어 보더라도 사관생도의 기본권을 지나치게 침해하는 것이므로, 위 금주조항(「예규」에서 음주행위 2회 위반 시 원칙으로 퇴학조치하도록 정하고 있음)은 사관생도의 일반적 행동자유권, 사생활의 비밀과 자유 등 기본권을 과도하게 제한하는 것으로서 무효인데도 위 금주조항을 적용하여 내린 퇴학처분이 적법하다고 본 원심판결에 법리를 오해한 잘못이 있다고 한 사례(대판 2016두60591[퇴학처분취소]). : 학교 밖 4회 음주를 이유로 퇴학처분은 위법이다.

> **핵심지문**
>
> ① 절대적 기본권은 특별권력관계에 의해서도 제한할 수 없고 상대적 기본권만을 제한할 수 있다. O
> ② 특별행정법관계에서의 징계권은 특별행정법관계의 배제 및 그 이익의 박탈에 그친다.

(3) 사법심사

① **다수설** : 특별행정법관계에서의 행위가 처분의 개념에 해당한다면 그러한 행위에 대해서 전면적으로 행정소송의 대상이 된다고 판시하고 있다.
② **판례** : 퇴학처분의 처분성 인정, 수형자의 접견권 제한은 위헌이라는 판결을 통해 긍정한다.

> **핵심지문**
>
> ① 특별권력관계 내부·외부작용의 구별 없이 위법한 경우 행정소송(사법심사)의 대상이 된다. O
> ② 판례는 어떤 행위가 특별행정법관계에서의 행위라는 이유만으로 사법심사에서 제외될 수 없다고 본다. O
> ③ 오늘날에는 특별권력관계에 있는 자의 기본권을 제한하기 위해서도 법률의 근거가 있어야 한다고 본다. O
> ④ 공무원의 훈련에 관한 행위는 외부행위로서 사법심사의 대상이 된다고 보는 것이 일반적 견해이다. X
> ⇨ 공무원의 훈련에 관한 행위는 외부행위가 아닌 내부행위로서 사법심사의 대상이 되기에는 적절치 않다. 구성원의 법적지위에 관련한 본질적 사항인 기본관계(성립, 변경, 소멸)가 아니고, 내부 경영수행질서 규율를 대상으로 하는 경영수행관계인 공무원의 직무수행, 직무명령, 학생의 수업, 군인의 훈련 등에 대해서는 사법심사가 배제될 수 있다.
> ⑤ 특별행정법관계의 행위에 대해서도 예외적으로 사법심사가 배제될 수 있다. O

> **판례지문**
>
> ① 판례에 의하면 국립교육대학생에 대한 퇴학처분은 사법심사의 대상이 되지 않는다고 한다. ✗
>   ⇨ 대법원은 국립교육대학인 서울교육대학의 학장이 재학생에 대한 학생으로서의 신분을 일방적으로 박탈하는 퇴학처분에 대하여 행정처분임을 명백하여 이에 대한 사법심사를 긍정하였다(대판 91누2144). 학칙위반자에 대한 구체적 법집행으로서 국가 공권력의 하나인 징계권을 발동하여 학생으로서의 신분을 일방적으로 박탈하는 국가의 교육행정에 관한 의사를 외부에 표시하는 것이므로 이는 행정처분임이 명백하다.
> ② 농지개량조합과 그 직원과의 관계는 사법상의 근로계약관계가 아닌 공법상의 특별권력관계이고, 그 조합의 직원에 대한 징계처분의 취소를 구하는 소송은 행정소송사항에 속한다(대판 94누10870).
> ③ 종교교육을 받을 것을 졸업요건으로 하는 사립대학 학칙은 유효하다(대판 96다37268). ○

PSK The New 경찰행정법 plus

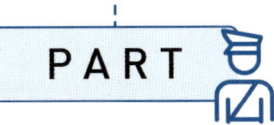

02

경찰작용법

01 행정행위
02 경찰작용

CHAPTER 01 행정행위

제1절 | 행정행위의 의의 및 개념요소

1 행정행위의 의의

개념	① 행정청이 구체적인 사실에 관한 법집행으로 외부적 효력을 갖는 공법상의 단독행위를 말한다. ② 실정법에서는 일반적으로 행정처분 또는 처분이라는 용어를 사용
행정행위의 개념 범위	① 최광의설 : 행정청이 행하는 모든 일체의 행위 ② 광의설 : 행정청에 의한 공법행위 ③ 협의설 : 행정청의 구체적 사실에 관한 공법행위 ④ 최협의설(다수설) : 행정청의 구체적 사실에 관한 권력적 단독적 공법행위
비교	① 최광의설 제외되는 것 私人의 행위, 법원의 행위, 국회의 행위 ② 광의설 제외되는 것 통치행위, 사실행위, 私法행위 ③ 협의설 제외되는 것 행정계획, 행정입법 ④ 최협의설 제외되는 것 비권력적 쌍방행위(공법상 계약), 공법상 합동행위
특성	행정행위는 법적합성(행정행위는 법에 의거하여 행하여져야 하며, 그의 내용은 법에 적합하여야 한다), 공정성, 확정성(불가쟁력·불가변력), 실효성(자력집행성), 행정행위에 대한 구제제도의 특수성 등에 특성을 갖고 있다.

> **핵심지문**
>
> ① 행정행위란 행정청이 법 아래서 구체적 사실을 집행하는 권력적 단독행위인 공법행위를 말한다. O
> ② 행정행위의 개념은 법률적으로 형성·발전되어온 개념이다. X
> ⇨ 행정행위의 개념은 이론적으로 형성·발전되어온 개념이다.
> ③ 행정행위의 개념에 관한 논의는 행정쟁송의 대상에 관한 논의와 밀접한 관련이 있다. O
> ④ 최협의의 개념으로서 행정행위란 행정청의 행위 중에서 법집행행위로서 권력적 단독행위를 말한다. O
> ⑤ 공무수탁사인의 행위는 행정청의 행위가 아니기 때문에 행정행위라 할 수 없다. X
> ⇨ 공무수탁사인의 행위도 행정청의 행위이므로 행정행위라 할 수 있다.
> ⑥ 사법적인 법률효과를 발생시키는 행위는 행정행위에 해당하지 않는다. O
> ⑦ 공법인 등 공공단체가 행하는 모든 행위는 행정청의 행위로서 행정소송의 대상이 된다. X

⇨ 공법인 등 공공단체라도 공권력행사가 아닌 국고작용 등은 행정소송의 대상이 되지 않는다.
⑧ 사실행위는 행정행위에 해당하지 않는다. ○
⑨ 군의관의 신체등위판정은 행정쟁송의 대상이 되는 행정행위가 아니다. ○
⑩ 당연퇴직인사발령은 비록 행정청에 의하여 이루어질지라도 행정쟁송의 대상이 되는 행정행위가 아니다. ○
⑪ 특별권력관계의 내부에서의 행위는 행정행위에 해당하지 않는다. ✕
⇨ 특별권력관계의 내부행위라도 징계처분과 같은 행위는 행정행위에 해당한다.
⑫ 전산장치에 의한 행정행위인 컴퓨터에 의한 학군배정·교통신호 등도 처분성이 인정된다. ○

제2절 | 행정행위의 종류

행정행위는 여러 기준(법률효과의 발생원인, 기속성여부, 상대방에 대한 효과 등)에 의하여 분류된다.

법률효과의 발생원인	법률행위적, 준법률행위적
법률에 종속의 정도	기속행위, 재량행위
신청·동의 여부	쌍방적·단독적
수령여부	수령을 요하는 또는 요하지 않는
형식여부	요식행위, 불요식행위
법률상태에 변동여부	적극적 또는 소극적
대상여부	대인적, 대물적, 혼합적
상대방에 대한 법률효과	수익적, 부담적, 복효적

1 법률행위적 행정행위와 준법률적 행정행위 → 법률효과의 발생원인을 기준

구분	법률행위적 행정행위		준법률행위적 행정행위	
구성요소	효과의사를 그 요소로 한다.		효과의사 이외의 정신작용을 그 요소로 한다.	
효과발생	효과의사의 내용에 따라 효과가 발생한다.		법률의 규정에 따라 효과가 발생한다.	
부관가능성	가능	행정청의 의사표시에 의하여 효과가 발생하므로 행정청의 의사가 개입될 여지가 있으며 특별한 방식이 요구되는 것도 아니다.	불가	법률의 규정에 의하여 효과가 발생하므로 행정청의 의사가 개입될 여지가 없으며 법률이 규정하고 있는 방식에 따라야 한다.
재량성 유무	재량있음		재량없음	

2 기속행위와 재량행위 : 법률에 종속의 정도

(1) 종류

개괄	기속행위와 재량행위는 행정행위의 법규에 의한 구속성 정도에 따른 분류로서 양자의 차이는 상대적이다. 즉, 기속행위는 법규에 엄격히 구속되는 행위인데 반해, 재량행위는 법규에 의한 구속이 상대적으로 완화되어 있는 것에 불과하다.
기속행위	① 행정권 행사의 요건과 효과가 법에 일의적으로 규정되어 있어서 행정청에게 판단의 여지가 전혀 인정되지 않고 행정청은 법에 정해진 행위를 하여야 하는 의무를 지는 행위를 말한다(예 ~하여야 한다). ② 위반시에는 위법행위가 되고, 법률문제로서 법원의 심사대상이 된다.

재량행위	① 행위의 요건이나 효과의 선택에 관하여 법이 행정권에게 판단의 여지 또는 재량권을 인정한 경우에 행해지는 행정청의 행정행위를 말한다(예 ~할 수 있다).
	② 종류
	  ⊙ 기속재량(법규재량)과 자유재량(공익재량) : 무엇이 법인지를 판단하는 재량이 기속재량, 무엇이 공익목적에 보다 적합한 것인지를 판단하는 재량이 공익재량이다.
	  ⓒ 결정재량과 선택재량 : 어떠한 행정행위를 할 것인지의 재량을 결정재량, 행정행위 중에서 범위를 선택할 재량을 선택재량이라고 한다. ⇨ 경찰공무원이 직무상 과실로 잘못을 저지른 경우에 경찰기관은 해당 경찰공무원에 대하여 징계처분을 하는 결정과 해당 경찰공무원의 과거의 성실한 직무수행, 해당 경찰공무원의 건강상태 등과 같은 사정을 고려하여 징계처분을 하지 않는 결정 사이에 선택권을 갖고(결정재량), 경찰기관이 징계처분을 하기로 결정한 경우에도 해당 경찰공무원의 과실의 중대성을 고려하여 징계처분을 내림에 있어서 여러 종류의 징계처분(파면·해임·강등·정직·감봉·견책)의 종류 사이에 선택권을 갖는다(선택재량).
	③ 위반 시에는 부당행위에 해당하며 법원의 심사대상이 되지 않는다. 그러나 행정심판의 대상은 된다.

(2) 구별실익

구분	기속행위	재량행위
사법심사방식	행정청의 판단이 법원의 판단과 다를 경우 행정청의 행위는 위법	재량의 일탈·남용이 있는 경우 행정청의 행위는 위법
부관	판례는 일반적으로 기속행위에는 부관을 붙일 수 없다는 입장	재량권의 범위내에서 법적근거 없이도 부관을 붙일 수 있음
개인적 공권	행정개입청구권	• 무하자재량행사청구권 • 행정개입청구권(재량이 0으로 수축시)
입증책임	처분 적법성은 행정청이 입증	재량의 일탈·남용은 원고가 입증
기속재량	① '중대한 공익상 필요'가 있는 경우에는 허가를 거부할 수 있는 행정행위 ② 인정여부 : 중간영역으로 기속재량행위 판례인정 예 사설납골시설(봉안당)의 설치신고의 수리행위(대판 2008두22631), 주유소 등록(대판 98두7503) ③ 입증책임 : 중대한 공익상 필요를 행정청이 입증해야 함	

(3) 구별기준

종래입장	① 전통적 재량이론 : 재량행위 사법심사 불가 ② 요건재량설 : 법규요건이 공익상 필요와 같은 종국 목적만 규정 또는 공백, 불확정개념으로 된 경우 재량행위 ③ 효과재량설 : 기속행위는 부담적 행정행위, 재량행위는 수익적 행정행위
통설	1차적 구별기준 : 법규문언기준(재량 : 할 수 있다. / 기속 : 해야 한다.) 2차적 구별기준 : 행정의 실질(법령취지, 목적, 행위성질, 기본권관련성 종합고려)
판례	① 원칙 : 종합적 판단 예 법규형식, 문언, 행정의 목적, 특성, 행위의 성질과 유형 모두 고려(대판 98두17593) ② 보충적 기준 : 효과재량설 예 주택건설사업계획의 승인은 수익적 행정처분으로서 재량행위에 속한다. (대판 2005두13315)

(4) 기속행위와 재량행위

기속행위로 본 판례	재량행위로 본 판례

• 음주측정거부로 인한 운전면허취소처분(대판 2003두12042)
• 경찰공무원임용령에 의한 부정행위자에 대한 합격취소처분 및 응시자격제한 처분
• 위생접객업허가(대판 94누13442)
• 광천음료수제조업허가
• 건축허가(대판 92누3038)
• 일반음식점 영업허가(대판 97누12532)
• 법무부장관의 난민인정(대판 2016두2913)
  ↔ 법무부장관의 난민인정취소
    (재량행위, 대판 2013두16333)
• 명의신탁자에 대한 과징금부과처분(대판 2010두7031)
• 국적법상의 귀화요건을 갖추지 못한 경우 귀화불허처분(대판 2016두31616)
	• 주택건설사업계획승인(대판 96누16698)
	• 개인택시운송사업면허(대판 96누6172)
	• 공유수면매립면허(대판 88누9206)
	• 마을버스운송사업면허
	• 음주운전 면허취소(대판 2017두67476)
	• 공무원에 대한 징계처분
	• 학교환경위생정화구역내에서의 유흥주점허가
	• 공정거래위원회의 과징금부과처분(대판 2016두40507)
	• 총포 등 소지허가
	• 귀화허가, 체류자격변경허가
	• 주택조합설립인가, 비영리법인설립허가
	• 재단법인의 임원취임승인(대판 98두16996)
	• 개발제한구역 내의 건축허가(대판 98두17593)
	• 토지의 형질변경행위를 수반하는 건축허가(대판 2017두48956)
	• 사회보장수급권(대판 2015두2864)

(5) 불확정개념과 판단여지

① 개념 : 판단여지란 요건을 이루는 불확정개념의 해석·적용에 있어서 이론상 하나의 판단만이 가능한 것이지만, 둘 이상의 판단이 모두 적법한 판단으로 인정될 수 있는 가능성이 있는 것을 말한다. 불확정개념이란 그 개념 자체로서는 그 의미가 명확하지 않고 해석의 여지가 있는 개념을 말한다(예 공공의 안녕과 질서, 중대한 사유, 식품의 안전, 환경의 보전 등).

② 사례 : 고도로 전문적이거나 정책적인 판단이 요청되는 경우에는 판단여지가 인정된다
> **예** 전문성이 갖추어진 위원회의 판단을 거친 경우, 외국인의 재류기간(在留期間)의 갱신을 적당하다고 인정할 만한 상당한 이유의 인정, 시험분야에서의 결정(채점기준, 정답의 결정), 검정을 신청한 중고등학교용 도서의 검정기준에의 적합 여부의 판단(대판 86누618), 학교분야에서의 시험유사적 결정(학위수여 여부에 대한 결정(대판 76누63)) 등

③ 결어 : 행정기관에게 판단여지가 인정되는 경우에는 판단의 여지 내에서 이루어진 행정기관의 판단은 법원의 통제의 대상이 되지 않는다. 법원은 행정기관이 판단의 여지 내에서 내린 결정을 수용하여야 한다. 이러한 주장을 하는 학설을 판단여지설이라 한다.

(6) 재량권의 일탈·남용

의의		행정청의 재량에 속하는 처분이라도 재량권의 한계를 넘거나 그 남용이 있는 때(재량의 일탈·남용)에는 법원은 이를 취소할 수 있다(행정소송법 제27조).
유형	재량권의 일탈	재량권의 외적 한계(법규상의 한계)를 넘는 경우이다.
	재량권의 남용	① 재량권의 내적 한계(조리상의 한계)를 넘는 경우이다. ② 남용여부 판단기준 : 평등의 원칙위반, 목적위반, 동기의 부정, 비례의 원칙위반, 사실오인, 부당결부금지의 원칙위반, 재량의 불행사와 해태 ③ 판례 : 재량의 일탈·남용 구별하지 않고 존재여부 판단
	재량권의 불행태	① 재량의 불행사 : 기속행위로 오인, 재량권 행사(×) ② 재량의 해태 : 고려사항 충분 고려(×)
판례	재량의 일탈·남용 ○	① 행정청이 자신에게 재량권이 없다고 오인한 나머지 전혀 비교형량 하지 않은 채 행한 처분(대판 2017두38874) ② 상급자 비판 기자회견한 검사 징계 면직처분(대판 2000두7704)
	재량의 일탈·남용 ×	① 경찰공무원이 그 단속의 대상이 되는 신호위반자에게 먼저 적극적으로 돈을 요구하고 다른 사람이 볼 수 없도록 돈을 집어 건네주도록 전달방법을 구체적으로 알려 주었으며 동승자에게 신고시 범칙금 처분을 받게 된다는 등 비위신고를 막기 위한 말까지 하고 금품을 수수한 경우, 비록 그 받은 돈이 1만원에 불과하더라도 위 금품수수행위를 징계사유로 하여 해당 경찰공무원을 해임처분한 것은 징계재량권의 일탈·남용이 아니다. ○ ⇨ 법규위반자에게 금품요구한 경찰관 해임(대판 2006두6274) ② 구호조치 없이 도주한 경찰관 해임처분(대판 99두6101) ③ 집단행위금지의무를 위반한 공무원에 대한 파면처분(대판 2006두16789) ④ 면직처분하지 않고 임용기간만료 후 기간임용제 사립대학교원 재임용거부처분(대판 2016두52545)

핵심지문

① 개발제한구역 내에서의 건축허가는 기속행위로 보는 것이 대법원의 입장이다. ✗
  ⇨ 개발제한구역 내에서의 건축허가는 재량행위로 보는 것이 대법원의 입장이다(대판 2003두7606). 개발제한구역 내에서 예외적으로 인정되는 개발행위의 허가는 재량행위에 해당한다.
② 구 사법시험령상 사법시험 문제 출제행위는 판례가 재량행위로 판단하였다.
③ 재량행위는 법률에 의하여 행정청에 선택의 가능성이 부여된 것이나 일정한 한계가 있다. ○
④ 대법원은 교과서검정에 대한 판단(대판 91누6634), 공무원임용을 위한 면접 등의 사안(대판 97누11911)에서 독일의 판단여지 이론을 인정하여 사법심사를 배제하고 있다. ✗ ⇨ 대법원은 판단여지를 인정하지 않고 재량으로 해결한다.
⑤ 행정행위를 기속행위와 재량행위로 구별하는 필요성은 행정행위에 대한 사법심사의 한계를 설정하기 위함이다. ○
⑥ 행정재량은 개별적 정의실현에 있다. ○
⑦ 재량행위를 인정하는 이유는 입법기술상의 한계와 구체적 사정에 따른 적절한 행정의 필요성 때문이다. ○
⑧ 오늘날 기속행위와 재량행위의 차이는 본질적인 것으로 이해되고 있다. ✗
  ⇨ 재량행위와 기속행위의 구별은 양적·상대적 차이에 불과하다.
⑨ 행정행위를 기속행위와 재량행위로 구분하는 경우 양자에 대한 사법심사는, 전자의 경우 그 법규에 대한 원칙적인 기속성으로 인하여 법원이 사실인정과 관련 법규의 해석·적용을 통하여 일정한 결론을 도출한 후 그 결론에 비추어 행정청이 한 판단의 적법 여부를 독자의 입장에서 판정하는 방식에 의하게 되나, 후자의 경우 행정청의 재량에 기한 공익 판단의 여지를 감안하여 법원은 독자의 결론을 도출함이 없이 당해 행위에 재량권의 일탈·남용이 있는지 여부만을 심사하게 되고 이러한 재량권의 일탈·남용 여부에 대한 심사는 사실오인, 비례·평등의 원칙 위배 등을 그 판단 대상으로 한다(대판 2005두1329)
⑩ 도로교통법 제93조 제1항 단서 제3호의 규정에 따르면, 술에 취한 상태에 있다고 인정할 만한 상당한 이유가 있음에도 불구하고 경찰공무원의 측정에 응하지 아니한 때에는 필요적으로 운전면허를 취소하도록 되어 있어 처분청이 그 취소 여부를 선택할 수 있는 재량의 여지가 없음이 그 법문상 명백하므로, 위 법조의 요건에 해당하였음을 이유로 한 운전면허취소처분에 있어서 재량권의 일탈 또는 남용의 문제는 생길 수 없다(대판 2003두12042). ○

(7) 재량권 0(1)으로의 수축
① 행정청에게 행위여부(결정재량) 내지는 복수행위 사이의 선택(선택재량)에 있어 독자적인 판단권(재량권)이 부여되어 있는 경우라도, 일정한 예외적 상황에서는 그러한 재량의 여지가 수축되어 오직 하나의 결정만이 의무에 합당한 재량권의 행사로 인정되는 것이다.
② 원래 목전의 급박한 상황에서 국민의 중대한 법익이 침해될 우려가 높은 경우에 경찰권의 발동과 관련하여 인정되기 시작하였다.
③ 일정한 경우에 재량권이 영으로 수축하게 된다. 이 경우에 행정청은 재량권을 갖지 못하며 특정한 행위를 하여야 할 의무를 지게 되고, 재량행위에 있어서 국민이 가지는 권리인 무하자재량행사청구권은 행정행위발급청구권이나 행정개입청구권으로 전환된다.
④ 이 경우에 행정기관의 부작위로 인해 손해를 받은 자는 국가배상을 청구할 수 있다.
⑤ 재량행위가 기속행위로 전환된다.

> **핵심지문**
>
> 경찰권의 행사 여부는 원칙적으로 재량처분으로 인정되고 있으나, 목전의 상황이 매우 중대하고 긴박한 것이거나, 그로 인하여 국민의 중대한 법익이 침해될 우려가 있는 경우에는, 재량권이 영으로 수축하여 경찰권을 발동할 의무가 있다. 따라서 사람이 바다에서 조난을 당하여 인명이 경각에 달린 경우에 해양경찰관으로서는 그 직무상 즉시 출동하여 인명을 구조할 의무가 있다(헌재 2006헌마869).

3 쌍방적 행정행위와 단독적(일방적) 행정행위

(1) 쌍방적 행정행위
상대방의 신청·동의 등을 받아서 행하는 행정행위(특허, 허가, 인가 및 공무원 임명)

(2) 단독적 행정행위
행정주체가 일방적으로 행하는 행정행위이다(징집명령 발부, 과세처분, 출두통지).

> **핵심지문**
>
> ① 행정행위는 상대방의 협력을 요건으로 하는 행위를 쌍방적 행정행위 내지 협력을 요하는 행정행위라 한다. O
> ② i) 허가·인가·특허행위, ii) 공기업에 대한 특허는 쌍방적 행정행위이고, i) 조세부과, ii) 경찰하명, iii) 공무원의 징계, iv) 허가의 취소는 일방적 행정행위이다. O

4 수령을 요하는 행정행위와 수령을 요하지 않는 행정행위

(1) 수령을 요하는 행정행위
특정인에 대한 행정행위

(2) 수령을 요하지 않는 행정행위
불특정 다수인에 대한 행정행위

5 요식행위와 불요식행위

요식행위는 소정의 형식을 갖추지 않는 경우에 무효가 된다(행정심판의 재결, 납세의 독촉, 대집행의 계고 등).

6 적극적 행정행위와 소극적 행정행위

(1) 적극적 행정행위
현재의 법률상태에 변동을 가져오는 행위이다(하명, 허가, 특허 등).

(2) 소극적 행정행위
현재의 법률상태에 아무런 변동을 가져오지 않는 행위이다(거부처분).

7 대인적 행정행위, 대물적 행정행위, 혼합적 행정행위 → 대상을 기준

(1) 대인적 행정행위
사람의 주관적 사정에 착안, 일신전속성이므로 이전성 없다(의사면허·운전면허).

(2) 대물적 행정행위
물건의 객관적 사정에 따르므로 이전성 인정된다(자동차검사증교부, 건물준공검사).
 ※ 물적 행정행위
　직접적으로는 행정행위의 효과가 당해 물건에만 미치고, 사람에 대해서는 간접적인 효과를 미치는 행정행위이다(예 주차금지 구역의 지정, 공물의 공용지정).

(3) 혼합적 행정행위(예 고물, 전당포, 병원영업허가)
이전성 제한된다.

> **핵심지문**
>
> ① 대인적 행정행위는 원칙적으로 일신전속적이기 때문에 이전성·상속성이 없다. **O**
> ② 대인적·대인적·대물적·혼합적 행정행위의 예
>
> | | | |
> |---|---|---|
> | 대인적 행정행위 | 개념 | 개인적 사정(지식·지능·경험)을 원인으로 행해지는 행위 |
> | | 특징 | 일신전속적 → 이전 불가 |
> | | 예 | • 운전면허　　　　　　• 의사면허, 약사면허
• 인간문화재 지정 등　• 귀화허가
• 공무원임명 |
> | 대물적 행정행위 | 개념 | 물건의 객관적 사정을 원인으로 법률상 자격부여, 권리·법률관계 형성 |
> | | 특징 | 이전시 행정기관의 승인 or 신고 필요(일반적) |
> | | 예 | • 도로의 공용지정행위
• 시립공원 지정　　　　• 건축물 준공검사
• 건축허가　　　　　　• 자동차 검사증 교부
• 골동품 문화재로의 지정행위
• 도시관리계획에 의한 용도지역의 지정
• 주차금지구역의 지정 |
> | 혼합적 행정행위 | 개념 | 인적·물적·요건을 동시에 요하는 행위 |
> | | 특징 | 이전성 제한(일반적) |
> | | 예 | • 총포·화약류 영업허가
• 석유·가스 사업허가
• 약국영업허가 |

8 수익적, 부담적, 복효적 행정행위(상대방에 대한 법률효과를 기준)

구분	수익적 행정행위	부담적 행정행위
의의	상대방에게 권리·이익을 부여하는 행정행위	상대방에게 의무를 부과하거나 권리·이익을 침해·제한하는 행정행위
법률유보의 문제	• 침해유보설 → 법적 근거 不要 • 현대 → 법적 근거 必要	법적 근거를 要한다.
신청여부	쌍방적 행정행위	일방적 행정행위
의무이행 확보	강제성이 없다.	의무불이행의 경우 행정청은 강제집행 등의 자력강제수단에 의하여 그 이행을 확보할 수 있다.
재량성 여부	효과재량설 → 행정청의 재량	원칙적으로 기속재량이다.
취소·철회	직권취소 및 철회의 경우 신뢰보호원칙과 관련해서 일정한 제한이 있다.	철회·취소의 자유성

예	허가·특허·인가·면제 및 부담적 행정행위의 취소·철회	명령·금지·박권행위 및 수익적 행정행위의 취소·철회
복효적 행정행위	(1) 의의 : 복효적(이중효과적) 행정행위란 하나의 행정행위가 일방의 당사자에게는 수익적 효과가 발생하고, 타방의 당사자에게는 침익적 효과가 발생하는 행위를 말한다. (2) 종류 　① 혼합효 행정행위 : 수익적 효과와 부담적 효과가 동일인에게 발생하는 행위를 말한다. 　② 제3자효 행정행위 : 1인에게는 이익을 또 다른 1인에게는 불이익이 되는 행위를 말한다(예 ㉠ 화장장설치허가 ㉡ 다세대주택의 건축허가, ㉢ 공매처분, ㉣ 공장설치허가, ㉤ 당선인결정, ㉥ 합격자결정, ㉦ 수용결정, ㉧ 경업허가).	

핵심지문

① 수익적 행정행위는 신청을 전제하는 경우가 많다. O
② 수익적 행정행위는 부관이 붙는 경우가 많다. O
③ 부담적 처분에 비하여 수익적 행정행위는 자유로이 철회할 수 없다고 할 것이다. O
④ 수익적 행정행위의 경우에는 상대방의 신뢰보호를 위하여 무효의 요건을 엄격히 해석하여야 한다. O
⑤ 수익적 행정행위는 쟁송에 의하여 취소되는 것이 보통이다. X
　⇨ 수익적 행정행위는 직권취소의 대상이 되는 것이 보통이다.
⑥ 부담적 행정행위는 법률유보의 원칙이 엄격하게 적용된다. O
⑦ 침익적 행정행위는 통상 상대방의 신청을 전제로 이루어지는 쌍방적 행정행위로서의 성질을 갖는다. X
　⇨ 침익적 행정행위는 행정청이 직권에 의하여 일방적으로 발하는 것이 원칙이다.
⑧ 침익적 행정행위는 기속행위인 것이 보통이다. O
⑨ 침익적 행정행위는 그 발동에 있어서 법률의 근거가 있어야 한다. O
⑩ 침익적 행정행위나 수익적 행정행위 모두 의무이행확보수단이 요구된다. X
　⇨ 침익적 행정행위에 의하여 부과된 의무를 상대방이 이행하지 않는 경우에는 그 이행을 확보할 수단이 요구되나, 수익적 행정행위는 의무이행확보수단과는 무관하다.
⑪ 복효적 행정행위라 함은 당해 처분의 직접 상대방에게 이익 혹은 불이익이 되는 처분이 제3자에게는 반대로 불이익 또는 이익이 되는 처분을 말한다. O
⑫ 복효적 행정행위의 특색은 당사자 간의 이해가 상반된다는 것이다. O
⑬ 복효적 행정행위와 관련하여 가장 크게 문제되는 것은 제3자인 불이익자의 권리구제수단을 강구하는 것이다. O

CHAPTER 02 경찰작용

제1절 | 서설

1 개념

(1) 경찰작용법은 경찰행정의 내용을 규율하는 법규로서, 경찰행정상의 법률관계의 성립·변경·소멸에 관련된 모든 법규를 말한다.

(2) 경찰작용은 공법적 작용이기 때문에 사법적 작용은 경찰작용에서 제외한다. 즉, 유료도로의 요금납부명령은 사법적 작용이므로 경찰작용이 아니다.

(3) 경찰작용법은 경찰의 직무, 경찰권발동의 근거와 한계, 경찰행정의 유형, 경찰상 처분의 법적 효력, 경찰강제 등에 관한 규율을 내용으로 한다.

2 경찰작용의 근거

조직법적 근거	경찰의 사물관할, 직무범위의 규범은 경찰의 임무규정이 되고, 이러한 임무규정은 다른 행정청과의 직무의 한계를 설정하여 법적으로 허용되는 경찰작용의 외적 한계를 결정하게 된다(국가경찰과 자치경찰의 조직 및 운영에 관한 법률 제3조, 경찰관 직무집행법 제2조).	모든 경찰작용에 필요
작용법적 근거	경찰작용을 위해서는 수권규정 및 그 경찰작용의 발동요건과 한계를 정한 것으로서 권한규정이 있어야 한다.	① 권력적 작용 (필요), ② 비권력적 작용(불요)
	특별조항 : 표준조치, 개별적 수권조항	
	일반조항 : 개괄조항, 개괄적 수권조항	

(1) 경찰작용과 법률유보
  ① 법률유보의 방식 : 법률유보의 방식은 다음과 같이 세 가지 유형으로 나누어 볼 수 있다.
    ㉠ 특별경찰법상 조항에 의한 특별수권의 방식 : 관련 주무장관에 의해 수행되는 경찰작용을 말한다. 즉, 경범죄 처벌법, 도로교통법, 국가보안법 등을 말하며, 일반경찰법상의 조항에 우선하여 적용된다(특별법 우선의 원칙).
    ㉡ 일반경찰법상 특별(개별)조항에 의한 특별수권의 방식 : 특별조항 또는 표준조치라고도 하며, 경찰관 직무집행법 제3조(불심검문)에서 제10조의4(무기의 사용)가 그 예이다. 경찰법 집행의 탄력성이 저하되는 단점이 있다.

ⓒ 일반경찰법상 일반(개괄적)조항에 의한 일반수권의 방식 : 일반조항 또는 개괄조항이라고도 하며, 경찰관 직무집행법 제2조 제7호에 대하여 인정할 수 있는지가 논란의 대상이 되고 있다. 법률유보의 원칙을 위반하여 국민의 기본권을 침해할 수 있다는 단점이 있다.

② 경찰상 법적 행위와 사실행위
㉠ 법적 행위 : 일정한 법적 효과의 발생을 목적으로 하여 법적 효과(권리·의무)를 외부적으로 발생·변경·소멸시키는 법률행위를 의미한다. 경찰하명, 경찰허가, 경찰면제 등이 있으며 구제수단으로 행정쟁송, 손실보상, 손해배상이 있다.
㉡ 사실행위 : 일정한 법적 효과의 발생을 목적으로 하는 것이 아니라, 직접적으로 사실상의 결과만을 가져오는 행정주체의 행위형식 전체를 말한다. 경찰상 강제집행, 즉시강제, 교통안전시설물의 설치·관리, 불법주정차 차량의 견인, 단순한 교통경찰관의 지시 등이 있다. 사실행위는 권력적 사실행위(계속적·장기적 성질을 가질 경우 행정쟁송이 인정될 수 있음)와 비권력적 사실행위(항고소송의 대상이 안 됨)가 있다.

③ 행정지도(경찰지도) : 행정의 주체가 일정한 행정목적을 달성하기 위하여 상대방의 임의적 협력을 기대하여 행하는 비권력적 사실행위로서 상대방의 권리·의무에 영향을 주지 않는다. 자동차 2부제 운행지도를 들 수 있다.

(2) 경찰작용에 관한 법
경찰작용법에는 일반법이라고 할 수 있는 경찰관 직무집행법 외에 다수의 단행법이 존재하고 있다.

생활안전에 관한 경찰작용법	청소년 보호법, 경범죄 처벌법, 등이 있다.
교통에 관한 경찰작용법	도로교통법, 교통사고처리 특례법, 도로법 등이 있다.
경비에 관한 경찰작용법	경찰직무 응원법, 수상구조법, 청원경찰법 등이 있다.

(3) 경찰작용법체계의 문제점
경찰관 직무집행법이 과연 일반법으로서의 체계나 내용을 담고 있는지가 의문시되고 있으며, 각 단행법도 개별목적의 개별입법에 의하여 존재하고 있어, 경찰작용법 전체가 체계적 통합성과 법적 명확성을 가지고 있지 못하다.

3 법률행위적 행정행위와 준법률행위적 행정행위

이는 구성요소에 따른 분류이다. 법률행위적 행정행위는 행정주체의 의사표시(효과의사)를 구성요소로 하는 행정행위로서 행정청의 효과의사의 내용에 따라 법적 효과가 발생한다. 하명·허가·면제·특허·인가·대리 등이 이에 속한다. 준법률행위적 행정행위는 행정주체의 의사표시 이외의 정신작용(판단·인식·관념·의사 등)을 구성요소로 하는 행정행위로서 그 법적 효과는 행위주체의 의사표시에 의해서가 아니라 법률의 규정에 의하여 발생하는 행정행위이다. 확인·공증·통지·수리 등이 이에 속한다.

법률행위적 행정행위 (효과의사의 표시)	명령적 행위	하명, 허가, 면제
	형성적 행위	특허, 인가, 대리
준법률행위적 행정행위 (판단·인식의 표현)	공증, 통지, 수리, 확인	

(1) 법률행위적 행정행위
① 명령적 행정행위 : 행정주체가 행정객체에 대하여 특정한 의무를 부과하거나 또는 이미 과하여진 의무를 해제하는 내용의 행정행위이다.
  ㉠ 하명
    ⓐ 일정한 작위의무·부작위의무·수인의무·급부의무를 명하는 행정행위를 말한다.
    ⓑ 이 중에서 부작위의 의무를 명하는 행정행위를 특히 금지라 하고, 작위·수인·급부의 의무를 명하는 행정행위를 명령이라고도 한다.
  ㉡ 허가
    ⓐ 법령에 의한 일반적·상대적 금지를 특정한 경우에 해제하여 적법하게 일정한 행위를 할 수 있도록 자연적 자유를 회복시켜 주는 행정행위를 말한다.
    ⓑ 허가는 상대방의 신청에 의하여 하는 것이 원칙이나 통행금지해제, 보도관제해제, 수출입금지해제와 같이 신청에 의하지 않고 일방적으로 하는 직권허가도 있다.
  ㉢ 면제 : 부작위의무의 해제를 허가라 하고, 작위의무·수인의무·급부의무를 특정한 경우에 해제하는 행정행위를 면제라고 한다.

명령적 행정행위의 체계와 하명(자유의 제한 또는 의무부과)의 종류

형식	법규하명	건축법(처분법규) → 건축금지(법규하명)	
	하명처분	근거법규의 구체적 집행 (일반처분, 개별처분)	
종류	부작위(금지)	무면허운전금지, 불법총기류제조금지(~을 하지 말 것)	부작위의무(금지)의 해제 : 허가
	작위	병역법 → 국방의무이행명령(~을 할 것)	작위·급부·수인의 무의 해제 : 면제
	수인	건강진단수진(진찰받을)명령(~을 참을 것)	
	급부	조세부과처분(~을 줄 것)	
효과	하명에 따른 공법적 의무		

② 형성적 행정행위 : 형성적 행위란 명령적 행위와는 달리 본래부터 가지고 있지 아니한 특정한 새로운 권리·능력(권리능력·행위능력)·포괄적 법률관계 기타 법적 지위를 발생·변경·소멸시키는 행정행위를 말한다.
  ㉠ 특허

ⓐ 특정인을 위하여 새로이 독점적인 권리를 설정해 주는 행정행위(공기업특허), 능력을 설정하는 행위(공법인의 설립행위) 및 법적 지위를 설정하는 행위(공무원 임명·귀화허가)를 말한다.
ⓑ 권리·능력·법적 지위를 설정하는 행위로서의 특허를 '설권행위', 기존의 권리·능력·법적 지위를 변경시키는 행위를 '변권행위(공무원의 전보발령)'라 하고, 소멸시키는 행위를 '박권행위(공무원의 파면)'라고 한다.

> ▷ 행정행위 중 강학상(이론상, 학문상) 특허에 해당한다(판례에 의함).
> ㉠ 「도시 및 주거환경정비법」에 따른 주택재건축사업조합의 설립인가
> ㉡ 「출입국관리법」에 따른 체류자격 변경허가
> ㉢ 「도로법」에 따른 도로점용허가
> ㉣ 「국적법」에 따른 귀화허가
> ㉤ 국유재산 등의 관리청이 행정재산의 사용·수익에 대하여 하는 허가

ⓒ 인가
ⓐ 제3자의 공법상·사법상의 법률행위(**주의** 사실행위-×)를 보충하여 그 법률적 효력을 완성시켜 주는 행정행위를 말한다(보충행위). **예** 재단법인의 정관변경 허가(대판 95누4810)
Tips 인가는 성질상 항상 제3자 간의 법률행위(공법행위·사법행위 불문)에 한정(사실행위 제외)한다.
ⓑ 인가는 법률행위의 효력요건이므로 무인가행위는 원칙적으로 무효이다(유효요건). 이 점에서 무허가행위는 처벌의 대상이 되지만 원칙적으로 무효는 되지 않는 것과 다르다.

ⓒ 대리(공법상 대리)
ⓐ 공법상 대리란 타자가 하여야 할 행위를 행정주체가 대신하여 행하고, 그 행위의 효과는 본인이 행한 것과 같은 법적 효과를 발생하게 하는 행정행위이다.
ⓑ 한국자산관리공사에 의한 공매의 대행, 당사자 간 협의가 이루어지지 않은 경우의 재정 등이 있다.

(2) 준법률행위적 행정행위
의사표시 이외의 정신작용을 구성요소로 하며, 법률규정에 의하여 효과가 발생하고, 모두 기속행위라는 점, 대개 요식행위이며, 원칙적으로 부관을 붙일 수 없다는 점에서 법률행위적 행정행위와 다른 특징을 가지고 있다.
① 확인 : 판단표시행위, 준사법적 행위(불가변력발생), 기속행위, 요식행위

의의	특정한 사실 또는 법률관계의 존부(存否) 또는 당부(當否)에 관하여 의문이나 다툼이 있는 경우에 행정청이 공권적으로 이를 판단·확정하여 의문이나 다툼이 없도록 인정·확정·선언하는 행정행위이다.
예	확인에는 행정분야에 따라 ㉠ 조직법상 확인(당선인의 결정·국가시험합격자 결정), ㉡ 쟁송법상의 확인(행정심판재결), 신체검사 등으로 나눌 수 있다.

② 공증 : 인식표시행위, 요식행위, 기속행위, 공적 증거력 발생

의의	특정한 사실 또는 법률관계의 존부를 공적 권위로써 증명하는 행정행위이다. 즉, 이는 의문 또는 다툼이 없는 사항에 관하여 공적 권위로써 이를 증명하는 행위라는 점에서 의문이나 다툼이 있는 행위에 대하여 행해지는 확인과 구별된다.
예	㉠ 당선증서·합격증서·졸업증서 등과 같은 각종의 증명서 발급(권리행사요건) ㉡ 여권의 발급·면허증·주민등록증·원장 등의 교부(권리설정행위의 유효요건)

③ 통지 : 관념·의사의 표시행위

의의	특정인 또는 불특정다수인에게 특정한 사실을 알리는 행정행위이다.
예	통지는 관념의 통지(단순히 어떤 사실이 있다는 것을 알리는 것)일 때도 있고, 의사의 통지(앞으로 어떤 행위를 하겠다는 것을 알리는 것)일 때도 있다(대집행의 계고).

④ 수리 : 인식표시행위, 수동적 행정행위

의의	타인행위를 유효한 행위로 받아들이는 행위를 말한다.
예	수리에는 사직원서의 수리·혼인신고의 수리·이의신청의 수리

제2절 | 명령적 행위

경찰작용에는 각종 경찰상의 의무를 부과하는 경찰하명, 부작위의무를 해제시켜주는 경찰허가, 작위·급부·수인의무를 해제시켜 주는 경찰면제, 경찰상 사실행위, 그리고 경찰행정의 자동기계결정 등이 있다.

1 경찰하명

(1) 경찰하명의 의의
  ① 경찰하명이란 경찰상의 목적을 달성하기 위하여 일반통치권에 의거하여 국민에 대하여 특정한 작위·부작위·수인·급부의 의무를 명하는 행위를 말한다.
  ② 경찰목적을 달성하는 데는 경찰강제의 수단으로도 가능하나, 이는 하명에 비하여 인권보장의 요구에 반할 우려가 많으므로 경찰작용은 하명에 의함을 원칙으로 한다.
  ③ 경찰목적이 주로 사회의 장해를 제거하는 데 있으므로 가장 보편적인 경찰하명은 사회에 위해를 미칠 행위를 금지하는 부작위하명이다. 특히 이것을 경찰금지라고 한다. 경찰금지 이외의 작위·급부·수인의 의무를 과하는 것을 가리켜 경찰명령이라고도 한다.

(2) 경찰하명의 성질
① 경찰하명은 경찰상의 목적을 달성하기 위하여 명하여진다는 점에서, 판매가격의 통제를 목적으로 하는 규제하명이나 조세부과 등을 목적으로 하는 재정하명 또는 국방에 필요한 병력을 취득하거나 군사부담을 과하는 군정하명과 성질을 달리하고 있다.
② 경찰하명은 일반통치권에 의거한 국민에 대한 하명으로서 특별권력관계 내부에서 내부질서유지를 위한 명령(예컨대, 상관의 직무상 명령)과 구별된다.
③ 경찰하명은 의사표시(효과의사의 표시)를 구성요소로 하고 그 효과의사의 내용에 따라서 법률효과를 발생하는 권력적 법률행위로서 단순한 실력을 요소로 하는 권력적 사실행위의 경찰강제와 구별된다.
④ 경찰하명은 국민의 자연적 자유를 제한하는 명령적 행위로서 국민의 권리 또는 능력의 발생·변경·소멸을 목적으로 하는 형성적 행위와 구별된다.

(3) 경찰하명의 형식
① 법규하명
  ㉠ 국민에 대한 의무부과가 법규에 의하여 직접 하명하는 형식을 취하는 경우를 법규하명이라고 한다. 경찰기관의 별도의 행정처분을 기다리지 않고, 경찰법규가 직접 경찰의무를 발생케 하는 경찰하명을 말한다.
    예 총포·도검·화약류 등 안전관리에 관한 법률에 의한 무허가 총포소지금지, 운전자의 야간등화의무, 미성년자음주금지, 집회신고의무 등
  ㉡ 이와 같이 법규 자체가 행정행위의 효력을 가진다. 법규하명은 새로운 의무를 과할 수 있고, 일반성·추상성을 특징으로 공포함으로써 효력을 발생한다.
② 경찰처분(하명처분)
  ㉠ 법규에 의거한 행정행위에 의하여 하명하는 형식을 취하는 경우를 경찰처분이라고 한다.
  ㉡ 보통 경찰처분이 특정인에 대하여 개별적으로 행하여지는 것이 보통이나 불특정다수인에 대하여 일반적 의무를 명하는 때도 있다. 이것을 일반처분이라고 한다.
    예 도로교통법상 통행의 금지 및 제한, 제한속도 지정고시, 야간통행제한, 위험한 도로의 통행금지, 차량정지명령 등
  ㉢ 경찰처분은 법규하명과는 달라서 새로운 의무를 부과할 수 없고, 개별적 구체성을 특징으로 한다.
  ㉣ 경찰처분의 형식적 요건은 별다른 규정이 없는 한 의무자가 보통사정 아래서 알 수 있다고 인정되는 방법으로 고지함으로써 효력을 발생한다.

(4) 경찰하명의 종류(내용에 따른 분류)
① 작위하명
  ㉠ 작위하명이라 함은 적극적으로 어떠한 행위를 하도록 의무를 명하는 경우이다.

ⓒ 감염병예방을 위한 청결·소독시행, 집회신고·화재신고·사체신고 등의 신고의무, 위법건축물 철거명령, 공해방지시설 개선명령, 현역병 입영명령, 장부비치 등이 그 예이다.

② 부작위하명
  ㉠ 개념 : 부작위하명이라 함은 소극적으로 어떠한 행위를 하지 아니할 의무를 명하는 경우이다. 이를 특히 경찰금지라 한다. 부작위하명은 경찰하명 중에서 가장 중요한 것으로 경찰목적이 사회질서유지를 위한 위해 제거이므로 위해 발생의 우려가 있는 행위를 금지시키는 가장 보편적인 경찰하명이다.
  ㉡ 부작위하명의 분류
    ⓐ 절대적 금지와 상대적 금지 : 특정한 경우에 해제를 유보할 것인지 여부에 따라 절대적 금지와 상대적 금지로 나누어진다.

절대적 금지	마약의 판매금지·부녀매매금지·불량(부패)식품판매금지·19세 미만자 끽연·음주금지와 같이 어떠한 경우에도 해제해 줄 수 없는 금지이다.
상대적 금지	허가권을 보유한 경찰금지로 총포소지금지·수렵금지, 공공시설에서 금연, 도로통행금지, 음식점 영업금지 등이 있다.

    ⓑ 일반금지와 개별금지 : 인적 적용범위를 기준으로 하여 분류한 것이다.

일반금지	통행인의 좌측통행금지, 무면허운전금지 등과 같이 불특정다수인에게 부작위의무를 과하는 것이다.
개별금지	일정한 영업에 종사하는 자, 특정한 지위에 있는 자 등 특정의무자에게 과하는 금지를 말한다.

③ 수인하명
  ㉠ 경찰권 발동에 의한 자기의 신체·재산·가택에 대한 사실상의 침해를 감수하고, 이에 저항하지 않을 의무를 과하는 행위를 수인하명이라고 한다.
  ㉡ 이는 경찰강제의 부수적 효과로서 경찰관 직무집행법에 의거 영업장소에 출입하거나, 장부를 검사할 때 영업주가 출입을 허용하고 검사에 응하는 의무, 대집행·즉시강제시 공권력에 복종할 의무, 위험방지를 위한 출·입시에 관계인이 경찰의 조사에 응할 의무 등이 그 예이다.

④ 급부하명
  ㉠ 금전 또는 물품의 급부의무를 명하는 것을 급부하명이라고 한다.
  ㉡ 경찰작용이 특정인에게 이익을 주거나 특정인을 위하여 필요한 경우에 그 비용을 징수하는 것으로서 대집행의 비용징수, 운전면허수수료, 실험상 필요한 물품수거, 현품부과, 조세부과처분 등이 그 예이다.

(5) 경찰하명(행정행위)의 성립, 효력, 적법요건

요건		내용			효과
성립요건	내부적 성립	행정의사의 내부적 결정(의사결정)			① 결여 시 행정행위 부존재이다. ② 하자 시 행정행위(무효/취소) ③ 주체, 내용, 절차, 형식은 적법요건 이기도 한다.
		주체	권한을 가진 자		
		내용	실현가능, 명확, 법치행정원리(우위, 유보)준수(=적법)		
		절차	요구되는 절차 거쳐		
		형식	문서로 함이 원칙(절차법 제24조)		
	외부적 성립	① 결정된 의사의 공식적 표시(의사표시) : 자유롭게 취소·철회할 수 없는 구속을 받는 시점에 성립 ② 입국금지결정(내부전산망 입력) : 외부적 표시×			
효력 발생요건		의사표시의 도달(도달주의)			① 불충족 시 무효 ② 상대방이 처분내용을 이미 알고 있거나, / 다른 경로를 통해 처분의 내용을 알게 되었어도 송달 필요(미송달 시 효력발생×)
		① 상대방이 알 수 있는 상태 ○ / 인식한 상태 × (대판 89누4963) ② 제소기간의 '안 날'은 현실적으로 안 날 ③ 처분의 근거가 되는 개별법에 통지에 대한 별도 규정이 없어도 요구된다.			
		개별처분	송달	특정인	등기우편은 발송사실만으로 도달 추정 가능하지만 보통우편은 도달추정불가하다.
			공고	주소불명, 송달불능	관보, 공보, 게시판, 인터넷 등 행정절차법은 14일 후 효력발생, 단, 달리 정함 가능
		고시·공고		불특정다수	개별법 고시에서 명시한 시기에 효력발생 단, 명시하지 않으면 고시 후 5일 (일반처분)

(6) 경찰하명의 효과

경찰의무의 발생과 자연적 자유의 제한을 가져온다. 다만, 하명을 발한 행정주체에 대해서만 책임을 부담한다.

① 의무의 발생 : 경찰하명의 효과는 그 하명을 받은 특정인 또는 불특정인이 그 하명의 내용을 이행할 공법상의 경찰의무를 지게 한다. 경찰의무는 하명의 종류에 따라 작위·부작위·수인·급부의 의무로 나누어지는데, 이 의무를 불이행 또는 위반할 때에는 강제집행 또는 경찰벌의 원인이 된다.

② 의무 위반의 효력 : 경찰의무 부과의 직접적인 효과는 국민의 자연적 자유를 제한함에 있으며, 법률사안의 능력이나 법률행위의 효력을 좌우함을 목적으로 하지 않는다. 따라서 의무위반행위는 처벌의 대상은 되지만 그것만으로 사법상의 효과가 당연히 무효가 되는 것은 아니다.

> **Tips** 경찰하명 위반시에는 공법적 효과가 있으나 사법적 효과에는 영향이 없다(하명은 행위의 적법요건이나 유효요건은 아니기 때문).

> **예** 무면허 음식물 판매행위가 처벌의 대상은 되지만 판매행위가 무효가 되는 것은 아니다. 영업정지 명령에도 불구하고 생맥주 판매한 호프집의 생맥주판매행위는 효력이 부인되지 않는다.

③ 경찰하명 효과의 범위
  ㉠ 법규하명의 효과 : 법규하명은 법규에 일반적·추상적으로 규정하였기 때문에 하명의 효과는 불특정다수인(일반인)에게 미친다.
  ㉡ 경찰처분의 효과

대인적 하명	특정인의 주관적 사정을 이유로 한 하명이기 때문에 엄격히 그 특정인에게만 하명의 효과가 국한된다. 일신전속적인 성질을 가지고 있으므로 타인에게 이전 또는 승계되지 않는다. 예 예방접종·운전면허정지·취소, 의사면허, 운전면허, 총포류소지허가
대물적 하명	특정인의 주관적 사정과는 관계없이 외적·물적 사정을 이유로 그 소유자·영업주 등에게 행하는 하명인 까닭에, 하명의 효과는 그 물건·영업 등에 부착된 것으로 그 물건의 소유권·영업권·양도권 등의 양도가 있을 때에 양수인에 대하여도 하명의 효과가 미친다. 예 건축허가, 자동차검사합격처분, 정비불량차량의 운행정지, 주차금지구역의 지정
혼합적 하명	대물적 하명이면서 대인적 하명의 요소를 가미한 경우가 있는데, 이때 하명효과의 이전성의 유무는 법령의 합리적 해석에 의하여 구체적으로 결정할 것이나 대체로 이전성이 제한된다. 예 풍속영업허가, 총포류 제조·판매허가

> **KEY**
> • 시·도경찰청장이 도로에서의 위험방지 등을 위하여 주차금지구역을 지정하는 것은 대물적 하명에 속한다.

④ 경찰하명 효과의 지역적 범위 : 경찰하명은 원칙적으로 그 하명을 발한 관할청의 관할구역 안에 그 효과가 국한된다. 그러나 법령에 규정이 있을 때나 성질상 관할지역에만 국한될 수 없는 경우에는 지방관청의 하명이라도 효과가 당연히 관할구역 밖에까지 미친다.

⑤ 행정행위의 기타효력
  ㉠ 구속력(기속력) : 행정행위는 각각 그 내용에 따라 상대방에게 작위의무, 부작위의무, 급부의무, 수인의무 등의 법적 효과를 발생하여 그 효과를 받는 자를 구속하는 힘을 가지게 된다. 행정행위 성립·발효와 동시에 발생하고 취소나 철회가 있기까지 지속된다.
  ㉡ 공정력
    ⓐ 행정행위가 행해지면 비록 법정요건을 갖추지 못한 흠이 있는 경우라도 그 흠이 중대하고 명백하여 당연무효가 아닌 한 권한을 가진 기관에 의하여 취소되기까지는 일응 구속력 있는 것으로 인정해야 한다는 것을 말한다. 정책적 이유로 행정행위의 유효성을 잠정적으로 추정하여 사실상 구속력을 통용시키는 절차법적 효력에 불과하다(통설).
    ⓑ 따라서 실체법적인 적법성의 추정은 인정되지 않는다. 이 효력의 인정근거는 행정의 실효성 보장, 행정법관계의 안정성 유지, 상대방의 신뢰보호의 필요성을 이유로 한다. 당연무효인 행정행위에는 공정력이 없으며, 그리고 공정력과 입증책임의 문제는 관련성이 없다. (주의 적법성의 추정(×), 실체법상 효력(×), 무효인 행정행위(×))
    Tips 절차법적 효력(○), 입증책임무관력(○)

ⓒ 공정력과 구성요건적 효력의 구별 : 전통적 견해는 공정력(公定力)과 구성요건적 효력을 구분하지 않는다. 전통적 견해에 따르면, 공정력을 행정행위의 상대방 및 이해관계인뿐만 아니라 다른 국가기관에도 미치는 효력이라고 보고 있다. 그런데 최근에 공정력과 구성요건적 효력을 구분하는 견해가 유력하게 제기되고 있다. 공정력과 구성요건적 효력을 구분하는 논거는 공정력과 구성요건적 효력은 아래〔표〕에서와 같이 그 효력의 내용과 범위 및 이론적·법적 근거를 달리한다는 점에서 찾고 있다.

공정력과 구성요건적 효력의 구별

구분	공정력	구성요건적 효력
근거	행정의 안전성과 실효성 확보	권한과 직무 또는 관할을 달리하는 국가기관이 상호 다른 기관의 권한을 존중하며 침해해서는 안 된다.
범위	상대방 또는 이해관계인에 대한 구속력	모든 국가기관(지방자치단체기관을 포함한 행정기관 및 법원 등)에 대한 구속력
내용	행정행위가 무효가 아닌 한 상대방 또는 이해관계인은 행정행위가 공적기관이 취소하기까지는 그 효력을 부인할 수 없는 힘	유효한 행정행위가 존재하는 이상 비록 흠(하자)이 있는 행정행위일지라도, 모든 국가기관은 그의 존재, 유효성 및 내용을 존중하며, 스스로의 판단 기초 또는 구성요건으로 삼아야 하는 구속력

ⓓ 선결문제 : 처분의 위법·효력유무가 민·형사사건의 본안재판에 있어서 선 해결할 문제가 된 경우를 말한다.

민·형사소송에서의 선결문제	위법성	판단가능	
	효력부인	무효(공정력 미발생)	판단가능
		취소(공정력 발생)	판단불가

ⓒ 확정력(존속력) : 행정행위로 확정되면 상대방이 그 효력을 다툴 수 없고(불가쟁력), 행정청이 행정행위를 변경할 수 없는(불가변력) 것을 말한다.

불가쟁력 (형식적 확정력)	ⓐ 행정행위에 대한 쟁송제기기간이 경과하거나 쟁송수단을 모두 거친 경우에는 상대방 또는 이해관계인은 더 이상 그 행정행위의 효력을 다툴 수 없게 되는 것을 말한다. ⓑ 모든 행정행위가 갖는 효력 ⓒ 행정객체의 주장을 제한하는 힘 예 제소기간의 경과, 심급의 종료
불가변력 (실질적 확정력)	ⓐ 행정행위의 하자 또는 새로운 사정의 발생에도 불구하고, 행정행위를 한 행정청 또는 감독청 자신도 직권에 의한 취소·철회가 제한되는 효력을 말한다. ⓑ 준사법적 행위 혹은 확인행위 등 특정한 행정행위에 대해서만 발생한다. ⓒ 행정주체의 변경을 제한하는 힘 예 행정심판의 재결, 징계위원회의 결정, 소청심사위원회의 결정

	종류	〈불가쟁력〉(형식적)	〈불가변력〉(실질적)
불가쟁력과 불가변력의 관계	개념	기간경과・쟁송수단완료 후 효력다툼(×)	정청 직권취소・변경・철회 금지
	성격	절차법적 구속력	실체법적 구속력
	대상	모든 행정행위	준사법적 행정행위(수익적・확인적)
	구속력	행정객체(행위상대방・이해관계인)	행정주체(행정청・감독청)
	목적	법적 안정성・신뢰보호	
	관계	상호독립적	
	ⓐ 어느 한 힘만 발생되었다면 다른 힘과 관계되는 당사자는 그 주장이나 변경에 제한을 받지 않는다. ⓑ 불가쟁력과 불가변력은 상호 아무런 관련이 없다. ⓒ 따라서 불가쟁력이 발생하였더라도 불가변력이 발생하지 않는 한 행정청은 그 행정행위를 취소할 수 있다. ⓓ 또한 불가변력이 발생하여 행정청이 그 행위를 취소할 수 없다고 하더라도 상대방은 행정쟁송을 다툴 수 있다.		

　　ⓔ 강제력 : 행정결정의 실효성을 확보하기 위하여 행정결정에 강제력이라는 우월한 힘이 인정된다. 강제력에는 자력집행력과 제재력이 있다.

자력 집행력	① 자력집행력이란 행정법상의 의무를 이행하지 아니할 경우에 행정청이 직접 실력을 행사하여 자력(自力)으로 그 의무의 이행을 실현시킬 수 있는 힘을 말한다. ② 자력집행력이 인정되기 위하여는 법률의 근거가 있어야 한다.
제재력	행정행위의 상대방이 행정행위에 의해 부과된 의무를 위반하는 경우에는 그에 대한 제재로서 행정벌(행정형벌, 행정질서벌 및 범칙금)이 과해지는 경우가 많다. 행정벌이 과하여지기 위하여는 명시적인 법률의 근거가 있어야 한다.

(7) 경찰하명 위반의 제재

경찰의무자가 경찰의무를 이행하지 아니할 때에는 경찰상 강제집행이 행하여지고, 경찰의무를 위반한 때에는 경찰벌이 과하여진다.

경찰상 강제집행	경찰의무자가 그 의무를 이행하지 아니하는 경우에는 경찰기관이 강제적으로 의무를 이행시키거나 이행된 것과 동일한 상태를 실현하는 것이다. 경찰의 강제집행은 자력집행인 점에서 사법상의 강제집행(타력강제)과 구별되며, 그 수단으로는 대집행, 강제징수, 집행벌, 직접강제 등이 있다.
행정벌 (경찰벌)	경찰의무위반에 대한 제재로서 과하는 벌이 경찰벌이다. 경찰벌은 일반통치권에 기하여 과하여지는 점에서 특별권력관계에 기초를 둔 징계벌과 구별되고, 과거의 의무위반에 대한 제재라는 점에서 장래의 의무이행을 강제하기 위한 강제집행과 구별된다. 경찰벌은 형법에 형명이 있는 경찰형벌과 과태료를 과하는 경찰질서벌이 있다.

(8) 경찰하명의 하자
① 하자의 개념

의의	하자 있는 행정행위 중 위법 및 부당(단, 부당은 심판가능, 소송불가)은 효력장애사유이다. 다만, 오기 및 오산은 효력장애 사유는 아니고, 정정사유일 뿐이다.
단위	㉠ 수개의 처분 : A처분의 위법이 B처분에 영향을 주지 않는다(단, 하자승계 및 인허가의제는 예외) ㉡ 수개의 사유 : A처분의 a, b, c 사유 중 bc 사유가 부정되어도 a사유만으로도 A처분의 정당성 인정 시 A처분은 적법가능하다.

② 경찰하명이 적법하기 위하여는 법규에 근거가 있어야 하고, 법규의 범위 안에서도 경찰권의 한계를 일탈하여서는 아니된다. 경찰하명이 이런 적법요건을 구비하지 못하면 하자있는 것으로 되어 하자(흠)의 정도에 따라 무효 또는 취소가 된다. 무효와 취소의 구별은 구속력의 유(취소)·무(무효)에 구별실익이 있다.

구분		외형	효력	내용	소급효
일반적 행정행위의 하자·(흠)	취소	있다	발생	성립시의 경미한 하자	일단, 유효, 취소 시 소급무효
	무효	있다	발생(×)	성립시의 중대·명백한 하자	처음부터 무효
철회		있다	발생	더 이상 존속시킬 수 없는 사유	장래를 향하여 효력 소멸
부존재		없다	발생(×)	처음부터 효력 없다.	

③ 행정행위의 부존재
㉠ 의의 : 행정행위라고 볼 수 있는 외형상의 존재 자체가 없는 경우이다.
㉡ 부존재의 사유 : 행정행위의 부존재의 유형으로는 ① 행정기관이 아닌 것이 명백한 사인의 행위(존재하지 않는 토지행정청의 농지분배행위, 사인의 관명사칭행위 등), ② 행정행위의 외형이 존재하지 않는 경우(권유, 주의, 희망표시 등), ③ 행정행위로써 외부에 표시되지 않는 경우(징계위원회의 징계의결, 관세부과의 과세표준결정), ④ 행정행위가 해제조건의 성취·기한의 도래·취소·철회 등에 의하여 실효된 경우 등이 있다.
㉢ 무효와 부존재의 구별실익

	부존재	무효
외형존재	×	○
행정행위 전환	×	○
소송종류	부존재확인소송만 가능	무효확인소송외 무효선언 구하는 취소소송도 가능

④ 경찰하명의 무효
㉠ 개념 : 경찰하명의 하자가 중대하고 명백한 법규위반인 경우에는 무효가 된다. 무효인 경찰하명은 처음부터 효력을 발생하지 않는다는 점에서 권한있는 기관에 의하여 취소될 때까지는 효력을 지속하는 경찰하명의 취소와는 구별된다.

ⓒ 무효원인 : 통설은 중대하고 명백한 법규위반이라는 하자만이 무효가 되고, 기타의 하자는 취소원인이 된다고 한다. 무효의 원인에는 내용, 주체, 형식, 절차 등에 하자가 있는 경우이다.

ⓒ 무효의 효과 : 무효인 경찰하명은 처음부터 효력을 발생하지 않는다. 따라서 수명자는 의무에 위반하여도 처벌되지 아니할 뿐 아니라 의무불이행으로 인한 경찰상 강제집행도 받지 아니한다.

⑤ 경찰하명의 취소

㉠ 개념 : 경찰하명의 단순한 위법, 특히 경찰권의 한계를 일탈한 위법만이 있는 경우에는 그 하명은 다만 취소할 수 있는 행위에 그치고, 권한이 있는 경찰기관의 취소가 있을 때까지는 행정행위의 공정력에 의하여 유효한 하명으로서 추정을 받는다. 이와 같은 유효한 경찰하명은 그 성립 당시의 하자를 이유로 하여 그 효력을 소멸시키는 경찰처분이다. 취소는 성립 당시 아무런 하자 없이 성립된 후 새로운 사유로 인하여 장래에 향하여 효력을 소멸시키는 철회와도 구별된다.

ⓒ 취소원인 : 경찰하명이 하자가 중대하고 명백한 법규위반으로 당연히 무효가 되는 경우를 제외한 모든 하자있는 하명이 취소원인이 된다.

ⓒ 취소의 효과 : 권한 있는 경찰기관에 의하여 취소되기 전까지는 유효한 하명으로 추정되며, 수명자는 이에 위반하거나 불이행하면 처벌 또는 강제집행의 대상이 된다. 그러나 취소가 있으면 경찰하명의 효과는 원칙적으로 기왕에 소급하여 그 효력을 상실한다.

㉣ 직권취소와 쟁송취소의 차이점

구분	[직권취소]	[쟁송취소]
원인	위법·부당	위법(법원)·부당(행정청)
권한	처분청, 감독청(이견있음)	법원, 처분청·재결청·심사기관
제한	불가변력, 수익적 행정행위	불가쟁력, 공공복리(사정판결)
법적 근거	불필요(원칙적)	행정심판법, 행정소송법이 근거규정
효과	부담적 행정행위의 직권취소는 소급효(판례), 장래효(다수설)	소급효, 존속력(불가변력), 기속력
취소	수익적 행정행위의 직권취소의 취소(○)	취소의 취소 (×)
대상	부담적 < 수익적	부담적 행정행위
필요 절차	×(일반적)	법정 절차
기간 제한	×(예외적-실권)	○(불가쟁력)
적극적 변경	○	×
손해전보	손해배상	손해배상

⑥ 철회
  ㉠ 개념 : 행정행위의 철회란 완전유효하게 성립한 행정행위가 사후에 그 효력을 존속시킬 수 없는 새로운 사정의 발생으로 인하여 그 효력을 장래에 향하여 소멸시키는 독립한 행정행위를 말한다.
  ㉡ 사유 : 취소가 행정행위의 원시적 하자를 이유로 '하자의 시정'에 목적을 두는 데 반하여, 철회는 후발적 사유에 기하여 '변화하는 사정에 적합'에 목적을 두고 있다는 점에서 양자는 근본적으로 다르다.
  ㉢ 철회권자 : 철회는 당해 행정행위를 행했던 권한 있는 '처분청'만이 할 수 있고, 감독청은 법률의 근거가 없는 한 원칙적으로 철회할 수 없다고 함이 일반적이다.
  ㉣ 철회의 제한 : 철회에 있어서 침익적(부담적) 행위는 자유로우나, 수익적 행위의 철회는 공익상의 필요와 상대방의 신뢰보호 및 법적 안정성을 비교·형량하여 결정하여야 한다.
  ㉤ 철회의 효과 : 행정행위가 철회되면 효력이 소멸되는 형성력이 발생하며, 원칙적으로 장래에 향하여서만 그 효력이 발생한다. 또한 상대방이 귀책사유 없이 특별한 손실을 입은 경우에는 손실보상청구가 가능하다.
  ㉥ 취소와 철회의 구별

구 분	취 소	철 회
권한자	(직권취소 : 처분청, 감독청, 감사원) (쟁송취소 : 행정심판위원회, 법원)	원칙적으로 처분청만 가능 (감독청은 특별규정 있으면 가능)
발생원인	처분의 원시적 하자	사후적으로 발생한 새로운 사정
사 유	일단 유효한 행정행위	완전 유효한 행정행위
절 차	엄격한 절차 적용	특별한 절차 규정 없음.
효 과	소급효, 손해배상문제 발생	소급효 부정, 손실보상문제 발생
제 한	불가변력, 수익적 행정행위	불가변력, 수익적 행정행위
법적근거	불필요(원칙적)	불필요(원칙적)

취소나 철회 모두 제한사유가 인정된다.

⑦ 실효
  ㉠ 개념 : 행정청의 의사행위에 의하지 않고 일정한 사실의 발생에 의하여 당연히 그 효력이 소멸되는 것이다. 예 운전면허의 대상이 된 사람이 사망 시 운전면허는 당연 실효된다. 자진폐업
  ㉡ 사유 : 행정행위는 행위의 대상이 소멸하거나 해제조건의 성취 및 종기의 도래, 행위의 목적이 달성되는 경우 실효하게 된다. 행정행위가 실효하면 행정청의 특별한 의사행위를 필요로 함이 없이 장래를 향하여 당연히 효력이 소멸한다.

⑧ 무효와 취소의 구별실익

구 분	무효	취소
불가쟁력	발생하지 않는다.	발생한다.
공정력	인정되지 않는다.	인정된다.
구성요건적 효력	인정되지 않는다.	인정된다.
공무집행방해죄	성립하지 않는다.	성립한다.
정당방위	가능하다.	불가능하다.
선결문제	판단가능	판단불가
사정재결(판결)	인정하지 않는다(불가능).	인정한다(가능).
전환·치유	전환만 인정된다(반대견해 있음).	치유만 인정된다(반대견해 있음).
제소기간	제소기간의 제약을 받지 않는다.	제소기간의 제약을 받는다.
신뢰보호 원칙	부정	인정
필요적 행정심판 전치주의	적용 안 됨	적용됨
하자승계	① 언제나 승계된다. ② 독립하여 별개의 법률효과를 가져오는 경우에도 승계된다.	원칙은 승계되지 않는다. 다만, 선행행위와 후행행위가 하나의 목적을 실현하기 위한 경우에 한하여 하자가 승계된다. 독립하여 별개의 독립효과를 가져오는 경우에는 승계되지 않는다.
쟁송의 형태	① 무효확인심판 또는 무효확인소송 ② 무효선언을 의미에서의 취소소송	취소심판 또는 취소소송
구별실익 없는 것	1. 집행부정지 원칙　　2. 집행정지 3. 행정쟁송대상 여부　　4. 소의 이익 5. 행정소송의 관할　　6. 시효기간 7. 사정변경　　8. 부관의 한계 9. 국가배상청구소송에서의 인용여부의 문제	

㉠ 취소의 유형 → 처분청이 행하는 직권취소와 행정심판위원회나 법원이 하는 쟁송취소가 있다.
㉡ 취소의 소급효 → 취소는 원칙적으로 소급효를 가지나, 예외적으로 상대방(국민)의 이익보호를 위해 소급효가 인정되지 않을 수도 있다.

⑨ 행정행위 하자 승계

의의	둘 이상의 행정행위가 상호관련하여 연속적으로 행해지는 경우에 선행행위에 하자가 있으면 후행행위 자체에 하자가 없더라도 선행행위의 하자를 이유로 후행행위의 하자를 주장할 수 있는가의 문제이다. / 후행행위의 하자로 선행행위 다툼은 하자 승계문제(×)
논의의 실익	선행행위에 대한 쟁송기간의 경과로 불가쟁력이 발생한 경우에 위법하지 않은 후행행위에 대하여 선행행위의 위법성을 이유로 쟁송상 다툴 수 있는가에 있다.
승계의 요건	㉠ 선행행위에 취소사유인 하자가 존재하여야 한다. 따라서 선행행위가 무효사유가 아니어야 한다. 무효사유인 하자가 있으면 이는 언제든지 후행행위에 승계되기 때문이다. ㉡ 선행행위에 불가쟁력이 발생하였을 것 ㉢ 선행행위와 후행행위가 모두 항고소송의 대상인 행정처분일 것 ㉣ 후행행위에는 고유한 하자가 없을 것

승계의 여부 (판례)	긍정	선행 행정행위와 후행 행정행위가 서로 결합하여 하나의 효과를 달성하는 경우에는 선행 행정행위의 하자가(무효·취소 불문) 후행 행정행위에 승계된다. • 조세체납처분에 있어서 독촉·재산압류·공매·충당처분 상호간 • 납세독촉과 체납처분 사이 • 대집행절차 상호간(계고·통지·실행·비용징수) • 무효인 조례와 그에 근거한 지방세부과처분 • 귀속재산의 임대처분과 후행매각처분 • 암매장분묘개장명령과 후행계고처분 • 한지(限地)의사시험자격인정과 한지의사면허처분 사이 • 안경사시험합격무효처분의 하자와 안경사면허취소처분 사이 • 토지구획정리사업에 있어서의 환지예정지 지정처분과 공작물이전명령 • 개별공시지가결정과 양도소득세부과처분 • 수용보상금의 증액을 구하는 소송에서 선행처분으로서 그 수용대상 토지 가격 산정의 기초가 된 비교표준지공시지가결정의 위법을 독립한 사유로 주장할 수 있다 (대판 2007두13845)
	부정	선행 행정행위와 후행 행정행위가 서로 독립하여 별개의 법률효과를 발생시키는 경우에는 선행 행정행위가 당연무효인 경우를 제외하고는 승계되지 않는다. • 과세처분과 독촉처분 내지 체납처분 • 하명처분과 계고 • 건물철거명령과 대집행계고처분 • 공무원의 직위해제처분과 직권면직처분 사이 • 변상판정과 변상명령 • 감사원의 시정요구결정과 그에 따른 행정처분의 취소 • 도시계획결정과 수용재결처분 • 토지수용의 사업인정과 토지수용위원회의 재결처분 사이 • 표준지공시지가와 개별공시지가, 표준지공시지가와 과세처분 • 지방의회의 의안의결과 지방세부과처분 • 도시계획시설변경·지적승인고시처분과 사업계획승인 처분 • 병역법상 보충역편입처분과 공익근무요원소집처분 • 토목공사업, 건축공사업면허처분과 이에 기초한 새로운 토목건축공사업면허처분 • 택지개발예정지구의 지정 택지개발계획의 승인, 이에 기한 수용재결 상호간 • 대학원에서의 수강거부처분과 수료처분 사이

⑩ 하자의 치유와 전환
  ㉠ 치유(治癒)

의의	행정행위가 성립당시 하자가 있더라도 사후에 그 법정요건을 보완한다거나 또는 그 하자가 경미하여 취소할 필요성이 없는 경우에 하자가 있음에도 불구하고 그 효력을 유지시키는 것을 말한다.
인정이유	상대방의 신뢰보호 및 법적 생활의 안전성을 도모하고 행정행위의 무용한 절차의 반복을 피하기 위해서이다.
인정범위	취소할 수 있는 하자일 것(무효인 행정행위의 치유는 불가-通·判)
사유	흠결된 요건의 사후보완
효과	치유의 효과는 소급적이다. 즉, 처음부터 적법한 행위와 같은 효과를 가진다.

  ㉡ 전환(轉換)

의의	행정행위가 원래의 행정행위로서는 위법한 것으로 무효이나, 이를 다른 행정행위로 보면 요건이 충족되는 경우에, 그러한 다른 행정행위로 보아 유효한 행위로 인정하는 것을 말한다.
주체	하자 있는 전환행위의 전환은 '처분청'이나 '행정심판위원회'에 의해 행해질 수 있다.
인정범위	무효인 행정행위(취소할 수 있는 행정행위에 대하여는 불가-通)
요건	㉠ 하자 있는 행정행위(무효)와 전환하려는 행위 사이에 요건·목적·효과에 있어 실질적 공통성이 있어야 한다. ㉡ 양 행정행위에 대하여 동일한 행정기관이 권한을 갖고 있어야 한다. ㉢ 원처분이 전환되는 행위로서의 성립·발효요건을 갖추고 있어야 한다. ㉣ 행정청의 의도에 반하지 않아야 한다. ㉤ 당사자가 그 전환을 의욕하는 것으로 인정될 것 ㉥ 당사자에게 원처분보다 불이익한 것이 아니어야 한다. ㉦ 제3자의 이익을 침해하는 것이 아니어야 한다. ㉧ 무용한 절차의 반복을 회피하는 의미가 있을 것 ㉨ 기속행위의 재량행위로의 전환이 아닐 것
효과	하자 있는 행정행위는 새로운 다른 행정행위의 효력이 발생하며, 그 새로운 행정행위에 대해서는 소급효가 인정된다.
예	㉠ 사자(死者)에 대한 과세처분을 상속인에 대한 과세처분으로 전환 ㉡ 상대방의 신뢰를 보호할 가치가 있는 경우에 공무원이 아닌 자의 행위를 사실상의 공무원의 행위로서 유효한 행위로 인정하는 것은 전환의 예이다.

(9) 경찰하명에 대한 구제
  ① 적법한 경찰하명에 대한 구제
    ㉠ 적법한 경찰하명에 의하여 수명자에게 손실을 발생시켰다 할지라도 원칙적으로 보상을 하지 않는다. 이유는 경찰하명의 원인을 제공한 경찰책임자로서 마땅히 수인하여야 하기 때문이다.
    ㉡ 경찰책임자라고 하더라도 경찰상 필요에 의하여 그 책임과 비교하여 과중한 손실을 주었을 경우, 공평의 이상에 배치된다고 인정될 때에는 그에 대한 보상청구를 인정하여야 할 것이다.

② 위법·부당한 경찰하명에 대한 구제

감독권발동에 의한 취소·정지	제1차적으로 위법·부당 어느 경우를 막론하고 처분청 또는 감독청에 의한 취소정지가 효과적인 구제방법의 하나이다. 이를 위하여 청원 또는 소청할 수 있음은 물론이다.
행정쟁송의 제기	위법·부당한 경찰하명에 대하여는 행정심판을 제기할 수 있고, 또한 위법한 하명에 대하여는 행정소송을 제기하여 취소변경을 청구할 수 있다.
손해배상청구	위법한 경찰하명으로 인하여 손해를 받은 자는 국가배상법이 정하는 바에 따라 국가에 대하여 배상을 청구할 수 있다.
기타 구제수단	기타 구제수단으로 하자있는 하명이 수명자로 하여금 정당방위의 요건을 충족하면 정당방위도 가능하며, 공무원의 징계책임, 형사책임도 간접적이나 구제수단이 될 수 있다.

> **KEY**
> ㉠ 행정행위는 상대방에게 통지되어 도달되어야 효력이 발생하며, 이때 도달이라 함은 상대방이 알 수 있는 상태에 두어진 것을 말한다.
> ㉡ 행정행위의 상대방이 특정되어 있는 행정행위의 상대방에 대한 통지는 원칙적으로 송달의 방법에 의한다.
> ㉢ 상대방의 주소 및 거소가 불분명한 경우에는 공고의 방법에 의한다.
> ㉣ 내용증명우편이나 등기우편과는 달리, 보통우편의 방법으로 발송되었다는 사실만으로는 그 우편물이 상당기간 내에 도달하였다고 추정할 수 없고, 송달의 효력을 주장하는 측에서 증거에 의하여 도달사실을 입증하여야 한다(대법원 2000다25002 판결).

2 경찰허가

(1) 개 념

① 법령에 의한 일반적·상대적 경찰금지를 특정한 경우에 해제하여 적법하게 일정한 행위를 할 수 있게 하는 경찰상의 행정행위이다.
② 허가요건이 갖추어지면 경찰허가기관은 경찰허가를 해야만 하므로 경찰허가는 자유재량이기보다는 기속재량이라고 해야 옳다.
③ 허가는 항상 구체적 처분(행정행위)에 의하고, 직접 법령에 의하여 행하여지는 법규허가는 없다.
④ 허가는 원칙적으로 출원에 의하여 행하여지는 쌍방적 행위이나 예외적으로 통행금지해제처럼 신청(출원) 없이 직권에 의하여 행하는 허가도 있다. (주의 허가는 언제나 상대방의 출원이 있어야 한다. - ×)
⑤ 허가로 인하여 얻은 이익은 법률상 이익이 아니라 반사적 이익이다.
⑥ 허가요건의 판단시기는 허가처분(신청시×) 당시의 법령에 의한다.
⑦ 신청과 다른 허가도 상대방의 동의가 있으면 가능하다(수정허가).

> **KEY**
> 경찰허가 행위의 적법요건이지 유효요건이 아니므로 사법적인 효과와는 관련이 없다. 따라서 무허가행위는 무효가 아닌 유효한 행위로 존재한다.

(2) 종류

대인적 허가	사람의 주관적 요소를 심사대상으로 하는 허가로서, 타인에게 이전이 불가능하다. ⑩ 운전면허, 의사면허, 마약취급면허, 총포류소지허가
대물적 허가	물건의 객관적 사정에 착안하여 행하는 허가로서, 타인에게 이전이 가능하다. ⑩ 차량검사합격처분, 택시미터기 검사처분, 건축허가, 사설학원인가, 단란주점영업허가, 석유판매업허가
혼합적 허가	사람과 물건을 모두 심사대상으로 하는 허가로서, 타인에게 이전이 제한된다. ⑩ 총포류제조·판매허가, 자동차운전학원의 허가, 풍속영업허가, 종합병원허가, 사설묘지설치허가

(3) 효과

① 금지된 행위를 적법하게 할 수 있다.

경찰허가가 있으면 일반적 금지가 해제되어 피허가자는 적법하게 허가된 행위를 할 수 있게 되지만, 타 법에서 제한된 것까지 해제되는 것은 아니다.

   ⑩ 공무원이 음식점 영업허가를 받은 경우 식품위생법상의 금지만을 해제한 것이고 국가공무원법상의 영리업무 금지까지 해제해 주는 것은 아니다.

② 무허가행위의 효과 : 경찰허가는 특정행위를 사실상 적법하게 할 수 있도록 하는 적법요건에 불과하다. 따라서 무허가행위는 강제집행이나 경찰벌의 대상은 되지만, 무허가행위 자체의 효력은 유효하다.

(4) 허가와 예외적 승인의 구별

	허가 (통상의 허가)	예외적 승인 (예외적 허가)
사례	상업지역 내 유흥주점 허가	• 사행행위 영업허가 • 치료목적의 아편사용허가
성격	기속행위	재량행위
허가사유	요건충족시	예외적
목적(대상)	위험방지(질서유지)를 대상	사회적 유해, 바람직하지 않은 행위 대상
의의	상대적·예방적 금지의 해제	절대적·억제적 금지의 해제

3 경찰면제

개 념	법령에 의하여 과하여진 작위·급부·수인의무를 특정한 경우에 해제하여 주는 경찰상의 행정행위이다.
경찰허가와 비교	① 의무를 해제한다는 면에서는 경찰허가와 성질이 같다. ② 경찰허가는 부작위의무를 해제하는 반면에, 경찰면제는 작위·급부·수인의무를 해제한다.

4 허가, 특허, 인가 구별

(1) 허가와 특허의 구별

구분	(허가)	[설권행위(특허)]
개념	명령적 금지의무 해제	법적 권리·능력·지위 설정
성질	명령적·수익적 행위	형성적 행위(직접상대방)
	기속행위	재량행위
	쌍방적 행위(예외 : 통행금지 해제)	쌍방적 행위(예외 : ×)
	수정허가(○)	수정특허(×)
상대방	특정인(주로), 불특정인	특정인(신청필수)
대상	사실행위 > 법률행위	사실행위 < 법률행위
효과	반사적 이익(공법적)	권리설정(공·사법적)
	이전(대물적 허가)	이전(대물적 특허)
형식	법규허가(×)	법규특허(○)
	허가처분(○)	특허처분(○)
위반	무허가행위 - 유효	무특허행위 - 무효
요건	적법요건 - 처벌(○)	효력발생요건 - 처벌(×)
사업	사기업·개인사업	공기업·공익사업
국가감독	소극적 감독	적극적 감독

(2) 특허의 종류

법적 지위 설정	• 귀화허가, 공무원임명
능력 설정	• 공법인설립(권리능력), 선거일공고(행위능력)
권리 설정	• 공기업특허 • 공물사용권특허 • 자동차운수사업면허 • 어업면허 • 공유수면매립면허 • 도로점용허가 • 광업허가 • 사설철도허가 • 하천료강료징수권설정 • 교과서검정(판례상)

(3) 허가와 인가의 구별

구분	허가	인가(승인)
개념	명령적 금지의무 해제	제3자 행위 보충 → 효력완성
성질	명령적·수익적 행위	형성적 행위(제3자)
	기속행위	재량행위
	쌍방적 행위(예외 : 통행금지 해제)	쌍방적 행위(예외 : ×)
	수정허가(○)	수정인가(×)
상대방	특정인(주로), 불특정인	특정인(신청필수)

대상	사실행위 > 법률행위	법률행위(공·사불문)
효과	반사적 이익(공법적)	보충적(권리설정×)
	이전(대물적 허가)	이전(×)
형식	법규허가(×)	법규인가(×)
	허가처분(○)	인가처분(○)
위반	무허가행위 – 유효	무인가행위 – 무효
요건	적법요건 – 처벌(○)	효력발생요건 – 처벌(×)
사업	사기업·개인사업	–
국가감독	소극적 감독	–

(4) 인가의 종류

하천사용권양도인가	특허기업요금인가	공법인설립인가
사립대설립인가	수도공급규정인가	도시개발조합설립인가
공기업양도인가	공공조합정관승인	지방채기채승인
학교법인임원취임승인처분	토지거래허가(적법·효력요건)	재단법인의 정관변경허가

(5) 허가·특허·인가의 비교

구분	허가	특허	인가
효과	자연적 자유의 회복 (공법적 효과)	새로운 권리의 설정 (공법적·사법적 효과)	법률적 행위를 보충하여 효과를 완성
법적 성질	기속행위	재량행위	재량행위(異說 있음)
요건	적법요건	효력요건	효력요건
효과	무허가는 유효, 행정벌, 행정강제의 대상	무특허는 무효, 행정벌, 행정강제의 대상이 안됨	무인가는 무효, 행정벌, 행정강제의 대상이 안됨
신청	원칙적 신청	항상 신청	항상 신청
상대방	특정인·불특정인	특정인	특정인
수정여부	수정허가(○)	수정특허(×)	수정인가(×)
일반처분	가능(○)	불가(×)	불가(×)
이전성	대물적 허가는 이전가능	권리설정이전가능 단, 일신전속적권리제외	이전불가
대상	법률행위, 사실행위	법률행위, 사실행위	법률행위만
공통점	① 법률행위적 행정행위 ② 수익적 행정행위(허가는 반사적이익(원칙), 특허는 법률상 이익) ③ 쌍방적 행정행위(단, 허가는 예외 있음) ④ 모두 취소·철회가 가능하나, 조리법상 제약을 받음 ⑤ 모두 국가에 의한 감독		

| 예 | ① 운전면허
② 의사면허
③ 건축허가
④ 연초소매업지정
⑤ 통금해제
⑥ 수출입허가
⑦ 목욕장허가
⑧ 보도관제해제
⑨ 각종영업허가
⑩ 일시적 도로사용허가
⑪ 차량검사합격처분 | ① 광업허가
② 어업면허
③ 귀화허가
④ 공기업특허
⑤ 공물사용권특허
⑥ 자동차운수사업면허
⑦ 하천구역점용허가
⑧ 도로점용허가
⑨ 공용수용권설정
⑩ 사설철도허가
⑪ 하천도강료징수권설정 | ① 공법설립인가
② 사립대설립인가
③ 수도공급규정인가
④ 공기업양도인가
⑤ 하천사용권양도인가
⑥ 특허기업요금인가
⑦ 지방채기채승인
⑧ 공공조합정관승인
⑨ 외국인토지취득허가
⑩ 재단법인의 정관변경허가
⑪ 토지거래허가 |

5 경찰처분의 부관(附款)

(1) 부관내용

의 의		경찰처분의 일반적인 효과를 제한 또는 보충하기 위해서 그 행위의 요소인 의사표시의 주된 내용에 부가되는 종된 의사표시 '규율'을 의미한다.
성 질		㉠ 부관은 주된 행정행위의 존재에 의존함. ➡ 부종성(附從性)을 가짐. ㉡ 법정부관 ➡ 직접 법규에 의해서 부여되는 부관으로서, 이는 행정행위의 부관과는 구별되는 개념으로 부관의 개념에서 제외된다. 예 적성검사의 기간
기 능	순기능	㉠ 행정에 신축성 부여, ㉡ 이해의 조정을 통한 공익과 제3자의 보호
	역기능	㉠ 해제부관은 행정편의에 치우쳐 상대방에게 불이익을 줄 수 있으며, ㉡ 부담은 남용과 부당결부금지원칙을 저해할 수 있다.
부관의 종류		㉠ 부관의 유형에는 조건, 기한, 부담, 철회권의 유보, 부담권의 유보, 법률효과의 일부배제, 수정부담(부정설 : 多) 등이 있다. ㉡ 부관에 속하지 않는 것 ➡ 기간, 법정부관, 기일, 부담금, 공용부담, 법률효과의 전부배제, 해제권의 유보, 부담금 등은 부관이 아니다.
부 관	가능성	㉠ 법률행위적 행정행위에만 가능 ➡ 의사표시를 요소로 하지 않은 준법률행위적 행정행위에는 주된 의사표시가 없기 때문에 부관을 붙일 수 없음. ㉡ 재량행위에만 가능
	자유성	부관이 법령에 위반되지 않는 한 법적 근거 없이 자유로이 붙일 수 있다(통설). 다만, 법령상·목적상·조리상 한계를 지니면 이에 위반시 무효가 된다.
	사후부관	사후부관은 원칙적으로 인정이 되지 않으나, 예외적으로 법령의 근거가 있거나 상대방의 동의가 있는 경우 및 부담의 경우에는 가능함(제한적 긍정설).

부관의 하자		㉠ 부관의 하자의 유형 ➡ 하자가 중대하고 명백한 경우에는 무효가 되고, 그 외의 경우에는 취소할 수가 있음. ㉡ 무효인 부관과 경찰처분의 효력 • 원칙적으로 부관만이 무효가 됨. • 예외적으로 부관이 경찰처분의 본질적 요소가 되는 때에는 경찰처분 전체가 무효가 됨. ㉢ 취소사유를 지닌 부관과 경찰처분의 효력 • 원칙적으로 부관과 관계없이 경찰처분은 유효하다. • 부관이 취소되게 되면 무효의 경우와 효과가 같게 된다.
부관의 쟁송	원칙	부관은 처분의 일부이기 때문에 부관만을 독립하여 쟁송수단으로 다툴 수 없으며, 처분의 주된 내용과 부관을 전체로 하여 하나의 소송물로 보아 쟁송으로 다툴 수 있음.
	예외	부담의 경우는 가분성이 있으므로 독립하여 쟁송의 대상이 될 수 있음.

(2) 부관의 종류

조 건		㉠ 경찰처분의 효과의 발생 또는 소멸을 불확실한 장래의 사실에 의존시키는 부관 ㉡ 조건이 성취되면 '당연히' 효력의 발생 또는 소멸의 효과가 발생한다.
	정지조건	경찰처분의 효과의 발생을 장래의 불확실한 사실에 의존시키는 부관 예 도로포장공사의 완성을 부관으로 한 자동차운송사업의 면허, 시설완성을 전제로 한 학교법인 설립인가
	해제조건	경찰처분의 효과의 소멸을 장래의 불확실한 사실에 의존시키는 부관 예 6월 이내에 공사에 착수하지 않으면 효력을 상실한다는 건축허가
기 한		㉠ 행정행위 효과의 발생 또는 소멸을 확실한 장래의 사실에 의존시키는 부관 ㉡ 기간은 부관이 아님. ➡ 사건(事件)에 해당함. ㉢ ┌ 시기(始期) ➡ 기한의 도래로 효력이 발생 　└ 종기(終期) ➡ 기한의 도래로 효력이 소멸 ㉣ ┌ 확정기한 ➡ 도래의 시기까지 확실한 기한 예 일주일 후, 3개월까지 　└ 불확정기한 ➡ 도래의 시기는 확실하지 않은 기한 예 비가 오면
부 담		㉠ 수익적 행정행위의 상대방에게 작위·부작위·수인·급부의 의무를 명하는 부관 　　예 수수료 납부를 전제로 한 다방영업 허가, 도로점용허가시 도로점용료의 납부명령, 영업허가 하면서 종업원의 정기건강검진 의무부과 ㉡ 부담은 그 자체가 하나의 행정행위, 즉 「하명」으로서의 성격을 지니기 때문에 분리가 가능하며, 그 자체가 독립적으로 행정쟁송 및 경찰강제의 대상이 될 수 있음. ㉢ 부담과 정지조건의 구분이 불분명한 경우에는 최소침해의 원칙상 부담으로 보아야 함(정지조건은 조건의 성취에 의해 효력이 발생하나, 부담은 처음부터 완전히 효력이 발생한다). 예 건축을 허가한다. 단, 안전시설을 갖추어야 한다. ➡ 부담으로 봄. ㉣ 부담부 행정행위의 경우 부담에서 부과하고 있는 의무의 이행이 없어도 주된 행정행위의 효력은 발생합니다. ㉤ 부담에 의하여 부가된 의무의 불이행을 부담부 행정행위가 당연히 효력을 상실하는 것은 아니고 당해 의무불이행은 부담부 행정행위의 철회사유가 될 수 있다. ㉥ 해제조건은 조건의 성취에 의해 당연히 효력이 소멸하나, 부담불이행이 있더라도 당연히 효력이 소멸되는 것이 아니라 행정청의 철회의 의사표시가 있어야 효력이 소멸한다.

수정부담	㉠ 새로운 의무를 부가하는 것이 아니라, 상대방이 신청한 것과는 다르게 행정행위의 내용을 정하는 부관 ➡ 상대방의 동의가 있어야 효력이 발생함. 예 A도로의 통행허가 신청에 대하여 B도로의 통행을 허가한 경우 ㉡ 수정부담의 성격 ⓐ 독립된 행정행위설(多 : 수정허가설) ↔ ⓑ 부관설
철회권 (취소권) 의 유보	㉠ 행정행위에 부가된 특정한 사유가 발생하는 경우에 당해행위를 철회할 수 있는 권한을 유보하는 부관 예 미성년자를 고용하면 유흥업소 허가를 취소함. ㉡ 철회권의 행사를 위해서는 부가된 특정사유의 발생뿐만 아니라, 철회의 일반요건이 충족되어야 하고, 유보된 철회사유가 발생한 경우에도 행정청의 철회의 의사표시가 있어야 비로소 행정행위의 효력이 소멸함(➡ 해제조건과 차이). **Tips** 철회권이 유보된 경우라도 철회권 행사는 그 자체만으로는 정당화 되지 않고, 그 외에 철회의 일반적 요건에 충족이 있어야 한다.
부담권의 유보	㉠ 행정행위의 부담의 사후적 추가·변경·보충의 권리를 유보하는 부관 ㉡ 장기간에 걸친 사회적·경제적 변화 및 기술적 발전에 대비하기 위한 것으로 당초의 행정행위 시에 미리 사후적 의무를 부과할 수 있는 근거를 마련하는 부관 ㉢ '부담유보'·'행정행위의 사후변경의 유보'·'추가변경의 유보'라고도 함.
법률효과 일부배제	㉠ 주된 내용에 부가하여 법령에서 일반적으로 그 행위에 부여하고 있는 법률효과의 일부를 발생 배제(제한)시키는 행정행위의 부관 예 격일제 운행 택시영업허가, 야간에 제한된 도로점용·사용허가 ㉡ 법적 근거 필요(多) ➡ 법률효과의 일부배제는 관계법령에서 규정하고 있는 일반적인 법률효과를 배제하는 것이므로 관계법령에서 명시적 근거를 두고 있는 경우에만 허용된다.

제3절 경찰상 의무이행 확보수단

1 행정강제(경찰강제)

(1) 개념
① 권력적 사실행위인 경찰강제란 경찰기관이 경찰상 목적을 달성하기 위하여 개인의 신체 및 재산에 직접 실력을 행사함으로써 경찰상 특정의 상태를 실현시키는 작용을 말한다.
② 행정처분은 법적으로 국민의 권리·의무를 변동시키는 데 비하여, 경찰강제는 국민에게 직접 실력을 행사하여 행정목적을 실현하는 작용이다.

(2) 종류
경찰강제는 다시 경찰상 강제집행과 경찰상 즉시강제로 나뉘어진다.
① 경찰상 강제집행
㉠ 개념 : 경찰상 강제집행은 경찰하명에 따른 경찰의무의 불이행이 있는 경우에 상대방의 신체 또는 재산이나 주거 등에 실력을 행사하여 경찰상 필요한 상태를 실현시키는 작용이다.

ⓛ 경찰상 강제집행에는 대집행과 직접강제, 집행벌, 강제징수가 있으나, 직접강제는 인권침해의 가능성이 높아 원칙적으로 허용되지 않는다.
ⓒ 경찰상 강제집행의 수단

대집행	ⓐ 개념 : 대집행이란 경찰법상의 대체적 작위의무를 이행하지 않을 경우에 그 당해 경찰관청이 스스로 행하거나 또는 제3자로 하여금 의무자가 하여야 할 행위를 하게 함으로써 의무의 이행이 있는 것과 같은 상태를 실현시킨 후, 그 비용을 의무자로부터 징수하는 경찰상의 강제집행이다. ⓑ 법적 근거로는 일반법으로 행정대집행법이 있다. ⓒ 요건(행정대집행법 제2조) • 대체적 작위의무의 불이행이 있을 것 • 다른 수단으로는 이행을 확보하기 곤란할 것(보충성의 원칙) • 불이행을 방치함이 심히 공익을 해할 것(비례의 원칙) ⓓ 절차 : 계고 → 통지 → 실행 → 비용의 징수(의무불이행자로부터) ⓔ 그 예로 이동명령에 불응하는 불법주차차량의 견인조치, 위법건축물의 철거, 교통장애물의 제거 등을 들 수 있다. ⓕ 권리보호수단 : 대집행에 불복이 있는 자는 행정심판의 제기를 통한 위법 또는 부당한 대집행의 취소를 청구할 수 있으나, 대집행이 완료되면 권리보호 필요성이 상실되므로 '집행정지제도'를 활용하는 방법도 있다. ⓖ 또한 대집행의 선행행위의 하자는 후행행위에 승계된다. 따라서 선행행위의 위법을 이유로 적법한 후행행위를 다툴 수도 있다. 이러한 대집행의 특성 때문에 손해배상이나 원상회복의 청구가 가장 효과적인 권리보호의 수단이다.
집행벌 (이행강제금)	ⓐ 개념 : 집행벌은 작위의무(예방접종) 또는 부작위의무를 이행하지 않는 경우에 그 의무의 이행을 간접적으로 강제하기 위하여 과하는 금전벌을 말하며, 간접적·심리적 강제수단이다. ⓑ 근거 : 일반법에는 근거가 없고, 개별법에서 예외적으로 인정되고 있는데, 이행강제금(건축법 제80조)이 그 대표적인 예이다. ⓒ 의무이행을 할 때까지 계속적으로 부과할 수 있어서 이행강제금이라고도 하며, 그러한 면에서 일사부재리의 원칙이 적용되지 않는다. 단, 법률상 횟수제한 有 ⓓ 그 예로 '도로교통법상 범칙금 납부기간 초과시 100분의 20을 더한 금액의 부과'가 있다. ⓔ 집행벌은 경찰벌과 병과해서 행할 수 있다(제재의 시기가 다름). ⓕ 일신전속적(○), 상속(×) / 망자에 부과 시 무효 / 쟁송 중 사망 시 재판 종료
강제징수	ⓐ 개념 : 경찰상 강제징수란 경찰법상의 금전급부의 의무를 이행하지 아니하는 경우에 경찰기관이 의무자의 재산에 실력을 가하여 의무가 이행된 것과 같은 상태를 실현하는 것을 말한다. ⓑ 법적 근거로는 일반법으로 국세징수법(주의 국세기본법 – ×)이 있다. ⓒ 국세징수법상의 강제징수절차 : 독촉 → 압류 → 매각 → 청산 ⓓ 그 예로 '도로교통법 제32조의 주·정차 위반차량의 대집행에 따른 비용의 강제징수'가 있다.

직접강제	ⓐ 개념 : 경찰법상의 의무불이행에 대한 최후 수단으로 경찰의무자가 의무를 이행하지 않을 경우에 경찰관이 직접 의무자의 신체 또는 재산에 실력을 가하여 필요한 상태를 실현하는 작용을 말한다. ⓑ 근거 • 식품위생법 제79조 : 영업소의 폐쇄조치 • 집시법 제20조 : 해산명령 불이행에 따른 해산조치 • 출입국관리법 제51조, 제59조 : 외국인의 보호조치 · 강제퇴거 　※ 행정기본법에 강제집행의 종류로 규정되어 있으며, 일반법은 없고, 개별법에서 극히 예외적으로 인정하고 있다. ⓒ 대상 : 직접강제는 대체적 작위의무, 비대체적 작위의무, 부작위의무 및 수인의무 등 일체의 의무불이행에 대해서 할 수 있다. ⓓ 한계 : 직접강제는 강제집행수단 중 가장 강력한 수단으로 국민의 기본권 침해 가능성이 높으므로 이를 행사할 때에는 과잉금지의 원칙(광의의 비례의 원칙), 보충성의 원칙이 적용되어야 한다.

② 경찰상 즉시강제
　㉠ 개념
　　ⓐ 경찰상 강제집행과는 달리, 경찰상 즉시강제는 미리 의무를 과한 후 의무자의 의무 불이행을 기다리지 않고 처음부터 경찰강제에 들어가는 것으로서, 즉시강제는 개인의 자유와 재산을 침해하는 정도가 현저하므로 예외적인 경우에 한하여 인정된다.
　　ⓑ 경찰상 즉시강제는 주로 급박한 필요에 의한 것이므로, 경찰권의 한계 내에서 공공의 안녕과 질서를 유지할 수 없는 경우에 행해진다.
　　ⓒ 경찰상 즉시강제는 사전에 의무를 부과할 만한 성질의 것이 아니거나 사전에 의무를 부과할 만한 시간적 여유가 없는 경우에 행해진다.

> **정리학습** 강제집행과 즉시강제의 비교

공통점	차이점(선행의무 불이행의 유무)
• 권력적 사실행위 • 경찰목적의 실현을 확보하기 위한 수단 • 경찰작용 중 경찰강제 • 부담적 경찰작용임. • 국민의 신체 · 재산에 대한 실력행사	• 강제집행 : 선행의무 불이행을 전제 • 즉시강제 : 선행의무 불이행을 전제하지 않음.

　㉡ 경찰상 즉시강제의 수단
　　ⓐ 대인적 즉시강제

개념	대인적 즉시강제는 사람의 신체의 자유를 구속하는 경찰강제를 말한다.
구체적인 예	경찰관 직무집행법상의 불심검문(제3조), 보호조치(제4조), 범죄의 예방과 제지(제6조), 경찰장구의 사용(제10조의2), 분사기 등의 사용(제10조의3), 무기의 사용(제10조의4) / 강제입원(감염병예방법), 긴급수송 등 응급조치(재난 및 안전관리기본법) 등이 있다.

ⓑ 대물적 즉시강제

개념	대물적 즉시강제는 물건에 대한 소유권 기타의 권리를 침해하는 경우를 말한다.
구체적인 예	경찰관 직무집행법상의 무기·흉기 등의 임시영치(제4조 제3항), 폐쇄조치(감염병예방법), 진화 등 응급조치(재난 및 안전관리 기본법), 교통장애물 제거(도로교통법), 방해물 파괴 등 강제처분(소방기본법), 위해식품 수거·폐기(식품위생법), 불법게임물 수거·폐기(게임물진흥법), 미승인 마약류폐기(마약류관리법)

ⓒ 대가택 즉시강제

개념	대가택 즉시강제는 소유자나 관리자의 의사에 반하여 타인의 건물 등에 들어가 위해의 방지나 구조 등 경찰상 필요한 조치를 취하는 경우이다.
구체적인 예	경찰관 직무집행법상의 위험방지를 위한 출입(제7조)이 이에 해당한다. 가택출입·수색(조세범처벌법)

ⓓ 대인적·대물적·대가택적 : 위험발생의 방지조치(제5조)

ⓒ 경찰상 즉시강제와 한계

ⓐ 법규상 한계 : 경찰상 즉시강제는 일종의 침해행정이므로 그의 발동에 실정법적 근거가 필요한데, 이를 법규상 한계라 한다.

ⓑ 조리상 한계 (주의 법률상 한계 - ×)

급박성	경찰상 장해가 목전에 급박해야 한다(현존하고 명백한 위험).
보충성	다른 수단으로도 경찰조직의 목적을 달성할 수 없어야 한다.
비례성	적합성, 필요성, 상당성의 원칙을 충족해야 한다.
소극성(필요성)	사회공공의 안녕·질서의 유지를 위해 필요한 한도 내에 그쳐야 한다.

ⓒ 절차적 한계(영장주의) : 경찰상 즉시강제의 과정에서 경찰관이 신체의 자유를 제한하거나 가택에 출입하는 경우에 헌법 제12조와 제16조의 규정에 의하여 영장이 필요한지가 문제된다.

영장불요설	헌법상의 영장주의는 형사사법권의 형사로부터 국민의 기본권을 보장하기 위한 것으로, 행정상 즉시강제에는 영장주의는 적용이 없다는 견해이다(헌법재판소).
영장필요설	헌법상 영장주의는 통치권의 부당한 행사로부터 국민의 자유·권리를 보장하기 위한 수단이므로 행정상 즉시강제에도 영장주의가 당연히 적용된다.
절충설(多)	원칙적으로 행정상 즉시강제에도 영장주의가 적용되지만, 즉시강제 중에서 행정목적의 달성을 위하여 불가피하다고 인정할 합리적인 이유가 있는 특별한 경우에 한해서는 영장주의의 예외를 인정할 수 있다(다수설·대법원).

ⓔ 경찰상 즉시강제시 유형력의 행사 여부 : 경찰관은 즉시강제를 규정한 법의 목적을 실현하기 위하여, 구체적 상황에 따라 경찰책임자에 대해서만 필요한 최소한의 강제력을 행사할 수 있다고 본다. 그러나 필요 이상으로 실력을 행사하여 상대방의 신체를 침해하거나, 경찰책임자 이외의 자에게 유형력을 행사하는 것은 위법이 되어, 국가배상법상의 손해배상의 대상이 될 수 있다.

㉤ 경찰상 즉시강제에 대한 구제
ⓐ 적법한 즉시강제에 대한 구제 : 손실보상청구, 일정한 요건하에서 긴급피난
ⓑ 위법한 즉시강제에 대한 구제

행정쟁송 (행정심판+행 정소송)	즉시강제는 공권력의 행사에 해당하는 권력적 사실행위로서, 성질상 단시간 내에 종료되어 버리므로, 행정처분과 같이 취소·변경을 구할 법률상의 이익(이른바 협의의 소익)이 존재하지 않는 것이 대부분이므로, 행정쟁송에 의한 구제는 즉시강제의 성질상 적합하지 아니하다. 다만, 장기간에 걸친 강제수용이나 물건의 영치와 같은 경우에는 행정소송에 의한 구제도 가능하다.
기 타	정당방위, 행정상 손해배상(즉시강제의 성질상 가장 실효성 있는 적합한 구제수단이다), 처분청의 취소정지, 공무원의 징계책임, 공무원의 형사책임, 청원, 고발, 고소 등이 있다.

2 행정조사

(1) 개념

경찰기관이 경찰작용을 적정하고 효과적으로 수행하기 위하여 필요한 자료나 정보를 수집·정리하는 준비적·보조적 수단으로서의 사실행위를 말한다. 넓은 의미에서 행정의 실효성 확보수단의 하나로 볼 수 있다.

(2) 성격

① 행정(경찰)상 조사는 행정상 필요한 자료나 정보를 얻기 위하여 시행되는 사실행위이므로 직접 국민의 자유와 권리에 변동을 초래하는 행정처분과 구별된다.
② 경찰상 조사는 상대방에게 수인의무를 발생시키기도 하며, 그에 위반하면 행정벌 등의 제재를 가한다는 점에서 권력적이라고 할 수 있다. 다만 상대방의 임의적 협력에 의한 임의조사, 즉 비권력적 조사작용도 포함된다는 견해가 있다.
③ 경찰조사는 직접 실력행사를 수반하지 않고 정보수집 등을 위한 준비적·보조적 수단이라는 점에서 행정상 강제집행이나 즉시강제와 구별된다.

(3) 근거

① 강제조사인 때는 시민의 신체나 재산에 대한 제한을 야기하므로 법률유보의 원칙에 따라 조직법상 근거뿐만 아니라 작용법상 근거도 있어야 한다.
② 경찰조사의 일반법은 '행정조사기본법'이 있고, 그 외 경찰관 직무집행법, 총포·도검·화약류등의 안전관리에 관한 법률, 풍속영업의 규제에 관한 법률, 식품위생법 등 개별법에서 출입·검사를 규정하고 있다.
③ 당사자의 임의적 동의하에 행하여지는 임의조사에는 작용법적 근거는 필요치 않으나 적어도 조직법적 근거는 필요하다.

(4) 내용
① 경찰상 조사가 법적 근거에 의해 행하여지는 때에도 경찰법의 일반원칙의 적용을 받는다.
② 경찰상 조사에는 원칙적으로 영장주의가 적용되고, 다만 형사소추절차로 이행하는 경우와 직접적 강제를 수반하는 경우에는 긴급을 요하는 경우에만 영장주의의 예외를 인정하는 것이 다수설이다.
③ 경찰상 조사를 하는 공무원은 그 권한을 표시하는 증표를 휴대하고 관계자에게 제시하여야 한다.
④ 법률에 직접적·명시적 규정이 없는 경우에는 경찰조사과정에서 실력으로 상대방의 저항을 배제하고 필요한 조사를 할 수 없다는 것이 다수설이다.

(5) 위법한 행정조사에 따른 처분

구분	내용
성격	행정조사는 통상 권력적 사실행위(예 문답, 영업장 출입, 시료채취)이다. 다만, 서류제출명령과 같은 법률행위도 있다.
절차	① 행정조사는 적법절차 원칙 준수 필요하다(∴ 적법절차 원칙은 형사절차에 한정 하지 않음) 예 세무조사시 적법절차원칙(O), 신분증 소지 및 제시의무(O) ② 단, 우편물 통관검사 시 이루어지는 우편물 개봉은 영장주의 적용(×)
한계	① 세무조사권 남용금지는 명문에 규정이 있다. ② 행정조사 중 실력행사 여부는 학설대립 있음
위법한 조사 시 처분	위법(O): ① 위법한 조사·재조사에 근거한 과세처분 ② 위법한 재조사를 했으나 그로인해 얻은 자료를 미사용(혹은 배제해도 처분가능)한 과세처분 ③ 서면심리결정 대상자에 대해 실지조사방법에 의해 과세처분 ④ 운전자의 동의나 영장없이 한 체혈조사에 근거한 운전면허 취소·정지
	위법(×): 시·도지사가 아닌 감사관 주도로 실시된 토양오염실태조사에 기초한 토양정밀조사명령

(6) 행정상 즉시강제와 구별
'행정조사'는 '준비적·보조적 수단'으로서의 성질을 갖는다는 점에서 행정상 필요한 상태의 실현 그 자체를 목적으로 하는 즉시강제와 구별된다.

구분	행정상의 즉시강제	행정조사
목적	개인의 신체나 재산에 직접 실력을 가하여 행정 필요한 결과를 실현시키는 것을 목적으로 함	행정작용을 위한 자료수집을 하는 준비적·보조적 수단
방법	직접적 실력행사	행정벌 등에 의해 행정조사를 수인시키는데 불과하다.
성질	권력적 집행작용	권력적 조사작용 + 비권력적 조사작용
한계	급박성·필요성·보충성·최소성	급박성이 요구되지 않음
법계	독일행정법학적 개념	영·미법계 개념
근거	경찰관직무집행법	행정조사기본법

3 행정지도

(1) 일정한 행정목적 또는 행정질서를 실현하기 위하여 상대방을 일정한 방향으로 유도하는 권고·요망·희망·장려·지도 등의 작용이다.

(2) 행정주체가 행정객체에 대하여 행하는 비권력적 사실행위이며, 직접 법적 효과의 발생을 목적으로 하는 법적 행위가 아닌 단순한 사실행위이다.

(3) 상대방의 임의적 동의나 협력하에 행해지는 비권력적 작용이며, 특별한 형식을 요하지 않고, 문서나 구두의 방법으로 한다.

(4) '행정절차법'은 행정지도가 그 목적달성에 필요한 최소한도에 그쳐야 하고 상대방의 의사에 반하여 부당하게 강요하여서는 아니된다는 과잉금지원칙 및 임의성의 원칙을 규정하고 있다.

(5) 그 밖에 행정절차법은 행정기관이 상대방이 행정지도에 따르지 아니하였다는 것을 이유로 불이익한 조치를 하여서는 아니된다는 것 등을 규정하고 있다(법 제48조, 제49조).

4 행정벌(경찰벌)

(1) 개념

경찰법규상의 의무위반에 대하여 일반통치권에 의거하여 사후적으로 과하는 처벌을 말한다.

(2) 기능

| 직접적 기능 | 과거의 의무위반에 대한 제재로서 경찰법규의 실효성을 확보함을 목적으로 한다. |
| 간접적 기능 | 의무자에게 심리적 압박을 가함으로써 의무이행의 확보를 목적으로 한다. |

(3) 타 개념과의 구별

① 징계벌과의 구별 - ㉠ 권력의 기초, ㉡ 목적, ㉢ 대상이 다르다.

구 분	행정벌(경찰벌)	징계벌
법률관계	일반권력관계	특별권력관계(특별행정법관계)
권력의 기초	일반통치권	특별통치권
목 적	일반사회질서 유지	내부질서 유지
대 상	일반사회질서 위반자	내부질서 위반자
주관적 요소	고의·과실 要	고의·과실 不要
양자의 관계	• 양자의 병과가 가능하다. • 양벌의 처벌절차는 독립적이며 형사소추선행의 원칙은 적용되지 않는다.	

② 집행벌과의 구별 - 제재의 시기가 다르다(병과 가능).

행정벌	집행벌(이행강제금)
일시적·과거적 의무위반에 대한 제재	계속적·장래적 의무이행을 확보하기 위한 제재

③ 형사벌과의 구별 – 부과의 대상인 범죄의 성격, 비행의 성질이 다르다.

구분	행정벌(행정범)	형사벌(형사범)
성질	국가의 제정법을 기다려 명백(우측통행위반) (법적 규정에 의해 반사회성 인정)	국가의 제정법 이전에 명백(살인행위) 법적규정과 관계없이 인정
생활질서	파생적 생활질서 침해	기본적 생활질서 침해
규범형식	행위규범도 규정	행위규범은 생략
범죄	법정범 제재 ⓔ 과속, 신호위반, 성매매	자연범 제재 ⓔ 살인, 강도, 강간, 폭행

(4) 근거
① 경찰벌은 성질상 처벌적 성격을 가지고 있기 때문에 죄형법정주의의 적용대상이며 반드시 법률의 근거가 있어야 한다.
② 단, 조례로도 규정이 가능한 경우가 있다. 지방자치단체는 조례로써 조례위반행위에 대하여 1천만원 이하의 과태료의 벌칙을 정할 수 있다(지방자치법 제34조).
③ 경찰형벌은 일반법은 없고 개별법에 근거하고 있으나, 경찰질서벌은 일반법으로 '질서위반행위규제법'과 개별법(또는 조례)에 근거하고 있다.
④ 법률은 경찰벌의 벌칙을 명령에 위임할 수 있으나, 일반적인 위임은 허용되지 않고 '구체적으로 범위를 정하여' 위임하여야 한다.

(5) 행정벌의 종류

구 분	행정형벌(경찰형벌)	행정질서벌(경찰질서벌)
대 상	행정목적을 '직접적'으로 침해	행정목적을 '간접적'으로 침해
수 단	형법의 9가지 형명(사형, 징역, 금고, 자격상실, 자격정지, 벌금, 구류, 과료, 몰수)	형법의 형명이 아닌 과태료
주관적 요건	고의·과실 필요	고의·과실 필요(객관적 질서위반)
형법총칙 적용 여부	형법총칙 적용	형법총칙 적용 불요
처벌절차	형사소송법에 따라(원칙) (예외적 : 통고처분, 즉결심판)	• 질서위반행위규제법, 비송사건절차법에 따라 지방법원이 결정으로 재판(원칙) • 지방자치단체는 조례로써
특별절차	통고처분, 즉심절차	주무행정관청이 직접부과
공통점	양자 모두 원칙적으로 고의·과실이나 위법성의 인식이 필요하다.	
병과여부	대법원	① 일사부재리의 효력은 확정재판이 있을 때에 발생하는 것이고 과태료는 행정법상의 질서벌에 불과하므로 과태료처분을 받고 이를 납부한 일이 있더라도 그후에 형사처벌을 한다고 해서 일사부재리의 원칙에 어긋난다고 할 수 없다(일사부재리 위배되지 않아 병과 가능 : 대판 88도1983). ② 임시운행 허가 기간을 넘어 무등록 차량을 운행한 자는 과태료와 별도로 형사처벌이 가능하다(대판 96도158).

헌재	① 제재대상이 되는 사실관계가 애초에 다르다면 행정형벌부과 후 과태료부과는 이중처벌이 아니다. / 구 건축법 제54조 제1항에 의한 무허가건축행위에 대한 행정형벌과 시정명령 위반행위에 대한 과태료의 부과는 이중처벌에 해당하지 않는다(92헌바38). ② 행정형벌을 과할 것인지 행정질서벌(과태료)를 과할 것인지 여부는 기본적으로 입법재량의 문제이다(91헌바14)

(6) 경찰벌의 과벌절차

① 경찰형벌의 과벌절차

원 칙		형사소송법상의 절차에 따라 법원에서 부과한다.
예 외	통고처분	형사소송절차에 대신하여 경찰행정청이 벌금·과료에 상당하는 금액(범칙금)의 납부를 명하는 행위이다. **예** 도로교통사범, 조세범, 관세범
	즉결심판절차	20만원 이하의 벌금·구류 또는 과료의 경찰형벌은 '즉결심판에 관한 절차법'에 따라 즉결심판이 과하여진다. 그 형(刑)은 경찰서장이 집행한다.

② 경찰질서벌의 과벌절차

국가의 법령에 의한 과태료	일반적으로 과태료에 처할 자의 주소지 지방법원의 결정으로 질서위반행위규제법, 비송사건절차법에 따라 정한다.
조례에 의한 과태료	조례에 의한 과태료는 지방자치단체의 장이 징수하며 기한 내에 납부하지 않을 경우에는 지방세 징수의 예에 따라 강제징수한다.

(7) 경찰벌과 구제

경찰형벌에 대한 구제	항소 및 상고와 같은 불복방법, 정식재판청구권, 형사보상청구권
경찰질서벌에 대한 구제	이의신청이 가능하며, 관할법원은 질서위반행위규제법, 비송사건절차법에 따라 과태료의 재판을 하게 된다.

(8) 기타

① 경찰벌 : 원칙적으로 경찰법상의 의무위반에 대해 과해지나, 예외적으로 부작위의무의 불이행의 경우에도 경찰벌을 과하는 경우가 있다.

② 경찰형벌과 경찰질서벌 모두 범죄의 성립에 원칙적으로 '고의·과실', '위법성의 인식'을 요한다.

③ 경찰질서벌 : 죄형법정주의의 적용과 관련하여 헌법재판소는 행정형벌에는 적용되나, 행정질서벌인 과태료에는 적용되지 않는다고 보았다(헌재96헌바83). 다만, 질서위반행위규제법 제정을 통해서 종전 판례와 달리 법정주의를 선언(조례포함)하고 있다.

㉠ 경찰질서벌은 경찰형벌과 달리 법률이나 법규명령뿐만 아니라, 조례로도 규정할 수 있다.

㉡ 반드시 현실적인 행위자가 아니라도 법령상 책임자로 규정된 자에게 부과될 수 있다.

(9) 질서위반행위규제법

목 적	이 법은 법률상 의무의 효율적인 이행을 확보하고 국민의 권리와 이익을 보호하기 위하여 질서위반행위의 성립요건과 과태료의 부과·징수 및 재판 등에 관한 사항을 규정하는 것을 목적으로 한다.
용어 정의	1. "질서위반행위"란 법률(지방자치단체의 조례를 포함한다.)상의 의무를 위반하여 과태료를 부과하는 행위를 말한다. 다만, 다음 각 목의 어느 하나에 해당하는 행위를 제외한다. 　가. 대통령령으로 정하는 사법상·소송법상 의무를 위반하여 과태료를 부과하는 행위 　나. 대통령령으로 정하는 법률에 따른 징계사유에 해당하여 과태료를 부과하는 행위 2. "행정청"이란 행정에 관한 의사를 결정하여 표시하는 국가 또는 지방자치단체의 기관, 그 밖의 법령 또는 자치법규에 따라 행정권한을 가지고 있거나 위임 또는 위탁받은 공공단체나 그 기관 또는 사인을 말한다. 3. "당사자"란 질서위반행위를 한 자연인 또는 법인(법인이 아닌 사단 또는 재단으로서 대표자 또는 관리인이 있는 것을 포함한다.)을 말한다.
대 상	도로교통법위반, 도로법위반, 옥외광고물 등의 관리와 옥외광고산업진흥에 관한 법률위반, 기타 질서위반행위법 예 주·정차 위반, 쓰레기, 오물, 담배꽁초 등 무단으로 버리기
적용의 시간	① 질서위반행위의 성립과 과태료 처분은 행위 시(주의 처분시-×)의 법률에 따른다. ② 질서위반행위 후 법률이 변경되어 그 행위가 질서위반행위에 해당하지 아니하게 되거나 과태료가 변경되기 전의 법률보다 가볍게 된 때에는 법률에 특별한 규정이 없는 한 변경된 법률을 적용한다. ③ 행정청의 과태료 처분이나 법원의 과태료 재판이 확정된 후 법률이 변경되어 그 행위가 질서위반행위에 해당하지 아니하게 된 때에는 변경된 법률에 특별한 규정이 없는 한 과태료의 징수 또는 집행을 면제한다. | 법령의 변경과 과태료	질서위반행위시~재판확정 전	재판확정 후
---	---	---
非질서위반행위로 변경	변경된 법령적용	과태료 징수 또는 집행을 면제
과태료가 가볍게 변경	변경된 법령적용	영향 없음	
적용의 장소	① 이 법은 대한민국 영역 안에서 질서위반행위를 한 자에게 적용한다. ② 이 법은 대한민국 영역 밖에서 질서위반행위를 한 대한민국의 국민에게 적용한다. ③ 이 법은 대한민국 영역 밖에 있는 대한민국의 선박 또는 항공기 안에서 질서위반행위를 한 외국인에게 적용한다.
성 립	① 질서위반행위 법정주의 : 법률에 따르지 아니하고는 어떤 행위도 질서위반행위로 과태료를 부과하지 아니한다. ② 고의 또는 과실 : 고의 또는 과실이 없는 질서위반행위는 과태료를 부과하지 아니한다. ③ 위법성의 착오 : 자신의 행위가 위법하지 아니한 것으로 오인하고 행한 질서위반행위는 그 오인에 정당한 이유가 있는 때에 한하여 과태료를 부과하지 아니한다. ④ 책임연령 : 14세가 되지 아니한 자의 질서위반행위는 과태료를 부과하지 아니한다. 다만, 다른 법률에 특별한 규정이 있는 경우에는 그러하지 아니하다. ⑤ 심신장애 : 면제 또는 감경한다. 　㉠ 심신(心神)장애로 인하여 행위의 옳고 그름을 판단할 능력이 없거나 그 판단에 따른 행위를 할 능력이 없는 자의 질서위반행위는 과태료를 부과하지 아니한다. 　㉡ 심신장애로 인하여 ㉠ 에 따른 능력이 미약한 자의 질서위반행위는 과태료를 감경한다. 　㉢ 스스로 심신장애 상태를 일으켜 질서위반행위를 한 자에 대하여는 면제 또는 감경하지 아니한다.

	⑥ 법인의 처리 등 : 법인의 대표자, 법인 또는 개인의 대리인·사용인 및 그 밖의 종업원이 업무에 관하여 법인 또는 그 개인에게 부과된 법률상의 의무를 위반한 때에는 법인 또는 그 개인에게 과태료를 부과한다.
	⑦ ②~⑤ 규정은 「도로교통법」 제56조 제1항에 따른 고용주 등을 동법 제160조 제3항에 따라 과태료를 부과하는 경우에는 적용하지 아니한다.
	⑧ 다수인의 질서위반행위 가담
	   ㉠ 2인 이상이 질서위반행위에 가담한 때에는 각자가 질서위반행위를 한 것으로 본다.
	   ㉡ 신분에 의하여 성립하는 질서위반행위에 신분이 없는 자가 가담한 때에는 신분이 없는 자에 대하여도 질서위반행위가 성립한다.
	   ㉢ 신분에 의하여 과태료를 감경 또는 가중하거나 과태료를 부과하지 아니하는 때에는 그 신분의 효과는 신분이 없는 자에게는 미치지 아니한다.
	⑨ 수개의 질서위반행위의 처리
	   ㉠ 하나의 행위가 2 이상의 질서위반행위에 해당하는 경우에는 각 질서위반행위에 대하여 정한 과태료 중 가장 중한 과태료를 부과한다.
	   ㉡ 2 이상의 질서위반행위가 경합하는 경우에는 각 질서위반행위에 대하여 정한 과태료를 각각 부과한다. 다만, 다른 법령(지방자치단체의 조례를 포함한다. 이하 같음)에 특별한 규정이 있는 경우에는 그 법령으로 정하는 바에 따른다.
	⑩ 과태료부과는 의견제출 절차를 마친 후에 서면(당사자가 동의하는 경우에는 전자문서를 포함한다. 이하 이 조에서 같음)으로 하여야 한다. (주의) 구두 - ×
	⑪ 일신전속적(△), 확정 후 사망 시 상속(○)(즉, 60일간 이의제기 하지 않아 금전채무로 확정된 후 사망한 경우)

자진납부 감경	과태료 부과 전 의견제출 기한(10일 이상의 기간으로 정하여진 기간) 이내에 과태료를 자진하여 납부하는 경우 대통령령이 정하는 바에 따라 20% 이내 감경할 수 있다.
체납시 중가산금	① 과태료금액에 최고 75%의 가산금이 부과됨. ② 행정청은 당사자가 납부기한까지 과태료를 납부하지 아니한 때에는 납부기한을 경과한 날부터 체납된 과태료에 대하여 100분의 3(3%)에 상당하는 가산금을 징수한다. ③ 체납된 과태료를 납부하지 아니한 때에는 납부기한이 경과한 날부터 매 1개월이 경과할 때마다 체납된 과태료의 1천분의 12(1.2%)에 상당하는 가산금(이하 "중가산금"이라 한다)을 가산금에 가산하여 징수한다. 이 경우 중가산금을 가산하여 징수하는 기간은 60개월을 초과하지 못한다.
체납시 처벌	관허사업 제한, 신용정보제공, 고액상습체납자에 법원감치, 기타 등
기 간	• 소멸시효 : 과태료는 행정청의 과태료 부과처분이나 법원의 과태료 재판이 확정된 후 5년간 징수하지 아니하거나 집행하지 아니하면 시효로 인하여 소멸한다(제15조 제1항). • 부과의 제척기간 : 행정청은 질서위반행위가 종료된 날(다수인이 질서위반행위에 가담한 경우에는 최종행위가 종료된 날을 말한다)부터 5년이 경과한 경우에는 해당 질서위반행위에 대하여 과태료를 부과할 수 없다(제19조 제1항).
이의 제기	① 과태료 통지받은 날로부터 60일 이내에 해당 행정청에 서면으로 이의제기하면 과태료처분은 효력을 상실한다. ② 당사자는 행정청으로부터 통지를 받기 전까지는 행정청에 대하여 서면으로 이의제기를 철회할 수 있다.
법원에 의 통보	이의제기를 받은 행정청은 이의제기를 받은 날부터 14일 이내에 이에 대한 의견 및 증빙서류를 첨부하여 관할 법원에 통보하여야 한다.

징수 유예	① 행정청은 당사자가 다음 각 호의 어느 하나에 해당하여 과태료(체납된 과태료와 가산금, 중가산금 및 체납처분비를 포함한다.)를 납부하기가 곤란하다고 인정되면 1년의 범위에서 대통령령으로 정하는 바에 따라 과태료의 분할납부나 납부기일의 연기를 결정할 수 있다. ② 행정청은 법 제24조의3 제1항에 따라 과태료의 분할납부나 납부기일의 연기(이하 "징수유예등"이라 한다)를 결정하는 경우 그 기간을 그 징수유예등을 결정한 날의 다음 날부터 9개월 이내로 하여야 한다. 다만, 그 기간이 만료될 때까지 법 제24조의3 제1항에 따른 징수유예등의 사유가 해소되지 아니하는 경우에는 1회에 한정하여 3개월의 범위에서 그 기간을 연장할 수 있다.

5 기타 새로운 실효성 확보수단

(1) 명단의 공표
   ① 의무위반자 또는 불이행자의 명단과 그 위반 또는 불이행한 사실을 공중이 알아볼 수 있도록 알리는 것을 말한다.
   ② 공표에 따르는 사회적 비난이라는 간접적·심리적 강제로 그 의무이행을 확보하려는 제도로서 그 자체는 어떠한 법적 효과도 따르지 않는 사실행위에 불과하다. 결국 공표제도의 실효성은 의무위반자의 수치심에 비례한다.
   ③ 공표 자체로는 어떠한 법적 효과도 발생하지 않으며, 관련자의 권리·이익에 변동을 가져오는 것도 아니라는 점에서 법적 근거가 필요하지 않다고 볼 수도 있으나, 공표는 관련자의 명예·신용·프라이버시의 침해를 가져오는 동시에, 공무원의 비밀엄수의무 등과 관련하여 법률상의 근거가 필요하다.
   ④ 공표에 관한 일반법은 없으나, 아동·청소년성보호법, 국세기본법, 소비자기본법, 식품위생법 등 개별법에서 공표의 법적 근거를 찾아 볼 수 있다.
   ⑤ 행정절차법은 제40조의3에서 '위반사실 등의 공표'에 대해 규정하고 있다.
   ⑥ 명단공표의 법적 성질에 관하여는 비권력적 사실행위설(통설)과 권력적 사실행위설 등 견해가 대립하고 있다.
   ⑦ 소의 이익이 부정될 가능성이 크지만, 판례는 명단공표(병무청장이 병역법에 따라 병역의무 기피자의 인적 사항 등을 인터넷 홈페이지에 게시한 것)는 항고소송의 대상인 행정처분에 해당하는 것으로 본다(대판 2018두49130).
   ⑧ 구제
      ㉠ 손해배상청구·정정보도청구 가능, 공무상 비밀누설죄로 처벌
      ㉡ 대법원은 국세청장이 부동산투기자의 명단을 언론사에 공표함으로써 명예를 훼손한 사건에서 손해배상의 책임을 인정하였다(대판 93다18389).

> **핵심지문**
> ① 청소년성매수자의 신상공개제도는 이중처벌금지원칙, 과잉금지원칙, 평등원칙, 적법절차원칙 등에 위반되지 않는다. ○ 헌재 2002헌가14
> ② 명단공개는 원칙상 명문규정이 필요하다. ○
> ③ 일부 학설은 위법한 공표행위에 대한 처분성을 인정한다. ○

(2) 공급거부

① 건축법상의 명령이나 처분에 위반하여 행정청이 발한 시정명령을 불이행한 때에 전기, 전화, 수도, 도시가스 공급시설의 설치나 공급을 중지하도록 하는 것을 말한다.
② 공급거부는 침해적 권력적 사실행위이므로 명시적인 법률상의 근거가 있어야 한다.
③ 수도·전기 등의 위법한 공급거부에 대해서는 당해 급부가 공법적 형식인가, 사법적 형식인가에 따라 행정소송 또는 민사소송에 의해 구제를 도모할 수 있다.

> **핵심지문**
>
> ① 공급거부는 부당결부금지 원칙과 관련이 깊다. ○
> ② 지방자치단체의 장에 대한 수도의 공급거부는 처분이므로 항고소송의 대상이 된다. 단수처분을 행정처분으로 본 판례가 있다. ○
> ⇨ 판례는 위법한 단수처분에 대하여는 행정쟁송을 제기하여 그 취소 등을 구할 수 있다고 한다. (대판 79누218).
> ③ 행정청이 전기·전화공급의 중단을 요청한 행위는 항고소송의 대상이 되는 행정처분 아니다. ○
> ⇨ 판례는 공급거부요청은 권고에 불과하므로 처분이 아니라고 하고 있다(대판 96누433).

(3) 관허사업의 제한

① 세금체납자에 대하여 기존의 허·인가의 정지·취소는 물론 새로운 사업에 대한 허·인가를 제한하는 경우이다.
② 체납된 조세와 허·인가의 정지·취소·거부는 서로 관련성이 있을 필요가 있다.
③ 행정청은 허가·인가·면허·등록 및 갱신을 요하는 사업을 경영하는 자로서 과태료 체납자에 대하여는 사업의 정지 또는 허가등의 취소를 할 수 있다(질서위반행위규제법 제52조).

> **핵심지문**
>
> ① 행정법규 위반에 대한 제재조치(관허사업의 제한)는 고의·과실 없이도 부과가 가능하다(대판 2012두1297). ○
> ② 공급거부, 관허사업의 제한 등은 부당결부금지 원칙과 관련이 깊다. ○

(4) 경제적 부담(금전적 제재)

① 가산금
　㉠ 가산금은 간접적인 행정의 실효성 확보수단의 하나이다. 이는 당해 행정청이 일정한 급부(지급)의무의 위반이 있다고 인정하여 부과하는 것이라는 점에서 가산금의 부과는 하명적 성질의 행정행위라고 할 수 있으며, 기간 내의 의무이행을 위하여 금전지급의무를 부과함으로써 간접적인 의무이행을 강조한다. 가산금은 일정한 행정법상의 의무위반에 대하여 부과되는 금전적인 제재인 점에서 과징금과 같고, 급부의무 위반에 대

한 것이라는 점이 다를 뿐이다.
　　ⓒ 가산금과 중가산금은 납부기한 도과에 따라 법률상 당연히 발생하는 지연이자 성격이
　　　다. 따라서 고지의 처분성은 인정되지 않는다.
② 가산세
　　㉠ 가산세란 세법상의 의무의 성실한 이행을 확보하기 위하여 그 세법에 따라 산출된 세
　　　액에 가산하여 징수되는 세금을 말한다(국세기본법 제2조 제4호).
　　ⓒ 세법상 의무 확보를 위해 별개로 부과는 세금이고, 신고의무 해태에 대한 본세와 별도
　　　로 부과되는 세금으로 부과의 처분성이 인정된다.
　　ⓒ 가산세는 세금의 형태로 가하는 행정벌의 성질을 가진 제재이므로 그 의무 해태에 정
　　　당한 이유가 있는 경우에는 부과할 수 없다(대판 2001두7886).
　　㉣ 고의·과실 없어도 부과 가능하다(헌재 2012 헌바355).
③ 과징금
　　㉠ 행정청이 일정한 행정법상의 의무위반자에게 경제적 이익을 박탈함으로써 의무이행을
　　　강제하기 위하여 부과·징수하는 금전적 제재(재산이익적 박탈, 불법이익환수)이다.
　　ⓒ 종류 :「여객자동차 운수사업법」상의 과징금,「독점규제 및 공정거래에 관한 법률」상
　　　의 과징금,「대기환경보전법」상의 과징금 등 법률에 근거를 필요로 한다.
　　ⓒ 행정청은 법령등에 따른 의무를 위반한 자에 대하여 법률로 정하는 바에 따라 그 위반
　　　행위에 대한 제재로서 과징금을 부과할 수 있다(행정기본법 제28조). 행정청이 부과하
　　　며 국세징수법에 의하여 징수한다.
　　㉣ 영업정지처분에 갈음하는 과징금이 규정되어 있는 경우에는 과징금을 부과할 것인지
　　　영업정지처분을 내릴 것인지는 통상 행정청의 재량에 속한다.
　　㉤ 구제수단 : 행정행위의 일종인 급부하명이므로 그것이 위법한 경우에는 행정쟁송을 제
　　　기하여 그 취소 등을 구할 수 있다.
　　㉥ 고의·과실 없어도 부과 가능하다(대판 2013두5005). 정당한 사유 있는 경우 부과
　　　불가능하다.
　　㉦ 일신전속적 의무가 아니므로 상속인에게 승계된다(대판 99두35)(cf. 이행강제금).

핵심지문

① 과징금부과는 원칙적으로 재량행위이므로 법원으로서는 과징금부과처분이 위법할 경
　우 그 전부를 취소할 수 밖에 없다(대판 98두2270). O
② 과징금의 부과는 국가가 형벌권을 실행하는 과벌에 해당하지 않아 이중처벌금지 원칙
　에 위배되지 않는다(헌재 2011헌바62)
③ 과징금 납부의무를 불이행한 경우에는 국세 또는 지방세 체납처분절차에 따라 강제징
　수 된다. O

(5) 시정명령

① 의의
  ㉠ 시정명령이란 행정법규 위반으로 초래된 위법상태를 제거하는 것을 명하는 행정행위를 말한다. 시정명령은 강학상 하명에 해당한다.
  ㉡ 시정명령을 받은 자는 시정의무를 부담하게 되며 시정의무를 이행하지 않은 경우에는 행정강제(대집행, 직접강제 또는 이행강제금)의 대상이 될 수 있고, 시정의무 위반에 대하여는 통상 행정벌이 부과된다.

② 적용법령
  시정명령의 경우 행정법규 위반 여부는 위반행위시법에 따라야 하지만, 시정명령은 장래에 향하여 행해지는 적극적 행정행위이므로 원칙상 행위시법을 적용하여야 한다.

> **핵심지문**
>
> ① 시정명령은 이미 위법행위가 종료되었으면 발령 불가능하고, 현재 위법행위가 계속 중이면 발령 가능하다(통상적 모습). 또한 장래 위법행위가 예상되면 동일한 행위의 반복금지도 발령가능하다.
> ① 시정명령의 대상은 원칙상 과거의 위반행위로 야기되어 현재에도 존재하는 위법상태이다. 그런데 판례는 예외적으로 장래의 위반행위도 시정명령의 대상이 되는 것으로 보고 있다(대판 2001두5347).
> ② 위법행위가 있었더라도 그 위법행위의 결과가 더 이상 존재하지 않는다면 시정의 대상이 없어진 것이므로 원칙상 시정명령을 할 수 없다(대판 2013두35013[시정명령취소]).

제4절 기타

(1) 차량 등의 사용정지
(2) 수익처분의 취소·정지·철회
(3) 국외 여행의 제한(출국금지)
(4) 취업제한(병역법)
(5) 세무조사
(6) 운전면허정지 등이 있다.

> **핵심지문**
>
> ① 행정법규 위반자의 경우 그 위반의 종류를 불문하고 취업제한을 할 수 있다. ✗
>   ⇨ 취업제한은 매우 제한적으로 인정된다(병역법 제66조).
> ② 세금체납자에 대한 해외여행제한을 두고 있다. ○

(7) 기타정리

① 부과주체 및 구제방법

종류	부과주체		구제방법
이행강제금	행정청		• 과태료 유형 : 질서위반행위규제법 • 과징금 유형 : 행정쟁송
통고처분	세무서장, 국세청장, 관세청장, 경찰서장		형사소송
과태료	법률에 의한 경우	지방법원 / 행정청	질서위반행위규제법
	조례에 의한 경우	지방자치단체의 장	
과징금	행정청		행정쟁송

② 경찰행정상의 전통적·새로운 실효성 확보수단

전통적 의무이행 확보수단	경찰강제	의무불이행	• 강제집행 : 대집행, 집행벌, 직접강제, 강제징수 • 즉시강제 : 대인적, 대물적, 대가택적
	경찰벌	의무위반	• 경찰형벌 : 형벌부과 • 경찰질서벌 : 과태료부과
새로운 의무이행 확보수단	• 금전상 제재(과징금·가산금·가산세·부과금) • 공급거부 • 명단공개(공표제도) • 관허사업의 제한 • 수익적 행정행위의 취소·철회 • 국외여행의 제한(출국금지) • 취업제한 • 법위반 물건 운반차량·선박 등의 사용 또는 각종 면허정지		

③ 경찰행정상의 직접적·간접적 실효성 확보수단

직접적 이행 확보수단	• 경찰강제(대집행, 직접강제, 강제징수) • 경찰상 즉시강제
간접적 이행 확보수단	• 경찰벌 • 이행강제금(집행벌) • 기타 새로운 의무이행 확보수단(명단공개, 공급거부 등)

제5절 | 경찰작용의 근거와 한계

1 경찰작용의 근거

(1) 서설
① 경찰권의 행사는 다른 어떤 행정작용 분야보다 법치행정의 원리가 강하게 요구되며, 그 결과 개별적인 경찰상의 처분은 법률의 근거가 있어야 한다는 법률유보의 원칙이 적용된다. 경찰조치를 위한 법적 근거의 형태에는 일반적 수권조항과 개별적 수권조항이 있다.
② 위험방지를 위하여 개인의 자유와 권리를 침해하는 구체적인 경찰상의 조치를 하기 위해서는 그 조치권한을 정당화할 수 있는 별도의 법적 근거가 있어야 한다. 방범지도, 청소년 선도 등의 임의적 활동에 대해서는 개별적 수권조항이 필요 없다.

(2) 일반적 수권조항과 개별적 수권조항
① 일반적 수권조항과 개별적 수권조항의 관계
개별적 (특별)수권조항이 있는 한도 내에서 일반적 수권조항은 적용되지 않으며, 일반적 수권조항은 개별적 (특별)수권조항에 대하여 보충적으로만 적용된다.
② 경찰관 직무집행법 제2조 제7호의 일반조항의 인정여부

부정설	ⓐ 헌법은 국민의 자유와 권리를 제한하기 위해서는 법률로써만 가능하다. ⓑ 경찰작용은 대표적인 권력적·침해적 작용으로서 법률유보 원칙의 적용을 받으므로 경찰권의 발동에는 개별적 수권조항이 요구되며, 일반조항 인정시 법률유보의 형해화(형식만 가지고 있고, 가치나 의미가 없음)가 발생한다. ⓒ 우리의 경찰관 직무집행법은 독일에서와 같이 "경찰은 필요한 조치를 취할 수 있다."는 명시적 규정을 두고 있지 않다. ⓓ 결론 ➡ 우리의 경찰관 직무집행법 제2조 제7호는 경찰의 직무범위만을 정한 것으로, 본질적으로 조직법적 성질(=사물관할·임무에 관한 일반규정)의 규정이다(多).
긍정설	ⓐ 입법기관이 미리 경찰권의 발동사태를 상정해서 모든 발동요건을 법률에 규정하는 것은 입법기술상 불가능하다. ⓑ 개괄적 수권조항의 내용을 이루는 불확정개념은 학설·판례를 통해 특정이 가능하다. ➡ ※ 일반조항을 확대해석하거나 남용한 경우는 사법심사의 대상이 됨. ⓒ 일반조항으로 인한 경찰권의 남용 가능성은 조리상의 한계 등으로 통제 가능하다. ⓓ 독일에서의 학설·판례가 일반조항을 인정하고 있다. ⓔ 결론 ➡ 따라서 개별적인 근거규정이 없을 때에는 경찰관 직무집행법 제2조 제7호에 근거하여 경찰권을 발동할 수 있으며, 개괄적 수권조항은 개별적 수권이 없는 때에 한하여 2차적·보충적으로 적용이 된다. ⓕ 긍정설 지지자들은 판례도 긍정설을 취하고 있다고 주장한다.
입법 필요설	일반조항의 필요성과 허용성을 인정하면서도 경찰관 직무집행법 제2조는 권한규정이 아닌 단순한 임무규정으로 파악하고, 입법을 통해 일반조항을 도입할 필요가 있다는 것이다.

일반조항을 긍정하는 견해의 경우에도 또한 경찰권 행사의 조리상 한계를 인정하기 때문에, 경찰관 직무집행법 제2조 제7호가 모든 경찰권의 행사에 대한 정당성을 부여하게 하는 것은 아님.

(주의) 일반조항을 부정하는 학자들은 일반조항의 필요성도 부정한다.- ×

Tips 경찰권발동의 조리상의 한계를 논하는 것 자체가 일반조항을 전제(인정)로 하는 것이다.

우리나라의 경우	㉠ 경찰관 직무집행법 제3조(불심검문)부터 제10조의4(무기의 사용)에 관한 규정이 경찰권발동의 요건, 대상, 내용, 효과 등에 관하여 구체적으로 규정하고 있어, 이것이 이른바 개별적 수권조항에 해당한다. ㉡ 제2조 제7호(공공의 안녕과 질서유지)를 일반적 수권조항으로 인정할 수 있는지가 논란의 대상이 되고 있다(학계 견해 다툼, 단 판례는 긍정설 입장).
독일의 경우	권한에 관한 개별적 수권조항을 두고 있는 외에, 모범초안 제1조 제1항에서 "경찰은 공공의 안녕 또는 질서에 대한 위험방지를 그 임무로 한다."고 규정함으로써 임무에 관한 일반적 규정을 두어 양자를 분리규정하고 있다.

(3) 경찰개입청구권

경찰상의 재량권이 0으로 수축된 경우에 개인에게 경찰권의 발동을 청구할 수 있는 경찰개입청구권이 발생될 것인지가 문제된다.

KEY

- 경찰개입청구권을 처음으로 인정한 독일 판례 → 띠톱 판결
- 우리나라에서는 1968년 1월 21일 무장공비침투사건(일명 김신조사건)에서 경찰개입청구권의 법리를 인정한 바 있다.
- 경찰의 부작위로 인한 손해배상책임을 인정한 사건(독일) : 과도한 교통소음, 수인하기 어려운 교회 종소리, 이웃 비둘기 사육에 의한 피해, 지뢰사건 판결, 눈썰매사건 판결, 별장점탈사건 판결, 교통정리 미실시사건 판결 (주의 프로이센 일반란트법, 크로이쯔베르그 판결 - ×)
- 경찰의 부작위로 인한 손해배상책임을 인정한 사건(우리나라) : 김신조사건, 군산화재사건, 극동호사건, 경찰관의 음주운전 방치

※ 띠톱 판결

띠톱 판결(1960.8.18. 연방재판소)은 주거지역에 설치된 석탄제조업체에서 사용하는 띠톱에서 배출되는 먼지와 소음으로 피해를 받고 있던 인근 주민이 행정청에서 건축경찰상의 금지처분을 발할 것을 청구한 것에 대해 연방재판소가 경찰법상의 일반수권조항의 해석에 있어 ① 인근주민의 무하자재량행사청구권을 인정하고 ② 재량권의 영으로의 수축이론에 의거하여 원고의 청구를 인용한 판결로서 경찰개입청구권을 인정한 판결의 효시로 평가된다.

① 경찰재량권의 0(1)으로의 수축

재량행위 ➡ 경찰개입청구권 ➡ 재량이 0(1)으로 수축 ➡ 기속행위화 ➡ 경찰부작위시(위법, 소송의 대상, 손해배상)

㉠ 경찰권행사의 편의주의 원칙

편의주의 원칙 (재량원칙)	• 행정경찰작용과 관련하여 경찰위반의 상태가 있는 경우에 반드시 경찰권을 발동해야 하는 것은 아니고, 발동의 여부 또는 수단의 선택에 있어서, 당해 경찰관청의 의무에 합당한 재량에 따른다는 원칙이다. • 이 경우에 결정은 의무에 합당한 재량에 따라 결정되어야 한다. 특히 이 문제는 위의 첫 번째 결정에 있어 중요한 의미를 가지며, 편의주의의 한계 문제로서 논의의 대상이 된다.
경찰작용에 있어서 재량문제로서 결정해야 하는 것	• 위험의 방지 또는 경찰위반의 방지를 위하여 개입할 것인가 말 것인가에 관한 결정(결정재량) • 복수의 경찰위반자가 존재하는 경우, 여러 가지 조치 가운데 어느 조치를 선택할 것인가에 관한 사용수단에 관한 결정(선택재량)

㉡ 편의주의의 한계로서 경찰재량권의 0 또는 1(한가지 결정)로의 수축

편의주의의 한계의 문제	• 경찰관청이 적극적으로 경찰권을 행사한 경우(작위)에는 하자있는 재량행사의 문제와 비례의 원칙의 문제로서 경찰권의 개입에 대한 법적 제한을 가하게 된다. • 경찰관청이 소극적으로 경찰권을 행사하지 않은 경우(부작위)에는 '경찰재량권의 0으로의 수축론'의 법리가 작용한다.
경찰개입청구권의 성립요건	행정경찰권의 행사여부는 원칙적으로 재량처분이 인정되고 있으나, 목전의 상황이 매우 중대하고 긴박한 것이거나, 그로 인하여 국민의 중대한 법익이 침해될 우려가 있는 경우에는 경찰재량권이 0으로 수축되기 때문에, 경찰개입 결정(오직 한 가지 결정)만이 의무에 합당한 적법한 재량행사로 인정된다는 것이다. ➡ ① 재량권의 0으로의 수축, ② 공권(또는 보호법익)의 침해, ③ 보충성의 원칙
경찰재량권의 0으로의 수축의 효과	① 당해 재량행위는 내용적으로는 기속(羈束)행위로 전환되고, 부작위에 대하여는 의무이행심판 및 부작위위법확인소송 그리고 손해가 발생한 경우에는 손해배상소송을 제기하여 구제받을 수 있다. ② 경찰개입청구권이 인정되어 행정쟁송청구권 및 국가배상청구권이 발생된다. ③ 재량행위의 기속행위화로 인하여 결정재량이 부정된다.

Tips 재량권이 0으로 수축되어 경찰재량이 부인되어 기속행위화 된다.

Tips 경찰의 행위에는 재량권이 인정되나 예외적 상황에서는 하나의 선택만이 유효한 행위가 된다.

Tips 타 수단으로 목적을 수행할 수 있는 경우에는 경찰개입청구권이 인정되지 않는다. ➡ 보충성

Tips '수사법정주의' 원칙은 형사소송법에서 도출된 원칙으로서, 재량권의 0으로의 수축이론과는 관련이 없다.

② 반사적 이익론의 극복
㉠ 전통적 반사적 이익론
ⓐ 경찰행위관청의 규제권한의 행사는 오로지 공익목적만을 위한 것으로 보고, 규제권한의 행사로 인하여 사인이 어떠한 이익을 향유하더라도 그것은 반사적 이익(사실상의 이익)에 불과하고 법률상의 권리라고 할 수 없다.

ⓑ 반사적 이익의 예 – 재판을 통한 구제대상이 아니다.

> • 영업허가 등에 의하여 받는 이익
> • 공무원의 직무명령의 수행으로 파생된 개인의 이익
> • 공물의 일시적 사용에 의해 얻는 이익(하천개수에 의한 수해예방 등)
> • 제3자에 대한 법적 규제에 의하여 얻는 이익(의사의 진료행위에 의한 환자의 진료혜택, 건수·거리제한 등으로 인하여 기존의 허가자가 받는 이익 등)

ⓛ 반사적 이익의 보호이익화
   ⓐ 근래에는 개인적 공권의 확대경향으로 반사적 이익의 공권화(보호이익화), 무하자재량행사청구권, 행정(경찰)개입청구권, 행정행위발급청구권, 정보공개청구권, 문서열람청구권, 청문권 등이 논해지고 있다.
   ⓑ 종래에는 반사적 이익으로 보았던 것도, 관계법규가 공익(권리로서의 이익)과 동시에 개인적 이익도 보호하는 것으로 해석함으로써, 반사적 이익에 법적으로 보호되는 이익 또는 공권(침해시 권익구제 가능)으로서의 성격이 인정되는 경우가 점차 증대하고 있다. 그 결과 국가배상의 경우에도 규제 권한의 불행사를 위법으로 구성하여 배상의 범위를 확대하고 있는 것이다.
   ⓒ 개인적 공권은 성립된 이래 계속 확대되고 있다.
   ※ 연탄공장설치 허가에 관한 사건에서 고등법원은 지역주민의 이익을 반사적 이익으로 보았으나 대법원은 도시계획법과 건축법의 보호이익은 단순한 반사적 이익이나 사실상 이익이 아니라, 법률에 의하여 보호되는 이익이라고 보고 반사적 이익론을 극복하였다.

Tips 반사적 이익이 보호법익이 될 경우 보호요청이나 경찰개입청구권을 요청할 수 있다.

2 경찰권발동의 조리상 한계

경찰작용에는 법치행정의 원칙이 적용된다. 경찰법규는 경찰권 발동의 근거이자 법규상 한계로서 기능을 한다. 조리상 한계이론은 경찰권발동에 대한 경찰에게 광범위한 재량권이 있음을 전제로 이를 한계지우기 위한 것이다. 법규상 한계는 경찰권 발동에 대한 제1단계적 제약을 의미하며, 조리상 한계는 제2단계적 제약을 의미한다.

KEY
재량행위의 경우에 (일반적 수권을 긍정할 경우에) 조리상의 한계가 더 의의를 갖는다.

(1) 경찰소극목적의 원칙
   ① 경찰권은 공공의 안녕과 질서의 유지라는 소극목적을 위해서만 발동될 수 있으며, 적극적으로 복리의 증진을 위해서는 발동될 수 없다는 원칙이다.
   ② Kreuzberg 판결이 원칙확립의 계기가 되었다.

③ 소극목적의 원칙에 위반되는 경우
    ㉠ 사치품의 수입금지 결정
    ㉡ 식품위생법을 집행함에 있어서 소비자보호를 배려하는 것
    ㉢ 경찰허가를 함에 있어 동업자간의 경쟁관계를 배려하는 것

(2) **경찰공공의 원칙(사생활 자유의 원칙)**
  ① 개념 : 경찰권은 공공의 안녕과 질서유지에 관계없는 사적 관계에 대해서는 발동되어서는 안 된다는 원칙이다.
  ② 구체적 내용
    ㉠ 사생활불간섭의 원칙
    ㉡ 사주소불가침의 원칙
    ㉢ 민사관계불간섭의 원칙
    ㉣ 사경제불간섭의 원칙
    ※ 개인의 사생활이라 할지라도 경찰개입이 허용되는 경우가 있다. 예 AIDS환자나 법정전염병 감염자의 강제격리 및 치료, 신체의 과다노출, 고성방가, 과도한 피아노소음, 암표매매, 총포·도검류의 매매 등 공공의 안녕과 질서유지와 관련이 있는 경우 경찰권 발동대상이 된다.

(3) **경찰책임의 원칙**
  ① 개념 : 경찰권은 원칙적으로 경찰위반의 상태를 야기한 자, 즉 공공의 안녕과 질서에 대한 위험에 대하여 행위책임 또는 상태책임을 질 자(경찰책임자), 장해자에게만 발동될 수 있다는 원칙이다. 이 원칙을 위반하게 되면 위법행위로 무효나 취소의 사유가 된다.
  ② 특색
    ㉠ 경찰책임이란 공공의 안녕과 질서에 대한 객관적인 위험상황의 존재라는 사실을 중심으로 하여, 이러한 사회적 장해의 방지에 대한 책임을 부담하는 것을 의미한다.
    ㉡ 따라서 경찰책임의 판단은 자신의 생활범위(지배권) 안에서 경찰상 위험이 발생하였다고 하는 객관적·외형적 상태에 의하여서만 판단하게 된다.
    ㉢ 경찰위반의 상태는 행위 혹은 상태의 특별한 위법성을 요구하지는 않는다. 즉, 경찰위반의 상태는 개별적인 경우를 규율하는 법규위반(=위법)으로부터 직접적으로 나오는 것이 아니라, 공공의 안녕 혹은 질서를 위협하는 행위나 상태로부터 나온다. 즉, 객관적인 위험상황이 존재하는지가 문제가 될 뿐이지, 위법한 상태에 대한 처벌이 문제되는 것이 아니기 때문에 그 위험이나 장해를 신속하고 효과적으로 제거하는 것이 중요하기 때문이다.
    ㉣ 경찰책임은 책임자의 고의·과실과 무관하고, 소멸시효와도 관계가 없으며, 또한 공법상의 의무로 경찰책임자의 자유로운 처분의 대상이 아니다.
  ③ 주체
    ㉠ 경찰책임의 주체는 행위자의 외국적·무국적, 자연인·법인의 여부, 고의·과실, 위법성의 여부, 위험에 대한 인식여부, 행위자의 행위능력·불법행위능력·형사책임능

력, 정당한 권원의 유무 등은 모두 문제되지 않는다.
ⓒ 자기의 지배범위에 속하는 한 타인의 행위 또는 타인 물건의 상태에 대해서도 책임을 진다. 이 경우에 지는 책임은 자기책임(주의 대위책임 – ×)으로서의 성격을 지니고 있다.
ⓒ 고권력(공법인 및 행정기관) 주체의 경찰책임은 실질적 경찰책임(법규준수 및 위험을 제거할 의무)과 형식적 경찰책임(경찰명령에 복종할 의무)으로 구분된다. 형식적 경찰책임은 부정설(경찰행정기관의 우위를 인정하는 결과초래), 긍정설(모든 국가기관의 활동이 다 동일한 것은 아님), 제한적 긍정설(비교형량하여 경찰행정기관에 의한 목적달성이 우월한 경우 가능하다)로 나뉜다. 현재, 부정설과 제한적 긍정설이 대립하고 있다. 앞으로, 다른 국가기관에 경찰권을 발동하기 위해서는 행정권한법정주의 원칙상 법률의 근거가 있어야 바람직하겠다.

④ 경찰책임의 유형

행위책임		㉠ 사람(자기 또는 자기의 보호·감독하에 있는 자)의 행위로 인해 야기되는 위험에 대하여 부담하는 경찰책임을 말한다. ⓒ 책임의 범위는 작위뿐만 아니라 관계자에게 위험방지를 위한 법적 의무가 주어져 있는 한도 내에서 부작위도 포함한다. ⓒ 책임의 귀속에 대한 기준으로는 상당인과관계설·조건설·직접원인설 등이 있는데 직접원인설이 통설·판례의 태도이다.
	소멸	행위책임자의 부존재에 의해 소멸하는데, 풍속영업자의 행위책임이 그 영업자의 사망에 의해 소멸되는 것과 같다.
상태책임		㉠ 물건·동물의 소유자·점유자 기타 관리자가 그 지배범위에 속하는 물건·동물로 인하여 경찰위반상태가 발생한 경우에 소유권 유무에 상관없이 지는 책임을 말한다. (주의 상태책임을 지는 자는 당해 물건의 소유권자이다. – ×) ⓒ 사람의 행위가 아니라 물건의 상태(동물, 가스, 연료 등)로부터 위험 또는 장해가 야기되는 경우에 그 물건에 대한 현실적 지배권을 가지고 있는 자에게 지우는 경찰책임을 말하며, 권원의 적법성은 문제삼지 않는다. ⓒ 위험 또는 장해가 직접적으로 물건으로부터 발생한 경우에만 인정되는 인과관계가 있어야 한다.
	주체	정당한 권리자, 사실상 지배자 등이다.
	소멸	사실상의 지배가 종료되거나 소유권 및 기타의 권원이 소멸되는 경우에는 그 소유권의 포기가 경찰책임을 면하기 위한 목적이 아니라면 원칙적으로 상태책임을 부담하지 않는다.
복합적 책임		㉠ 다수인의 행위 또는 다수인이 지배하는 물건의 상태에 기인하거나, 행위책임과 상태책임의 중복에 기인하여 하나의 경찰위반상태가 발생한 경우의 책임(다수자 책임) ⓒ 여러 명의 책임자가 있을 경우에는 '위험방지의 효율성'과 '비례의 원칙'을 고려하여 경찰위반상태를 가장 신속하고 효과적으로 제거할 수 있는 위치에 있는 자에게 경찰권을 발동해야 함이 원칙이다.

경합	㉠ 행위책임과 상태책임이 경합하는 경우(소량의 오물을 계속 배출하는 경우)에는 일반적으로 행위책임이 우선하여 적용된다. 단지, 항상 그런 것은 아님 ㉡ 행위책임과 상태책임을 동시에 지는 자가 있는 경우에는 다른 사람에 우선하여 경찰책임을 부담한다. ㉢ 많은 행위자 중에서 시간상 최후의 자 또는 가장 중대한 원인을 제공한 자에게 경찰책임을 부여한다.
소결	위험방지의 선택은 비례의 원칙, 위험방지의 효율성 등을 고려하여 경찰기관의 의무적합적 선택재량에 달려 있다고 할 것이다.

⑤ 책임인정 여부

책임 O	㉠ 소유자의 과실 없이 무너진 축대소유자 ㉡ 폭탄의 투하로 파괴된 가옥의 소유자 ㉢ 붕괴 위험이 있는 축대의 소유자 ㉣ 발작으로 도로에 쓰러져 있는 간질병자 ㉤ 폭발물이 매장된 토지소유자의 책임 ㉥ 공원에서 유아에게 소변을 보게 한 자의 책임 ㉦ 유조차가 전복되어 기름이 스며든 경우의 토지 소유자
책임 ×	㉠ 불가항력적인 자연재해현상 ㉡ 도난당한 자동차의 사고에 대한 차주의 책임 ㉢ 팬들에게 둘러싸여 교통을 마비시킨 유명연예인

⑥ 책임의 예외(경찰긴급권) : 경찰책임자(비장해자)가 아닌 제3자에 대하여 경찰권을 발동하는 경우

의 의	㉠ 긴급한 필요가 있는 경우에(위반상태가 현존하고 급박할 것) ㉡ and 법령상의 근거에 기하여서만 예외적으로 경찰권을 발동할 수 있다. 이때 제3자의 승낙을 요하지 않으나, 이 경우 제3자의 특별한 희생에 대하여 손실보상을 해야 한다. (주의 긴급한 경우 또는 법령에 규정된 경우- ×)
법적 근거	㉠ 형법상의 긴급피난과 동일한 법리에 의한 것이다. ㉡ 일반법 : 경찰긴급권에 대한 일반법은 존재하지 않음. ㉢ 개별법 : 소방기본법, 경범죄 처벌법, 경찰관 직무집행법, 수상구조법 등 예 화재현장의 소화작업동원(소방기본법 제24조), 고속도로상에서 대형교통사고가 발생한 경우 (주의 경찰권 발동은 경찰긴급권이라는 자연법적 근거만으로 발동이 가능하다. - ×)
요 건	㉠ 장해 혹은 목전에 급박한 위험이 존재할 것 ㉡ 다른 방법을 통한 위험방지가 불가능할 것(보충성의 원칙) ㉢ 제3자의 생명이나 건강을 해하지 않을 것 ㉣ 제3자의 본래의 급박한 업무를 방해하지 않을 것 ㉤ 위해방지를 위한 최소한도에 그칠 것 ㉥ 일시적·임시적 방편에 그칠 것 ㉦ 제3자에게 손실이 발생할 경우에는 보상이 이루어질 것

⑦ 책임의 귀속(인과관계)

조건설 (=등가설)	① 경찰위반상태의 조건이 된 모든 행위는 경찰위반상태의 원인이 된다는 견해이다. ② 조건설은 책임의 귀속이 무한히 확대되기 때문에 적합하지 않다.
상당 인과관계설	① 인과관계를 일반경험칙에 따라 피해자 구제의 견지에서 인과관계를 판단하는 견해이다. ② 상당인과관계설 역시 경찰책임의 귀속을 결정하는데 있어서 타당하지 않은 결과로 이끈다. 왜냐하면 위해방지임무는 예측하기 어려운 예외적인 상황에서도 대처하여야 하며, 발생된 위해가 경험칙에 비추어 예견할 수 없었다고 하더라도 행위자에 대하여 경찰권을 발동하여야 하기 때문이다.
직접원인설 (통설)	1. 직접원인설에 따르면 공공의 안녕과 질서에 대한 위해를 직접 발생시키는 행위만이 경찰책임의 대상이 된다. 결과발생의 간접적인 원인은 경찰책임과 관련없는 것으로 배제되며, 일련의 인과관계의 고리 중에서 마지막의 그리고 결정적인 원인을 제공한 사람이 원칙적으로 행위책임자가 된다. 직접원인설이 오늘날 통설적인 견해이다. 2. 군중을 모이게 한 자(책임유발자)가 있는 경우 : 책임유발자가 직접원인자 ① 음악공연으로 모인 군중으로 인해 인근에 교통혼잡이 초래된 경우 : 공연주최자 ② 백화점이 세일기간 동안 연예인을 동원한 야외행사를 실시하여 부근 일대의 교통혼잡이 가중된 경우 : 백화점 ③ 도로변에서 약선전을 하여 사람들을 모이게 함으로써 교통장해를 일으킨 경우 : 약장수 ④ 전위(선구적이고 실험적인)예술가가 행위예술이나 설치미술을 통하여 다중의 집합을 야기시켜 공공의 안녕과 질서에 대한 위해를 야기시킨 경우 : 전위예술가 3. 군중이 자발적으로 모인 경우 : 군중이 직접원인자 ① 지나가는 유명연예인을 보려고 모인 팬들로 인해 교통이 마비된 경우 : 팬들 ② 자기 집 정원에서 그림을 그리는 화가를 구경하기 위하여 통행인이 모여들어 교통장애가 야기된 경우 : 모인 통행인 ③ 상점의 TV에서 방영되는 스포츠경기(야구시합)을 보려고 군중이 도로의 통행에 방해를 한 경우 경찰위반 상태에 대하여 직접책임을 져야 할 지위에 있는 자는 상점 앞에 모인 경우 : 군중 4. 다소간의 위해가 예견된다 하더라도 행위가 관련 법규에 의해 적법한 권리행사에 해당하는 경우 : 군중이 직접원인자 ① 축구시합 중 흥분한 관중 사이에서 싸움이 벌어진 경우 : 관중 ② 쇼윈도에 통행인의 주의를 끌게 하는 진열을 한 것이 원인이 되어 많은 사람들이 모여 인근도로에 교통장애가 초래된 경우 : 모인 사람
의도적 간접원인 제공자 (=목적적 원인제공자)	한편 직접적으로 위해의 원인을 야기시키지는 않았으나 직접원인자의 행위를 의도적으로 야기시킨자를 목적적 원인제공자라고 하여 역시 행위책임자로 보아 경찰권발동의 대상으로 하고 있다. 즉, 예외적으로 경찰책임을 진다(독일의 다수·판례).

> **핵심지문**
>
> ① 행위자의 행위와 위해 사이에 인과관계 유무를 판단하는 경우에는「형법」상의 인과관계론을 기준으로 하되 경찰상 위험의 특징도 고려해야 한다. ✗ 형법상 인과관계론과는 별개의 기준으로 경찰상 위험의 특징을 고려해야 한다.
> ② 가게 상품진열장에 TV를 설치하고 월드컵 축구경기를 방영함으로써 군중이 모여들어 교통의 혼잡을 초래한 경우 그 가게 경영자에게 경찰책임을 지우지 않고는 교통장해를 제거할 수 없는 때에는 그 경영자에게도 행위책임을 인정할 수 있다. ○ 1차적으로 군중이 직접원인자 이면서 2차적으로 경영자는 의도적 간접원인제공자에 해당하여 책임이 인정된다.
> ③ 도로에 인접한 상점의 진열장에 통행인의 주의를 크게 끄는 진열을 하여 진열장 주위에 많은 사람들이 모여들어 교통에 중대한 방해를 가져오는 경우에도 진열장을 설치한 자에게는 경찰책임이 인정되지 않는다. ✗ 위 ② 지문 해설과 동일하다.

> **KEY**
> - 경찰책임의 원칙은 경찰권발동의 대상과 관계가 있다.
> - 경찰책임의 원칙은 경찰권 행사를 제한하여 시민의 권리를 보호하자는 경찰권 제한이론이기도 하다.
> - 타인의 행위라 하더라도 자신의 지배범위 안에서 발생하는 것이라면 경찰책임자가 될 수 있다.
> - 여러 명의 책임자가 있을 경우에 위반상태에 따라서는 책임자 중 일부 또는 전체에 대하여 경찰권이 발동될 수 있으며, 침해상태가 해소되지 않는 한 경찰권이 발동된 책임자 이외 책임자의 경찰책임이 소멸되는 것은 아니다.
> - 상태책임자가 되기 위해서 당해 물건에 대한 소유권 또는 기타 정당한 권원을 가질 필요가 없다. 지배범위에 속하는 물건인지의 여부가 중요한 판단자료가 된다.

(4) 경찰비례의 원칙(과잉금지의 원칙)

① 의의 : 경찰권발동의 조건과 정도(수단)는 질서유지의 필요의 정도와 비교하여, 그 사이에 사회통념상 적당하다고 인정되는 비례가 유지되어야 한다는 원칙으로서, 초기에는 경찰행정영역에서 주로 적용이 되었으나, 오늘날에는 모든 행정의 영역에서 적용되고 있다.

② 경찰권은 공공의 안녕과 질서의 유지를 위하여 묵과할 수 없는 장해가 발생한 경우에(경찰권발동의 조건), 이를 해결하기 위하여 필요한 최소한도의 범위 내에서 발동되어야 한다(경찰권발동의 정도)는 원칙이다. 그 내용으로는 적합성의 원칙, 필요성의 원칙, 상당성의 원칙이 있다.

③ 경찰관청의 행위가 비록 형식상 적법하더라도 비례원칙을 위반할 경우에는 위헌·위법의 문제가 발생할 수 있다.

④ 경찰권 발동의 조건과 정도에 관한 원칙은 모든(권력적·비권력적) 경찰작용에 적용된다.

⑤ 헌법상 과잉금지(제37조 제2항)에서 도출된 헌법상의 원칙이며, 경찰관 직무집행법(제1조 제2항), 행정기본법(제10조)에도 명문의 규정이 있다(비록 성문법적 근거규정이 있다 해도 비례원칙의 성질은 불문법원에 속한다). **주의** 과소보호금지의 원칙 - ✗

> **정리학습** 경찰행정관청의 변천

발동의 조건	진압 경찰	진압경찰은 사회공공의 안녕·질서에 대한 묵과할 수 없는 위해가 있을 때에만 발동해야 한다.
	예방 경찰	예방경찰은 사회공공의 안녕·질서에 대한 묵과할 수 없는 위해가 발생할 직접적인 위험 또는 상당한 확실성이 있을 때에만 발동해야 한다.
발동의 정도 (수단)	적합성	경찰기관이 취하는 조치는 그의 목적을 달성하기 적합하여야 한다.
	필요성	경찰기관의 조치는 그의 목적달성을 위해 필요한 한도 이상으로 행해져서는 안 된다(최소침해의 원칙).
	상당성	경찰기관의 어떤 조치가 경찰목적 달성을 위해 필요한 경우라 하여도, 그 조치를 취함에 따른 불이익이 그 조치로 인해 발생하는 이익보다 큰 경우에는 그 조치를 취해서는 안 된다(협의의 비례원칙, 수인가능성).

우리 헌법재판소는 비례의 원칙의 내용으로 ① 목적의 정당성(합목적성) ② 방법의 적정성(적합성) ③ 피해의 최소성(필요성) ④ 법익의 균형성(상당성)을 제시하고 있다(헌재 88헌가13).

> **KEY**
> - 경찰권 발동의 조건 및 정도와 관련 있는 것은 경찰비례의 원칙이다.
> - 경찰봉으로 막을 수 있는 것을 권총으로 막은 경우, 참새를 잡는데 대포를 쏘는 경우는 경찰비례의 원칙(또는 상당성)에 반한다.
> - 경찰비례의 원칙과 경찰평등의 원칙은 헌법상의 원칙으로 재량을 통제하는 기능을 하고 있다.

(5) 경찰평등의 원칙
① 경찰권은 그 대상이 되는 모든 사람에게 차별 없이 평등하게 행사되어야 한다는 원칙이다.
② 경찰권 행사의 방법에 대한 원칙이며, 헌법상의 원칙이다(제11조).

PSK The New 경찰행정법 plus

03

경찰구제법

01 경찰구제법

CHAPTER 01 경찰구제법

제1절 | 구제제도 유형

적법한 침해에 대한 구제	손실보상	공공필요에 의한 적법한 공권력의 행사에 의하여 개인에게 가하여진 특별한 희생에 대하여 행하는 재산적 보상제도
	기타	긴급피난(즉시강제의 경우)
위법한 침해에 대한 구제	손해배상	공무원의 위법한 직무집행행위〈국가배상법 제2조〉 또는 공공영조물의 설치·관리상의 하자〈국가배상법 제5조〉로 인하여 개인에게 재산상의 손해를 가한 경우에 국가나 공공단체가 그 손해를 배상하는 제도
	행정쟁송	① 행정심판 ② 행정소송
	기타	정당방위, 청원, 감독청에 의한 통제, 공무원의 형사·징계책임, 헌법소원
사전구제 제도	의의	위법·부당한 경찰작용 등으로 인한 구체적인 권익침해가 발생하기 전에 그와 같은 침해를 예방하기 위한 구제수단
	유형	옴부즈맨(ombudsman, 고충처리담당자)제도, 행정절차, 청원, 정당방위, 행정청에 의한 직권시정, 민원처리제도
사후구제 제도	의의	경찰작용으로 인하여 권익을 침해당한 자가 경찰기관이나 법원에 대하여 원상회복·손해전보 또는 당해 경찰작용의 시정을 구할 수 있게 하는 구제수단
	유형	행정상 손해전보(손실보상·손해배상), 행정쟁송(행정심판·행정소송), 헌법소원, 형사책임(공무원에 대한 고소·고발), 공무원의 징계·처벌 등
재판적 구제수단		행정심판, 행정소송, 헌법소원
비재판적 구제수단		국민고충처리제도, 청원, 행정절차
공권력 행사 자체를 다투어 그 위법·부당을 시정하는 구제제도		행정쟁송, 헌법소원, 감사원에 대한 심사청구
공권력 행사의 결과에 대한 구제제도	위법한 상태의 제거를 목적	공법상 결과제거청구권
	손해의 전보를 목적	손실보상, 손해배상

제2절 개별적인 구제제도

1 손해배상(국가배상)제도

(1) 국가배상법 제2조의 국가배상(공무원의 직무상 불법행위로 인한 손해배상)
  ① 의의 : 국가나 지방자치단체는 공무원 또는 공무를 위탁받은 사인이 직무를 집행하면서 고의 또는 과실로 법령을 위반하여 타인에게 손해를 입히거나 자동차 손해배상보장법에 따라 손해배상의 책임이 있을 때에는 이 법에 따라 그 손해를 배상하여야 한다.
  ② 요건
    ㉠ 공무원의 행위 : 국가배상에서 공무원이란 공무원의 신분을 가진 자(입법·사법·행정 모두 포함)는 물론이고 널리 공무를 위탁받아 실질적으로 그에 종사하는 모든 자(공무수탁사인)를 포함한다. 일시적이고 한정적인 사항을 처리하는 경우도 공무원에 포함된다(判).

> **정리학습** 판례에서 국가배상법상 공무원으로 본 사례
> 1. 별정우체국장, 소득세원천징수의무자, 소집 중인 향토예비군, 미군부대카투사, 시청소차운전수, 집행관, 임시고용원, 군무수행을 위하여 채용된 민간인, 통장, 방범대원, 교통할아버지, 국가나 지방자치단체에 소속된 청원경찰 등을 공무원에 포함시킨다. 그러나 시영버스운전수, 의용소방대원, 단순노무자, 정부기관에서 아르바이트하는 자 등은 공무원에 포함시키지 않는다.
> 2. 청원경찰은 원칙적으로 공무원이 아니지만, 그 임용권자가 국가기관·지방자치단체인 경우 예외적으로 공무원의 신분을 가지게 되며, 국가배상법이 적용된다.

공무원으로 인정한 경우	• 강제집행하는 집행관 • 전투경찰 • 소집중인 향토예비군 • 전입신고서에 확인인을 찍는 통장 • 미군부대 카투사 • 철도차장 • 국가나 지방자치단체에서 근무하는 청원경찰 • 교통할아버지로 선정된 노인 • 군무수행을 위해 채용된 민간인 • 시의 청소년운전수 • 철도건널목의 간수 • 파소출에 근무하는 방범대원 • 소방대원
공무원으로 인정하지 않는 경우	• 시영버스 운전수 • 공무집행에 자진하여 협력을 한 사인 • 우체국에서 아르바이트를 하는 자 등 • 의용소방대원

ⓛ 직무를 집행하면서
  ⓐ 「직무를 집행하면서」란 직무행위 자체와 밀접하게 관련된 행위, 외형상 이와 관련 있는 행위를 포함한다(객관적 외형주의). 따라서 당해 직무행위가 현실적으로 정당한 권한 내의 것인지 여부, 공무원이 주관적으로 직무집행의사를 가지고 있었는지 여부 등은 문제되지 아니한다.
  ⓑ 권력작용과 관리작용(비권력작용)도 포함되지만 사경제작용은 포함되지 않는다고 보는 것이 일반적이다.
ⓒ 고의 또는 과실 : 고의나 과실이 요구되는 과실책임이다. 당해 공무원을 기준으로 판단하며, 입증책임은 원칙적으로 피해자인 원고에게 있다.
ⓓ 법령에 위반(위법성) : 법령이란 엄격한 의미의 법령뿐만 아니라 불문법과 인권존중, 신의성실의 원칙, 평등의 원칙 등 행정법상 일반원칙을 포함하며 결국 행위가 객관적으로 부당함을 뜻한다.
ⓔ 타인의 손해발생 : 이익의 침해를 말하며, 재산적 손해, 정신적 손해 등 일체의 손해를 의미한다. 가해행위와 손해발생 사이에 인과관계가 있을 것이 요구된다.

직무행위에 포함된 사례	직무행위에 포함되지 않은 사례
• 시위진압 중 전경이 조경수를 짓밟는 행위 • 운전을 임무로 하지 않는 군인의 군용차량 운행행위 • 군의 후생사업으로 미곡운반 중의 사고 • 상관의 명령에 의한 상관의 이삿짐 운반 • 훈계권 행사로서의 기합 • ROTC 소속차량의 학교교수 장례식 참석차 운행 • 경찰관이 사익을 목적으로 비번인 날에 관할구역 밖에서 제복을 착용하고 불심검문을 가장하여 통행인에게 금품을 강탈한 행위 • 훈련 중인 군인의 휴식 중 꿩사격 • 군의관의 소속방위병에 대한 불완전구순열(언청이)수술 중 사망 • 토끼사료 운반 중의 운전병의 사고 • 군인의 사전 훈련지역정찰행위 • 교도소 내의 사적인 형벌 • 수사 중 고문행위 • 직무와 관련된 수뢰행	• 상관의 기합에 분격하여 행한 총기난사 • 장난 중의 권총오발사고 • 결혼식 참석을 위한 군용차 운행 • 고참병의 훈계살인 • 군인의 휴식 중 비둘기사냥 • 불법 휴대한 칼빈총으로 보리밭 꿩사냥 • 군의관의 포경수술 • 사격장 부근 논에서 잉어를 잡으려다 발생한 총기사고 • 통상적인 출근행위 중 사고 • 개인적 원한에 의한 총기사고 • 가솔린 불법처분 중의 방화

③ 내용
  ㉠ 배상책임자
    ⓐ 국가나 지방자치단체 : 헌법(제29조)은 '국가 또는 공공단체'로 규정하고 있으나, 국가배상법(제2조 제1항)은 국가나 지방자치단체로 규정하고 있다.
    ⓑ 국가공무원의 직무상 불법행위로 인한 배상소송의 피고는 국가가 되며, 이 경우 「국가를 당사자로 하는 소송에 관한 법률」에 따라 법무부장관이 국가를 대표하여

소송을 수행하고, 지방자치단체를 피고로 하는 소송에서는 지방자치단체의 장이 각각 대표자가 되어 소송을 수행한다. 예 서울경찰청소속 경찰관의 위법한 작용에 대한 국가배상청구소송의 피고는 대한민국(주의 서울경찰청장-×)을 상대로 하여야 한다.
ⓒ 국가배상법은 국가나 지방자치단체의 손해배상책임에 관한 일반법적 성격을 가진다. 국가배상에 관한 법적용 순서(특별법 → 국가배상법 → 민법)
ⓓ 외국인이 피해자인 경우에는 상호보증이 있는 때에 한하여 국가배상법을 적용하며, 한국에 주둔해 있는 미합중국군대의 구성원·고용원 또는 카투사의 공무집행 중의 행위로 피해를 받은 경우에도 국가배상법에 따라 대한민국을 상대로 배상을 청구할 수 있다.

ⓒ 배상청구의 제한
ⓐ 이중배상금지(국가배상법 제2조 제1항 단서)

대상	군인, 군무원, 경찰공무원, 예비군대원 / 공익근무요원(×), 경비교도대원(×)
요건	전투·훈련 등 직무집행과 관련하여 전사·순직하거나 공상을 입은 경우
내용	① 본인이나 그 유족이 다른 법령에 따라 재해보상금·유족연금·상이연금 등의 보상을 지급받을 수 있을 때에는 국가배상법 및 민법에 따른 손해배상을 청구할 수 없다. ② 경찰공무원이 전투·훈련 등 직무집행과 관련하여 순직한 경우에는 전투·훈련 또는 이에 준하는 직무집행뿐만 아니라 일반 직무집행에 관하여도 국가나 지방자치단체의 배상책임이 제한된다(대판 2010다85942, 낙서사고).

ⓑ 경찰공무원 숙직실연탄가스 사망사건(대법원 1970.1.30 판결) → 숙직실이 전투·훈련에 관계되는 시설이 아니라는 이유로 손해배상청구권을 인정하였다.

ⓒ 선택적 청구권 인정여부
ⓐ 피해자인 국민이 손해배상을 국가 또는 지방자치단체에 대해서만 청구할 수 있는가 아니면 가해공무원 개인에 대해서도 청구할 수 있는가의 문제
ⓑ 제한적 긍정설 → 대법원 판례는 가해공무원에게 고의 또는 중과실이 있는 경우에 한하여 선택적 청구를 인정한다. 따라서 경과실이 있는 경우 선택적 청구를 할 수 없다.
  ※ 중과실은 공무원에게 통상 요구되는 정도의 상당한 주의를 하지 않더라도 약간의 주의를 한다면 손쉽게 위법·유해한 결과를 예견할 수 있는 경우임에도 만연히 이를 간과함과 같은 거의 고의에 가까운 현저한 주의를 결여한 상태를 말한다.

ⓔ 구상권행사 : 국가 또는 지방자치단체가 피해자에게 국가배상을 한 경우, 국가나 지방자치단체는 가해공무원에게 고의 또는 중대한 과실이 있는 경우 구상권을 행사할 수 있다. 이 때 가해공무원이 지는 책임이 변상책임이다.
ⓜ 양도·압류금지 : 생명·신체(주의 재산-×)의 침해로 인한 국가배상을 받을 권리는 양도하거나 압류하지 못함.
ⓗ 소멸시효 : 손해 및 가해자를 안 날로부터 3년, 불법행위를 한 날로부터 5년

(2) 국가배상법 제5조의 국가배상(영조물의 설치·관리상 하자로 인한 손해배상)
① 의의 : 도로·하천 그 밖의 공공의 영조물의 설치나 관리에 하자가 있기 때문에 타인에게 손해를 발생하게 하였을 때에는 국가나 지방자치단체는 그 손해를 배상하여야 한다. 주의할 것은 국가배상법 제5조 책임은 무과실책임으로 고의·과실을 요하지 않는다.
② 요건
　㉠ 공공의 영조물 : 행정주체에 의해 공공목적에 제공된 공물로서 인공공물, 자연공물(예 도로, 교량, 경찰차, 경찰견, 교통신호기 등)을 가리지 않는다. 다만, 일반재산(잡종재산)(예 국유임야, 공용폐지된 공물, 국유의 미개척지 등)은 제외된다.
　　ⓐ 유체물에는 개개의 물건뿐만 아니라 물건의 집합체인 공공시설도 포함한다.
　　ⓑ 공용물·공공용물, 동산·부동산, 인공공물·자연공물, 동물을 모두 포함하는데, 경찰차·경찰견, 교통신호기, 경찰관서인 건물 등이 있다.
　　ⓒ 영조물에 포함되지 않는 경우로는 잡종재산, 공용폐지된 경찰차, 예정공물 등 공용개시가 되지 않은 공물 등이 있다.
　㉡ 설치·관리상의 하자 : 당해 영조물이 통상적으로 갖추어야 할 통상적인 안전성의 결여를 말한다(객관설 : 다수설·판례). 따라서 하자에 대한 관리자의 과실유무는 고려하지 않으며 입증책임이 원고인 피해자에게 있다.
　㉢ 타인의 손해발생과 인과관계
　㉣ 면책사유

불가항력	영조물이 통상의 안전성을 구비하고 있음에도 불구하고, 불가항력적인 사유에 의해 손해가 발생된 경우에는 상당인과관계가 부인되어 국가배상책임은 발생하지 않는다.
예산부족	예산부족이 면책사유가 되는지에 관하여는 판례는 원칙적으로 부정한다.

③ 내용
　㉠ 영조물 하자로 인한 손해의 원인에 대하여 책임을 질 자가 따로 있을 때에는 국가 또는 지방자치단체는 그 자에 대하여 구상할 수 있다.
　㉡ 설치·관리자와 비용부담자가 동일하지 아니한 경우에는 양자가 모두 배상책임을 부담한다.
　㉢ 배상의 범위 : 영조물의 설치·관리의 흠과 상당인과관계가 있는 모든 손해액이다.
　㉣ 제2조와 제5조의 경합 : 피해자는 그 어느 것에 의해서도 배상청구가 가능한데 일반적으로 제5조가 유리하다.

KEY

① 국가배상법의 개정을 통해 '일반 직무집행' 중 발생한 순직·공상시 국가배상청구가 가능하게 되었으며, 국가배상법에 근거한 관용자동차특별약관 개정이 가능하게 되어 보험보상 제한범위를 대폭 축소시켰다.
② 공무원이 개인적인 용무를 위하여 무단으로 국가 또는 지방자치단체 소유의 공용차를 운전하다 타인을 사상한 경우, 국가 또는 지방자치단체가 자동차 소유자로서 운행이익 또는 운행지배를 갖고 있다면 자동차손해배상 보장법이 적용된다.
③ 112 순찰 근무 중 운전경찰관이 과실로 사고를 야기하여 동승한 경찰관이 순직하거나 공상을 입은 경우에도 국가배상청구가 가능하게 되었다.
④ 112 순찰차량과 구청 소속 행정차량 또는 군인차량과 충돌하는 등의 관용차량간 교통사고의 경우에도 종합보험 보상이 가능하게 되어 국가배상청구가 가능하게 되었다.
⑤ 지구대 소내 근무 중 계단에 있는 빗물에 미끄러져 경찰관이 부상을 입은 경우 등에도 영조물 관리하자와 관련하여 국가배상을 받을 가능성을 열어 놓고 있다.
⑥ 순직공무원 보상법이 제정되어 경찰관이 범인을 체포하거나 교통단속 등 생명 또는 신체에 대한 고도의 위험이 예측되는 상황시 사망한 경우 유족에 대한 보상을 강화하여 생계보장을 하고 있다.
⑦ 공무상 요양비 산정기준을 개정하여 공무상 부상시 치료비 전액을 부담토록 하고 있다.

정리학습 순직군경으로 예우받을 수 있는 권리는 경찰공무원과 소방공무원의 경우가 동일한지 여부

동일하지 않음. 경찰과 달리 소방공무원의 경우에는 순직군경으로서 예우를 받는 경우가 제한되므로 동일하지 않다. 헌법재판소 판례에 의하면, "소방공무원과 경찰공무원은 업무의 내용이 서로 다르고, 그로 인해 업무수행 중에 노출되는 위험상황의 성격과 정도에 있어서도 서로 동일하다고 볼 수 없다. 즉 국가에 대한 공헌과 희생, 업무의 위험성의 정도, 국가의 재정상태 등을 고려하여 화재진압, 구조 등의 업무수행 또는 이와 관련된 교육훈련 이 외의 사유로 직무수행 중 사망한 소방공무원에 대하여 (경찰공무원과 달리) 순직군경으로서의 보훈혜택을 부여하지 않는다고 해서 이를 합리적인 이유 없는 차별에 해당한다고 볼 수 없다."는 취지로 판시하였다(2005.9.29. 2004헌바53에서 발췌).

핵심지문

국가배상법 제2조

① 판례에 의하면 국가배상사건에서 수소법원은 선결문제로서의 행정행위의 위법여부를 심리할 수 없다. ✕
  ⇨ 위법성은 공정력과 무관하므로 민사법원에서 판단할 수 있다는 것이 판례이다.
② 법령에 대한 해석이 복잡한 경우 공무원이 주의의무를 다하여 어느 한 견해를 취하였다 하더라도 결과적으로 잘못된 해석이었다면 그에 따른 처리에 대하여 배상책임이 있다. ✕
  ⇨ 일반적으로 공무원이 직무를 집행함에 있어서 법령에 대한 해석이 그 문언 자체만으로는 명백하지 아니하여 여러 견해가 있을 수 있는 데다가 이에 대한 선례나 학설, 판례 등도 귀일된 바 없어 이의(異義)가 없을 수 없는 경우, 관계 국가공무원이 그 나름대로 신중을 다하여 합리적인 근거를 찾아 그 중 어느 한 견해를 따라 내린 해석 후에 대법원이 내린 입장과 같지 않아 결과적으로 잘못된 해석에 돌아가고, 이에 따른 처리가 역시 결과적으로 위법하게 되어 그 법령의 부당집행이라는

결과를 가져오게 되었다고 하더라도 「국가배상법」상 공무원의 과실을 인정할 수는 없다(대판 95다32747).
③ 구속 및 공소제기에 관한 검사의 판단이 그 당시의 자료에 비추어 경험칙이나 논리칙상 도저히 합리성을 긍정할 수 없는 정도에 이른 경우에만 그 위법성을 인정할 수 있다. O
④ 법규성을 부인하는 경우에도 통설적인 위법성 개념에서는 합리적 사유 없는 행정규칙 위반도 법령위반에 해당하는 것이라는 견해도 있다. 판례는 이를 부인한다. O
⑤ 공무원이 직무행위가 법령에 위반되는 행위여야 한다. O
⑥ 위법성 판단기준으로서의 법령에는 널리 성문법 이외에 불문법과 행정법의 일반원칙 행정규칙도 포함된다는 것이 학설과 판례의 일치된 입장이다. X
  ⇨ 법령위반이란 법률·명령의 위반행위뿐만 아니라 행정법의 일반원칙도 포함되나, 행정규칙은 원칙적으로 포함시키지 않는다.
⑦ 판례에 의할 경우 행정처분이 위법한 것으로 취소판결이 있으면 국가배상청구소송에 있어서 해당 공무원의 고의·과실을 불문하고 불법행위책임은 인정된다. X
  ⇨ 공무원의 고의·과실은 위법성과 별개의 국가배상의 요건이 된다.
⑧ 학설·판례가 통일되지 못한 법령에 대해 공무원이 최선으로 하나의 견해를 취하여 내린 처분이 위법한 경우에도 공무원의 과실은 부정된다. O
⑨ 공무원의 고의·중과실로 의한 손해에 대해서만 배상책임을 진다. X
  ⇨ 시 공무원의 경과실로 인한 손해도 배상책임이 인정된다.
⑩ 행정처분이 항고소송에서 취소된 경우에는 당해 처분은 공무원의 고의 또는 과실로 인한 것으로서 불법행위를 구성한다. X
  ⇨ 행정처분이 후에 항고소송에서 취소된 사실만으로 당해 행정처분이 곧바로 공무원의 고의 또는 과실로 인한 것으로서 불법행위를 구성한다고 단정할 수는 없다(대판 2001다33789).
⑪ 당해 공무원의 선임감독자와 봉급지급자가 다를 경우에는 피해자에 대하여 선임·감독자만 책임을 진다. X
  ⇨ 당해 공무원의 선임감독자와 봉급지급자가 다를 경우에는 피해자는 양자 모두에게 배상청구할 수 있다.
⑫ 국가 또는 공공단체가 당해 공무원의 선임·감독에 대해 주의를 게을리 하지 않았다는 것을 입증하는 경우에는 배상책임이 없다. X
  ⇨ 국가 또는 공공단체가 당해 공무원의 선임·감독에 대해 주의를 게을리 하지 않는다는 것이 입증되어도 배상책임이 인정된다.
⑬ 피해자는 배상심의회의 결정을 거치지 아니하고는 국가배상소송을 제기할 수 없다. X
  ⇨ 현행 국가배상법은 배상심의회의 배상신청을 임의적 절차로 규정하고 있다(국가배상법 제9조).
⑭ 헌법은 배상책임자를 '국가 또는 지방자치단체'로 규정하고 있으나, 국가배상법은 배상책임자를 '국가 또는 공공단체'로 규정하고 있다. X

⇨ 헌법은 국가 또는 공공단체로 규정하고 있으나 국가배상법은 국가 또는 지방자치단체로 한정하고 있다.
⑮ 손해배상기준을 배상심의회의 배상금 지급기준을 정하기 위한 하나의 기준일 뿐이고 손해배상액의 상한을 제한한 것은 아니다(대판 80다1828). O
⑯ 판례는 국가배상소송은 민사소송으로 제기하여야 한다고 보고 있다. O
⑰ 국가를 상대로 하는 손해배상청구소송에서 국가를 대표하는 자는 법무부장관이다. O
⑱ 서울시 공무원의 직무상의 불법행위로 인한 손해배상청구소송에 있어서 피고는 서울시장이다. X
⇨ 피고는 서울특별시이다.
⑲ 피해자가 공무원일 경우에는 국가배상책임이 인정되지 않는다. X
⇨ 피해자가 공무원이더라도 국가배상책임은 인정된다.
⑳ 군인과 군무원의 경우 이중배상은 금지된다. O
㉑ 현역으로 입대하여 교도소의 경비교도가 된 자는 국가배상법상 이중배상이 금지되는 자에 해당하지 않는다. O
㉒ 생명·신체의 침해로 인한 국가배상청구권은 타인에게 양도할 수 없다. O
㉓ 국민연금수급권은 이를 타인에게 양도·압류하거나 담보로 제공할 수 있다. X
⇨ 국민연금수급권은 양도·압류 및 담보제공이 금지된다.
㉔ 공무원에게 고의 또는 중과실이 있는 경우에는 물론 경과실이 있을 때에도 구상할 수 있다. X
⇨ 경과실의 경우에는 구상할 수 없다.
㉕ 생명·신체의 침해에 대한 배상청구권은 이를 양도하거나 압류할 수 없다. O
㉖ 생명·신체 이외의 법익이 침해되어 성립한 손해배상청구권의 양도가 가능하다. O
㉗ 배상책임의 성질에 대하여 대위책임설을 취하는 입장에서는 보통 공무원과 국가에 대한 선택청구를 부정한다. O
㉘ 자기책임설을 취하면 과실범위가 넓어진다. O
㉙ 가해공무원에게 중과실이 있는 경우에는 공무원에게도 배상책임을 물을 수 있다. O
㉚ 가해공무원에게 경과실이 있는 경우에는 국가에게 배상책임을 물을 수 없다. X
⇨ 가해공무원에게 경과실이 있는 경우라도 국가에게 배상책임을 물을 수 있다.
㉛ 현행 국가배상법은 능동적이고 적극적인 공무수행을 위해서 국가배상의 경우 공무원 개인에 대해서는 책임을 묻지 않도록 하고 있다. X
⇨ 국가배상법 제2조 제2항에서는 고의 또는 중과실에 의한 가해공무원에게 구상권 행사를 인정하고 있다.
㉜ 국가 또는 공공단체가 배상한 경우에는 당해 공무원에게 당연히 구상권을 가진다. X
⇨ 당해 공무원에게 고의·중과실이 있는 경우에 한하여 국가 등의 구상권이 인정된다.
㉝ 국가공무원이 고의 또는 과실로 직무상 의무를 위반하였을 경우라고 하더라도 국가는 그러한 직무상의 의무 위반과 피해자가 입은 손해 사이에 상당인과관계가 인정되는 범위 내에서만 배상책임을 지는 것이고, 이 경우 상당인과관계가 인정되기 위하여는

공무원에게 부과된 직무상 의무에 대한 내용이 단순히 공공일반의 이익을 위한 것이거나 행정기관 내부의 질서를 규율하기 위한 것이 아니고 전적으로 또는 부수적으로 사회구성원 개인의 안전과 이익을 보호하기 위하여 설정된 것이어야 한다. ○ 대판 2008다77795

㉞ 외국인이 피해자인 경우 국가배상청구권은 해당 국가와 상호보증이 있을 때에만 인정되므로, 그 상호 보증은 외국의 법령, 판례 및 관례 등에 의한 발생요건을 비교하여 인정되는 것이 아니라 반드시 당사국과의 조약이 체결되어 있어야 한다. ✕ 상호보증은 외국의 법령, 판례 및 관례 등에 의하여 발생요건을 비교하여 인정되면 충분하고 반드시 당사국과의 조약이 체결되어 있을 필요는 없으며, 당해 외국에서 구체적으로 우리나라 국민에게 국가배상청구를 인정한 사례가 없더라도 실제로 인정될 것이라고 기대할 수 있는 상태이면 충분하다(대판 2013다208388).

㉟ 국민의 생명, 신체 및 재산의 보호, 범죄의 예방·진압 및 수사, 기타 공공의 안녕과 질서유지 등의 직무를 수행하는 경찰은 「경찰관 직무집행법」, 「형사소송법」 등 관련 법령에서 부여한 여러 권한을 제반 상황에 대응하여 적절하게 행사하여 필요한 조치를 취할 수 있고, 그 권한은 일반적으로 경찰관의 전문적 판단에 기한 합리적인 재량에 위임되어 있지만, 경찰관에게 권한을 부여한 취지와 목적에 비추어 볼 때 구체적인 사정에 따라 경찰관이 그 권한을 행사하여 필요한 조치를 취하지 아니하는 것이 현저하게 불합리하다고 인정되는 경우에는 그러한 권한의 불행사는 직무상의 의무를 위반한 것이 되어 위법하게 된다. ○ 대판 2003다49009

핵심지문

국가배상법 제5조
① 국가배상법 제5조의 영조물은 직접 행정목적에 제공된 물건 및 설비 등을 의미한다. ○
② 공공의 영조물에는 국가 또는 지방자치단체가 임차권에 의해 관리하고 있는 경우도 포함된다. ○
⇨ 국가배상법 제5조 제1항 소정의 '공공의 영조물'이라 함은 국가 또는 지방자치단체에 의하여 특정 공공의 목적에 공여된 유체물 내지 물적 설비를 말하며, 국가 또는 지방자치단체가 소유권, 임차권 그 밖의 권한에 기하여 관리하고 있는 경우뿐만 아니라 사실상의 관리를 하고 있는 경우도 포함된다(대판 98다17381).
③ 도로나 하천과 달리 경찰견은 영조물에 포함되지 않는다는 것이 판례의 입장이다. ✕
⇨ 국가배상법 제5조의 영조물은 행정목적에 제공하는 유체물로서 학문상 공물을 의미한다. 따라서 공공영조물은 물건의 집합체인 공공시설(도로, 하천, 항만, 상하수도, 관공서청사, 국·공립학교 校舍)과 인공공물(도로, 공원), 자연공물(하천, 해변)을 포함하며, 공작물에 한하지 않고 자동차, 항공기, 동물(경찰견, 경찰마) 등의 동산도 포함된다. 국가의 소유물에 한정하지 않고, 국가 또는 지방자치단체가 소유권·임차권 그 밖의 권한에 기하여 관리하고 있는 경우뿐만 아니라 사실상의 관리

를 하고 있는 경우도 포함한다(대판 94다45302).
④ 판례는 사격장에서 발생하는 소음이 수인한도를 넘는 경우 사격장의 설치·관리에 흠이 있다고 보았다. O
  ⇨ 매향리 사격장에서 발생하는 소음 등으로 지역 주민들이 입은 피해는 사회통념상 참을 수 있는 정도를 넘는 것으로서 사격장의 설치 또는 관리에 하자가 있었다(대판 2002다14242).
⑤ 국가배상법 제5조의 영조물은 학문상의 공물과 같은 의미이다. O
⑥ 자연공물은 국가배상법 제5조에서 말하는 영조물에 포함되지 않는다. X
  ⇨ 여기서의 영조물에는 자연공물도 포함된다.
⑦ 판례는 맨홀, 신호등, 공중전화부스 등을 영조물로 인정하였다. O
⑧ 국유재산의 하자로 인하여 손해가 발생한 경우에는 모두 국가배상법상의 배상책임이 성립한다. X
  ⇨ 국·공유재산이라도 행정목적에 직접 제공되지 않는 일반재산(잡종재산)은 영조물에 포함되지 않는다.
⑨ 하자란 공공시설의 일반적으로 갖추어야 할 안정성에 흠이 있는 상태를 말한다. O
⑩ 하자는 공공시설의 성질을 취득한 당초부터 존재하는 경우와 후에 발생한 경우가 있을 수 있다. O
⑪ 불가항력의 경우에는 국가는 영조물로 인한 배상책임을 부담하지 아니한다. O
⑫ 재정적 제약으로 인한 설치·관리의 하자는 면책될 수 있다는 것이 판례의 입장이다. X
  ⇨ 재정적 제약은 면책사유가 될 수 없다.

2 손실보상제도

의의	공공의 필요에 의한 적법한 공권력행사로 인하여 개인에게 가하여지는 특별한 희생에 대하여 사유재산권의 보장과 전체적인 공평부담의 견지에서 행정주체가 행하는 재산적 전보를 말한다.
요건	① 공공필요에 의한 적법한 공권력 행사 ② 재산권에 대한 공권적·의도적 침해(공용침해) ③ 특별한 희생의 발생 ④ 보상규정의 존재
보상기준	① 현행 헌법은 정당한 보상을 지급하도록 규정하고 있다. ② 보상액 결정시 기업자의 재산상태를 고려해서는 안 된다. ③ 헌법상 보상기준에 대하여 완전보상설과 상당보상설이 대립하고 있다. ④ 헌법에 따른 정당한 보상이란 원칙적으로 완전보상을 뜻하는 것이라고 판시하였다.
보상방법	보상은 금전(현금)보상을 원칙으로 하며, 지급방법은 선불, 일시불, 개별불을 원칙으로 한다.

제3절 행정심판

(1) 의의
① 행정청의 위법·부당한 행정처분 또는 부작위에 대한 불복에 대하여 행정기관이 심판하는 쟁송절차를 의미한다. 다만, 대통령의 처분 또는 부작위에 대하여는 다른 법률에 특별한 규정이 있는 경우를 제외하고는 행정심판을 제기할 수 없다.
② 실정법상으로는 이의신청, 심사청구, 심판청구, 행정심판 등으로 불린다.

(2) 존재이유
일반적으로 ① 자율적 행정통제, ② 사법기능의 보완, ③ 행정능률의 보장, ④ 법원의 부담 경감, ⑤ 소송경제의 확보, ⑥ 행정청의 전문지식의 활용 등이 제시되고 있다.

(3) 종류

취소심판	처분의 취소·변경을 구하는 심판
무효등 확인심판	처분의 효력유무 또는 존재 여부에 대한 확인을 구하는 심판
의무이행심판	행정청의 '거부처분'이나 '부작위'에 대한 일정한 처분을 구하는 심판

(4) 행정심판의 특색
① 행정심판 개괄주의 채택
② 재결청과 의결기관의 일치(재결청의 권한을 행정심판위원회가 행하게 되었다.)
③ 불고불리의 원칙(원고가 심판을 청구한 때만 심리를 개시할 수 있고, 심판을 청구한 사실에 대해서만 심리·판결한다는 원칙) 및 불이익변경금지원칙 채택
④ 집행부정지의 원칙
⑤ 사정재결의 인정

(5) 행정심판기관
① 재결은 행정심판청구에 대하여 행정심판위원회가 행하는 판단이다.
행정심판의 재결청 → 처분청의 직근상급기관 소속에 행정심판위원회를 둔다.
② 예외적으로 국가특별지방행정기관(시·도경찰청장, 경찰서장)의 처분에 대하여는 국민권익위원회 소속의 중앙행정심판위원회에서 심리·재결을 행한다.
③ 행정심판청구는 서면으로 하여야 하며, 심판청구서를 작성하여 위원회 또는 피청구인인 행정청에 제출하도록 해서 선택주의를 택하고 있다.
④ 심판청구에 대한 심리·의결은 행정심판위원회가 담당하고, 위원회는 의결내용에 따라 재결을 한다. 따라서 행정심판위원회는 심판청구에 대한 심리·의결과 함께 재결행위도 행한다.

(6) 심판청구기간
① 청구인은 심판을 청구할 '법률상 이익이 있는 자'이며, 피청구인은 처분 또는 부작위를 한 행정청이다.
② 처분이 있음을 알게 된 날부터 90일 이내, 처분이 있었던 날부터 180일 이내에 제기해야 한다. 청구인이 처분이 있음을 알았더라도 천재지변 등 불가항력으로 인하여 90일 이내에 심판을 청구하지 못한 경우 그 사유가 소멸한 날부터 14일(국외 : 30일) 이내에 제기하면 된다.

(7) 심판청구의 재결
① 재결이란 심판청구사건에 대하여 행정심판위원회가 심리·의결한 내용에 따라 행정심판위원회가 판단하는 행위를 의미한다. → 준법률행위적 행정행위로서 준사법작용적 성질을 가진다.
② 위원회는 심판청구의 대상이 되는 처분 또는 부작위 외의 사항에 대하여는 재결하지 못한다.
③ 위원회는 심판청구의 대상이 되는 처분보다 청구인에게 불이익한 재결을 하지 못한다.
④ 재결은 피청구인인 행정청과 그 밖의 관계행정청을 기속한다.
⑤ 재결기간 → 행정심판위원회 또는 행정청이 심판청구서를 받은 날부터 60일 이내에 하여야 한다. 부득이한 사정이 있을 때에는 30일을 연장할 수 있다.
⑥ 재결의 종류

각하결정 (요건재결)		심판청구의 제기요건에 흠결이 있어서 본안심리를 거부하는 재결이다.
본안재결	기각재결	요건심리를 통과하였음을 전제로 하여 본안심리의 결과 심판청구가 이유 없다고 하여 청구를 배척하는 재결이다.
	사정재결	심판청구가 이유 있다고 인정하는 경우에도 이를 인용하는 것이 공공복리에 크게 위배된다고 인정하는 때에, 행정심판위원회가 그 심판청구를 기각하는 재결이다. 이러한 사정재결은 취소심판·의무이행심판에만 인정되고, 무효등 확인심판에는 적용되지 않는다(사정재결은 기각재결의 일종이다).
	인용재결	취소·변경재결	취소심판의 청구가 이유가 있어서 처분을 취소·변경하거나, 처분청에 취소·변경할 것을 명하는 재결을 말한다.
		무효등확인재결	무효등확인심판의 청구가 이유 있다고 인정하여 처분의 효력 유무·존재 여부를 확인하는 재결을 말한다.
		의무이행재결	의무이행심판의 청구가 이유 있다고 인정하여 재결로 신청에 따른 처분을 직접 하거나, 이를 할 것을 명하는 재결을 말한다.

(8) 행정심판 재결의 효력

불가변력	① 심판기관에 대한 구속력, 재결 후 위원회 스스로 취소·변경 不可(자박력) ② 불가변력 적용받는 위원회와 달리 처분청은 기각재결 후 취소·변경 可
불가쟁력	심판당사자에 대한 구속력, 제소기간 도과 시 불복 不可
형성력	① 재결 내용에 따라 법률관계 발생·변경·소멸을 가져오는 효력을 말한다. ② 형성재결 : 형성력(○) / 이행재결 : 형성력(×), 기속력(○) ③ 형성력에는 대세적 효력(제3자효)인정 ④ 형성재결 후 처분청의 취소결과 통보는 별개의 행정처분이 아니다(관념의 통지, 대판 97누17131).
기속력	① 피청구인의 행정청이나 관계 행정청이 인용재결의 취지에 따르도록 구속하는 효력을 말한다. ② 처분청은 위원회의 재결에 대하여 수정재결이나 재의를 요구할 수 없다. ③ 처분행정청은 재결에 기속되어 재결의 취지에 따른 처분의무를 부담하게 되므로 이에 불복하여 항고소송을 제기할 수 없다(대판 97누15432). ④ 인용재결 인정(○) / 각하재결, 기각재결 不인정(×) : 제49조 제1항 ⑤ 기속력 확보수단으로 위원회는 직접처분, 간접강제 할 수 있다.

(9) 행정심판청구의 효과
① 집행부정지원칙 : 심판청구는 처분의 효력이나 그 집행 또는 절차의 속행에 영향을 주지 아니한다(제30조 제1항). 이러한 집행부정지는 국민의 행정심판제기의 남용을 억제하고 원활한 행정을 위하여 입법정책적으로 인정된 것이라고 보는 견해가 일반적이다.
② 집행정지의 절차 : 위원회는 처분, 처분의 집행 또는 절차의 속행 때문에 중대한 손해가 생기는 것을 예방할 필요성이 긴급하다고 인정할 때에는 직권으로 또는 당사자의 신청에 의하여 처분의 효력, 처분의 집행 또는 절차의 속행의 전부 또는 일부의 정지를 결정할 수 있다. 다만, 처분의 효력정지는 처분의 집행 또는 절차의 속행을 정지함으로써 그 목적을 달성할 수 있을 때에는 허용되지 아니한다(제30조 제2항).

(10) 재결에 대한 불복
① 재심판청구의 금지 : 심판청구에 대한 재결이 있으면 그 재결 및 같은 처분 또는 부작위에 대하여 다시 행정심판을 청구할 수 없다(제51조). 따라서 재결에 불복이 있는 경우에는 행정소송으로 다툰다.
② 재결에 대한 행정소송 : 재결도 행정행위이므로 재결 자체에 고유한 위법이 있으면 그 취소·변경을 청구하거나 재결에 대한 무효확인을 구하는 행정소송을 제기할 수 있다(행정소송법 제19조 단서).

(11) 행정심판법의 규정적용

구분	취소심판	무효등 확인심판	거부처분 의무이행심판	부작위 의무이행심판
간접강제(제50조의2)	O	O	O	O
집행정지(제30조)	O	O	×	×
청구기간의 제한(제27조)	O	×	O	×
사정재결(제44조)	O	×	O	O
직접처분(제50조)	×	×	O	O
임시처분(제31조)	×	×	O	O

> **KEY**
> ① 국무총리나 중앙행정기관이 직근 상급행정기관이나 소관 감독 행정기관인 경우(경찰청장)와 국가특별지방행정기관(시·도경찰청장, 경찰서장)이 행한 처분에 대한 재결청은 국민권익위원회 소속 중앙행정심판위원회에서 행한다. 따라서 경찰청장이 행한 행정처분에 대한 재결청은 중앙행정기관의 장인 경우이므로 국민권익위원회 소속 중앙행정심판위원회에서 행한다. 국가특별지방행정기관인 경기경찰청장의 처분에 대한 재결청은 국민권익위원회 소속 중앙행정심판위원회에서 행한다.
> ② 행정심판법은 청구인의 편의와 심판의 촉진을 도모하기 위하여 심판청구의 변경을 인정하고 있다.
> ③ 부적합한 행정심판청구가 있었음에도 위원회가 과오로 본안에 대하여 재결한 때에는 행정심판을 거친 것으로 볼 수 없다.
> ④ 위원회는 취소심판의 청구가 이유 있다고 인정할 때에는 재결로서 스스로 처분을 취소 또는 변경하거나 처분청에게 취소 또는 변경할 것을 명한다.
> ⑤ 재결 자체에 고유한 위법이 있음을 이유로 하는 경우 다시 심판청구를 할 수 없다.
> ⑥ 당사자는 위원회의 위원에게 심리·의결의 공정을 기대하기 어려운 사정이 있는 경우에는 그 위원에 대한 기피신청을 할 수 있다.
> ⑦ 위원회는 필요하다고 인정할 때에는 당사자가 주장하지 않은 사실에 대해서도 심리할 수 있다.
> ⑧ 위원회는 심판청구의 대상이 되는 처분 또는 부작위 외의 사항에 대해서는 재결하지 못한다(불고불리의 원칙).
> ⑨ 행정심판사건의 심리는 그 내용에 따라 요건심리와 본안심리로 나뉜다.
> ⑩ 제3기관이 행정심판 재결의 위원회인 예로서 소청심사위원회가 있다.
> ⑪ 행정심판청구기간의 제한은 행정법관계의 조속한 안정을 기하기 위하여 설정한 것으로, 그 성질상 취소심판과 거부처분에 대한 의무이행심판에만 적용되고, 무효등확인심판과 부작위에 대한 의무이행심판에는 적용되지 않는다.

핵심지문

① 의무이행심판을 행정심판의 종류로 인정하고 있다. ○
② 거부처분, 부작위 등 소극적 행정작용으로 인한 국민의 권익침해에 대한 쟁송수단 중 하나가 의무이행심판이다. ○

구분	취소심판	무효등확인심판	의무이행심판	
의의	행정청의 위법 또는 부당한 처분의 취소 또는 변경을 구하는 심판	처분의 효력유무 또는 존재여부에 대한 확인 구하는 심판	행정청의 위법 또는 부당한 거부처분 또는 부작위에 대하여 일정한 처분을 하도록 하는 심판	
성질	형성적 쟁송	준형성적 쟁송	이행쟁송	
인용재결	• 처분취소(변경)재결 • 처분취소(변경)명령재결	유효·무효·실효·존재·부존재확인재결	• 처분재결 • 처분명령재결	
특징	청구기간의 제한 ○	청구기간의 제한 ×	거부처분	부작위
			청구기간 제한 ○	×
	집행정지결정 ○	집행정지결정 ○	집행정지결정 ×	×
	사정재결규정 적용 ○	사정재결규정 적용 ×	사정재결규정 적용 ○	○
	취소심판, 무효등확인심판, 의무이행심판 모두 항고쟁송의 성격을 갖는다.			

제4절 행정소송

(1) 의의
  ① 행정소송이란 행정법상의 법률관계에 관한 분쟁에 대하여 당사자 또는 이해관계인의 쟁송제기에 의하여 법이 정한 기관이 이를 심리·판단하는 재판절차를 말한다.
  ② 위법의 문제에 관해 판단하며, 부당(재량)의 문제에 대해서는 판단하지 못한다.

(2) 종류
  ① 내용에 따른 구분(제3조, 제4조)

주관적 쟁송	항고 소송		행정청의 처분 등이나 부작위에 대하여 제기하는 소송. 피고는 처분청이 됨.
		취소소송	행정청의 위법한 처분 등에 대해 그 취소나 변경을 구하는 소송
		무효등 확인소송	행정청의 처분 등의 효력유무 또는 존재여부에 대한 확인을 구하는 소송
		부작위위법 확인소송	행정청의 부작위가 위법하다는 것의 확인을 구하는 소송

	당사자 소송	① 행정청의 처분 등을 원인으로 하는 법률관계에 관한 소송 그 밖에 공법상의 법률관계에 관한 소송으로서 그 법률관계의 한쪽 당사자를 피고로 하는 소송 ② 공법상 법률관계에 기한 민사소송적인 성격을 가짐. 피고는 행정주체가 됨. **예** 공무원의 지위확인소송, 공무원의 봉급지급청구소송 등	
객관적 쟁송	민중 소송	국가 또는 공공단체의 기관이 법률에 위반되는 행위를 한 때에 직접 자기의 법률상 이익과 관계없이 그 시정을 구하기 위하여 제기하는 소송(주민 – 기관 사이) **예** 선거에 관하여 선거인이 제기하는 쟁송(공직선거법 제222조), 주민소송제도	
	기관 소송	국가 또는 공공단체의 기관 상호 간에 있어서의 권한의 존부 또는 그 행사에 관한 다툼이 있을 때에 이에 대하여 제기하는 소송(기관 – 기관 사이) **예** 지방자치단체의 장이 지방의회의 재의결의 위법을 이유로 대법원에 소 제기	

② 성질에 따른 구분

	개념	예
확인의 소	특정한 권리 또는 법률관계의 존재, 부존재의 확인을 구하는 소송	무효등확인소송 및 부작위위법확인소송
형성의 소	① 행정법상 법률관계를 발생, 변경, 소멸시키는 판결을 구하는 소송 ② 형성의 소에서 법률관계의 변동의 효과는 판결에 의하여 직접 나타남	취소소송
이행의 소	피고에 대한 이행청구권의 확정과 이행명령을 구하는 소	공법상 당사자 소송에서 국가 또는 공공단체에 대하여 일정한 행위를 명하는 이행판결 등

(3) 행정소송의 특색

행정소송 3심제	행정법원(지방법원 본원 합의부), 고등법원, 대법원
행정심판 임의적 전치주의	① 행정소송을 제기하기 위하여 원칙적으로 반드시 행정심판을 먼저 거쳐야 하는 것은 아니다. 다만, 필요적 전치주의(도로교통법, 국가공무원법, 지방공무원법, 교육공무원법, 국세기본법, 지방세기본법, 관세법), 재결주의(감사원법, 노동위원회법, 특허법)는 예외적으로 거쳐야 한다. ② 필요적 전치주의가 적용되는 경우 행정심판전치 요건은 사실심 변론종결시까지 충족하면 된다.
무명항고소송 종류	의무이행소송과 예방적 부작위(금지)청구소송은 무명(법정외)항고소송의 일종이다.
집행부정지원칙	취소소송이나 무효등확인소송을 제기한다고 해서 그 대상이 되는 처분의 효력이나 그 집행 또는 절차의 속행에 영향을 주지 아니한다.
사정판결의 인정	취소소송에서 심리결과 청구가 이유 있다고 인정되면 인용판결을 하는 것이 원칙이나, 원고의 청구가 이유 있다고 인정하는 경우에도 처분 등을 취소하는 것이 현저히 공공복리에 적합하지 아니하다고 인정하는 때에 법원은 원고의 청구를 기각할 수 있다.

(4) 항고소송(특히 취소소송)의 요건
① 소송의 당사자

피고적격 (대상적격)	원칙은 처분 등을 행한 행정청이다. 예외적으로 경찰공무원에 대한 징계처분의 경우에는 경찰청장 또는 임용권의 위임을 받은 자를 피고로 한다.
원고적격	행정청의 위법한 처분 등의 취소 또는 변경을 구할「법률상 이익」, 즉 소(訴)의 이익(利益)이 있는 자가 제기할 수 있다. 반사적 이익이 침해된 자는 소송을 제기할 수 없다. → 법률상 보호되는 이익구제설(通·判) : 취소소송의 원고적격의 문제로서「취소소송을 구할 법률상·사실상 어느 정도 직접적·구체적 이익이 있는 자」가 여기에 해당하고, 간접적·사실적·경제적 이해관계를 가지는 자는 원고적격이 인정될 수 없다.
협의의 소의 이익 (권리보호의 필요, 본안판결의 필요성)	① 처분 등의 효과가 기간의 경과, 처분 등의 집행 그 밖의 사유로 인하여 소멸된 뒤에도 그 처분 등의 취소로 인하여 회복되는 법률상 이익이 있는 자는 협의의 소이익을 가진다. ② 효력기간이 경과한 '제재적 행정처분'에서의 소의 이익 : 원칙적인 소의 이익은 부정되지만, 이후에 다른 처분의 가중요건이 되는 경우에는 긍정된다.
제3자의 지위	경업자	① 새로운 경쟁자에 대하여 신규허가 등을 발급함으로써 불이익을 당한 기존업자가 제기하는 소송 ② 기존 특허권자(○), 기존 허가권자(×) 단, 거리제한 시(○)
	경원자	수익적 처분을 신청한 수인 중 인·허가를 받지 못한 자가 타방이 받은 인·허가에 대해 제기하는 소송, 원고적격 인정(대판 2009두8359)
	인근주민	① 어떠한 시설의 설치를 허가하는 처분에 대하여 당해시설 인근주민들이 제기하는 소송 ② 영향권 거리제한 내(○), 거리제한 외(입증 시 가능)

② 제기기간

행정심판을 거치지 않은 경우(원칙)	㉠ 처분 등이 있음을 안 날로부터 90일 이내 ㉡ 처분 등이 있은 날로부터 1년 이내
행정심판을 거친 경우(예외)	㉠ 재결서의 정본을 송달받은 날로부터 90일 이내 ㉡ 재결이 있은 날로부터 1년 이내

③ 행정청의 처분이 존재할 것

처분이란 '행정청이 행하는 구체적 사실에 관한 법집행으로서의 공권력의 행사 또는 그 거부와 그 밖에 이에 준하는 행정작용'을 말한다고 정의하고 있다.

④ 행정처분이 위법할 것

법령위반	형식적 위법은 물론 실질적 위법(조리 위반)의 경우도 포함
행정규칙 위반	행정규칙의 법규성을 부인하는 것이 통설·판례이므로 제소할 수 없음.
재량행위 위반	원칙적으로 부당에 그치므로 제소할 수 없으나, 재량의 일탈·남용의 경우에는 위법성이 인정되어 제소할 수 있음.

⑤ 처분의 취소 또는 변경을 구할 것 → 소극적 변경(일부 취소)만을 의미함(通·判).

⑥ 행정심판을 거쳤을 것 → 필수적 심판전치주의가 적용되는 경우에만 적용됨.
  예 도로교통법상의 처분에 대한 불복
⑦ 관할권이 있는 법원에 제기할 것 → 피고 행정청이 소재하는 지역을 관할하는 행정법원
⑧ 원처분주의(원칙) : 행정소송법은 원처분주의를 채택하고 있어, 행정심판이 기각된 경우 그 기각재결을 행정소송의 대상으로 할 수 없다. 단 재결 자체에 고유한 위법이 있음을 이유로 하는 재결취소소송의 경우에는 재결을 대상으로 할 수 있다. 재결 자체의 고유한 위법이란 주체·내용·절차·형식에 위법이 있는 경우를 말한다(제19조).
⑨ 취소소송의 제기효과와 가구제

집행 부정지	① 집행부정지(원칙) → 취소소송의 제기로 인하여 당연히 처분 등의 효력이나 그 집행 또는 절차의 속행에 영향을 주지 않는다는 원칙 ② 집행정지(예외적) → 취소소송이 제기된 경우 처분 등이나 그 집행 또는 절차의 속행으로 인하여 생길 회복하기 어려운 손해를 예방하기 위하여 긴급한 필요가 있다고 인정할 때에는 법원은 당사자의 신청 또는 직권에 의하여 처분 등의 효력이나 그 집행 또는 절차의 속행의 전부 또는 일부를 정지할 수 있음. ⓐ 취소소송과 무효등확인소송의 경우 집행정지가 허용된다. ⓑ 부작위위법확인소송의 경우에는 집행정지는 허용되지 않는다. ⓒ 통설과 판례에 의하면 거부처분은 집행정지의 대상이 되지 않는다. ⓓ 부관 중 부담의 경우는 독립된 행정행위로서의 성격을 가지므로 집행정지의 대상이 된다고 볼 수 있다. ⓔ 본안청구의 이유 유무는 집행정지의 요건에 해당한다. ⓕ 집행정지 결정은 제3자에 대해서도 효력을 미친다. ⓖ 공공복리에 중대한 영향을 미칠 우려가 있는 때에는 집행정지는 허용되지 않는다.
가처분	• 본안판결의 실효성을 확보하기 위하여 다툼이 있는 행정작용이나 공법상 권리관계에 관하여 본안판결이 확정될 때까지 임시적으로 권리구제를 도모하는 제도 • 민사집행법상의 보전처분을 말한다. → 부정설(통)

⑩ 판결의 효력

불가변력	판결일반이 갖는 선고법원에 대한 구속력, 선고법원도 판결을 취소 취소·변경 불가(자박력)
불가쟁력	상소기간이 경과하거나 당사자가 상소를 포기하여 더 이상 재판상 다툴 수 없는 상태를 말한다(형식적 확정력). 인용·기각판결 모두에 인정(재심사유 있는 경우×)
형성력	① 형성력의 내용 : 형성효, 소급효, 대세효(제3자효), 별도의 절차없이 취소효과 발생 ② 형성효 : 취소판결이 확정되면 판결의 취지에 따라 당연히 법률관계의 발생·변경·소멸이 있게 된다. 이러한 형성력은 취소소송의 인용판결에 한하여 발생하며, 기각판결에는 발생하지 않는다(제29조). / 인용판결(○), 기각판결(×) ③ 취소판결의 형성력은 소급적(소급효)으로 발생하며, 당사자뿐 아니라 제3자(대세효)에 대하여도 효력이 있다. ※ 파면처분을 받은 공무원이 소송을 통해서 취소판결을 받게 되면 소급하여 공무원의 신분을 회복하게 된다. ※ 운전면허취소처분에 대한 취소소송을 제기한 후 운전을 하다가 무면허운전으로 적발되었다 해도, 취소처분에 대한 취소판결이 확정이 되면 그 이전 운전행위가 무면허운전이 되지 않는다.

기속력	① 행정청·관계행정청이 판결 취지에 따라 행동하도록 구속하는 효력을 말한다(제30조). ② 인용판결(○), 기각판결(×)(기각판결 이후 처분청은 직권취소 可) ③ 기속력에 반한 처분(=사실심변론종결 이전의 사유로 확정판결과 저촉되는 처분)은 당연 무효이다(대판 90누3560). ④ 기속력의 효력 : 동일한 처분의 반복금지의무, 재처분의무, 결과제거의무 ⑤ 간접강제 : 행정청이 거부처분 취소판결의 취지에 따라 재처분을 하지 않을 때 법원이 배상명령을 통해 행정청의 의무이행을 강제하는 수단. 부작위법확인소송에서 준용.
기판력	① 판결이 당사자와 후소법원을 기속하는 힘. 처분의 위법 여부에 대한 판결이 확정되면 당사자와 후소법원이 이와 다른 주장과 판단을 할 수 없도록 하는 힘이다(실질적 확정력). ② 기판력 전제는 불가쟁력(형식적 확정력)발생해야 한다. ③ 인용판결(○), 기각판결(○) 모두에 인정

(5) 취소소송의 대상 → 행정청의 「처분」

취소소송의 대상이 되는 것 → 처분	취소소송의 대상이 아닌 것
① 행정행위 → 법률행위적·준법률행위적 행정행위 ② 일반처분 거부처분 ⓔ 허가거부·인가거부 등 ③ 권력적 사실행위로서 계속적 성질을 가진 행위 ④ 행정심판의 재결 → 단, 재결 자체에 고유한 위법이 있는 경우에 한함. ⑤ 허가나 인가의 취소·결정 ⑥ 행정행위의 부관 중 부담(多·判) ⑦ 운전면허 '정지'·'취소' 처분 ⑧ 대집행계고	① 단순한 사실행위 ⓔ 행정지도, 알선, 권유 ② (자유)재량행위(남용·일탈은 제외) ③ 표시되지 않은 행정주체의 내부적 의사결정 또는 행정기관 상호간의 행위 ④ 통치행위 ⑤ 특별권력관계에서의 내부행위 ⑥ 행정행위로서 별도의 구체절차가 마련되어 있는 행위 ⓔ 통고처분, 과태료, 검사의 기소/불기소처분 ⑦ 교통법규위반에 대한 벌점부과행위 ⑧ 교통경찰관의 교통사고조사서 ⑨ 당연퇴직 인사발령, 고충심사결정

(6) 행정소송법의 규정적용

구분	취소소송	무효등 확인소송	부작위위법 확인소송	당사자소송
피고적격(제13조)	○	○	○	×
행정심판전치주의(제8조)	○	×	○	×
제소기간의 제한(제20조)	○	×	×	×
집행정지(제23조)	○	○	×	×
사정판결(제28조)	○	×	×	×
확정판결의 대세적효력(제29조)	○	○	○	×
기속력(제30조)	○	○	○	○
제3자의 재심청구(제31조)	○	○	○	×
간접강제(제34조)	○	×	○	×

(7) 행정심판과 행정소송의 비교

구 분	행정심판(行政審判)	행정소송(行政訴訟)
담당기관	행정심판위원회	법원
대 상	위법, 부당, 부작위	위법, 부작위
심리절차	서면심리(원칙) 또는 구술심리(병행 적용), 비공개원칙	구두변론(원칙), 공개의 원칙
부작위에 대한쟁송	의무이행심판	부작위위법확인소송
적극적 변경여부	가능	불가능
공통점	① 법률상 이익이 있는 자(원고적격) ③ 불이익변경금지 ⑤ 불고불리의 원칙	② 집행부정지원칙 ④ 사정재결(판결) ⑥ 간접강제에 대한 규정

> **핵심지문**
>
> ① '행정심판법'이나 '행정소송법'에서 규정하는 처분의 정의인 '행정청이 행하는 구체적 사실에 관한 법집행행위로서 공권력의 행사…'에서 '공권력'이란 권력성을 의미하는 것이다. O
> ② 행정심판은 형식적 의미의 행정작용이고, 행정소송은 형식적 의미의 사법작용이다. O
> ③ 행정심판과 행정소송은 행정처분의 적법·타당성을 판단하는 작용인 점에서 형식적 의미의 사법작용이다. X
>   ⇨ 행정심판이나 행정소송 모두 실질적 의미의 사법에 해당한다.
> ④ 행정심판의 대상은 위법·부당한 처분이고, 행정소송의 대상은 위법한 처분에 한한다. O
> ⑤ 행정심판의 판정기관과 행정소송의 판정기관은 동일하다. X
>   ⇨ 행정심판은 행정심판위원회에서, 행정소송은 법원에서 한다.
> ⑥ 행정소송과 행정심판은 모두 사후적 구제수단이다. O
> ⑦ 행정심판은 행정통제적 요소가 강하며, 행정소송은 행정구제적 요소가 강하다. O
> ⑧ 행정심판은 행정의 적법성·합목적성의 유무 판단을 대상으로 하나, 행정소송은 법률문제 판단 및 행정의 당·부당 판단도 그 대상으로 한다. X
>   ⇨ 행정소송은 행정의 위법여부만을 판단하고, 당·부당 판단은 행정심판의 대상이다.
> ⑨ 행정심판에서는 의무이행심판을 인정하나, 행정소송에서는 의무이행소송을 인정하지 않고 있다. O
> ⑩ 판정절차에 있어서 행정심판은 구술주의, 행정소송은 서면심리주의를 원칙으로 한다. X
>   ⇨ 행정심판은 구술주의 또는 서면주의로 한다(행정심판법 제26조 제2항).
> ⑪ 행정심판은 집행정지를 원칙으로, 행정소송은 집행부정지를 원칙으로 한다. X
>   ⇨ 행정심판, 행정소송 모두 집행부정지를 원칙으로 한다.
> ⑫ 행정심판을 통해 처분의 적극적 변경이 인정되지 않지만, 행정소송을 통해서는 인정된다. X
>   ⇨ 행정심판은 처분의 적극적 변경이 인정되지만, 행정소송에서는 인정되지 않는다.

⑬ 행정심판에서는 불이익변경금지의 원칙이 적용되지 않으나, 행정소송에서는 불이익변경이 금지의 원칙이 적용된다. ✕
  ⇨ 행정심판과 행정소송 모두 불이익변경금지의 원칙이 적용된다.
⑭ 의무이행소송, 예방적 부작위(금지)청구소송은 무명항고소송에 해당한다. ○
⑮ 행정소송법상 관련청구소송의 추가적 병합이 인정되며, 이 경우 사실심의 변론종결시까지는 하여야 한다. ○
⑯ 행정소송법상 취소소송이나 부작위위법확인소송에 있어서는 당해 행정처분 또는 부작위의 직접 상대방이 아닌 제3자라 하더라도 그 처분의 취소 또는 부작위위법확인을 받을 법률상의 이익이 있는 경우에는 원고적격이 인정되나 여기서 말하는 법률상의 이익은 그 처분 또는 부작위의 근거법률에 의하여 보호되는 직접적이고 구체적인 이익을 말하고, 간접적이거나 사실적, 경제적 관계를 가지는데 불과한 경우는 포함되지 않는다. ○
⑰ 영업정지처분을 받고도 법원의 집행정지결정이 있기 전에 영업을 한 이상 그 후 법원에서 집행정지결정이 내려지고 본안소송에서 그 처분이 위법함을 이유로 취소되었다 하더라도, 원래의 영업정지처분이 당연무효의 하자를 가지고 있는 처분이 아닌 한 영업정지기간 중에 영업하였음을 사유로 한 영업허가취소처분은 당연무효가 아니다. ○ 대판 95누9402, 참조판례(대판 98두14471, 대판 2000두7254)

제5절 행정절차

(1) 행정절차의 주요내용

처분절차	공통사항	① 처분기준의 설정·공표(제20조) ② 처분의 이유제시(제23조) ③ 처분의 방식(문서원칙 – 제24조) ④ 처분의 정정(제25조) ⑤ 고지제도(제26조)
	부담적	① 처분의 사전통지(제21조) ② 의견제출 기회 → ㉠ 청문(제22조) ㉡ 공청회(제38조) ㉢ 의견제출(제27조)
	수익적	① 처분의 신청(제17조) ② 처리기간의 설정·공표(제19조)
신고절차	신고란 일정한 법률사실 또는 법률관계의 존부에 관하여 서면이나 구술로 관계행정청에 알리는 행위를 의미함(행정절차법은 자기완결적 신고만을 규율함).	

입법예고 절차	① 국민의 권리·의무 또는 일상생활과 밀접한 관련이 있는 법령 등을 제정·개정 또는 폐지하고자 할 때 당해 입법안을 마련한 행정청이 이를 예고하는 절차 ② 입법예고 기간 → 특별한 사정이 없는 한 40일(자치법규는 20일) 이상으로 함.
행정예고 절차	① 국민생활과 밀접한 관련이 있는 새로운 정책·제도 및 계획을 수립·시행하거나 변경하고자 하는 경우에 상당한 기간을 정하여 이를 예고하여야 함. ② 행정예고 기간 → 20일 이상으로 한다. 다만 긴급한 경우 10일 이상으로
행정지도 절차	행정기관이 그 소관사무의 범위 안에서 일정한 행정목적을 실현하기 위하여 특정인에게 일정한 행위를 하거나 하지 아니하도록 지도·권고·조언 등을 하는 행정작용

(2) 행정절차의 주요특징

① 행정절차법은 행정절차에 관한 일반법으로서 총칙, 처분, 신고, 행정상 입법예고, 행정예고, 행정지도, 국민참여의 확대 및 보칙의 총 8장 56개조로 구성되어 있다.
② 행정절차법에는 행정행위나 공법상 계약에 관한 실체법적 규정이 없고, 원칙적으로 절차적 규정으로만 구성되어 있다(다만, 신의성실, 신뢰보호, 투명성, 처분의 정정, 행정지도에 관한 일부규정은 예외).
③ 행정절차는 내용적으로 사전·사후절차를 포함하는 것이나, 행정절차법의 규율범위는 사전절차에 한정되어 있고, 행정집행절차, 행정강제절차, 행정조사절차 및 공법상 계약절차는 규정하지 않고 있다.

제6절 │ 청원

1 청원의 의의

청원이란 국민이 국가나 지방자치단체에 대하여 의견 또는 희망을 개진하고 시정을 구하는 것으로, 기본권의 하나로서 모든 국민에게 보장되고 있다.

> **핵심지문**
> 청원이란 국민이 국가에 대하여 희망 등을 개진할 수 있는 권리를 말한다. ○

2 법적 근거

(1) 헌법상 기본권의 하나로서 규정되어 있다(헌법 제26조 제1항).
   ① 모든 국민은 법률이 정하는 바에 의하여 국가기관에 문서로 청원할 권리를 가진다.
   ② 국가는 청원에 대하여 심사할 의무를 진다.

(2) 청원에 관한 일반법으로 청원법이 있으며, 국회법과 지방자치법에도 청원에 관한 규정이 있다.

3 청원사항

청원사항 (청원법 제5조)	국민은 다음 각 호의 어느 하나에 해당하는 사항에 대하여 청원기관에 청원할 수 있다. 1. 피해의 구제 2. 공무원의 위법·부당한 행위에 대한 시정이나 징계의 요구 3. 법률·명령·조례·규칙 등의 제정·개정 또는 폐지 4. 공공의 제도 또는 시설의 운영 5. 그 밖에 청원기관의 권한에 속하는 사항
청원의 불수리사항 (청원법 제6조)	청원기관의 장은 청원이 다음 각 호의 어느 하나에 해당하는 경우에는 처리를 하지 아니할 수 있다. 이 경우 사유를 청원인(제11조 제3항에 따른 공동청원의 경우에는 대표자를 말한다)에게 알려야 한다. 1. 국가기밀 또는 공무상 비밀에 관한 사항 2. 감사·수사·재판·행정심판·조정·중재 등 다른 법령에 의한 조사·불복 또는 구제절차가 진행 중인 사항 3. 허위의 사실로 타인으로 하여금 형사처분 또는 징계처분을 받게 하는 사항 4. 허위의 사실로 국가기관 등의 명예를 실추시키는 사항 5. 사인간의 권리관계 또는 개인의 사생활에 관한 사항 6. 청원인의 성명, 주소 등이 불분명하거나 청원내용이 불명확한 사항

> **핵심지문**
> ① 재판에 간섭하는 청원이나 국가의 원수를 모독하는 청원은 수리하지 아니한다. O
> ② 모든 관서는 청원을 수리하여 이를 성실·공정·신속히 심사처리하고 그 결과를 청원인에게 통지하여야 한다. O

4 청원절차

(1) 청원인
국민은 누구나 모든 국가기관에 청원할 수 있다.

(2) 청원기관
청원은 모든 국가 또는 공공단체의 기관에 대하여 할 수 있다. 입법·사법·행정기관을 가리지 않고 처분청 또는 감독청 여하를 가리지 않는다.

(3) 청원기간
청원기간에는 제한이 없다.

(4) 청원의 형식
청원은 청원서에 청원인의 성명(법인인 경우에는 명칭 및 대표자의 성명을 말한다)과 주소 또는 거소를 적고 서명한 문서(「전자문서 및 전자거래 기본법」에 따른 전자문서를 포함한다)로 하여야 한다(제9조 제1항).

> **핵심지문**
>
> 청원의 방식은 서면으로 또는 구술로도 할 수 있다. ✗
> ⇨ 청원은 문서(전자문서 포함)로 하여야 한다.

5 청원의 효과

(1) 청원에 대한 심사처리결과 통지
① 공개청원을 접수한 청원기관의 장은 접수일부터 15일 이내에 청원심의회의 심의를 거쳐 공개 여부를 결정하고 결과를 청원인(공동청원의 경우 대표자를 말한다)에게 알려야 한다.
② 청원기관의 장은 공개청원의 공개결정일부터 30일간 청원사항에 관하여 국민의 의견을 들어야 한다.
③ 청원기관의 장은 청원심의회의 심의를 거쳐 청원을 처리하여야 한다. 다만, 청원심의회의 심의를 거칠 필요가 없는 사항에 대해서는 심의를 생략할 수 있다.
④ 청원기관의 장은 청원을 접수한 때에는 특별한 사유가 없으면 90일 이내(제13조 제1항에 따른 공개청원의 공개 여부 결정기간 및 같은 조 제2항에 따른 국민의 의견을 듣는 기간을 제외한다)에 처리결과를 청원인(공동청원의 경우 대표자를 말한다)에게 알려야 한다. 이 경우 공개청원의 처리결과는 온라인청원시스템에 공개하여야 한다.
⑤ 청원기관의 장은 부득이한 사유로 제2항에 따른 처리기간에 청원을 처리하기 곤란한 경우에는 60일의 범위에서 한 차례만 처리기간을 연장할 수 있다. 이 경우 그 사유와 처리예정 기한을 지체 없이 청원인(공동청원의 경우 대표자를 말한다)에게 알려야 한다.

> **핵심지문**
>
> 청원에 대한 심사처리결과의 통지유무는 행정소송의 대상이 되는 행정처분이 아니다(대판1990.5.25, 90누1458). ○

제7절 | 옴부즈만 제도

(1) 연혁
스웨덴의 1809년 헌법에서 최초로 창설되어, 1960년대 이후 다수의 국가에서 채택

(2) 옴부즈만의 의의
① 행정권의 오용 또는 남용으로 인한 국민의 자유와 권리침해를 예방하고, 이를 적절히 통제하며, 침해가 발생한 경우 이를 해결하고 제도개선까지 도모할 수 있는 제도적 장치이다.
② 옴부즈만(Ombudsman)은 스웨덴, 핀란드, 덴마크, 노르웨이 등 북유럽을 중심으로 시작되어 발전된 제도로, '공공기관의 법령상 책무를 적정하게 수행하고 있는지 여부를 국민을 대신하여 감시하기 위해 그 대리인으로 선출된 자'를 말한다.
③ 일반적으로 의회에 의해 선출된 옴부즈만이 공공기관이 법령상의 책무를 적정하게 수행하고 있는지 여부를 감사함으로써, 행정의 기능확대 및 작용형식의 다양화로 인해 초래된 전통적 행정구제제도의 결점을 보완하여, 부적당한 행정으로부터 국민의 권익을 보다 실효성 있게 보호한다.

> **핵심지문**
> ① 옴부즈만은 직접 직권으로 (시정)명령할 수 있다. ✕
> ⇨ 옴부즈만은 시정조치 권고만 가능하다.
> ② 옴부즈만제도는 사법적 구제제도의 일종이다. ✕
> ⇨ 옴브즈만제도는 의회에 의하여 임명된 공무원에 의하여 민원에 관한 조사활동을 하는 것으로 사법적 구제제도가 아니다.

(3) 절차적 장점·단점
① 장점
  ㉠ 시민의 접근용이
  ㉡ 신축적 민원처리
② 단점
  ㉠ 행정의 책임성 침해우려
  ㉡ 직접적 시정권이 없어 실효성 확보가 미흡하다.

> **핵심지문**
> 옴부즈만제도의 장점으로는 ⅰ) 시민 접근의 용이성, ⅱ) 비용이 적게 든다는 점, ⅲ) 융통성과 적응성이 뛰어나다는 점, ⅳ) 인구가 적은 사회에 유리하다는 점을 들 수 있다. ○

(4) 옴부즈만의 권한
특정 행정작용이 위법·부당한 것으로 판단되는 경우에도 이를 직접 취소·변경할 수는 없고, 관계기관에 대해 시정권고, 의회에 대한 보고, 언론에 대한 공표 등만이 가능하다.

(5) 우리나라의 옴브즈만제도
① 민원처리제도
  ㉠ 민원사무처리에 관한 법률
  ㉡ 감사원
② 국민권익위원회
  ㉠ 의의
    국민권익위원회는 대한민국 대표 옴부즈만이자 정부의 최종 고충민원 처리기관으로서 국민의 입장에서 조사하고 다각적인 해결방안을 제시한다. 고충민원의 처리와 이에 관련된 불합리한 행정제도를 개선하고, 부패의 발생을 예방하며 부패행위를 효율적으로 규제하도록 하기 위하여 국무총리 소속으로 국민권익위원회를 둔다(부패방지 및 국민권익위원회의 설치와 운영에 관한 법률).
  ㉡ 설치
    ⓐ 국민권익위원회 : 국무총리 소속하에 국민권익위원회를 둔다(중앙 옴부즈만).
    ⓑ 시민고충처리위원회의 설치 : 각 지방자치단체에 시민고충처리위원회를 둘 수 있다(지방 옴부즈만).
    ⓒ 국민권익위원회 경찰옴부즈만은 경찰행정에 대한 공정성과 신뢰성을 확보하고 국민의 권익을 보호하기 위해 2006년 12월에 경찰 분야에 특화된 옴부즈만으로 출범하였습니다(경찰 옴부즈만).

> **핵심지문**
> ① 국내에 거주하는 외국인을 포함한 누구든지 국민권익위원회 또는 시민고충처리위원회에 고충민원을 신청할 수 있다. ○
> ② 지방자치단체 및 그 소속기관에 관한 고충민원의 처리와 행정제도의 개선 등을 위하여 각 지방자치단체에 시민고충처리위원회를 둘 수 있다. ○

  ㉢ 권한
    ⓐ 고충민원의 신청·조사
    ⓑ 시정조치의 권고 및 의견표명
    ⓒ 처리결과의 통보
    ⓓ 감사의 의뢰

> **핵심지문**
>
> ① 국민권익위원회는 조사의 결과 처분 등이 위법하면 시정권고를 할 수 있다. ○
> ② 국민권익위원회의 관할사항 중 고도의 정치적 판단을 요하거나 국가기밀 또는 공무상 비밀에 관한 사항, 개인의 사생활에 관한 사항, 행정심판·행정소송, 헌법재판소의 심판·헌법소원, 감사원의 심사청구, 기타 법률에 불복구제절차가 진행 중인 사항 등 10개 사항이 그 관할에서 제외된다. ○
> ③ 처분 등의 시정권고 외에 일정한 법령이나 제도 기타 정책 등에 대한 합리적인 개선을 권고하거나 표명할 있으며, 이에 대하여 관계행정기관의 장은 이를 존중하여 그 처리결과를 30일 이내에 위원회에 통보하여야 한다. 그러나 내용적으로 반드시 위원회의 권고대로 이행하여야 할 의무는 없다. ○
> ④ 행정심판이 진행 중인 사항은 국민권익위원회의 관할범위에 속하지 않는다. ○
> ⑤ 관계 행정기관의 장은 고충민원의 조사에 따른 처리결과를 존중하여야 한다. ○
> ⑥ 고충민원의 조사·처리과정에서 관계 행정기관 등의 직원이 고의 또는 중과실로 위법 부당하게 업무를 처리한 사실을 발견한 경우 국민권익위원회는 감사원에, 시민고충처리위원회는 당해 지방자치단체에 감사를 의뢰할 수 있다. ○

> **판례지문**
>
> 국민권익위원회에 대한 고충민원의 신청은 행정심판청구로 볼 수 없다(대판 95누5332). ○

PSK The New 경찰행정법 plus

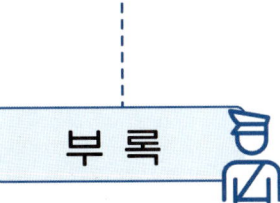
부록

관계법령

- 01 행정기본법
- 02 행정절차법
- 03 행정조사기본법
- 04 행정대집행법
- 05 행정심판법
- 06 행정소송법
- 07 국가배상법
- 08 질서위반행위규제법
- 09 청원법
- 10 개인정보보호법

1. 행정기본법

제1장 총칙

제1절 목적 및 정의 등

제1조(목적) 이 법은 행정의 원칙과 기본사항을 규정하여 행정의 민주성과 적법성을 확보하고 적정성과 효율성을 향상시킴으로써 국민의 권익 보호에 이바지함을 목적으로 한다.

제2조(정의) 이 법에서 사용하는 용어의 뜻은 다음과 같다.
1. "법령등"이란 다음 각 목의 것을 말한다.
   가. 법령 : 다음의 어느 하나에 해당하는 것
      1) 법률 및 대통령령·총리령·부령
      2) 국회규칙·대법원규칙·헌법재판소규칙·중앙선거관리위원회규칙 및 감사원규칙
      3) 1) 또는 2)의 위임을 받아 중앙행정기관(「정부조직법」 및 그 밖의 법률에 따라 설치된 중앙행정기관을 말한다. 이하 같다)의 장이 정한 훈령·예규 및 고시 등 행정규칙
   나. 자치법규 : 지방자치단체의 조례 및 규칙
2. "행정청"이란 다음 각 목의 자를 말한다.
   가. 행정에 관한 의사를 결정하여 표시하는 국가 또는 지방자치단체의 기관
   나. 그 밖에 법령등에 따라 행정에 관한 의사를 결정하여 표시하는 권한을 가지고 있거나 그 권한을 위임 또는 위탁받은 공공단체 또는 그 기관이나 사인(私人)
3. "당사자"란 처분의 상대방을 말한다.
4. "처분"이란 행정청이 구체적 사실에 관하여 행하는 법 집행으로서 공권력의 행사 또는 그 거부와 그 밖에 이에 준하는 행정작용을 말한다.
5. "제재처분"이란 법령등에 따른 의무를 위반하거나 이행하지 아니하였음을 이유로 당사자에게 의무를 부과하거나 권익을 제한하는 처분을 말한다. 다만, 제30조 제1항 각 호에 따른 행정상 강제는 제외한다.

제3조(국가와 지방자치단체의 책무) ① 국가와 지방자치단체는 국민의 삶의 질을 향상시키기 위하여 적법절차에 따라 공정하고 합리적인 행정을 수행할 책무를 진다.
② 국가와 지방자치단체는 행정의 능률과 실효성을 높이기 위하여 지속적으로 법령등과 제도를 정비·개선할 책무를 진다.

제4조(행정의 적극적 추진) ① 행정은 공공의 이익을 위하여 적극적으로 추진되어야 한다.
② 국가와 지방자치단체는 소속 공무원이 공공의 이익을 위하여 적극적으로 직무를 수행할 수 있도록 제반 여건을 조성하고, 이와 관련된 시책 및 조치를 추진하여야 한다.
③ 제1항 및 제2항에 따른 행정의 적극적 추진 및 적극행정 활성화를 위한 시책의 구체적인 사항 등은 대통령령으로 정한다.

제5조(다른 법률과의 관계) ① 행정에 관하여 다른 법률에 특별한 규정이 있는 경우를 제외하고는 이 법에서 정하는 바에 따른다.
② 행정에 관한 다른 법률을 제정하거나 개정하는 경우에는 이 법의 목적과 원칙, 기준 및 취지에 부합되도록 노력하여야 한다.

제2절 기간 및 나이의 계산

제6조(행정에 관한 기간의 계산) ① 행정에 관한 기간의 계산에 관하여는 이 법 또는 다른 법령등에 특별한 규정이 있는 경우를 제외하고는 「민법」을 준용한다.
② 법령등 또는 처분에서 국민의 권익을 제한하거나 의무를 부과하는 경우 권익이 제한되거나 의무가 지속되는 기간의 계산은 다음 각 호의 기준에 따른다. 다만, 다음 각 호의 기준에 따르는 것이 국민에게 불리한 경우에는 그러하지 아니하다.
1. 기간을 일, 주, 월 또는 연으로 정한 경우에는 기간의 첫날을 산입한다.
2. 기간의 말일이 토요일 또는 공휴일인 경우에도 기간은 그 날로 만료한다.

제7조(법령등 시행일의 기간 계산) 법령등(훈령·

예규·고시·지침 등을 포함한다. 이하 이 조에서 같다)의 시행일을 정하거나 계산할 때에는 다음 각 호의 기준에 따른다.
1. 법령등을 공포한 날부터 시행하는 경우에는 공포한 날을 시행일로 한다.
2. 법령등을 공포한 날부터 일정 기간이 경과한 날부터 시행하는 경우 법령등을 공포한 날을 첫날에 산입하지 아니한다.
3. 법령등을 공포한 날부터 일정 기간이 경과한 날부터 시행하는 경우 그 기간의 말일이 토요일 또는 공휴일인 때에는 그 말일로 기간이 만료한다.

제7조의2(행정에 관한 나이의 계산 및 표시) 행정에 관한 나이의 계산은 다른 법령등에 특별한 규정이 있는 경우를 제외하고는 출생일을 산입하여 만(滿) 나이로 계산하고, 연수(年數)로 표시한다. 다만, 1세에 이르지 아니한 경우에는 월수(月數)로 표시할 수 있다.

제2장 행정의 법 원칙

제8조(법치행정의 원칙) 행정작용은 법률에 위반되어서는 아니 되며, 국민의 권리를 제한하거나 의무를 부과하는 경우와 그 밖에 국민생활에 중요한 영향을 미치는 경우에는 법률에 근거하여야 한다.

제9조(평등의 원칙) 행정청은 합리적 이유 없이 국민을 차별하여서는 아니 된다.

제10조(비례의 원칙) 행정작용은 다음 각 호의 원칙에 따라야 한다.
1. 행정목적을 달성하는 데 유효하고 적절할 것
2. 행정목적을 달성하는 데 필요한 최소한도에 그칠 것
3. 행정작용으로 인한 국민의 이익 침해가 그 행정작용이 의도하는 공익보다 크지 아니할 것

제11조(성실의무 및 권한남용금지의 원칙) ① 행정청은 법령등에 따른 의무를 성실히 수행하여야 한다.
② 행정청은 행정권한을 남용하거나 그 권한의 범위를 넘어서는 아니 된다.

제12조(신뢰보호의 원칙) ① 행정청은 공익 또는 제3자의 이익을 현저히 해칠 우려가 있는 경우를 제외하고는 행정에 대한 국민의 정당하고 합리적인 신뢰를 보호하여야 한다.
② 행정청은 권한 행사의 기회가 있음에도 불구하고 장기간 권한을 행사하지 아니하여 국민이 그 권한이 행사되지 아니할 것으로 믿을 만한 정당한 사유가 있는 경우에는 그 권한을 행사해서는 아니 된다. 다만, 공익 또는 제3자의 이익을 현저히 해칠 우려가 있는 경우는 예외로 한다.

제13조(부당결부금지의 원칙) 행정청은 행정작용을 할 때 상대방에게 해당 행정작용과 실질적인 관련이 없는 의무를 부과해서는 아니 된다.

제3장 행정작용

제1절 처분

제14조(법 적용의 기준) ① 새로운 법령등은 법령등에 특별한 규정이 있는 경우를 제외하고는 그 법령등의 효력 발생 전에 완성되거나 종결된 사실관계 또는 법률관계에 대해서는 적용되지 아니한다.
② 당사자의 신청에 따른 처분은 법령등에 특별한 규정이 있거나 처분 당시의 법령등을 적용하기 곤란한 특별한 사정이 있는 경우를 제외하고는 처분 당시의 법령등에 따른다.
③ 법령등을 위반한 행위의 성립과 이에 대한 제재처분은 법령등에 특별한 규정이 있는 경우를 제외하고는 법령등을 위반한 행위 당시의 법령등에 따른다. 다만, 법령등을 위반한 행위 후 법령등의 변경에 의하여 그 행위가 법령등을 위반한 행위에 해당하지 아니하거나 제재처분 기준이 가벼워진 경우로서 해당 법령등에 특별한 규정이 없는 경우에는 변경된 법령등을 적용한다.

제15조(처분의 효력) 처분은 권한이 있는 기관이 취소 또는 철회하거나 기간의 경과 등으로 소멸되기 전까지는 유효한 것으로 통용된다. 다만, 무효인 처분은 처음부터 그 효력이 발생하지 아니한다.

제16조(결격사유) ① 자격이나 신분 등을 취득 또는 부여할 수 없거나 인가, 허가, 지정, 승인, 영업등록, 신고 수리 등(이하 "인허가"라 한다)을 필요로 하는 영업 또는 사업 등을 할 수 없는 사유(이하 이 조에서 "결격사유"라 한다)는 법률로 정한다.
② 결격사유를 규정할 때에는 다음 각 호의 기준에 따른다.
1. 규정의 필요성이 분명할 것
2. 필요한 항목만 최소한으로 규정할 것
3. 대상이 되는 자격, 신분, 영업 또는 사업 등과 실질적인 관련이 있을 것
4. 유사한 다른 제도와 균형을 이룰 것

제17조(부관) ① 행정청은 처분에 재량이 있는 경우에는 부관(조건, 기한, 부담, 철회권의 유보 등을 말한다. 이하 이 조에서 같다)을 붙일 수 있다.
② 행정청은 처분에 재량이 없는 경우에는 법률에 근거가 있는 경우에 부관을 붙일 수 있다.
③ 행정청은 부관을 붙일 수 있는 처분이 다음 각 호의 어느 하나에 해당하는 경우에는 그 처분을 한 후에도 부관을 새로 붙이거나 종전의 부관을 변경할 수 있다.
1. 법률에 근거가 있는 경우
2. 당사자의 동의가 있는 경우
3. 사정이 변경되어 부관을 새로 붙이거나 종전의 부관을 변경하지 아니하면 해당 처분의 목적을 달성할 수 없다고 인정되는 경우
④ 부관은 다음 각 호의 요건에 적합하여야 한다.
1. 해당 처분의 목적에 위배되지 아니할 것
2. 해당 처분과 실질적인 관련이 있을 것
3. 해당 처분의 목적을 달성하기 위하여 필요한 최소한의 범위일 것

제18조(위법 또는 부당한 처분의 취소) ① 행정청은 위법 또는 부당한 처분의 전부나 일부를 소급하여 취소할 수 있다. 다만, 당사자의 신뢰를 보호할 가치가 있는 등 정당한 사유가 있는 경우에는 장래를 향하여 취소할 수 있다.
② 행정청은 제1항에 따라 당사자에게 권리나 이익을 부여하는 처분을 취소하려는 경우에는 취소로 인하여 당사자가 입게 될 불이익을 취소로 달성되는 공익과 비교·형량(衡量)하여야 한다. 다만, 다음 각 호의 어느 하나에 해당하는 경우에는 그러하지 아니하다.
1. 거짓이나 그 밖의 부정한 방법으로 처분을 받은 경우
2. 당사자가 처분의 위법성을 알고 있었거나 중대한 과실로 알지 못한 경우

제19조(적법한 처분의 철회) ① 행정청은 적법한 처분이 다음 각 호의 어느 하나에 해당하는 경우에는 그 처분의 전부 또는 일부를 장래를 향하여 철회할 수 있다.
1. 법률에서 정한 철회 사유에 해당하게 된 경우
2. 법령등의 변경이나 사정변경으로 처분을 더 이상 존속시킬 필요가 없게 된 경우
3. 중대한 공익을 위하여 필요한 경우
② 행정청은 제1항에 따라 처분을 철회하려는 경우에는 철회로 인하여 당사자가 입게 될 불이익을 철회로 달성되는 공익과 비교·형량하여야 한다.

제20조(자동적 처분) 행정청은 법률로 정하는 바에 따라 완전히 자동화된 시스템(인공지능 기술을 적용한 시스템을 포함한다)으로 처분을 할 수 있다. 다만, 처분에 재량이 있는 경우는 그러하지 아니하다.

제21조(재량행사의 기준) 행정청은 재량이 있는 처분을 할 때에는 관련 이익을 정당하게 형량하여야 하며, 그 재량권의 범위를 넘어서는 아니 된다.

제22조(제재처분의 기준) ① 제재처분의 근거가 되는 법률에는 제재처분의 주체, 사유, 유형 및 상한을 명확하게 규정하여야 한다. 이 경우 제재처분의 유형 및 상한을 정할 때에는 해당 위반행위의 특수성 및 유사한 위반행위와의 형평성 등을 종합적으로 고려하여야 한다.
② 행정청은 재량이 있는 제재처분을 할 때에는 다음 각 호의 사항을 고려하여야 한다.
1. 위반행위의 동기, 목적 및 방법
2. 위반행위의 결과
3. 위반행위의 횟수

4. 그 밖에 제1호부터 제3호까지에 준하는 사항으로서 대통령령으로 정하는 사항

제23조(제재처분의 제척기간) ① 행정청은 법령 등의 위반행위가 종료된 날부터 5년이 지나면 해당 위반행위에 대하여 제재처분(인허가의 정지·취소·철회, 등록 말소, 영업소 폐쇄와 정지를 갈음하는 과징금 부과를 말한다. 이하 이 조에서 같다)을 할 수 없다.

② 다음 각 호의 어느 하나에 해당하는 경우에는 제1항을 적용하지 아니한다.
1. 거짓이나 그 밖의 부정한 방법으로 인허가를 받거나 신고를 한 경우
2. 당사자가 인허가나 신고의 위법성을 알고 있었거나 중대한 과실로 알지 못한 경우
3. 정당한 사유 없이 행정청의 조사·출입·검사를 기피·방해·거부하여 제척기간이 지난 경우
4. 제재처분을 하지 아니하면 국민의 안전·생명 또는 환경을 심각하게 해치거나 해칠 우려가 있는 경우

③ 행정청은 제1항에도 불구하고 행정심판의 재결이나 법원의 판결에 따라 제재처분이 취소·철회된 경우에는 재결이나 판결이 확정된 날부터 1년(합의제행정기관은 2년)이 지나기 전까지는 그 취지에 따른 새로운 제재처분을 할 수 있다.

④ 다른 법률에서 제1항 및 제3항의 기간보다 짧거나 긴 기간을 규정하고 있으면 그 법률에서 정하는 바에 따른다.

제2절 인허가의제

제24조(인허가의제의 기준) ① 이 절에서 "인허가의제"란 하나의 인허가(이하 "주된 인허가"라 한다)를 받으면 법률로 정하는 바에 따라 그와 관련된 여러 인허가(이하 "관련 인허가"라 한다)를 받은 것으로 보는 것을 말한다.

② 인허가의제를 받으려면 주된 인허가를 신청할 때 관련 인허가에 필요한 서류를 함께 제출하여야 한다. 다만, 불가피한 사유로 함께 제출할 수 없는 경우에는 주된 인허가 행정청이 별도로 정하는 기한까지 제출할 수 있다.

③ 주된 인허가 행정청은 주된 인허가를 하기 전에 관련 인허가에 관하여 미리 관련 인허가 행정청과 협의하여야 한다.

④ 관련 인허가 행정청은 제3항에 따른 협의를 요청받으면 그 요청을 받은 날부터 20일 이내(제5항 단서에 따른 절차에 걸리는 기간은 제외한다)에 의견을 제출하여야 한다. 이 경우 전단에서 정한 기간(민원 처리 관련 법령에 따라 의견을 제출하여야 하는 기간을 연장한 경우에는 그 연장한 기간을 말한다) 내에 협의 여부에 관하여 의견을 제출하지 아니하면 협의가 된 것으로 본다.

⑤ 제3항에 따라 협의를 요청받은 관련 인허가 행정청은 해당 법령을 위반하여 협의에 응해서는 아니 된다. 다만, 관련 인허가에 필요한 심의, 의견 청취 등 절차에 관하여는 법률에 인허가의제 시에도 해당 절차를 거친다는 명시적인 규정이 있는 경우에만 이를 거친다.

제25조(인허가의제의 효과) ① 제24조 제3항·제4항에 따라 협의가 된 사항에 대해서는 주된 인허가를 받았을 때 관련 인허가를 받은 것으로 본다.

② 인허가의제의 효과는 주된 인허가의 해당 법률에 규정된 관련 인허가에 한정된다.

제26조(인허가의제의 사후관리 등) ① 인허가의제의 경우 관련 인허가 행정청은 관련 인허가를 직접 한 것으로 보아 관계 법령에 따른 관리·감독 등 필요한 조치를 하여야 한다.

② 주된 인허가가 있은 후 이를 변경하는 경우에는 제24조·제25조 및 이 조 제1항을 준용한다.

③ 이 절에서 규정한 사항 외에 인허가의제의 방법, 그 밖에 필요한 세부 사항은 대통령령으로 정한다.

제3절 공법상 계약

제27조(공법상 계약의 체결) ① 행정청은 법령등을 위반하지 아니하는 범위에서 행정목적을 달성하기 위하여 필요한 경우에는 공법상 법률관계에 관한 계약(이하 "공법상 계약"이라 한다)을

체결할 수 있다. 이 경우 계약의 목적 및 내용을 명확하게 적은 계약서를 작성하여야 한다.
② 행정청은 공법상 계약의 상대방을 선정하고 계약 내용을 정할 때 공법상 계약의 공공성과 제3자의 이해관계를 고려하여야 한다.

제4절 과징금

제28조(과징금의 기준) ① 행정청은 법령등에 따른 의무를 위반한 자에 대하여 법률로 정하는 바에 따라 그 위반행위에 대한 제재로서 과징금을 부과할 수 있다.
② 과징금의 근거가 되는 법률에는 과징금에 관한 다음 각 호의 사항을 명확하게 규정하여야 한다.
1. 부과·징수 주체
2. 부과 사유
3. 상한액
4. 가산금을 징수하려는 경우 그 사항
5. 과징금 또는 가산금 체납 시 강제징수를 하려는 경우 그 사항

제29조(과징금의 납부기한 연기 및 분할 납부) 과징금은 한꺼번에 납부하는 것을 원칙으로 한다. 다만, 행정청은 과징금을 부과받은 자가 다음 각 호의 어느 하나에 해당하는 사유로 과징금 전액을 한꺼번에 내기 어렵다고 인정될 때에는 그 납부기한을 연기하거나 분할 납부하게 할 수 있으며, 이 경우 필요하다고 인정하면 담보를 제공하게 할 수 있다.
1. 재해 등으로 재산에 현저한 손실을 입은 경우
2. 사업 여건의 악화로 사업이 중대한 위기에 처한 경우
3. 과징금을 한꺼번에 내면 자금 사정에 현저한 어려움이 예상되는 경우
4. 그 밖에 제1호부터 제3호까지에 준하는 경우로서 대통령령으로 정하는 사유가 있는 경우

제5절 행정상 강제

제30조(행정상 강제) ① 행정청은 행정목적을 달성하기 위하여 필요한 경우에는 법률로 정하는 바에 따라 필요한 최소한의 범위에서 다음 각 호의 어느 하나에 해당하는 조치를 할 수 있다.
1. 행정대집행 : 의무자가 행정상 의무(법령등에서 직접 부과하거나 행정청이 법령등에 따라 부과한 의무를 말한다. 이하 이 절에서 같다)로서 타인이 대신하여 행할 수 있는 의무를 이행하지 아니하는 경우 법률로 정하는 다른 수단으로는 그 이행을 확보하기 곤란하고 그 불이행을 방치하면 공익을 크게 해칠 것으로 인정될 때에 행정청이 의무자가 하여야 할 행위를 스스로 하거나 제3자에게 하게 하고 그 비용을 의무자로부터 징수하는 것
2. 이행강제금의 부과 : 의무자가 행정상 의무를 이행하지 아니하는 경우 행정청이 적절한 이행기간을 부여하고, 그 기한까지 행정상 의무를 이행하지 아니하면 금전급부의무를 부과하는 것
3. 직접강제 : 의무자가 행정상 의무를 이행하지 아니하는 경우 행정청이 의무자의 신체나 재산에 실력을 행사하여 그 행정상 의무의 이행이 있었던 것과 같은 상태를 실현하는 것
4. 강제징수 : 의무자가 행정상 의무 중 금전급부의무를 이행하지 아니하는 경우 행정청이 의무자의 재산에 실력을 행사하여 그 행정상 의무가 실현된 것과 같은 상태를 실현하는 것
5. 즉시강제 : 현재의 급박한 행정상의 장해를 제거하기 위한 경우로서 다음 각 목의 어느 하나에 해당하는 경우에 행정청이 곧바로 국민의 신체 또는 재산에 실력을 행사하여 행정목적을 달성하는 것
   가. 행정청이 미리 행정상 의무 이행을 명할 시간적 여유가 없는 경우
   나. 그 성질상 행정상 의무의 이행을 명하는 것만으로는 행정목적 달성이 곤란한 경우
② 행정상 강제 조치에 관하여 이 법에서 정한 사항 외에 필요한 사항은 따로 법률로 정한다.
③ 형사(刑事), 행형(行刑) 및 보안처분 관계 법령에 따라 행하는 사항이나 외국인의 출입국·난민인정·귀화·국적회복에 관한 사항에 관하

여는 이 절을 적용하지 아니한다.

제31조(이행강제금의 부과) ① 이행강제금 부과의 근거가 되는 법률에는 이행강제금에 관한 다음 각 호의 사항을 명확하게 규정하여야 한다. 다만, 제4호 또는 제5호를 규정할 경우 입법목적이나 입법취지를 훼손할 우려가 크다고 인정되는 경우로서 대통령령으로 정하는 경우는 제외한다.
1. 부과·징수 주체
2. 부과 요건
3. 부과 금액
4. 부과 금액 산정기준
5. 연간 부과 횟수나 횟수의 상한

② 행정청은 다음 각 호의 사항을 고려하여 이행강제금의 부과 금액을 가중하거나 감경할 수 있다.
1. 의무 불이행의 동기, 목적 및 결과
2. 의무 불이행의 정도 및 상습성
3. 그 밖에 행정목적을 달성하는 데 필요하다고 인정되는 사유

③ 행정청은 이행강제금을 부과하기 전에 미리 의무자에게 적절한 이행기간을 정하여 그 기한까지 행정상 의무를 이행하지 아니하면 이행강제금을 부과한다는 뜻을 문서로 계고(戒告)하여야 한다.

④ 행정청은 의무자가 제3항에 따른 계고에서 정한 기한까지 행정상 의무를 이행하지 아니한 경우 이행강제금의 부과 금액·사유·시기를 문서로 명확하게 적어 의무자에게 통지하여야 한다.

⑤ 행정청은 의무자가 행정상 의무를 이행할 때까지 이행강제금을 반복하여 부과할 수 있다. 다만, 의무자가 의무를 이행하면 새로운 이행강제금의 부과를 즉시 중지하되, 이미 부과한 이행강제금은 징수하여야 한다.

⑥ 행정청은 이행강제금을 부과받은 자가 납부기한까지 이행강제금을 내지 아니하면 국세강제징수의 예 또는 「지방행정제재·부과금의 징수 등에 관한 법률」에 따라 징수한다.

제32조(직접강제) ① 직접강제는 행정대집행이나 이행강제금 부과의 방법으로는 행정상 의무 이행을 확보할 수 없거나 그 실현이 불가능한 경우에 실시하여야 한다.

② 직접강제를 실시하기 위하여 현장에 파견되는 집행책임자는 그가 집행책임자임을 표시하는 증표를 보여 주어야 한다.

③ 직접강제의 계고 및 통지에 관하여는 제31조 제3항 및 제4항을 준용한다.

제33조(즉시강제) ① 즉시강제는 다른 수단으로는 행정목적을 달성할 수 없는 경우에만 허용되며, 이 경우에도 최소한으로만 실시하여야 한다.

② 즉시강제를 실시하기 위하여 현장에 파견되는 집행책임자는 그가 집행책임자임을 표시하는 증표를 보여 주어야 하며, 즉시강제의 이유와 내용을 고지하여야 한다.

③ 제2항에도 불구하고 집행책임자는 즉시강제를 하려는 재산의 소유자 또는 점유자를 알 수 없거나 현장에서 그 소재를 즉시 확인하기 어려운 경우에는 즉시강제를 실시한 후 집행책임자의 이름 및 그 이유와 내용을 고지할 수 있다. 다만, 다음 각 호에 해당하는 경우에는 게시판이나 인터넷 홈페이지에 게시하는 등 적절한 방법에 의한 공고로써 고지를 갈음할 수 있다.
1. 즉시강제를 실시한 후에도 재산의 소유자 또는 점유자를 알 수 없는 경우
2. 재산의 소유자 또는 점유자가 국외에 거주하거나 행방을 알 수 없는 경우
3. 그 밖에 대통령령으로 정하는 불가피한 사유로 고지할 수 없는 경우

제6절 그 밖의 행정작용

제34조(수리 여부에 따른 신고의 효력) 법령등으로 정하는 바에 따라 행정청에 일정한 사항을 통지하여야 하는 신고로서 법률에 신고의 수리가 필요하다고 명시되어 있는 경우(행정기관의 내부 업무 처리 절차로서 수리를 규정한 경우는 제외한다)에는 행정청이 수리하여야 효력이 발생한다.

제35조(수수료 및 사용료) ① 행정청은 특정인을 위한 행정서비스를 제공받는 자에게 법령으로

정하는 바에 따라 수수료를 받을 수 있다.
② 행정청은 공공시설 및 재산 등의 이용 또는 사용에 대하여 사전에 공개된 금액이나 기준에 따라 사용료를 받을 수 있다.
③ 제1항 및 제2항에도 불구하고 지방자치단체의 경우에는 「지방자치법」에 따른다.

제7절 처분에 대한 이의신청 및 재심사

제36조(처분에 대한 이의신청) ① 행정청의 처분(「행정심판법」제3조에 따라 같은 법에 따른 행정심판의 대상이 되는 처분을 말한다. 이하 이 조에서 같다)에 이의가 있는 당사자는 처분을 받은 날부터 30일 이내에 해당 행정청에 이의신청을 할 수 있다.
② 행정청은 제1항에 따른 이의신청을 받으면 그 신청을 받은 날부터 14일 이내에 그 이의신청에 대한 결과를 신청인에게 통지하여야 한다. 다만, 부득이한 사유로 14일 이내에 통지할 수 없는 경우에는 그 기간을 만료일 다음 날부터 기산하여 10일의 범위에서 한 차례 연장할 수 있으며, 연장 사유를 신청인에게 통지하여야 한다.
③ 제1항에 따라 이의신청을 한 경우에도 그 이의신청과 관계없이 「행정심판법」에 따른 행정심판 또는 「행정소송법」에 따른 행정소송을 제기할 수 있다.
④ 이의신청에 대한 결과를 통지받은 후 행정심판 또는 행정소송을 제기하려는 자는 그 결과를 통지받은 날(제2항에 따른 통지기간 내에 결과를 통지받지 못한 경우에는 같은 항에 따른 통지기간이 만료되는 날의 다음 날을 말한다)부터 90일 이내에 행정심판 또는 행정소송을 제기할 수 있다.
⑤ 다른 법률에서 이의신청과 이에 준하는 절차에 대하여 정하고 있는 경우에도 그 법률에서 규정하지 아니한 사항에 관하여는 이 조에서 정하는 바에 따른다.
⑥ 제1항부터 제5항까지에서 규정한 사항 외에 이의신청의 방법 및 절차 등에 관한 사항은 대통령령으로 정한다.
⑦ 다음 각 호의 어느 하나에 해당하는 사항에 관하여는 이 조를 적용하지 아니한다.
1. 공무원 인사 관계 법령에 따른 징계 등 처분에 관한 사항
2. 「국가인권위원회법」제30조에 따른 진정에 대한 국가인권위원회의 결정
3. 「노동위원회법」제2조의2에 따라 노동위원회의 의결을 거쳐 행하는 사항
4. 형사, 행형 및 보안처분 관계 법령에 따라 행하는 사항
5. 외국인의 출입국·난민인정·귀화·국적회복에 관한 사항
6. 과태료 부과 및 징수에 관한 사항

제37조(처분의 재심사) ① 당사자는 처분(제재처분 및 행정상 강제는 제외한다. 이하 이 조에서 같다)이 행정심판, 행정소송 및 그 밖의 쟁송을 통하여 다툴 수 없게 된 경우(법원의 확정판결이 있는 경우는 제외한다)라도 다음 각 호의 어느 하나에 해당하는 경우에는 해당 처분을 한 행정청에 처분을 취소·철회하거나 변경하여 줄 것을 신청할 수 있다.
1. 처분의 근거가 된 사실관계 또는 법률관계가 추후에 당사자에게 유리하게 바뀐 경우
2. 당사자에게 유리한 결정을 가져다주었을 새로운 증거가 있는 경우
3. 「민사소송법」제451조에 따른 재심사유에 준하는 사유가 발생한 경우 등 대통령령으로 정하는 경우
② 제1항에 따른 신청은 해당 처분의 절차, 행정심판, 행정소송 및 그 밖의 쟁송에서 당사자가 중대한 과실 없이 제1항 각 호의 사유를 주장하지 못한 경우에만 할 수 있다.
③ 제1항에 따른 신청은 당사자가 제1항 각 호의 사유를 안 날부터 60일 이내에 하여야 한다. 다만, 처분이 있은 날부터 5년이 지나면 신청할 수 없다.
④ 제1항에 따른 신청을 받은 행정청은 특별한 사정이 없으면 신청을 받은 날부터 90일(합의제행정기관은 180일) 이내에 처분의 재심사 결과(재심사 여부와 처분의 유지·취소·철회·변경 등에 대한 결정을 포함한다)를 신청인에게

통지하여야 한다. 다만, 부득이한 사유로 90일(합의제행정기관은 180일) 이내에 통지할 수 없는 경우에는 그 기간을 만료일 다음 날부터 기산하여 90일(합의제행정기관은 180일)의 범위에서 한 차례 연장할 수 있으며, 연장 사유를 신청인에게 통지하여야 한다.
⑤ 제4항에 따른 처분의 재심사 결과 중 처분을 유지하는 결과에 대해서는 행정심판, 행정소송 및 그 밖의 쟁송수단을 통하여 불복할 수 없다.
⑥ 행정청의 제18조에 따른 취소와 제19조에 따른 철회는 처분의 재심사에 의하여 영향을 받지 아니한다.
⑦ 제1항부터 제6항까지에서 규정한 사항 외에 처분의 재심사의 방법 및 절차 등에 관한 사항은 대통령령으로 정한다.
⑧ 다음 각 호의 어느 하나에 해당하는 사항에 관하여는 이 조를 적용하지 아니한다.
1. 공무원 인사 관계 법령에 따른 징계 등 처분에 관한 사항
2. 「노동위원회법」제2조의2에 따라 노동위원회의 의결을 거쳐 행하는 사항
3. 형사, 행형 및 보안처분 관계 법령에 따라 행하는 사항
4. 외국인의 출입국·난민인정·귀화·국적회복에 관한 사항
5. 과태료 부과 및 징수에 관한 사항
6. 개별 법률에서 그 적용을 배제하고 있는 경우

제 4 장 행정의 입법활동 등

제38조(행정의 입법활동) ① 국가나 지방자치단체가 법령등을 제정·개정·폐지하고자 하거나 그와 관련된 활동(법률안의 국회 제출과 조례안의 지방의회 제출을 포함하며, 이하 이 장에서 "행정의 입법활동"이라 한다)을 할 때에는 헌법과 상위 법령을 위반해서는 아니 되며, 헌법과 법령등에서 정한 절차를 준수하여야 한다.
② 행정의 입법활동은 다음 각 호의 기준에 따라야 한다.
1. 일반 국민 및 이해관계자로부터 의견을 수렴하고 관계 기관과 충분한 협의를 거쳐 책임 있게 추진되어야 한다.
2. 법령등의 내용과 규정은 다른 법령등과 조화를 이루어야 하고, 법령등 상호 간에 중복되거나 상충되지 아니하여야 한다.
3. 법령등은 일반 국민이 그 내용을 쉽고 명확하게 이해할 수 있도록 알기 쉽게 만들어져야 한다.
③ 정부는 매년 해당 연도에 추진할 법령안 입법계획(이하 "정부입법계획"이라 한다)을 수립하여야 한다.
④ 행정의 입법활동의 절차 및 정부입법계획의 수립에 관하여 필요한 사항은 정부의 법제업무에 관한 사항을 규율하는 대통령령으로 정한다.
제39조(행정법제의 개선) ① 정부는 권한 있는 기관에 의하여 위헌으로 결정되어 법령이 헌법에 위반되거나 법률에 위반되는 것이 명백한 경우 등 대통령령으로 정하는 경우에는 해당 법령을 개선하여야 한다.
② 정부는 행정 분야의 법제도 개선 및 일관된 법 적용 기준 마련 등을 위하여 필요한 경우 대통령령으로 정하는 바에 따라 관계 기관 협의 및 관계 전문가 의견 수렴을 거쳐 개선조치를 할 수 있으며, 이를 위하여 현행 법령에 관한 분석을 실시할 수 있다.
제40조(법령해석) ① 누구든지 법령등의 내용에 의문이 있으면 법령을 소관하는 중앙행정기관의 장(이하 "법령소관기관"이라 한다)과 자치법규를 소관하는 지방자치단체의 장에게 법령해석을 요청할 수 있다.
② 법령소관기관과 자치법규를 소관하는 지방자치단체의 장은 각각 소관 법령등을 헌법과 해당 법령등의 취지에 부합되게 해석·집행할 책임을 진다.
③ 법령소관기관이나 법령소관기관의 해석에 이의가 있는 자는 대통령령으로 정하는 바에 따라 법령해석업무를 전문으로 하는 기관에 법령해석을 요청할 수 있다.
④ 법령해석의 절차에 관하여 필요한 사항은 대통령령으로 정한다.

2. 행정절차법

제1장 총칙

제1절 목적, 정의 및 적용 범위 등

제1조(목적) 이 법은 행정절차에 관한 공통적인 사항을 규정하여 국민의 행정 참여를 도모함으로써 행정의 공정성·투명성 및 신뢰성을 확보하고 국민의 권익을 보호함을 목적으로 한다.

제2조(정의) 이 법에서 사용하는 용어의 뜻은 다음과 같다.
1. "행정청"이란 다음 각 목의 자를 말한다.
   가. 행정에 관한 의사를 결정하여 표시하는 국가 또는 지방자치단체의 기관
   나. 그 밖에 법령 또는 자치법규(이하 "법령 등"이라 한다)에 따라 행정권한을 가지고 있거나 위임 또는 위탁받은 공공단체 또는 그 기관이나 사인(私人)
2. "처분"이란 행정청이 행하는 구체적 사실에 관한 법 집행으로서의 공권력의 행사 또는 그 거부와 그 밖에 이에 준하는 행정작용(行政作用)을 말한다.
3. "행정지도"란 행정기관이 그 소관 사무의 범위에서 일정한 행정목적을 실현하기 위하여 특정인에게 일정한 행위를 하거나 하지 아니하도록 지도, 권고, 조언 등을 하는 행정작용을 말한다.
4. "당사자등"이란 다음 각 목의 자를 말한다.
   가. 행정청의 처분에 대하여 직접 그 상대가 되는 당사자
   나. 행정청이 직권으로 또는 신청에 따라 행정절차에 참여하게 한 이해관계인
5. "청문"이란 행정청이 어떠한 처분을 하기 전에 당사자등의 의견을 직접 듣고 증거를 조사하는 절차를 말한다.
6. "공청회"란 행정청이 공개적인 토론을 통하여 어떠한 행정작용에 대하여 당사자등, 전문지식과 경험을 가진 사람, 그 밖의 일반인으로부터 의견을 널리 수렴하는 절차를 말한다.
7. "의견제출"이란 행정청이 어떠한 행정작용을 하기 전에 당사자등이 의견을 제시하는 절차로서 청문이나 공청회에 해당하지 아니하는 절차를 말한다.
8. "전자문서"란 컴퓨터 등 정보처리능력을 가진 장치에 의하여 전자적인 형태로 작성되어 송신·수신 또는 저장된 정보를 말한다.
9. "정보통신망"이란 전기통신설비를 활용하거나 전기통신설비와 컴퓨터 및 컴퓨터 이용기술을 활용하여 정보를 수집·가공·저장·검색·송신 또는 수신하는 정보통신체제를 말한다.

제3조(적용 범위) ① 처분, 신고, 확약, 위반사실 등의 공표, 행정계획, 행정상 입법예고, 행정예고 및 행정지도의 절차(이하 "행정절차"라 한다)에 관하여 다른 법률에 특별한 규정이 있는 경우를 제외하고는 이 법에서 정하는 바에 따른다.
② 이 법은 다음 각 호의 어느 하나에 해당하는 사항에 대하여는 적용하지 아니한다.
1. 국회 또는 지방의회의 의결을 거치거나 동의 또는 승인을 받아 행하는 사항
2. 법원 또는 군사법원의 재판에 의하거나 그 집행으로 행하는 사항
3. 헌법재판소의 심판을 거쳐 행하는 사항
4. 각급 선거관리위원회의 의결을 거쳐 행하는 사항
5. 감사원이 감사위원회의의 결정을 거쳐 행하는 사항
6. 형사(刑事), 행형(行刑) 및 보안처분 관계 법령에 따라 행하는 사항
7. 국가안전보장·국방·외교 또는 통일에 관한 사항 중 행정절차를 거칠 경우 국가의 중대한 이익을 현저히 해칠 우려가 있는 사항
8. 심사청구, 해양안전심판, 조세심판, 특허심판, 행정심판, 그 밖의 불복절차에 따른 사항
9. 「병역법」에 따른 징집·소집, 외국인의 출입국·난민인정·귀화, 공무원 인사 관계 법령에 따른 징계와 그 밖의 처분, 이해 조정을 목적으로 하는 법령에 따른 알선·조정·중재(仲裁)·재정(裁定) 또는 그 밖의 처분 등

해당 행정작용의 성질상 행정절차를 거치기 곤란하거나 거칠 필요가 없다고 인정되는 사항과 행정절차에 준하는 절차를 거친 사항으로서 대통령령으로 정하는 사항

제4조(신의성실 및 신뢰보호) ① 행정청은 직무를 수행할 때 신의(信義)에 따라 성실히 하여야 한다.
② 행정청은 법령등의 해석 또는 행정청의 관행이 일반적으로 국민들에게 받아들여졌을 때에는 공익 또는 제3자의 정당한 이익을 현저히 해칠 우려가 있는 경우를 제외하고는 새로운 해석 또는 관행에 따라 소급하여 불리하게 처리하여서는 아니 된다.

제5조(투명성) ① 행정청이 행하는 행정작용은 그 내용이 구체적이고 명확하여야 한다.
② 행정작용의 근거가 되는 법령등의 내용이 명확하지 아니한 경우 상대방은 해당 행정청에 그 해석을 요청할 수 있으며, 해당 행정청은 특별한 사유가 없으면 그 요청에 따라야 한다.
③ 행정청은 상대방에게 행정작용과 관련된 정보를 충분히 제공하여야 한다.

제5조의2(행정업무 혁신) ① 행정청은 모든 국민이 균등하고 질 높은 행정서비스를 누릴 수 있도록 노력하여야 한다.
② 행정청은 정보통신기술을 활용하여 행정절차를 적극적으로 혁신하도록 노력하여야 한다. 이 경우 행정청은 국민이 경제적·사회적·지역적 여건 등으로 인하여 불이익을 받지 아니하도록 하여야 한다.
③ 행정청은 행정청이 생성하거나 취득하여 관리하고 있는 데이터(정보처리능력을 갖춘 장치를 통하여 생성 또는 처리되어 기계에 의한 판독이 가능한 형태로 존재하는 정형 또는 비정형의 정보를 말한다)를 행정과정에 활용하도록 노력하여야 한다.
④ 행정청은 행정업무 혁신 추진에 필요한 행정적·재정적·기술적 지원방안을 마련하여야 한다.

제2절 행정청의 관할 및 협조

제6조(관할) ① 행정청이 그 관할에 속하지 아니하는 사안을 접수하였거나 이송받은 경우에는 지체 없이 이를 관할 행정청에 이송하여야 하고 그 사실을 신청인에게 통지하여야 한다. 행정청이 접수하거나 이송받은 후 관할이 변경된 경우에도 또한 같다.
② 행정청의 관할이 분명하지 아니한 경우에는 해당 행정청을 공통으로 감독하는 상급 행정청이 그 관할을 결정하며, 공통으로 감독하는 상급 행정청이 없는 경우에는 각 상급 행정청이 협의하여 그 관할을 결정한다.

제7조(행정청 간의 협조 등) ① 행정청은 행정의 원활한 수행을 위하여 서로 협조하여야 한다.
② 행정청은 업무의 효율성을 높이고 행정서비스에 대한 국민의 만족도를 높이기 위하여 필요한 경우 행정협업(다른 행정청과 공동의 목표를 설정하고 행정청 상호 간의 기능을 연계하거나 시설·장비 및 정보 등을 공동으로 활용하는 것을 말한다. 이하 같다)의 방식으로 적극적으로 협조하여야 한다.
③ 행정청은 행정협업을 활성화하기 위한 시책을 마련하고 그 추진에 필요한 행정적·재정적 지원방안을 마련하여야 한다.
④ 행정협업의 촉진 등에 필요한 사항은 대통령령으로 정한다.

제8조(행정응원) ① 행정청은 다음 각 호의 어느 하나에 해당하는 경우에는 다른 행정청에 행정응원(行政應援)을 요청할 수 있다.
1. 법령등의 이유로 독자적인 직무 수행이 어려운 경우
2. 인원·장비의 부족 등 사실상의 이유로 독자적인 직무 수행이 어려운 경우
3. 다른 행정청에 소속되어 있는 전문기관의 협조가 필요한 경우
4. 다른 행정청이 관리하고 있는 문서(전자문서를 포함한다. 이하 같다)·통계 등 행정자료가 직무 수행을 위하여 필요한 경우
5. 다른 행정청의 응원을 받아 처리하는 것이 보다 능률적이고 경제적인 경우

② 제1항에 따라 행정응원을 요청받은 행정청은 다음 각 호의 어느 하나에 해당하는 경우에는 응원을 거부할 수 있다.
1. 다른 행정청이 보다 능률적이거나 경제적으로 응원할 수 있는 명백한 이유가 있는 경우
2. 행정응원으로 인하여 고유의 직무 수행이 현저히 지장받을 것으로 인정되는 명백한 이유가 있는 경우

③ 행정응원은 해당 직무를 직접 응원할 수 있는 행정청에 요청하여야 한다.
④ 행정응원을 요청받은 행정청은 응원을 거부하는 경우 그 사유를 응원을 요청한 행정청에 통지하여야 한다.
⑤ 행정응원을 위하여 파견된 직원은 응원을 요청한 행정청의 지휘·감독을 받는다. 다만, 해당 직원의 복무에 관하여 다른 법령등에 특별한 규정이 있는 경우에는 그에 따른다.
⑥ 행정응원에 드는 비용은 응원을 요청한 행정청이 부담하며, 그 부담금액 및 부담방법은 응원을 요청한 행정청과 응원을 하는 행정청이 협의하여 결정한다.

제3절 당사자등

제9조(당사자등의 자격) 다음 각 호의 어느 하나에 해당하는 자는 행정절차에서 당사자등이 될 수 있다.
1. 자연인
2. 법인, 법인이 아닌 사단 또는 재단(이하 "법인등"이라 한다)
3. 그 밖에 다른 법령등에 따라 권리·의무의 주체가 될 수 있는 자

제10조(지위의 승계) ① 당사자등이 사망하였을 때의 상속인과 다른 법령등에 따라 당사자등의 권리 또는 이익을 승계한 자는 당사자등의 지위를 승계한다.
② 당사자등인 법인등이 합병하였을 때에는 합병 후 존속하는 법인등이나 합병 후 새로 설립된 법인등이 당사자등의 지위를 승계한다.
③ 제1항 및 제2항에 따라 당사자등의 지위를 승계한 자는 행정청에 그 사실을 통지하여야 한다.
④ 처분에 관한 권리 또는 이익을 사실상 양수한 자는 행정청의 승인을 받아 당사자등의 지위를 승계할 수 있다.
⑤ 제3항에 따른 통지가 있을 때까지 사망자 또는 합병 전의 법인등에 대하여 행정청이 한 통지는 제1항 또는 제2항에 따라 당사자등의 지위를 승계한 자에게도 효력이 있다.

제11조(대표자) ① 다수의 당사자등이 공동으로 행정절차에 관한 행위를 할 때에는 대표자를 선정할 수 있다.
② 행정청은 제1항에 따라 당사자등이 대표자를 선정하지 아니하거나 대표자가 지나치게 많아 행정절차가 지연될 우려가 있는 경우에는 그 이유를 들어 상당한 기간 내에 3인 이내의 대표자를 선정할 것을 요청할 수 있다. 이 경우 당사자등이 그 요청에 따르지 아니하였을 때에는 행정청이 직접 대표자를 선정할 수 있다.
③ 당사자등은 대표자를 변경하거나 해임할 수 있다.
④ 대표자는 각자 그를 대표자로 선정한 당사자등을 위하여 행정절차에 관한 모든 행위를 할 수 있다. 다만, 행정절차를 끝맺는 행위에 대하여는 당사자등의 동의를 받아야 한다.
⑤ 대표자가 있는 경우에는 당사자등은 그 대표자를 통하여서만 행정절차에 관한 행위를 할 수 있다.
⑥ 다수의 대표자가 있는 경우 그중 1인에 대한 행정청의 행위는 모든 당사자등에게 효력이 있다. 다만, 행정청의 통지는 대표자 모두에게 하여야 그 효력이 있다.

제12조(대리인) ① 당사자등은 다음 각 호의 어느 하나에 해당하는 자를 대리인으로 선임할 수 있다.
1. 당사자등의 배우자, 직계 존속·비속 또는 형제자매
2. 당사자등이 법인등인 경우 그 임원 또는 직원
3. 변호사
4. 행정청 또는 청문 주재자(청문의 경우만 해당한다)의 허가를 받은 자

5. 법령등에 따라 해당 사안에 대하여 대리인이 될 수 있는 자

② 대리인에 관하여는 제11조 제3항·제4항 및 제6항을 준용한다.

제13조(대표자·대리인의 통지) ① 당사자등이 대표자 또는 대리인을 선정하거나 선임하였을 때에는 지체 없이 그 사실을 행정청에 통지하여야 한다. 대표자 또는 대리인을 변경하거나 해임하였을 때에도 또한 같다.

② 제1항에도 불구하고 제12조 제1항 제4호에 따라 청문 주재자가 대리인의 선임을 허가한 경우에는 청문 주재자가 그 사실을 행정청에 통지하여야 한다.

제4절 송달 및 기간·기한의 특례

제14조(송달) ① 송달은 우편, 교부 또는 정보통신망 이용 등의 방법으로 하되, 송달받을 자(대표자 또는 대리인을 포함한다. 이하 같다)의 주소·거소(居所)·영업소·사무소 또는 전자우편주소(이하 "주소등"이라 한다)로 한다. 다만, 송달받을 자가 동의하는 경우에는 그를 만나는 장소에서 송달할 수 있다.

② 교부에 의한 송달은 수령확인서를 받고 문서를 교부함으로써 하며, 송달하는 장소에서 송달받을 자를 만나지 못한 경우에는 그 사무원·피용자(被傭者) 또는 동거인으로서 사리를 분별할 지능이 있는 사람(이하 이 조에서 "사무원등"이라 한다)에게 문서를 교부할 수 있다. 다만, 문서를 송달받을 자 또는 그 사무원등이 정당한 사유 없이 송달받기를 거부하는 때에는 그 사실을 수령확인서에 적고, 문서를 송달할 장소에 놓아둘 수 있다.

③ 정보통신망을 이용한 송달은 송달받을 자가 동의하는 경우에만 한다. 이 경우 송달받을 자는 송달받을 전자우편주소 등을 지정하여야 한다.

④ 다음 각 호의 어느 하나에 해당하는 경우에는 송달받을 자가 알기 쉽도록 관보, 공보, 게시판, 일간신문 중 하나 이상에 공고하고 인터넷에도 공고하여야 한다.

1. 송달받을 자의 주소등을 통상적인 방법으로 확인할 수 없는 경우
2. 송달이 불가능한 경우

⑤ 제4항에 따른 공고를 할 때에는 민감정보 및 고유식별정보 등 송달받을 자의 개인정보를 「개인정보 보호법」에 따라 보호하여야 한다.

⑥ 행정청은 송달하는 문서의 명칭, 송달받는 자의 성명 또는 명칭, 발송방법 및 발송 연월일을 확인할 수 있는 기록을 보존하여야 한다.

제15조(송달의 효력 발생) ① 송달은 다른 법령등에 특별한 규정이 있는 경우를 제외하고는 해당 문서가 송달받을 자에게 도달됨으로써 그 효력이 발생한다.

② 제14조 제3항에 따라 정보통신망을 이용하여 전자문서로 송달하는 경우에는 송달받을 자가 지정한 컴퓨터 등에 입력된 때에 도달된 것으로 본다.

③ 제14조 제4항의 경우에는 다른 법령등에 특별한 규정이 있는 경우를 제외하고는 공고일부터 14일이 지난 때에 그 효력이 발생한다. 다만, 긴급히 시행하여야 할 특별한 사유가 있어 효력 발생 시기를 달리 정하여 공고한 경우에는 그에 따른다.

제16조(기간 및 기한의 특례) ① 천재지변이나 그 밖에 당사자등에게 책임이 없는 사유로 기간 및 기한을 지킬 수 없는 경우에는 그 사유가 끝나는 날까지 기간의 진행이 정지된다.

② 외국에 거주하거나 체류하는 자에 대한 기간 및 기한은 행정청이 그 우편이나 통신에 걸리는 일수(日數)를 고려하여 정하여야 한다.

제 2 장 처분

제1절 통칙

제17조(처분의 신청) ① 행정청에 처분을 구하는 신청은 문서로 하여야 한다. 다만, 다른 법령등에 특별한 규정이 있는 경우와 행정청이 미리 다른 방법을 정하여 공시한 경우에는 그러하지 아니하다.

② 제1항에 따라 처분을 신청할 때 전자문서로 하는 경우에는 행정청의 컴퓨터 등에 입력된 때에 신청한 것으로 본다.
③ 행정청은 신청에 필요한 구비서류, 접수기관, 처리기간, 그 밖에 필요한 사항을 게시(인터넷 등을 통한 게시를 포함한다)하거나 이에 대한 편람을 갖추어 두고 누구나 열람할 수 있도록 하여야 한다.
④ 행정청은 신청을 받았을 때에는 다른 법령등에 특별한 규정이 있는 경우를 제외하고는 그 접수를 보류 또는 거부하거나 부당하게 되돌려 보내서는 아니 되며, 신청을 접수한 경우에는 신청인에게 접수증을 주어야 한다. 다만, 대통령령으로 정하는 경우에는 접수증을 주지 아니할 수 있다.
⑤ 행정청은 신청에 구비서류의 미비 등 흠이 있는 경우에는 보완에 필요한 상당한 기간을 정하여 지체 없이 신청인에게 보완을 요구하여야 한다.
⑥ 행정청은 신청인이 제5항에 따른 기간 내에 보완을 하지 아니하였을 때에는 그 이유를 구체적으로 밝혀 접수된 신청을 되돌려 보낼 수 있다.
⑦ 행정청은 신청인의 편의를 위하여 다른 행정청에 신청을 접수하게 할 수 있다. 이 경우 행정청은 다른 행정청에 접수할 수 있는 신청의 종류를 미리 정하여 공시하여야 한다.
⑧ 신청인은 처분이 있기 전에는 그 신청의 내용을 보완·변경하거나 취하(取下)할 수 있다. 다만, 다른 법령등에 특별한 규정이 있거나 그 신청의 성질상 보완·변경하거나 취하할 수 없는 경우에는 그러하지 아니하다.

제18조(다수의 행정청이 관여하는 처분) 행정청은 다수의 행정청이 관여하는 처분을 구하는 신청을 접수한 경우에는 관계 행정청과의 신속한 협조를 통하여 그 처분이 지연되지 아니하도록 하여야 한다.

제19조(처리기간의 설정·공표) ① 행정청은 신청인의 편의를 위하여 처분의 처리기간을 종류별로 미리 정하여 공표하여야 한다.

② 행정청은 부득이한 사유로 제1항에 따른 처리기간 내에 처분을 처리하기 곤란한 경우에는 해당 처분의 처리기간의 범위에서 한 번만 그 기간을 연장할 수 있다.
③ 행정청은 제2항에 따라 처리기간을 연장할 때에는 처리기간의 연장 사유와 처리 예정 기한을 지체 없이 신청인에게 통지하여야 한다.
④ 행정청이 정당한 처리기간 내에 처리하지 아니하였을 때에는 신청인은 해당 행정청 또는 그 감독 행정청에 신속한 처리를 요청할 수 있다.
⑤ 제1항에 따른 처리기간에 산입하지 아니하는 기간에 관하여는 대통령령으로 정한다.

제20조(처분기준의 설정·공표) ① 행정청은 필요한 처분기준을 해당 처분의 성질에 비추어 되도록 구체적으로 정하여 공표하여야 한다. 처분기준을 변경하는 경우에도 또한 같다.
②「행정기본법」제24조에 따른 인허가의제의 경우 관련 인허가 행정청은 관련 인허가의 처분기준을 주된 인허가 행정청에 제출하여야 하고, 주된 인허가 행정청은 제출받은 관련 인허가의 처분기준을 통합하여 공표하여야 한다. 처분기준을 변경하는 경우에도 또한 같다.
③ 제1항에 따른 처분기준을 공표하는 것이 해당 처분의 성질상 현저히 곤란하거나 공공의 안전 또는 복리를 현저히 해치는 것으로 인정될 만한 상당한 이유가 있는 경우에는 처분기준을 공표하지 아니할 수 있다.
④ 당사자등은 공표된 처분기준이 명확하지 아니한 경우 해당 행정청에 그 해석 또는 설명을 요청할 수 있다. 이 경우 해당 행정청은 특별한 사정이 없으면 그 요청에 따라야 한다.

제21조(처분의 사전 통지) ① 행정청은 당사자에게 의무를 부과하거나 권익을 제한하는 처분을 하는 경우에는 미리 다음 각 호의 사항을 당사자등에게 통지하여야 한다.
1. 처분의 제목
2. 당사자의 성명 또는 명칭과 주소
3. 처분하려는 원인이 되는 사실과 처분의 내용 및 법적 근거

4. 제3호에 대하여 의견을 제출할 수 있다는 뜻과 의견을 제출하지 아니하는 경우의 처리방법
5. 의견제출기관의 명칭과 주소
6. 의견제출기한
7. 그 밖에 필요한 사항

② 행정청은 청문을 하려면 청문이 시작되는 날부터 10일 전까지 제1항 각 호의 사항을 당사자등에게 통지하여야 한다. 이 경우 제1항 제4호부터 제6호까지의 사항은 청문 주재자의 소속·직위 및 성명, 청문의 일시 및 장소, 청문에 응하지 아니하는 경우의 처리방법 등 청문에 필요한 사항으로 갈음한다.

③ 제1항 제6호에 따른 기한은 의견제출에 필요한 기간을 10일 이상으로 고려하여 정하여야 한다.

④ 다음 각 호의 어느 하나에 해당하는 경우에는 제1항에 따른 통지를 하지 아니할 수 있다.
1. 공공의 안전 또는 복리를 위하여 긴급히 처분을 할 필요가 있는 경우
2. 법령등에서 요구된 자격이 없거나 없어지게 되면 반드시 일정한 처분을 하여야 하는 경우에 그 자격이 없거나 없어지게 된 사실이 법원의 재판 등에 의하여 객관적으로 증명된 경우
3. 해당 처분의 성질상 의견청취가 현저히 곤란하거나 명백히 불필요하다고 인정될 만한 상당한 이유가 있는 경우

⑤ 처분의 전제가 되는 사실이 법원의 재판 등에 의하여 객관적으로 증명된 경우 등 제4항에 따른 사전 통지를 하지 아니할 수 있는 구체적인 사항은 대통령령으로 정한다.

⑥ 제4항에 따라 사전 통지를 하지 아니하는 경우 행정청은 처분을 할 때 당사자등에게 통지를 하지 아니한 사유를 알려야 한다. 다만, 신속한 처분이 필요한 경우에는 처분 후 그 사유를 알릴 수 있다.

⑦ 제6항에 따라 당사자등에게 알리는 경우에는 제24조를 준용한다.

제22조(의견청취) ① 행정청이 처분을 할 때 다음 각 호의 어느 하나에 해당하는 경우에는 청문을 한다.
1. 다른 법령등에서 청문을 하도록 규정하고 있는 경우
2. 행정청이 필요하다고 인정하는 경우
3. 다음 각 목의 처분을 하는 경우
   가. 인허가 등의 취소
   나. 신분·자격의 박탈
   다. 법인이나 조합 등의 설립허가의 취소

② 행정청이 처분을 할 때 다음 각 호의 어느 하나에 해당하는 경우에는 공청회를 개최한다.
1. 다른 법령등에서 공청회를 개최하도록 규정하고 있는 경우
2. 해당 처분의 영향이 광범위하여 널리 의견을 수렴할 필요가 있다고 행정청이 인정하는 경우
3. 국민생활에 큰 영향을 미치는 처분으로서 대통령령으로 정하는 처분에 대하여 대통령령으로 정하는 수 이상(30명)의 당사자등이 공청회 개최를 요구하는 경우

③ 행정청이 당사자에게 의무를 부과하거나 권익을 제한하는 처분을 할 때 제1항 또는 제2항의 경우 외에는 당사자등에게 의견제출의 기회를 주어야 한다.

④ 제1항부터 제3항까지의 규정에도 불구하고 제21조 제4항 각 호의 어느 하나에 해당하는 경우와 당사자가 의견진술의 기회를 포기한다는 뜻을 명백히 표시한 경우에는 의견청취를 하지 아니할 수 있다.

⑤ 행정청은 청문·공청회 또는 의견제출을 거쳤을 때에는 신속히 처분하여 해당 처분이 지연되지 아니하도록 하여야 한다.

⑥ 행정청은 처분 후 1년 이내에 당사자등이 요청하는 경우에는 청문·공청회 또는 의견제출을 위하여 제출받은 서류나 그 밖의 물건을 반환하여야 한다.

제23조(처분의 이유 제시) ① 행정청은 처분을 할 때에는 다음 각 호의 어느 하나에 해당하는 경

우를 제외하고는 당사자에게 그 근거와 이유를 제시하여야 한다.
1. 신청 내용을 모두 그대로 인정하는 처분인 경우
2. 단순·반복적인 처분 또는 경미한 처분으로서 당사자가 그 이유를 명백히 알 수 있는 경우
3. 긴급히 처분을 할 필요가 있는 경우
② 행정청은 제1항 제2호 및 제3호의 경우에 처분 후 당사자가 요청하는 경우에는 그 근거와 이유를 제시하여야 한다.

제24조(처분의 방식) ① 행정청이 처분을 할 때에는 다른 법령등에 특별한 규정이 있는 경우를 제외하고는 문서로 하여야 하며, 다음 각 호의 어느 하나에 해당하는 경우에는 전자문서로 할 수 있다.
1. 당사자등의 동의가 있는 경우
2. 당사자가 전자문서로 처분을 신청한 경우
② 제1항에도 불구하고 공공의 안전 또는 복리를 위하여 긴급히 처분을 할 필요가 있거나 사안이 경미한 경우에는 말, 전화, 휴대전화를 이용한 문자 전송, 팩스 또는 전자우편 등 문서가 아닌 방법으로 처분을 할 수 있다. 이 경우 당사자가 요청하면 지체 없이 처분에 관한 문서를 주어야 한다.
③ 처분을 하는 문서에는 그 처분 행정청과 담당자의 소속·성명 및 연락처(전화번호, 팩스번호, 전자우편주소 등을 말한다)를 적어야 한다.

제25조(처분의 정정) 행정청은 처분에 오기(誤記), 오산(誤算) 또는 그 밖에 이에 준하는 명백한 잘못이 있을 때에는 직권으로 또는 신청에 따라 지체 없이 정정하고 그 사실을 당사자에게 통지하여야 한다.

제26조(고지) 행정청이 처분을 할 때에는 당사자에게 그 처분에 관하여 행정심판 및 행정소송을 제기할 수 있는지 여부, 그 밖에 불복을 할 수 있는지 여부, 청구절차 및 청구기간, 그 밖에 필요한 사항을 알려야 한다.

제2절 의견제출 및 청문

제27조(의견제출) ① 당사자등은 처분 전에 그 처분의 관할 행정청에 서면이나 말로 또는 정보통신망을 이용하여 의견제출을 할 수 있다.
② 당사자등은 제1항에 따라 의견제출을 하는 경우 그 주장을 입증하기 위한 증거자료 등을 첨부할 수 있다.
③ 행정청은 당사자등이 말로 의견제출을 하였을 때에는 서면으로 그 진술의 요지와 진술자를 기록하여야 한다.
④ 당사자등이 정당한 이유 없이 의견제출기한까지 의견제출을 하지 아니한 경우에는 의견이 없는 것으로 본다.

제27조의2(제출 의견의 반영 등) ① 행정청은 처분을 할 때에 당사자등이 제출한 의견이 상당한 이유가 있다고 인정하는 경우에는 이를 반영하여야 한다.
② 행정청은 당사자등이 제출한 의견을 반영하지 아니하고 처분을 한 경우 당사자등이 처분이 있음을 안 날부터 90일 이내에 그 이유의 설명을 요청하면 서면으로 그 이유를 알려야 한다. 다만, 당사자등이 동의하면 말, 정보통신망 또는 그 밖의 방법으로 알릴 수 있다.

제28조(청문 주재자) ① 행정청은 소속 직원 또는 대통령령으로 정하는 자격을 가진 사람 중에서 청문 주재자를 공정하게 선정하여야 한다.
② 행정청은 다음 각 호의 어느 하나에 해당하는 처분을 하려는 경우에는 청문 주재자를 2명 이상으로 선정할 수 있다. 이 경우 선정된 청문 주재자 중 1명이 청문 주재자를 대표한다.
1. 다수 국민의 이해가 상충되는 처분
2. 다수 국민에게 불편이나 부담을 주는 처분
3. 그 밖에 전문적이고 공정한 청문을 위하여 행정청이 청문 주재자를 2명 이상으로 선정할 필요가 있다고 인정하는 처분
③ 행정청은 청문이 시작되는 날부터 7일 전까지 청문 주재자에게 청문과 관련한 필요한 자료를 미리 통지하여야 한다.

④ 청문 주재자는 독립하여 공정하게 직무를 수행하며, 그 직무 수행을 이유로 본인의 의사에 반하여 신분상 어떠한 불이익도 받지 아니한다.
⑤ 제1항 또는 제2항에 따라 선정된 청문 주재자는 「형법」이나 그 밖의 다른 법률에 따른 벌칙을 적용할 때에는 공무원으로 본다.
⑥ 제1항부터 제5항까지에서 규정한 사항 외에 청문 주재자의 선정 등에 필요한 사항은 대통령령으로 정한다.

제29조(청문 주재자의 제척·기피·회피) ① 청문 주재자가 다음 각 호의 어느 하나에 해당하는 경우에는 청문을 주재할 수 없다.
1. 자신이 당사자등이거나 당사자등과 「민법」 제777조 각 호의 어느 하나에 해당하는 친족관계에 있거나 있었던 경우
2. 자신이 해당 처분과 관련하여 증언이나 감정(鑑定)을 한 경우
3. 자신이 해당 처분의 당사자등의 대리인으로 관여하거나 관여하였던 경우
4. 자신이 해당 처분업무를 직접 처리하거나 처리하였던 경우
5. 자신이 해당 처분업무를 처리하는 부서에 근무하는 경우. 이 경우 부서의 구체적인 범위는 대통령령으로 정한다.
② 청문 주재자에게 공정한 청문 진행을 할 수 없는 사정이 있는 경우 당사자등은 행정청에 기피신청을 할 수 있다. 이 경우 행정청은 청문을 정지하고 그 신청이 이유가 있다고 인정할 때에는 해당 청문 주재자를 지체 없이 교체하여야 한다.
③ 청문 주재자는 제1항 또는 제2항의 사유에 해당하는 경우에는 행정청의 승인을 받아 스스로 청문의 주재를 회피할 수 있다.

제30조(청문의 공개) 청문은 당사자가 공개를 신청하거나 청문 주재자가 필요하다고 인정하는 경우 공개할 수 있다. 다만, 공익 또는 제3자의 정당한 이익을 현저히 해칠 우려가 있는 경우에는 공개하여서는 아니 된다.

제31조(청문의 진행) ① 청문 주재자가 청문을 시작할 때에는 먼저 예정된 처분의 내용, 그 원인이 되는 사실 및 법적 근거 등을 설명하여야 한다.
② 당사자등은 의견을 진술하고 증거를 제출할 수 있으며, 참고인이나 감정인 등에게 질문할 수 있다.
③ 당사자등이 의견서를 제출한 경우에는 그 내용을 출석하여 진술한 것으로 본다.
④ 청문 주재자는 청문의 신속한 진행과 질서 유지를 위하여 필요한 조치를 할 수 있다.
⑤ 청문을 계속할 경우에는 행정청은 당사자등에게 다음 청문의 일시 및 장소를 서면으로 통지하여야 하며, 당사자등이 동의하는 경우에는 전자문서로 통지할 수 있다. 다만, 청문에 출석한 당사자등에게는 그 청문일에 청문 주재자가 말로 통지할 수 있다.

제32조(청문의 병합·분리) 행정청은 직권으로 또는 당사자의 신청에 따라 여러 개의 사안을 병합하거나 분리하여 청문을 할 수 있다.

제33조(증거조사) ① 청문 주재자는 직권으로 또는 당사자의 신청에 따라 필요한 조사를 할 수 있으며, 당사자등이 주장하지 아니한 사실에 대하여도 조사할 수 있다.
② 증거조사는 다음 각 호의 어느 하나에 해당하는 방법으로 한다.
1. 문서·장부·물건 등 증거자료의 수집
2. 참고인·감정인 등에 대한 질문
3. 검증 또는 감정·평가
4. 그 밖에 필요한 조사
③ 청문 주재자는 필요하다고 인정할 때에는 관계 행정청에 필요한 문서의 제출 또는 의견의 진술을 요구할 수 있다. 이 경우 관계 행정청은 직무 수행에 특별한 지장이 없으면 그 요구에 따라야 한다.

제34조(청문조서) ① 청문 주재자는 다음 각 호의 사항이 적힌 청문조서(聽聞調書)를 작성하여야 한다.
1. 제목
2. 청문 주재자의 소속, 성명 등 인적사항

3. 당사자등의 주소, 성명 또는 명칭 및 출석 여부
4. 청문의 일시 및 장소
5. 당사자등의 진술의 요지 및 제출된 증거
6. 청문의 공개 여부 및 공개하거나 제30조 단서에 따라 공개하지 아니한 이유
7. 증거조사를 한 경우에는 그 요지 및 첨부된 증거
8. 그 밖에 필요한 사항

② 당사자등은 청문조서의 내용을 열람·확인할 수 있으며, 이의가 있을 때에는 그 정정을 요구할 수 있다.

제34조의2(청문 주재자의 의견서) 청문 주재자는 다음 각 호의 사항이 적힌 청문 주재자의 의견서를 작성하여야 한다.
1. 청문의 제목
2. 처분의 내용, 주요 사실 또는 증거
3. 종합의견
4. 그 밖에 필요한 사항

제35조(청문의 종결) ① 청문 주재자는 해당 사안에 대하여 당사자등의 의견진술, 증거조사가 충분히 이루어졌다고 인정하는 경우에는 청문을 마칠 수 있다.
② 청문 주재자는 당사자등의 전부 또는 일부가 정당한 사유 없이 청문기일에 출석하지 아니하거나 제31조 제3항에 따른 의견서를 제출하지 아니한 경우에는 이들에게 다시 의견진술 및 증거제출의 기회를 주지 아니하고 청문을 마칠 수 있다.
③ 청문 주재자는 당사자등의 전부 또는 일부가 정당한 사유로 청문기일에 출석하지 못하거나 제31조 제3항에 따른 의견서를 제출하지 못한 경우에는 10일 이상의 기간을 정하여 이들에게 의견진술 및 증거제출을 요구하여야 하며, 해당 기간이 지났을 때에 청문을 마칠 수 있다.
④ 청문 주재자는 청문을 마쳤을 때에는 청문조서, 청문 주재자의 의견서, 그 밖의 관계 서류 등을 행정청에 지체 없이 제출하여야 한다.

제35조의2(청문결과의 반영) 행정청은 처분을 할 때에 제35조 제4항에 따라 받은 청문조서, 청문 주재자의 의견서, 그 밖의 관계 서류 등을 충분히 검토하고 상당한 이유가 있다고 인정하는 경우에는 청문결과를 반영하여야 한다.

제36조(청문의 재개) 행정청은 청문을 마친 후 처분을 할 때까지 새로운 사정이 발견되어 청문을 재개(再開)할 필요가 있다고 인정할 때에는 제35조 제4항에 따라 받은 청문조서 등을 되돌려 보내고 청문의 재개를 명할 수 있다. 이 경우 제31조 제5항을 준용한다.

제37조(문서의 열람 및 비밀유지) ① 당사자등은 의견제출의 경우에는 처분의 사전 통지가 있는 날부터 의견제출기한까지, 청문의 경우에는 청문의 통지가 있는 날부터 청문이 끝날 때까지 행정청에 해당 사안의 조사결과에 관한 문서와 그 밖에 해당 처분과 관련되는 문서의 열람 또는 복사를 요청할 수 있다. 이 경우 행정청은 다른 법령에 따라 공개가 제한되는 경우를 제외하고는 그 요청을 거부할 수 없다.
② 행정청은 제1항의 열람 또는 복사의 요청에 따르는 경우 그 일시 및 장소를 지정할 수 있다.
③ 행정청은 제1항 후단에 따라 열람 또는 복사의 요청을 거부하는 경우에는 그 이유를 소명(疏明)하여야 한다.
④ 제1항에 따라 열람 또는 복사를 요청할 수 있는 문서의 범위는 대통령령으로 정한다.
⑤ 행정청은 제1항에 따른 복사에 드는 비용을 복사를 요청한 자에게 부담시킬 수 있다.
⑥ 누구든지 의견제출 또는 청문을 통하여 알게 된 사생활이나 경영상 또는 거래상의 비밀을 정당한 이유 없이 누설하거나 다른 목적으로 사용하여서는 아니 된다.

제3절 공청회

제38조(공청회 개최의 알림) 행정청은 공청회를 개최하려는 경우에는 공청회 개최 14일 전까지 다음 각 호의 사항을 당사자등에게 통지하고 관보, 공보, 인터넷 홈페이지 또는 일간신문 등에 공고하는 등의 방법으로 널리 알려야 한다. 다만, 공청회 개최를 알린 후 예정대로 개최하지 못하여 새로 일시 및 장소 등을 정한 경우에는 공청회 개최 7일 전까지 알려야 한다.

1. 제목
2. 일시 및 장소
3. 주요 내용
4. 발표자에 관한 사항
5. 발표신청 방법 및 신청기한
6. 정보통신망을 통한 의견제출
7. 그 밖에 공청회 개최에 필요한 사항

제38조의2(온라인공청회) ① 행정청은 제38조에 따른 공청회와 병행하여서만 정보통신망을 이용한 공청회(이하 "온라인공청회"라 한다)를 실시할 수 있다.

② 제1항에도 불구하고 다음 각 호의 어느 하나에 해당하는 경우에는 온라인공청회를 단독으로 개최할 수 있다.
1. 국민의 생명·신체·재산의 보호 등 국민의 안전 또는 권익보호 등의 이유로 제38조에 따른 공청회를 개최하기 어려운 경우
2. 제38조에 따른 공청회가 행정청이 책임질 수 없는 사유로 개최되지 못하거나 개최는 되었으나 정상적으로 진행되지 못하고 무산된 횟수가 3회 이상인 경우
3. 행정청이 널리 의견을 수렴하기 위하여 온라인공청회를 단독으로 개최할 필요가 있다고 인정하는 경우. 다만, 제22조 제2항 제1호 또는 제3호에 따라 공청회를 실시하는 경우는 제외한다.

③ 행정청은 온라인공청회를 실시하는 경우 의견제출 및 토론 참여가 가능하도록 적절한 전자적 처리능력을 갖춘 정보통신망을 구축·운영하여야 한다.

④ 온라인공청회를 실시하는 경우에는 누구든지 정보통신망을 이용하여 의견을 제출하거나 제출된 의견 등에 대한 토론에 참여할 수 있다.

⑤ 제1항부터 제4항까지에서 규정한 사항 외에 온라인공청회의 실시 방법 및 절차에 관하여 필요한 사항은 대통령령으로 정한다.

제38조의3(공청회의 주재자 및 발표자의 선정) ① 행정청은 해당 공청회의 사안과 관련된 분야에 전문적 지식이 있거나 그 분야에 종사한 경험이 있는 사람으로서 대통령령으로 정하는 자격을 가진 사람 중에서 공청회의 주재자를 선정한다.

② 공청회의 발표자는 발표를 신청한 사람 중에서 행정청이 선정한다. 다만, 발표를 신청한 사람이 없거나 공청회의 공정성을 확보하기 위하여 필요하다고 인정하는 경우에는 다음 각 호의 사람 중에서 지명하거나 위촉할 수 있다.
1. 해당 공청회의 사안과 관련된 당사자등
2. 해당 공청회의 사안과 관련된 분야에 전문적 지식이 있는 사람
3. 해당 공청회의 사안과 관련된 분야에 종사한 경험이 있는 사람

③ 행정청은 공청회의 주재자 및 발표자를 지명 또는 위촉하거나 선정할 때 공정성이 확보될 수 있도록 하여야 한다.

④ 공청회의 주재자, 발표자, 그 밖에 자료를 제출한 전문가 등에게는 예산의 범위에서 수당 및 여비와 그 밖에 필요한 경비를 지급할 수 있다.

제39조(공청회의 진행) ① 공청회의 주재자는 공청회를 공정하게 진행하여야 하며, 공청회의 원활한 진행을 위하여 발표 내용을 제한할 수 있고, 질서유지를 위하여 발언 중지 및 퇴장 명령 등 행정안전부장관이 정하는 필요한 조치를 할 수 있다.

② 발표자는 공청회의 내용과 직접 관련된 사항에 대하여만 발표하여야 한다.

③ 공청회의 주재자는 발표자의 발표가 끝난 후에는 발표자 상호간에 질의 및 답변을 할 수 있도록 하여야 하며, 방청인에게도 의견을 제시할 기회를 주어야 한다.

제39조의2(공청회 및 온라인공청회 결과의 반영) 행정청은 처분을 할 때에 공청회, 온라인공청회 및 정보통신망 등을 통하여 제시된 사실 및 의견이 상당한 이유가 있다고 인정하는 경우에는 이를 반영하여야 한다.

제39조의3(공청회의 재개최) 행정청은 공청회를 마친 후 처분을 할 때까지 새로운 사정이 발견되어 공청회를 다시 개최할 필요가 있다고 인정할 때에는 공청회를 다시 개최할 수 있다.

제 3 장 신고, 확약 및 위반사실 등의 공표 등

제40조(신고) ① 법령등에서 행정청에 일정한 사항을 통지함으로써 의무가 끝나는 신고를 규정하고 있는 경우 신고를 관장하는 행정청은 신고에 필요한 구비서류, 접수기관, 그 밖에 법령등에 따른 신고에 필요한 사항을 게시(인터넷 등을 통한 게시를 포함한다)하거나 이에 대한 편람을 갖추어 두고 누구나 열람할 수 있도록 하여야 한다.
② 제1항에 따른 신고가 다음 각 호의 요건을 갖춘 경우에는 신고서가 접수기관에 도달된 때에 신고 의무가 이행된 것으로 본다.
1. 신고서의 기재사항에 흠이 없을 것
2. 필요한 구비서류가 첨부되어 있을 것
3. 그 밖에 법령등에 규정된 형식상의 요건에 적합할 것
③ 행정청은 제2항 각 호의 요건을 갖추지 못한 신고서가 제출된 경우에는 지체 없이 상당한 기간을 정하여 신고인에게 보완을 요구하여야 한다.
④ 행정청은 신고인이 제3항에 따른 기간 내에 보완을 하지 아니하였을 때에는 그 이유를 구체적으로 밝혀 해당 신고서를 되돌려 보내야 한다.

제40조의2(확약) ① 법령등에서 당사자가 신청할 수 있는 처분을 규정하고 있는 경우 행정청은 당사자의 신청에 따라 장래에 어떤 처분을 하거나 하지 아니할 것을 내용으로 하는 의사표시(이하 "확약"이라 한다)를 할 수 있다.
② 확약은 문서로 하여야 한다.
③ 행정청은 다른 행정청과의 협의 등의 절차를 거쳐야 하는 처분에 대하여 확약을 하려는 경우에는 확약을 하기 전에 그 절차를 거쳐야 한다.
④ 행정청은 다음 각 호의 어느 하나에 해당하는 경우에는 확약에 기속되지 아니한다.
1. 확약을 한 후에 확약의 내용을 이행할 수 없을 정도로 법령등이나 사정이 변경된 경우
2. 확약이 위법한 경우
⑤ 행정청은 확약이 제4항 각 호의 어느 하나에 해당하여 확약을 이행할 수 없는 경우에는 지체 없이 당사자에게 그 사실을 통지하여야 한다.

제40조의3(위반사실 등의 공표) ① 행정청은 법령에 따른 의무를 위반한 자의 성명·법인명, 위반사실, 의무 위반을 이유로 한 처분사실 등(이하 "위반사실등"이라 한다)을 법률로 정하는 바에 따라 일반에게 공표할 수 있다.
② 행정청은 위반사실등의 공표를 하기 전에 사실과 다른 공표로 인하여 당사자의 명예·신용 등이 훼손되지 아니하도록 객관적이고 타당한 증거와 근거가 있는지를 확인하여야 한다.
③ 행정청은 위반사실등의 공표를 할 때에는 미리 당사자에게 그 사실을 통지하고 의견제출의 기회를 주어야 한다. 다만, 다음 각 호의 어느 하나에 해당하는 경우에는 그러하지 아니하다.
1. 공공의 안전 또는 복리를 위하여 긴급히 공표를 할 필요가 있는 경우
2. 해당 공표의 성질상 의견청취가 현저히 곤란하거나 명백히 불필요하다고 인정될 만한 타당한 이유가 있는 경우
3. 당사자가 의견진술의 기회를 포기한다는 뜻을 명백히 밝힌 경우
④ 제3항에 따라 의견제출의 기회를 받은 당사자는 공표 전에 관할 행정청에 서면이나 말 또는 정보통신망을 이용하여 의견을 제출할 수 있다.
⑤ 제4항에 따른 의견제출의 방법과 제출 의견의 반영 등에 관하여는 제27조 및 제27조의2를 준용한다. 이 경우 "처분"은 "위반사실등의 공표"로 본다.
⑥ 위반사실등의 공표는 관보, 공보 또는 인터넷 홈페이지 등을 통하여 한다.
⑦ 행정청은 위반사실등의 공표를 하기 전에 당사자가 공표와 관련된 의무의 이행, 원상회복, 손해배상 등의 조치를 마친 경우에는 위반사실등의 공표를 하지 아니할 수 있다.
⑧ 행정청은 공표된 내용이 사실과 다른 것으로 밝혀지거나 공표에 포함된 처분이 취소된 경우에는 그 내용을 정정하여, 정정한 내용을 지체 없이 해당 공표와 같은 방법으로 공표된 기간 이상 공표하여야 한다. 다만, 당사자가 원하지 아니하면 공표하지 아니할 수 있다.

제40조의4(행정계획) 행정청은 행정청이 수립하는 계획 중 국민의 권리·의무에 직접 영향을 미치는 계획을 수립하거나 변경·폐지할 때에는 관련된 여러 이익을 정당하게 형량하여야 한다.

제 4 장 행정상 입법예고

제41조(행정상 입법예고) ① 법령등을 제정·개정 또는 폐지(이하 "입법"이라 한다)하려는 경우에는 해당 입법안을 마련한 행정청은 이를 예고하여야 한다. 다만, 다음 각 호의 어느 하나에 해당하는 경우에는 예고를 하지 아니할 수 있다.
1. 신속한 국민의 권리 보호 또는 예측 곤란한 특별한 사정의 발생 등으로 입법이 긴급을 요하는 경우
2. 상위 법령등의 단순한 집행을 위한 경우
3. 입법내용이 국민의 권리·의무 또는 일상생활과 관련이 없는 경우
4. 단순한 표현·자구를 변경하는 경우 등 입법내용의 성질상 예고의 필요가 없거나 곤란하다고 판단되는 경우
5. 예고함이 공공의 안전 또는 복리를 현저히 해칠 우려가 있는 경우

③ 법제처장은 입법예고를 하지 아니한 법령안의 심사 요청을 받은 경우에 입법예고를 하는 것이 적당하다고 판단할 때에는 해당 행정청에 입법예고를 권고하거나 직접 예고할 수 있다.
④ 입법안을 마련한 행정청은 입법예고 후 예고내용에 국민생활과 직접 관련된 내용이 추가되는 등 대통령령으로 정하는 중요한 변경이 발생하는 경우에는 해당 부분에 대한 입법예고를 다시 하여야 한다. 다만, 제1항 각 호의 어느 하나에 해당하는 경우에는 예고를 하지 아니할 수 있다.
⑤ 입법예고의 기준·절차 등에 관하여 필요한 사항은 대통령령으로 정한다.

제42조(예고방법) ① 행정청은 입법안의 취지, 주요 내용 또는 전문(全文)을 다음 각 호의 구분에 따른 방법으로 공고하여야 하며, 추가로 인터넷, 신문 또는 방송 등을 통하여 공고할 수 있다.
1. 법령의 입법안을 입법예고하는 경우 : 관보 및 법제처장이 구축·제공하는 정보시스템을 통한 공고
2. 자치법규의 입법안을 입법예고하는 경우 : 공보를 통한 공고

② 행정청은 대통령령을 입법예고하는 경우 국회 소관 상임위원회에 이를 제출하여야 한다.
③ 행정청은 입법예고를 할 때에 입법안과 관련이 있다고 인정되는 중앙행정기관, 지방자치단체, 그 밖의 단체 등이 예고사항을 알 수 있도록 예고사항을 통지하거나 그 밖의 방법으로 알려야 한다.
④ 행정청은 제1항에 따라 예고된 입법안에 대하여 온라인공청회 등을 통하여 널리 의견을 수렴할 수 있다. 이 경우 제38조의2 제3항부터 제5항까지의 규정을 준용한다.
⑤ 행정청은 예고된 입법안의 전문에 대한 열람 또는 복사를 요청받았을 때에는 특별한 사유가 없으면 그 요청에 따라야 한다.
⑥ 행정청은 제5항에 따른 복사에 드는 비용을 복사를 요청한 자에게 부담시킬 수 있다.

제43조(예고기간) 입법예고기간은 예고할 때 정하되, 특별한 사정이 없으면 40일(자치법규는 20일) 이상으로 한다.

제44조(의견제출 및 처리) ① 누구든지 예고된 입법안에 대하여 의견을 제출할 수 있다.
② 행정청은 의견접수기관, 의견제출기간, 그 밖에 필요한 사항을 해당 입법안을 예고할 때 함께 공고하여야 한다.
③ 행정청은 해당 입법안에 대한 의견이 제출된 경우 특별한 사유가 없으면 이를 존중하여 처리하여야 한다.
④ 행정청은 의견을 제출한 자에게 그 제출된 의견의 처리결과를 통지하여야 한다.
⑤ 제출된 의견의 처리방법 및 처리결과의 통지에 관하여는 대통령령으로 정한다.

제45조(공청회) ① 행정청은 입법안에 관하여 공청회를 개최할 수 있다.
② 공청회에 관하여는 제38조, 제38조의2, 제38조의3, 제39조 및 제39조의2를 준용한다.

제 5 장 행정예고

제46조(행정예고) ① 행정청은 정책, 제도 및 계획(이하 "정책등"이라 한다)을 수립·시행하거나 변경하려는 경우에는 이를 예고하여야 한다. 다만, 다음 각 호의 어느 하나에 해당하는 경우에는 예고를 하지 아니할 수 있다.
1. 신속하게 국민의 권리를 보호하여야 하거나 예측이 어려운 특별한 사정이 발생하는 등 긴급한 사유로 예고가 현저히 곤란한 경우
2. 법령등의 단순한 집행을 위한 경우
3. 정책등의 내용이 국민의 권리·의무 또는 일상생활과 관련이 없는 경우
4. 정책등의 예고가 공공의 안전 또는 복리를 현저히 해칠 우려가 상당한 경우

② 제1항에도 불구하고 법령등의 입법을 포함하는 행정예고는 입법예고로 갈음할 수 있다.
③ 행정예고기간은 예고 내용의 성격 등을 고려하여 정하되, 20일 이상으로 한다.
④ 제3항에도 불구하고 행정목적을 달성하기 위하여 긴급한 필요가 있는 경우에는 행정예고기간을 단축할 수 있다. 이 경우 단축된 행정예고기간은 10일 이상으로 한다.

제46조의2(행정예고 통계 작성 및 공고) 행정청은 매년 자신이 행한 행정예고의 실시 현황과 그 결과에 관한 통계를 작성하고, 이를 관보·공보 또는 인터넷 등의 방법으로 널리 공고하여야 한다.

제47조(예고방법 등) ① 행정청은 정책등안(案)의 취지, 주요 내용 등을 관보·공보나 인터넷·신문·방송 등을 통하여 공고하여야 한다.
② 행정예고의 방법, 의견제출 및 처리, 공청회 및 온라인공청회에 관하여는 제38조, 제38조의2, 제38조의3, 제39조, 제39조의2, 제39조의3, 제42조(제1항·제2항 및 제4항은 제외한다), 제44조 제1항부터 제3항까지 및 제45조 제1항을 준용한다. 이 경우 "입법안"은 "정책등안"으로, "입법예고"는 "행정예고"로, "처분을 할 때"는 "정책등을 수립·시행하거나 변경할 때"로 본다.

제 6 장 행정지도

제48조(행정지도의 원칙) ① 행정지도는 그 목적 달성에 필요한 최소한도에 그쳐야 하며, 행정지도의 상대방의 의사에 반하여 부당하게 강요하여서는 아니 된다.
② 행정기관은 행정지도의 상대방이 행정지도에 따르지 아니하였다는 것을 이유로 불이익한 조치를 하여서는 아니 된다.

제49조(행정지도의 방식) ① 행정지도를 하는 자는 그 상대방에게 그 행정지도의 취지 및 내용과 신분을 밝혀야 한다.
② 행정지도가 말로 이루어지는 경우에 상대방이 제1항의 사항을 적은 서면의 교부를 요구하면 그 행정지도를 하는 자는 직무 수행에 특별한 지장이 없으면 이를 교부하여야 한다.

제50조(의견제출) 행정지도의 상대방은 해당 행정지도의 방식·내용 등에 관하여 행정기관에 의견제출을 할 수 있다.

제51조(다수인을 대상으로 하는 행정지도) 행정기관이 같은 행정목적을 실현하기 위하여 많은 상대방에게 행정지도를 하려는 경우에는 특별한 사정이 없으면 행정지도에 공통적인 내용이 되는 사항을 공표하여야 한다.

제 7 장 국민참여의 확대

제52조(국민참여 활성화) ① 행정청은 행정과정에서 국민의 의견을 적극적으로 청취하고 이를 반영하도록 노력하여야 한다.
② 행정청은 국민에게 다양한 참여방법과 협력의 기회를 제공하도록 노력하여야 하며, 구체적인 참여방법을 공표하여야 한다.
③ 행정청은 국민참여 수준을 향상시키기 위하여 노력하여야 하며 필요한 경우 국민참여 수준에 대한 자체진단을 실시하고, 그 결과를 행정안전부장관에게 제출하여야 한다.
④ 행정청은 제3항에 따라 자체진단을 실시한 경우 그 결과를 공개할 수 있다.
⑤ 행정청은 국민참여를 활성화하기 위하여 교육·홍보, 예산·인력 확보 등 필요한 조치를

⑥ 행정안전부장관은 국민참여 확대를 위하여 행정청에 교육·홍보, 포상, 예산·인력 확보 등을 지원할 수 있다.

제52조의2(국민제안의 처리) ① 행정청(국회사무총장·법원행정처장·헌법재판소사무처장 및 중앙선거관리위원회사무총장은 제외한다)은 정부시책이나 행정제도 및 그 운영의 개선에 관한 국민의 창의적인 의견이나 고안(이하 "국민제안"이라 한다)을 접수·처리하여야 한다.

② 제1항에 따른 국민제안의 운영 및 절차 등에 필요한 사항은 대통령령으로 정한다.

제52조의3(국민참여 창구) 행정청은 주요 정책 등에 관한 국민과 전문가의 의견을 듣거나 국민이 참여할 수 있는 온라인 또는 오프라인 창구를 설치·운영할 수 있다.

제53조(온라인 정책토론) ① 행정청은 국민에게 영향을 미치는 주요 정책 등에 대하여 국민의 다양하고 창의적인 의견을 널리 수렴하기 위하여 정보통신망을 이용한 정책토론(이하 이 조에서 "온라인 정책토론"이라 한다)을 실시할 수 있다.

② 행정청은 효율적인 온라인 정책토론을 위하여 과제별로 한시적인 토론 패널을 구성하여 해당 토론에 참여시킬 수 있다. 이 경우 패널의 구성에 있어서는 공정성 및 객관성이 확보될 수 있도록 노력하여야 한다.

③ 행정청은 온라인 정책토론이 공정하고 중립적으로 운영되도록 하기 위하여 필요한 조치를 할 수 있다.

④ 토론 패널의 구성, 운영방법, 그 밖에 온라인 정책토론의 운영을 위하여 필요한 사항은 대통령령으로 정한다.

제8장 보칙

제54조(비용의 부담) 행정절차에 드는 비용은 행정청이 부담한다. 다만, 당사자등이 자기를 위하여 스스로 지출한 비용은 그러하지 아니하다.

제55조(참고인 등에 대한 비용 지급) ① 행정청은 행정절차의 진행에 필요한 참고인이나 감정인 등에게 예산의 범위에서 여비와 일당을 지급할 수 있다.

② 제1항에 따른 비용의 지급기준 등에 관하여는 대통령령으로 정한다.

제56조(협조 요청 등) 행정안전부장관(제4장의 경우에는 법제처장을 말한다)은 이 법의 효율적인 운영을 위하여 노력하여야 하며, 필요한 경우에는 그 운영 상황과 실태를 확인할 수 있고, 관계 행정청에 관련 자료의 제출 등 협조를 요청할 수 있다.

3. 행정조사기본법

제1장 총칙

제1조(목적) 이 법은 행정조사에 관한 기본원칙·행정조사의 방법 및 절차 등에 관한 공통적인 사항을 규정함으로써 행정의 공정성·투명성 및 효율성을 높이고, 국민의 권익을 보호함을 목적으로 한다.

제2조(정의) 이 법에서 사용하는 용어의 정의는 다음과 같다.
1. "행정조사"란 행정기관이 정책을 결정하거나 직무를 수행하는 데 필요한 정보나 자료를 수집하기 위하여 현장조사·문서열람·시료채취 등을 하거나 조사대상자에게 보고요구·자료제출요구 및 출석·진술요구를 행하는 활동을 말한다.
2. "행정기관"이란 법령 및 조례·규칙(이하 "법령등"이라 한다)에 따라 행정권한이 있는 기관과 그 권한을 위임 또는 위탁받은 법인·단체 또는 그 기관이나 개인을 말한다.
3. "조사원"이란 행정조사업무를 수행하는 행정기관의 공무원·직원 또는 개인을 말한다.
4. "조사대상자"란 행정조사의 대상이 되는 법인·단체 또는 그 기관이나 개인을 말한다.

제3조(적용 범위) ① 행정조사에 관하여 다른 법률에 특별한 규정이 있는 경우를 제외하고는 이 법으로 정하는 바에 따른다.
② 다음 각 호의 어느 하나에 해당하는 사항에 대하여는 이 법을 적용하지 아니한다.
1. 행정조사를 한다는 사실이나 조사내용이 공개될 경우 국가의 존립을 위태롭게 하거나 국가의 중대한 이익을 현저히 해칠 우려가 있는 국가안전보장·통일 및 외교에 관한 사항
2. 국방 및 안전에 관한 사항 중 다음 각 목의 어느 하나에 해당하는 사항
   가. 군사시설·군사기밀보호 또는 방위사업에 관한 사항
   나. 「병역법」·「예비군법」·「민방위기본법」·「비상대비에 관한 법률」·「재난관리자원의 관리 등에 관한 법률」에 따른 징집·소집·동원 및 훈련에 관한 사항
3. 「공공기관의 정보공개에 관한 법률」제4조 제3항의 정보에 관한 사항
4. 「근로기준법」제101조에 따른 근로감독관의 직무에 관한 사항
5. 조세·형사·행형 및 보안처분에 관한 사항
6. 금융감독기관의 감독·검사·조사 및 감리에 관한 사항
7. 「독점규제 및 공정거래에 관한 법률」, 「표시·광고의 공정화에 관한 법률」, 「하도급거래 공정화에 관한 법률」, 「가맹사업거래의 공정화에 관한 법률」, 「방문판매 등에 관한 법률」, 「전자상거래 등에서의 소비자보호에 관한 법률」, 「약관의 규제에 관한 법률」 및 「할부거래에 관한 법률」에 따른 공정거래위원회의 법률위반행위 조사에 관한 사항

③ 제2항에도 불구하고 제4조(행정조사의 기본원칙), 제5조(행정조사의 근거) 및 제28조(정보통신수단을 통한 행정조사)는 제2항 각 호의 사항에 대하여 적용한다.

제4조(행정조사의 기본원칙) ① 행정조사는 조사목적을 달성하는데 필요한 최소한의 범위 안에서 실시하여야 하며, 다른 목적 등을 위하여 조사권을 남용하여서는 아니 된다.
② 행정기관은 조사목적에 적합하도록 조사대상자를 선정하여 행정조사를 실시하여야 한다.
③ 행정기관은 유사하거나 동일한 사안에 대하여는 공동조사 등을 실시함으로써 행정조사가 중복되지 아니하도록 하여야 한다.
④ 행정조사는 법령등의 위반에 대한 처벌보다는 법령등을 준수하도록 유도하는 데 중점을 두어야 한다.
⑤ 다른 법률에 따르지 아니하고는 행정조사의 대상자 또는 행정조사의 내용을 공표하거나 직무상 알게 된 비밀을 누설하여서는 아니 된다.
⑥ 행정기관은 행정조사를 통하여 알게 된 정보를 다른 법률에 따라 내부에서 이용하거나 다른 기관에 제공하는 경우를 제외하고는 원래의

조사목적 이외의 용도로 이용하거나 타인에게 제공하여서는 아니 된다.

제5조(행정조사의 근거) 행정기관은 법령등에서 행정조사를 규정하고 있는 경우에 한하여 행정조사를 실시할 수 있다. 다만, 조사대상자의 자발적인 협조를 얻어 실시하는 행정조사의 경우에는 그러하지 아니하다.

제 2 장 조사계획의 수립 및 조사대상의 선정

제6조(연도별 행정조사운영계획의 수립 및 제출) ① 행정기관의 장은 매년 12월말까지 다음 연도의 행정조사운영계획을 수립하여 국무조정실장에게 제출하여야 한다. 다만, 행정조사운영계획을 제출해야 하는 행정기관의 구체적인 범위는 대통령령으로 정한다.
② 행정기관의 장이 행정조사운영계획을 수립하는 때에는 제4조에 따른 행정조사의 기본원칙에 따라야 한다.
③ 제1항에 따른 행정조사운영계획에는 조사의 종류・조사방법・공동조사 실시계획・중복조사 방지계획, 그 밖에 대통령령으로 정하는 사항이 포함되어야 한다.
④ 국무조정실장은 행정기관의 장이 제출한 행정조사운영계획을 검토한 후 그에 대한 보완을 요청할 수 있다. 이 경우 행정기관의 장은 특별한 사정이 없는 한 이에 응하여야 한다.

제7조(조사의 주기) 행정조사는 법령등 또는 행정조사운영계획으로 정하는 바에 따라 정기적으로 실시함을 원칙으로 한다. 다만, 다음 각 호 중 어느 하나에 해당하는 경우에는 수시조사를 할 수 있다.
1. 법률에서 수시조사를 규정하고 있는 경우
2. 법령등의 위반에 대하여 혐의가 있는 경우
3. 다른 행정기관으로부터 법령등의 위반에 관한 혐의를 통보 또는 이첩받은 경우
4. 법령등의 위반에 대한 신고를 받거나 민원이 접수된 경우
5. 그 밖에 행정조사의 필요성이 인정되는 사항으로서 대통령령으로 정하는 경우

제8조(조사대상의 선정) ① 행정기관의 장은 행정조사의 목적, 법령준수의 실적, 자율적인 준수를 위한 노력, 규모와 업종 등을 고려하여 명백하고 객관적인 기준에 따라 행정조사의 대상을 선정하여야 한다.
② 조사대상자는 조사대상 선정기준에 대한 열람을 행정기관의 장에게 신청할 수 있다.
③ 행정기관의 장이 제2항에 따라 열람신청을 받은 때에는 다음 각 호의 어느 하나에 해당하는 경우를 제외하고 신청인이 조사대상 선정기준을 열람할 수 있도록 하여야 한다.
1. 행정기관이 당해 행정조사업무를 수행할 수 없을 정도로 조사활동에 지장을 초래하는 경우
2. 내부고발자 등 제3자에 대한 보호가 필요한 경우

④ 제2항 및 제3항에 따른 행정조사 대상 선정기준의 열람방법이나 그 밖에 행정조사 대상 선정기준의 열람에 관하여 필요한 사항은 대통령령으로 정한다.

제 3 장 조사방법

제9조(출석・진술 요구) ① 행정기관의 장이 조사대상자의 출석・진술을 요구하는 때에는 다음 각 호의 사항이 기재된 출석요구서를 발송하여야 한다.
1. 일시와 장소
2. 출석요구의 취지
3. 출석하여 진술하여야 하는 내용
4. 제출자료
5. 출석거부에 대한 제재(근거 법령 및 조항 포함)
6. 그 밖에 당해 행정조사와 관련하여 필요한 사항

② 조사대상자는 지정된 출석일시에 출석하는 경우 업무 또는 생활에 지장이 있는 때에는 행정기관의 장에게 출석일시를 변경하여 줄 것을 신청할 수 있으며, 변경신청을 받은 행정기관의 장은 행정조사의 목적을 달성할 수 있는 범위 안에서 출석일시를 변경할 수 있다.
③ 출석한 조사대상자가 제1항에 따른 출석요구서에 기재된 내용을 이행하지 아니하여 행정

조사의 목적을 달성할 수 없는 경우를 제외하고는 조사원은 조사대상자의 1회 출석으로 당해 조사를 종결하여야 한다.

제10조(보고요구와 자료제출의 요구) ① 행정기관의 장은 조사대상자에게 조사사항에 대하여 보고를 요구하는 때에는 다음 각 호의 사항이 포함된 보고요구서를 발송하여야 한다.
1. 일시와 장소
2. 조사의 목적과 범위
3. 보고하여야 하는 내용
4. 보고거부에 대한 제재(근거 법령 및 조항 포함)
5. 그 밖에 당해 행정조사와 관련하여 필요한 사항

② 행정기관의 장은 조사대상자에게 장부·서류나 그 밖의 자료를 제출하도록 요구하는 때에는 다음 각 호의 사항이 기재된 자료제출요구서를 발송하여야 한다.
1. 제출기간
2. 제출요청사유
3. 제출서류
4. 제출서류의 반환 여부
5. 제출거부에 대한 제재(근거 법령 및 조항 포함)
6. 그 밖에 당해 행정조사와 관련하여 필요한 사항

제11조(현장조사) ① 조사원이 가택·사무실 또는 사업장 등에 출입하여 현장조사를 실시하는 경우에는 행정기관의 장은 다음 각 호의 사항이 기재된 현장출입조사서 또는 법령등에서 현장조사시 제시하도록 규정하고 있는 문서를 조사대상자에게 발송하여야 한다.
1. 조사목적
2. 조사기간과 장소
3. 조사원의 성명과 직위
4. 조사범위와 내용
5. 제출자료
6. 조사거부에 대한 제재(근거 법령 및 조항 포함)
7. 그 밖에 당해 행정조사와 관련하여 필요한 사항

② 제1항에 따른 현장조사는 해가 뜨기 전이나 해가 진 뒤에는 할 수 없다. 다만, 다음 각 호의 어느 하나에 해당하는 경우에는 그러하지 아니하다.
1. 조사대상자(대리인 및 관리책임이 있는 자를 포함한다)가 동의한 경우
2. 사무실 또는 사업장 등의 업무시간에 행정조사를 실시하는 경우
3. 해가 뜬 후부터 해가 지기 전까지 행정조사를 실시하는 경우에는 조사목적의 달성이 불가능하거나 증거인멸로 인하여 조사대상자의 법령등의 위반 여부를 확인할 수 없는 경우

③ 제1항 및 제2항에 따라 현장조사를 하는 조사원은 그 권한을 나타내는 증표를 지니고 이를 조사대상자에게 내보여야 한다.

제12조(시료채취) ① 조사원이 조사목적의 달성을 위하여 시료채취를 하는 경우에는 그 시료의 소유자 및 관리자의 정상적인 경제활동을 방해하지 아니하는 범위 안에서 최소한도로 하여야 한다.

② 행정기관의 장은 제1항에 따른 시료채취로 조사대상자에게 손실을 입힌 때에는 대통령령으로 정하는 절차와 방법에 따라 그 손실을 보상하여야 한다.

제13조(자료등의 영치) ① 조사원이 현장조사 중에 자료·서류·물건 등(이하 이 조에서 "자료등"이라 한다)을 영치하는 때에는 조사대상자 또는 그 대리인을 입회시켜야 한다.

② 조사원이 제1항에 따라 자료등을 영치하는 경우에 조사대상자의 생활이나 영업이 사실상 불가능하게 될 우려가 있는 때에는 조사원은 자료등을 사진으로 촬영하거나 사본을 작성하는 등의 방법으로 영치에 갈음할 수 있다. 다만, 증거인멸의 우려가 있는 자료등을 영치하는 경우에는 그러하지 아니하다.

③ 조사원이 영치를 완료한 때에는 영치조서 2부를 작성하여 입회인과 함께 서명날인하고 그 중 1부를 입회인에게 교부하여야 한다.

④ 행정기관의 장은 영치한 자료등이 다음 각 호의 어느 하나에 해당하는 경우에는 이를 즉시 반환하여야 한다.

1. 영치한 자료등을 검토한 결과 당해 행정조사와 관련이 없다고 인정되는 경우
2. 당해 행정조사의 목적의 달성 등으로 자료등에 대한 영치의 필요성이 없게 된 경우

제14조(공동조사) ① 행정기관의 장은 다음 각 호의 어느 하나에 해당하는 행정조사를 하는 경우에는 공동조사를 하여야 한다.
1. 당해 행정기관 내의 2 이상의 부서가 동일하거나 유사한 업무분야에 대하여 동일한 조사대상자에게 행정조사를 실시하는 경우
2. 서로 다른 행정기관이 대통령령으로 정하는 분야에 대하여 동일한 조사대상자에게 행정조사를 실시하는 경우

② 제1항 각 호에 따른 사항에 대하여 행정조사의 사전통지를 받은 조사대상자는 관계 행정기관의 장에게 공동조사를 실시하여 줄 것을 신청할 수 있다. 이 경우 조사대상자는 신청인의 성명·조사일시·신청이유 등이 기재된 공동조사 신청서를 관계 행정기관의 장에게 제출하여야 한다.

③ 제2항에 따라 공동조사를 요청받은 행정기관의 장은 이에 응하여야 한다.

④ 국무조정실장은 행정기관의 장이 제6조에 따라 제출한 행정조사운영계획의 내용을 검토한 후 관계 부처의 장에게 공동조사의 실시를 요청할 수 있다.

⑤ 그 밖에 공동조사에 관하여 필요한 사항은 대통령령으로 정한다.

제15조(중복조사의 제한) ① 제7조에 따라 정기조사 또는 수시조사를 실시한 행정기관의 장은 동일한 사안에 대하여 동일한 조사대상자를 재조사 하여서는 아니 된다. 다만, 당해 행정기관이 이미 조사를 받은 조사대상자에 대하여 위법행위가 의심되는 새로운 증거를 확보한 경우에는 그러하지 아니하다.

② 행정조사를 실시할 행정기관의 장은 행정조사를 실시하기 전에 다른 행정기관에서 동일한 조사대상자에게 동일하거나 유사한 사안에 대하여 행정조사를 실시하였는지 여부를 확인할 수 있다.

③ 행정조사를 실시할 행정기관의 장이 제2항에 따른 사실을 확인하기 위하여 행정조사의 결과에 대한 자료를 요청하는 경우 요청받은 행정기관의 장은 특별한 사유가 없는 한 관련 자료를 제공하여야 한다.

제 4 장 조사실시

제16조(개별조사계획의 수립) ① 행정조사를 실시하고자 하는 행정기관의 장은 제17조에 따른 사전통지를 하기 전에 개별조사계획을 수립하여야 한다. 다만, 행정조사의 시급성으로 행정조사계획을 수립할 수 없는 경우에는 행정조사에 대한 결과보고서로 개별조사계획을 갈음할 수 있다.

② 제1항에 따른 개별조사계획에는 조사의 목적·종류·대상·방법 및 기간, 그 밖에 대통령령으로 정하는 사항이 포함되어야 한다.

제17조(조사의 사전통지) ① 행정조사를 실시하고자 하는 행정기관의 장은 제9조에 따른 출석요구서, 제10조에 따른 보고요구서·자료제출요구서 및 제11조에 따른 현장출입조사서(이하 "출석요구서등"이라 한다)를 조사개시 7일 전까지 조사대상자에게 서면으로 통지하여야 한다. 다만, 다음 각 호의 어느 하나에 해당하는 경우에는 행정조사의 개시와 동시에 출석요구서등을 조사대상자에게 제시하거나 행정조사의 목적 등을 조사대상자에게 구두로 통지할 수 있다.
1. 행정조사를 실시하기 전에 관련 사항을 미리 통지하는 때에는 증거인멸 등으로 행정조사의 목적을 달성할 수 없다고 판단되는 경우
2. 「통계법」 제3조 제2호에 따른 지정통계의 작성을 위하여 조사하는 경우
3. 제5조 단서에 따라 조사대상자의 자발적인 협조를 얻어 실시하는 행정조사의 경우

② 행정기관의 장이 출석요구서등을 조사대상자에게 발송하는 경우 출석요구서등의 내용이 외부에 공개되지 아니하도록 필요한 조치를 하여야 한다.

제18조(조사의 연기신청) ① 출석요구서등을 통

지받은 자가 천재지변이나 그 밖에 대통령령으로 정하는 사유로 인하여 행정조사를 받을 수 없는 때에는 당해 행정조사를 연기하여 줄 것을 행정기관의 장에게 요청할 수 있다.
② 제1항에 따라 연기요청을 하고자 하는 자는 연기하고자 하는 기간과 사유가 포함된 연기신청서를 행정기관의 장에게 제출하여야 한다.
③ 행정기관의 장은 제2항에 따라 행정조사의 연기요청을 받은 때에는 연기요청을 받은 날부터 7일 이내에 조사의 연기 여부를 결정하여 조사대상자에게 통지하여야 한다.

제19조(제3자에 대한 보충조사) ① 행정기관의 장은 조사대상자에 대한 조사만으로는 당해 행정조사의 목적을 달성할 수 없거나 조사대상이 되는 행위에 대한 사실 여부 등을 입증하는 데 과도한 비용 등이 소요되는 경우로서 다음 각 호의 어느 하나에 해당하는 경우에는 제3자에 대하여 보충조사를 할 수 있다.
1. 다른 법률에서 제3자에 대한 조사를 허용하고 있는 경우
2. 제3자의 동의가 있는 경우
② 행정기관의 장은 제1항에 따라 제3자에 대한 보충조사를 실시하는 경우에는 조사개시 7일 전까지 보충조사의 일시·장소 및 보충조사의 취지 등을 제3자에게 서면으로 통지하여야 한다.
③ 행정기관의 장은 제3자에 대한 보충조사를 하기 전에 그 사실을 원래의 조사대상자에게 통지하여야 한다. 다만, 제3자에 대한 보충조사를 사전에 통지하여서는 조사목적을 달성할 수 없거나 조사목적의 달성이 현저히 곤란한 경우에는 제3자에 대한 조사결과를 확정하기 전에 그 사실을 통지하여야 한다.
④ 원래의 조사대상자는 제3항에 따른 통지에 대하여 의견을 제출할 수 있다.

제20조(자발적인 협조에 따라 실시하는 행정조사) ① 행정기관의 장이 제5조 단서에 따라 조사대상자의 자발적인 협조를 얻어 행정조사를 실시하고자 하는 경우 조사대상자는 문서·전화·구두 등의 방법으로 당해 행정조사를 거부할 수 있다.
② 제1항에 따른 행정조사에 대하여 조사대상자가 조사에 응할 것인지에 대한 응답을 하지 아니하는 경우에는 법령등에 특별한 규정이 없는 한 그 조사를 거부한 것으로 본다.
③ 행정기관의 장은 제1항 및 제2항에 따른 조사거부자의 인적 사항 등에 관한 기초자료는 특정 개인을 식별할 수 없는 형태로 통계를 작성하는 경우에 한하여 이를 이용할 수 있다.

제21조(의견제출) ① 조사대상자는 제17조에 따른 사전통지의 내용에 대하여 행정기관의 장에게 의견을 제출할 수 있다.
② 행정기관의 장은 제1항에 따라 조사대상자가 제출한 의견이 상당한 이유가 있다고 인정하는 경우에는 이를 행정조사에 반영하여야 한다.

제22조(조사원 교체신청) ① 조사대상자는 조사원에게 공정한 행정조사를 기대하기 어려운 사정이 있다고 판단되는 경우에는 행정기관의 장에게 당해 조사원의 교체를 신청할 수 있다.
② 제1항에 따른 교체신청은 그 이유를 명시한 서면으로 행정기관의 장에게 하여야 한다.
③ 제1항에 따른 교체신청을 받은 행정기관의 장은 즉시 이를 심사하여야 한다.
④ 행정기관의 장은 제1항에 따른 교체신청이 타당하다고 인정되는 경우에는 다른 조사원으로 하여금 행정조사를 하게 하여야 한다.
⑤ 행정기관의 장은 제1항에 따른 교체신청이 조사를 지연할 목적으로 한 것이거나 그 밖에 교체신청에 타당한 이유가 없다고 인정되는 때에는 그 신청을 기각하고 그 취지를 신청인에게 통지하여야 한다.

제23조(조사권 행사의 제한) ① 조사원은 제9조부터 제11조까지에 따라 사전에 발송된 사항에 한하여 조사대상자를 조사하되, 사전통지한 사항과 관련된 추가적인 행정조사가 필요할 경우에는 조사대상자에게 추가조사의 필요성과 조사내용 등에 관한 사항을 서면이나 구두로 통보한 후 추가조사를 실시할 수 있다.
② 조사대상자는 법률·회계 등에 대하여 전문지식이 있는 관계 전문가로 하여금 행정조사를

받는 과정에 입회하게 하거나 의견을 진술하게 할 수 있다.

③ 조사대상자와 조사원은 조사과정을 방해하지 아니하는 범위 안에서 행정조사의 과정을 녹음하거나 녹화할 수 있다. 이 경우 녹음·녹화의 범위 등은 상호 협의하여 정하여야 한다.

④ 조사대상자와 조사원이 제3항에 따라 녹음이나 녹화를 하는 경우에는 사전에 이를 당해 행정기관의 장에게 통지하여야 한다.

제24조(조사결과의 통지) 행정기관의 장은 법령등에 특별한 규정이 있는 경우를 제외하고는 행정조사의 결과를 확정한 날부터 7일 이내에 그 결과를 조사대상자에게 통지하여야 한다.

제5장 자율관리체제의 구축 등

제25조(자율신고제도) ① 행정기관의 장은 법령등에서 규정하고 있는 조사사항을 조사대상자로 하여금 스스로 신고하도록 하는 제도를 운영할 수 있다.

② 행정기관의 장은 조사대상자가 제1항에 따라 신고한 내용이 거짓의 신고라고 인정할 만한 근거가 있거나 신고내용을 신뢰할 수 없는 경우를 제외하고는 그 신고내용을 행정조사에 갈음할 수 있다.

제26조(자율관리체제의 구축) ① 행정기관의 장은 조사대상자가 자율적으로 행정조사사항을 신고·관리하고, 스스로 법령준수사항을 통제하도록 하는 체제(이하 "자율관리체제"라 한다)의 기준을 마련하여 고시할 수 있다.

② 다음 각 호의 어느 하나에 해당하는 자는 제1항에 따른 기준에 따라 자율관리체제를 구축하여 대통령령으로 정하는 절차와 방법에 따라 행정기관의 장에게 신고할 수 있다.
1. 조사대상자
2. 조사대상자가 법령등에 따라 설립하거나 자율적으로 설립한 단체 또는 협회

③ 국가와 지방자치단체는 행정사무의 효율적인 집행과 법령등의 준수를 위하여 조사대상자의 자율관리체제 구축을 지원하여야 한다.

제27조(자율관리에 대한 혜택의 부여) 행정기관의 장은 제25조에 따라 자율신고를 하는 자와 제26조에 따라 자율관리체제를 구축하고 자율관리체제의 기준을 준수한 자에 대하여는 법령등으로 규정한 바에 따라 행정조사의 감면 또는 행정·세제상의 지원을 하는 등 필요한 혜택을 부여할 수 있다.

제6장 보칙

제28조(정보통신수단을 통한 행정조사) ① 행정기관의 장은 인터넷 등 정보통신망을 통하여 조사대상자로 하여금 자료의 제출 등을 하게 할 수 있다.

② 행정기관의 장은 정보통신망을 통하여 자료의 제출 등을 받은 경우에는 조사대상자의 신상이나 사업비밀 등이 유출되지 아니하도록 제도적·기술적 보안조치를 강구하여야 한다.

제29조(행정조사의 점검과 평가) ① 국무조정실장은 행정조사의 효율성·투명성 및 예측가능성을 제고하기 위하여 각급 행정기관의 행정조사 실태, 공동조사 실시현황 및 중복조사 실시 여부 등을 확인·점검하여야 한다.

② 국무조정실장은 제1항에 따른 확인·점검 결과를 평가하여 대통령령으로 정하는 절차와 방법에 따라 국무회의와 대통령에게 보고하여야 한다.

③ 국무조정실장은 제1항에 따른 확인·점검을 위하여 각급 행정기관의 장에게 행정조사의 결과 및 공동조사의 현황 등에 관한 자료의 제출을 요구할 수 있다.

④ 행정조사의 확인·점검 대상 행정기관과 행정조사의 확인·점검 및 평가절차에 관한 사항은 대통령령으로 정한다.

4. 행정대집행법

제1조(목적) 행정의무의 이행확보에 관하여는 따로 법률로써 정하는 것을 제외하고는 본법의 정하는 바에 의한다.

제2조(대집행과 그 비용징수) 법률(법률의 위임에 의한 명령, 지방자치단체의 조례를 포함한다. 이하 같다)에 의하여 직접명령되었거나 또는 법률에 의거한 행정청의 명령에 의한 행위로서 타인이 대신하여 행할 수 있는 행위를 의무자가 이행하지 아니하는 경우 다른 수단으로써 그 이행을 확보하기 곤란하고 또한 그 불이행을 방치함이 심히 공익을 해할 것으로 인정될 때에는 당해 행정청은 스스로 의무자가 하여야 할 행위를 하거나 또는 제삼자로 하여금 이를 하게 하여 그 비용을 의무자로부터 징수할 수 있다.

제3조(대집행의 절차) ① 전조의 규정에 의한 처분(이하 대집행이라 한다)을 하려함에 있어서는 상당한 이행기한을 정하여 그 기한까지 이행되지 아니할 때에는 대집행을 한다는 뜻을 미리 문서로써 계고하여야 한다. 이 경우 행정청은 상당한 이행기한을 정함에 있어 의무의 성질·내용 등을 고려하여 사회통념상 해당 의무를 이행하는 데 필요한 기간이 확보되도록 하여야 한다.

② 의무자가 전항의 계고를 받고 지정기한까지 그 의무를 이행하지 아니할 때에는 당해 행정청은 대집행영장으로써 대집행을 할 시기, 대집행을 시키기 위하여 파견하는 집행책임자의 성명과 대집행에 요하는 비용의 개산에 의한 견적액을 의무자에게 통지하여야 한다.

③ 비상시 또는 위험이 절박한 경우에 있어서 당해 행위의 급속한 실시를 요하여 전2항에 규정한 수속을 취할 여유가 없을 때에는 그 수속을 거치지 아니하고 대집행을 할 수 있다.

제4조(대집행의 실행 등) ① 행정청(제2조에 따라 대집행을 실행하는 제3자를 포함한다. 이하 이 조에서 같다)은 해가 뜨기 전이나 해가 진 후에는 대집행을 하여서는 아니 된다. 다만, 다음 각 호의 어느 하나에 해당하는 경우에는 그러하지 아니하다.
1. 의무자가 동의한 경우
2. 해가 지기 전에 대집행을 착수한 경우
3. 해가 뜬 후부터 해가 지기 전까지 대집행을 하는 경우에는 대집행의 목적 달성이 불가능한 경우
4. 그 밖에 비상시 또는 위험이 절박한 경우

② 행정청은 대집행을 할 때 대집행 과정에서의 안전 확보를 위하여 필요하다고 인정하는 경우 현장에 긴급 의료장비나 시설을 갖추는 등 필요한 조치를 하여야 한다.

③ 대집행을 하기 위하여 현장에 파견되는 집행책임자는 그가 집행책임자라는 것을 표시한 증표를 휴대하여 대집행시에 이해관계인에게 제시하여야 한다.

제5조(비용납부명령서) 대집행에 요한 비용의 징수에 있어서는 실제에 요한 비용액과 그 납기일을 정하여 의무자에게 문서로써 그 납부를 명하여야 한다.

제6조(비용징수) ① 대집행에 요한 비용은 국세징수법의 예에 의하여 징수할 수 있다.

② 대집행에 요한 비용에 대하여서는 행정청은 사무비의 소속에 따라 국세에 다음가는 순위의 선취득권을 가진다.

③ 대집행에 요한 비용을 징수하였을 때에는 그 징수금은 사무비의 소속에 따라 국고 또는 지방자치단체의 수입으로 한다.

제7조(행정심판) 대집행에 대하여는 행정심판을 제기할 수 있다.

제8조(출소권리의 보장) 전조의 규정은 법원에 대한 출소의 권리를 방해하지 아니한다.

제9조(시행령) 본법시행에 관하여 필요한 사항은 대통령령으로 정한다.

5. 행정심판법

제1장 총칙

제1조(목적) 이 법은 행정심판 절차를 통하여 행정청의 위법 또는 부당한 처분(處分)이나 부작위(불작위)로 침해된 국민의 권리 또는 이익을 구제하고, 아울러 행정의 적정한 운영을 꾀함을 목적으로 한다.

제2조(정의) 이 법에서 사용하는 용어의 뜻은 다음과 같다.
1. "처분"이란 행정청이 행하는 구체적 사실에 관한 법집행으로서의 공권력의 행사 또는 그 거부, 그 밖에 이에 준하는 행정작용을 말한다.
2. "부작위"란 행정청이 당사자의 신청에 대하여 상당한 기간 내에 일정한 처분을 하여야 할 법률상 의무가 있는데도 처분을 하지 아니하는 것을 말한다.
3. "재결(裁決)"이란 행정심판의 청구에 대하여 제6조에 따른 행정심판위원회가 행하는 판단을 말한다.
4. "행정청"이란 행정에 관한 의사를 결정하여 표시하는 국가 또는 지방자치단체의 기관, 그 밖에 법령 또는 자치법규에 따라 행정권한을 가지고 있거나 위탁을 받은 공공단체나 그 기관 또는 사인(私人)을 말한다.

제3조(행정심판의 대상) ① 행정청의 처분 또는 부작위에 대하여는 다른 법률에 특별한 규정이 있는 경우 외에는 이 법에 따라 행정심판을 청구할 수 있다.
② 대통령의 처분 또는 부작위에 대하여는 다른 법률에서 행정심판을 청구할 수 있도록 정한 경우 외에는 행정심판을 청구할 수 없다.

제4조(특별행정심판 등) ① 사안(事案)의 전문성과 특수성을 살리기 위하여 특히 필요한 경우 외에는 이 법에 따른 행정심판을 갈음하는 특별한 행정불복절차(이하 "특별행정심판"이라 한다)나 이 법에 따른 행정심판 절차에 대한 특례를 다른 법률로 정할 수 없다.
② 다른 법률에서 특별행정심판이나 이 법에 따른 행정심판 절차에 대한 특례를 정한 경우에도 그 법률에서 규정하지 아니한 사항에 관하여는 이 법에서 정하는 바에 따른다.
③ 관계 행정기관의 장이 특별행정심판 또는 이 법에 따른 행정심판 절차에 대한 특례를 신설하거나 변경하는 법령을 제정·개정할 때에는 미리 중앙행정심판위원회와 협의하여야 한다.

제5조(행정심판의 종류) 행정심판의 종류는 다음 각 호와 같다.
1. 취소심판 : 행정청의 위법 또는 부당한 처분을 취소하거나 변경하는 행정심판
2. 무효등확인심판 : 행정청의 처분의 효력 유무 또는 존재 여부를 확인하는 행정심판
3. 의무이행심판 : 당사자의 신청에 대한 행정청의 위법 또는 부당한 거부처분이나 부작위에 대하여 일정한 처분을 하도록 하는 행정심판

제2장 심판기관

제6조(행정심판위원회의 설치) ① 다음 각 호의 행정청 또는 그 소속 행정청(행정기관의 계층구조와 관계없이 그 감독을 받거나 위탁을 받은 모든 행정청을 말하되, 위탁을 받은 행정청은 그 위탁받은 사무에 관하여는 위탁한 행정청의 소속 행정청으로 본다. 이하 같다)의 처분 또는 부작위에 대한 행정심판의 청구(이하 "심판청구"라 한다)에 대하여는 다음 각 호의 행정청에 두는 행정심판위원회에서 심리·재결한다.
1. 감사원, 국가정보원장, 그 밖에 대통령령으로 정하는 대통령 소속기관의 장
2. 국회사무총장·법원행정처장·헌법재판소사무처장 및 중앙선거관리위원회사무총장
3. 국가인권위원회, 그 밖에 지위·성격의 독립성과 특수성 등이 인정되어 대통령령으로 정하는 행정청
② 다음 각 호의 행정청의 처분 또는 부작위에 대한 심판청구에 대하여는 「부패방지 및 국민권익위원회의 설치와 운영에 관한 법률」에 따른

국민권익위원회(이하 "국민권익위원회"라 한다)에 두는 중앙행정심판위원회에서 심리·재결한다.
1. 제1항에 따른 행정청 외의 국가행정기관의 장 또는 그 소속 행정청
2. 특별시장·광역시장·특별자치시장·도지사·특별자치도지사(특별시·광역시·특별자치시·도 또는 특별자치도의 교육감을 포함한다. 이하 "시·도지사"라 한다) 또는 특별시·광역시·특별자치시·도·특별자치도(이하 "시·도"라 한다)의 의회(의장, 위원회의 위원장, 사무처장 등 의회 소속 모든 행정청을 포함한다)
3. 「지방자치법」에 따른 지방자치단체조합 등 관계 법률에 따라 국가·지방자치단체·공공법인 등이 공동으로 설립한 행정청. 다만, 제3항 제3호에 해당하는 행정청은 제외한다.

③ 다음 각 호의 행정청의 처분 또는 부작위에 대한 심판청구에 대하여는 시·도지사 소속으로 두는 행정심판위원회에서 심리·재결한다.
1. 시·도 소속 행정청
2. 시·도의 관할구역에 있는 시·군·자치구의 장, 소속 행정청 또는 시·군·자치구의 의회(의장, 위원회의 위원장, 사무국장, 사무과장 등 의회 소속 모든 행정청을 포함한다)
3. 시·도의 관할구역에 있는 둘 이상의 지방자치단체(시·군·자치구를 말한다)·공공법인 등이 공동으로 설립한 행정청

④ 제2항 제1호에도 불구하고 대통령령으로 정하는 국가행정기관 소속 특별지방행정기관의 장의 처분 또는 부작위에 대한 심판청구에 대하여는 해당 행정청의 직근 상급행정기관에 두는 행정심판위원회에서 심리·재결한다.

제7조(행정심판위원회의 구성) ① 행정심판위원회(중앙행정심판위원회는 제외한다. 이하 이 조에서 같다)는 위원장 1명을 포함하여 50명 이내의 위원으로 구성한다.
② 행정심판위원회의 위원장은 그 행정심판위원회가 소속된 행정청이 되며, 위원장이 없거나 부득이한 사유로 직무를 수행할 수 없거나 위원장이 필요하다고 인정하는 경우에는 다음 각 호의 순서에 따라 위원이 위원장의 직무를 대행한다.
1. 위원장이 사전에 지명한 위원
2. 제4항에 따라 지명된 공무원인 위원(2명 이상인 경우에는 직급 또는 고위공무원단에 속하는 공무원의 직무등급이 높은 위원 순서로, 직급 또는 직무등급도 같은 경우에는 위원 재직기간이 긴 위원 순서로, 재직기간도 같은 경우에는 연장자 순서로 한다)

③ 제2항에도 불구하고 제6조 제3항에 따라 시·도지사 소속으로 두는 행정심판위원회의 경우에는 해당 지방자치단체의 조례로 정하는 바에 따라 공무원이 아닌 위원을 위원장으로 정할 수 있다. 이 경우 위원장은 비상임으로 한다.

④ 행정심판위원회의 위원은 해당 행정심판위원회가 소속된 행정청이 다음 각 호의 어느 하나에 해당하는 사람 중에서 성별을 고려하여 위촉하거나 그 소속 공무원 중에서 지명한다.
1. 변호사 자격을 취득한 후 5년 이상의 실무 경험이 있는 사람
2. 「고등교육법」제2조 제1호부터 제6호까지의 규정에 따른 학교에서 조교수 이상으로 재직하거나 재직하였던 사람
3. 행정기관의 4급 이상 공무원이었거나 고위공무원단에 속하는 공무원이었던 사람
4. 박사학위를 취득한 후 해당 분야에서 5년 이상 근무한 경험이 있는 사람
5. 그 밖에 행정심판과 관련된 분야의 지식과 경험이 풍부한 사람

⑤ 행정심판위원회의 회의는 위원장과 위원장이 회의마다 지정하는 8명의 위원(그중 제4항에 따른 위촉위원은 6명 이상으로 하되, 제3항에 따라 위원장이 공무원이 아닌 경우에는 5명 이상으로 한다)으로 구성한다. 다만, 국회규칙, 대법원규칙, 헌법재판소규칙, 중앙선거관리위원회규칙 또는 대통령령(제6조 제3항에 따라 시·도지사 소속으로 두는 행정심판위원회의 경우에는 해당 지방자치단체의 조례)으로 정하는 바에 따라 위원장과 위원장이 회의마다 지정하

는 6명의 위원(그중 제4항에 따른 위촉위원은 5명 이상으로 하되, 제3항에 따라 공무원이 아닌 위원이 위원장인 경우에는 4명 이상으로 한다)으로 구성할 수 있다.
⑥ 행정심판위원회는 제5항에 따른 구성원 과반수의 출석과 출석위원 과반수의 찬성으로 의결한다.
⑦ 행정심판위원회의 조직과 운영, 그 밖에 필요한 사항은 국회규칙, 대법원규칙, 헌법재판소규칙, 중앙선거관리위원회규칙 또는 대통령령으로 정한다.

제8조(중앙행정심판위원회의 구성) ① 중앙행정심판위원회는 위원장 1명을 포함하여 70명 이내의 위원으로 구성하되, 위원 중 상임위원은 4명 이내로 한다.
② 중앙행정심판위원회의 위원장은 국민권익위원회의 부위원장 중 1명이 되며, 위원장이 없거나 부득이한 사유로 직무를 수행할 수 없거나 위원장이 필요하다고 인정하는 경우에는 상임위원(상임으로 재직한 기간이 긴 위원 순서로, 재직기간이 같은 경우에는 연장자 순서로 한다)이 위원장의 직무를 대행한다.
③ 중앙행정심판위원회의 상임위원은 일반직공무원으로서 「국가공무원법」제26조의5에 따른 임기제공무원으로 임명하되, 3급 이상 공무원 또는 고위공무원단에 속하는 일반직공무원으로 3년 이상 근무한 사람이나 그 밖에 행정심판에 관한 지식과 경험이 풍부한 사람 중에서 중앙행정심판위원회 위원장의 제청으로 국무총리를 거쳐 대통령이 임명한다.
④ 중앙행정심판위원회의 비상임위원은 제7조 제4항 각 호의 어느 하나에 해당하는 사람 중에서 중앙행정심판위원회 위원장의 제청으로 국무총리가 성별을 고려하여 위촉한다.
⑤ 중앙행정심판위원회의 회의(제6항에 따른 소위원회 회의는 제외한다)는 위원장, 상임위원 및 위원장이 회의마다 지정하는 비상임위원을 포함하여 총 9명으로 구성한다.
⑥ 중앙행정심판위원회는 심판청구사건(이하 "사건"이라 한다) 중 「도로교통법」에 따른 자동차운전면허 행정처분에 관한 사건(소위원회가 중앙행정심판위원회에서 심리·의결하도록 결정한 사건은 제외한다)을 심리·의결하게 하기 위하여 4명의 위원으로 구성하는 소위원회를 둘 수 있다.
⑦ 중앙행정심판위원회 및 소위원회는 각각 제5항 및 제6항에 따른 구성원 과반수의 출석과 출석위원 과반수의 찬성으로 의결한다.
⑧ 중앙행정심판위원회는 위원장이 지정하는 사건을 미리 검토하도록 필요한 경우에는 전문위원회를 둘 수 있다.
⑨ 중앙행정심판위원회, 소위원회 및 전문위원회의 조직과 운영 등에 필요한 사항은 대통령령으로 정한다.

제9조(위원의 임기 및 신분보장 등) ① 제7조 제4항에 따라 지명된 위원은 그 직에 재직하는 동안 재임한다.
② 제8조 제3항에 따라 임명된 중앙행정심판위원회 상임위원의 임기는 3년으로 하며, 1차에 한하여 연임할 수 있다.
③ 제7조 제4항 및 제8조 제4항에 따라 위촉된 위원의 임기는 2년으로 하되, 2차에 한하여 연임할 수 있다. 다만, 제6조 제1항 제2호에 규정된 기관에 두는 행정심판위원회의 위촉위원의 경우에는 각각 국회규칙, 대법원규칙, 헌법재판소규칙 또는 중앙선거관리위원회규칙으로 정하는 바에 따른다.
④ 다음 각 호의 어느 하나에 해당하는 사람은 제6조에 따른 행정심판위원회(이하 "위원회"라 한다)의 위원이 될 수 없으며, 위원이 이에 해당하게 된 때에는 당연히 퇴직한다.
1. 대한민국 국민이 아닌 사람
2. 「국가공무원법」제33조 각 호의 어느 하나에 해당하는 사람
⑤ 제7조 제4항 및 제8조 제4항에 따라 위촉된 위원은 금고(禁錮) 이상의 형을 선고받거나 부득이한 사유로 장기간 직무를 수행할 수 없게 되는 경우 외에는 임기 중 그의 의사와 다르게 해촉(解囑)되지 아니한다.

제10조(위원의 제척·기피·회피) ① 위원회의

위원은 다음 각 호의 어느 하나에 해당하는 경우에는 그 사건의 심리·의결에서 제척(除斥)된다. 이 경우 제척결정은 위원회의 위원장(이하 "위원장"이라 한다)이 직권으로 또는 당사자의 신청에 의하여 한다.
1. 위원 또는 그 배우자나 배우자이었던 사람이 사건의 당사자이거나 사건에 관하여 공동 권리자 또는 의무자인 경우
2. 위원이 사건의 당사자와 친족이거나 친족이었던 경우
3. 위원이 사건에 관하여 증언이나 감정(鑑定)을 한 경우
4. 위원이 당사자의 대리인으로서 사건에 관여하거나 관여하였던 경우
5. 위원이 사건의 대상이 된 처분 또는 부작위에 관여한 경우

② 당사자는 위원에게 공정한 심리·의결을 기대하기 어려운 사정이 있으면 위원장에게 기피신청을 할 수 있다.
③ 위원에 대한 제척신청이나 기피신청은 그 사유를 소명(疏明)한 문서로 하여야 한다. 다만, 불가피한 경우에는 신청한 날부터 3일 이내에 신청 사유를 소명할 수 있는 자료를 제출하여야 한다.
④ 제척신청이나 기피신청이 제3항을 위반하였을 때에는 위원장은 결정으로 이를 각하한다.
⑤ 위원장은 제척신청이나 기피신청의 대상이 된 위원에게서 그에 대한 의견을 받을 수 있다.
⑥ 위원장은 제척신청이나 기피신청을 받으면 제척 또는 기피 여부에 대한 결정을 하고, 지체 없이 신청인에게 결정서 정본(正本)을 송달하여야 한다.
⑦ 위원회의 회의에 참석하는 위원이 제척사유 또는 기피사유에 해당되는 것을 알게 되었을 때에는 스스로 그 사건의 심리·의결에서 회피할 수 있다. 이 경우 회피하고자 하는 위원은 위원장에게 그 사유를 소명하여야 한다.
⑧ 사건의 심리·의결에 관한 사무에 관여하는 위원 아닌 직원에게도 제1항부터 제7항까지의 규정을 준용한다.

제11조(벌칙 적용 시의 공무원 의제) 위원 중 공무원이 아닌 위원은 「형법」과 그 밖의 법률에 따른 벌칙을 적용할 때에는 공무원으로 본다.
제12조(위원회의 권한 승계) ① 당사자의 심판청구 후 위원회가 법령의 개정·폐지 또는 제17조 제5항에 따른 피청구인의 경정 결정에 따라 그 심판청구에 대하여 재결할 권한을 잃게 된 경우에는 해당 위원회는 심판청구서와 관계 서류, 그 밖의 자료를 새로 재결할 권한을 갖게 된 위원회에 보내야 한다.
② 제1항의 경우 송부를 받은 위원회는 지체 없이 그 사실을 다음 각 호의 자에게 알려야 한다.
1. 행정심판 청구인(이하 "청구인"이라 한다)
2. 행정심판 피청구인(이하 "피청구인"이라 한다)
3. 제20조 또는 제21조에 따라 심판참가를 하는 자(이하 "참가인"이라 한다)

제3장 당사자와 관계인

제13조(청구인 적격) ① 취소심판은 처분의 취소 또는 변경을 구할 법률상 이익이 있는 자가 청구할 수 있다. 처분의 효과가 기간의 경과, 처분의 집행, 그 밖의 사유로 소멸된 뒤에도 그 처분의 취소로 회복되는 법률상 이익이 있는 자의 경우에도 또한 같다.
② 무효등확인심판은 처분의 효력 유무 또는 존재 여부의 확인을 구할 법률상 이익이 있는 자가 청구할 수 있다.
③ 의무이행심판은 처분을 신청한 자로서 행정청의 거부처분 또는 부작위에 대하여 일정한 처분을 구할 법률상 이익이 있는 자가 청구할 수 있다.
제14조(법인이 아닌 사단 또는 재단의 청구인 능력) 법인이 아닌 사단 또는 재단으로서 대표자나 관리인이 정하여져 있는 경우에는 그 사단이나 재단의 이름으로 심판청구를 할 수 있다.
제15조(선정대표자) ① 여러 명의 청구인이 공동으로 심판청구를 할 때에는 청구인들 중에서 3명 이하의 선정대표자를 선정할 수 있다.
② 청구인들이 제1항에 따라 선정대표자를 선정하지 아니한 경우에 위원회는 필요하다고 인

정하면 청구인들에게 선정대표자를 선정할 것을 권고할 수 있다.

③ 선정대표자는 다른 청구인들을 위하여 그 사건에 관한 모든 행위를 할 수 있다. 다만, 심판청구를 취하하려면 다른 청구인들의 동의를 받아야 하며, 이 경우 동의받은 사실을 서면으로 소명하여야 한다.

④ 선정대표자가 선정되면 다른 청구인들은 그 선정대표자를 통해서만 그 사건에 관한 행위를 할 수 있다.

⑤ 선정대표자를 선정한 청구인들은 필요하다고 인정하면 선정대표자를 해임하거나 변경할 수 있다. 이 경우 청구인들은 그 사실을 지체 없이 위원회에 서면으로 알려야 한다.

제16조(청구인의 지위 승계) ① 청구인이 사망한 경우에는 상속인이나 그 밖에 법령에 따라 심판청구의 대상에 관계되는 권리나 이익을 승계한 자가 청구인의 지위를 승계한다.

② 법인인 청구인이 합병(合併)에 따라 소멸하였을 때에는 합병 후 존속하는 법인이나 합병에 따라 설립된 법인이 청구인의 지위를 승계한다.

③ 제1항과 제2항에 따라 청구인의 지위를 승계한 자는 위원회에 서면으로 그 사유를 신고하여야 한다. 이 경우 신고서에는 사망 등에 의한 권리·이익의 승계 또는 합병 사실을 증명하는 서면을 함께 제출하여야 한다.

④ 제1항 또는 제2항의 경우에 제3항에 따른 신고가 있을 때까지 사망자나 합병 전의 법인에 대하여 한 통지 또는 그 밖의 행위가 청구인의 지위를 승계한 자에게 도달하면 지위를 승계한 자에 대한 통지 또는 그 밖의 행위로서의 효력이 있다.

⑤ 심판청구의 대상과 관계되는 권리나 이익을 양수한 자는 위원회의 허가를 받아 청구인의 지위를 승계할 수 있다.

⑥ 위원회는 제5항의 지위 승계 신청을 받으면 기간을 정하여 당사자와 참가인에게 의견을 제출하도록 할 수 있으며, 당사자와 참가인이 그 기간에 의견을 제출하지 아니하면 의견이 없는 것으로 본다.

⑦ 위원회는 제5항의 지위 승계 신청에 대하여 허가 여부를 결정하고, 지체 없이 신청인에게는 결정서 정본을, 당사자와 참가인에게는 결정서 등본을 송달하여야 한다.

⑧ 신청인은 위원회가 제5항의 지위 승계를 허가하지 아니하면 결정서 정본을 받은 날부터 7일 이내에 위원회에 이의신청을 할 수 있다.

제17조(피청구인의 적격 및 경정) ① 행정심판은 처분을 한 행정청(의무이행심판의 경우에는 청구인의 신청을 받은 행정청)을 피청구인으로 하여 청구하여야 한다. 다만, 심판청구의 대상과 관계되는 권한이 다른 행정청에 승계된 경우에는 권한을 승계한 행정청을 피청구인으로 하여야 한다.

② 청구인이 피청구인을 잘못 지정한 경우에는 위원회는 직권으로 또는 당사자의 신청에 의하여 결정으로써 피청구인을 경정(更正)할 수 있다.

③ 위원회는 제2항에 따라 피청구인을 경정하는 결정을 하면 결정서 정본을 당사자(종전의 피청구인과 새로운 피청구인을 포함한다. 이하 제6항에서 같다)에게 송달하여야 한다.

④ 제2항에 따른 결정이 있으면 종전의 피청구인에 대한 심판청구는 취하되고 종전의 피청구인에 대한 행정심판이 청구된 때에 새로운 피청구인에 대한 행정심판이 청구된 것으로 본다.

⑤ 위원회는 행정심판이 청구된 후에 제1항 단서의 사유가 발생하면 직권으로 또는 당사자의 신청에 의하여 결정으로써 피청구인을 경정한다. 이 경우에는 제3항과 제4항을 준용한다.

⑥ 당사자는 제2항 또는 제5항에 따른 위원회의 결정에 대하여 결정서 정본을 받은 날부터 7일 이내에 위원회에 이의신청을 할 수 있다.

제18조(대리인의 선임) ① 청구인은 법정대리인 외에 다음 각 호의 어느 하나에 해당하는 자를 대리인으로 선임할 수 있다.

1. 청구인의 배우자, 청구인 또는 배우자의 사촌 이내의 혈족
2. 청구인이 법인이거나 제14조에 따른 청구인 능력이 있는 법인이 아닌 사단 또는 재단인

경우 그 소속 임직원
3. 변호사
4. 다른 법률에 따라 심판청구를 대리할 수 있는 자
5. 그 밖에 위원회의 허가를 받은 자

② 피청구인은 그 소속 직원 또는 제1항 제3호부터 제5호까지의 어느 하나에 해당하는 자를 대리인으로 선임할 수 있다.

③ 제1항과 제2항에 따른 대리인에 관하여는 제15조 제3항 및 제5항을 준용한다.

제18조의2(국선대리인) ① 청구인이 경제적 능력으로 인해 대리인을 선임할 수 없는 경우에는 위원회에 국선대리인을 선임하여 줄 것을 신청할 수 있다.

② 위원회는 제1항의 신청에 따른 국선대리인 선정 여부에 대한 결정을 하고, 지체 없이 청구인에게 그 결과를 통지하여야 한다. 이 경우 위원회는 심판청구가 명백히 부적법하거나 이유 없는 경우 또는 권리의 남용이라고 인정되는 경우에는 국선대리인을 선정하지 아니할 수 있다.

③ 국선대리인 신청절차, 국선대리인 지원 요건, 국선대리인의 자격·보수 등 국선대리인 운영에 필요한 사항은 국회규칙, 대법원규칙, 헌법재판소규칙, 중앙선거관리위원회규칙 또는 대통령령으로 정한다.

제19조(대표자 등의 자격) ① 대표자·관리인·선정대표자 또는 대리인의 자격은 서면으로 소명하여야 한다.

② 청구인이나 피청구인은 대표자·관리인·선정대표자 또는 대리인이 그 자격을 잃으면 그 사실을 서면으로 위원회에 신고하여야 한다. 이 경우 소명 자료를 함께 제출하여야 한다.

제20조(심판참가) ① 행정심판의 결과에 이해관계가 있는 제3자나 행정청은 해당 심판청구에 대한 제7조 제6항 또는 제8조 제7항에 따른 위원회나 소위원회의 의결이 있기 전까지 그 사건에 대하여 심판참가를 할 수 있다.

② 제1항에 따른 심판참가를 하려는 자는 참가의 취지와 이유를 적은 참가신청서를 위원회에 제출하여야 한다. 이 경우 당사자의 수만큼 참가신청서 부본을 함께 제출하여야 한다.

③ 위원회는 제2항에 따라 참가신청서를 받으면 참가신청서 부본을 당사자에게 송달하여야 한다.

④ 제3항의 경우 위원회는 기간을 정하여 당사자와 다른 참가인에게 제3자의 참가신청에 대한 의견을 제출하도록 할 수 있으며, 당사자와 다른 참가인이 그 기간에 의견을 제출하지 아니하면 의견이 없는 것으로 본다.

⑤ 위원회는 제2항에 따라 참가신청을 받으면 허가 여부를 결정하고, 지체 없이 신청인에게는 결정서 정본을, 당사자와 다른 참가인에게는 결정서 등본을 송달하여야 한다.

⑥ 신청인은 제5항에 따라 송달을 받은 날부터 7일 이내에 위원회에 이의신청을 할 수 있다.

제21조(심판참가의 요구) ① 위원회는 필요하다고 인정하면 그 행정심판 결과에 이해관계가 있는 제3자나 행정청에 그 사건 심판에 참가할 것을 요구할 수 있다.

② 제1항의 요구를 받은 제3자나 행정청은 지체 없이 그 사건 심판에 참가할 것인지 여부를 위원회에 통지하여야 한다.

제22조(참가인의 지위) ① 참가인은 행정심판 절차에서 당사자가 할 수 있는 심판절차상의 행위를 할 수 있다.

② 이 법에 따라 당사자가 위원회에 서류를 제출할 때에는 참가인의 수만큼 부본을 제출하여야 하고, 위원회가 당사자에게 통지를 하거나 서류를 송달할 때에는 참가인에게도 통지하거나 송달하여야 한다.

③ 참가인의 대리인 선임과 대표자 자격 및 서류 제출에 관하여는 제18조, 제19조 및 이 조 제2항을 준용한다.

제4장 행정심판 청구

제23조(심판청구서의 제출) ① 행정심판을 청구하려는 자는 제28조에 따라 심판청구서를 작성하여 피청구인이나 위원회에 제출하여야 한다. 이 경우 피청구인의 수만큼 심판청구서 부본을 함께 제출하여야 한다.

② 행정청이 제58조에 따른 고지를 하지 아니하거나 잘못 고지하여 청구인이 심판청구서를 다른 행정기관에 제출한 경우에는 그 행정기관은 그 심판청구서를 지체 없이 정당한 권한이 있는 피청구인에게 보내야 한다.

③ 제2항에 따라 심판청구서를 보낸 행정기관은 지체 없이 그 사실을 청구인에게 알려야 한다.

④ 제27조에 따른 심판청구 기간을 계산할 때에는 제1항에 따른 피청구인이나 위원회 또는 제2항에 따른 행정기관에 심판청구서가 제출되었을 때에 행정심판이 청구된 것으로 본다.

제24조(피청구인의 심판청구서 등의 접수·처리) ① 피청구인이 제23조 제1항·제2항 또는 제26조 제1항에 따라 심판청구서를 접수하거나 송부받으면 10일 이내에 심판청구서(제23조 제1항·제2항의 경우만 해당된다)와 답변서를 위원회에 보내야 한다. 다만, 청구인이 심판청구를 취하한 경우에는 그러하지 아니하다.

② 피청구인은 처분의 상대방이 아닌 제3자가 심판청구를 한 경우에는 지체 없이 처분의 상대방에게 그 사실을 알려야 한다. 이 경우 심판청구서 사본을 함께 송달하여야 한다.

③ 피청구인이 제1항 본문에 따라 심판청구서를 보낼 때에는 심판청구서에 위원회가 표시되지 아니하였거나 잘못 표시된 경우에도 정당한 권한이 있는 위원회에 보내야 한다.

④ 피청구인은 제1항 본문에 따라 답변서를 보낼 때에는 청구인의 수만큼 답변서 부본을 함께 보내되, 답변서에는 다음 각 호의 사항을 명확하게 적어야 한다.
1. 처분이나 부작위의 근거와 이유
2. 심판청구의 취지와 이유에 대응하는 답변
3. 제2항에 해당하는 경우에는 처분의 상대방의 이름·주소·연락처와 제2항의 의무 이행 여부

⑤ 제2항과 제3항의 경우에 피청구인은 송부 사실을 지체 없이 청구인에게 알려야 한다.

⑥ 중앙행정심판위원회에서 심리·재결하는 사건인 경우 피청구인은 제1항에 따라 위원회에 심판청구서 또는 답변서를 보낼 때에는 소관 중앙행정기관의 장에게도 그 심판청구·답변의 내용을 알려야 한다.

제25조(피청구인의 직권취소등) ① 제23조 제1항·제2항 또는 제26조 제1항에 따라 심판청구서를 받은 피청구인은 그 심판청구가 이유 있다고 인정하면 심판청구의 취지에 따라 직권으로 처분을 취소·변경하거나 확인을 하거나 신청에 따른 처분(이하 이 조에서 "직권취소등"이라 한다)을 할 수 있다. 이 경우 서면으로 청구인에게 알려야 한다.

② 피청구인은 제1항에 따라 직권취소등을 하였을 때에는 청구인이 심판청구를 취하한 경우가 아니면 제24조 제1항 본문에 따라 심판청구서·답변서를 보낼 때 직권취소등의 사실을 증명하는 서류를 위원회에 함께 제출하여야 한다.

제26조(위원회의 심판청구서 등의 접수·처리) ① 위원회는 제23조 제1항에 따라 심판청구서를 받으면 지체 없이 피청구인에게 심판청구서 부본을 보내야 한다.

② 위원회는 제24조 제1항 본문에 따라 피청구인으로부터 답변서가 제출되면 답변서 부본을 청구인에게 송달하여야 한다.

제27조(심판청구의 기간) ① 행정심판은 처분이 있음을 알게 된 날부터 90일 이내에 청구하여야 한다.

② 청구인이 천재지변, 전쟁, 사변(事變), 그 밖의 불가항력으로 인하여 제1항에서 정한 기간에 심판청구를 할 수 없었을 때에는 그 사유가 소멸한 날부터 14일 이내에 행정심판을 청구할 수 있다. 다만, 국외에서 행정심판을 청구하는 경우에는 그 기간을 30일로 한다.

③ 행정심판은 처분이 있었던 날부터 180일이 지나면 청구하지 못한다. 다만, 정당한 사유가 있는 경우에는 그러하지 아니하다.

④ 제1항과 제2항의 기간은 불변기간으로 한다.

⑤ 행정청이 심판청구 기간을 제1항에 규정된 기간보다 긴 기간으로 잘못 알린 경우 그 잘못 알린 기간에 심판청구가 있으면 그 행정심판은 제1항에 규정된 기간에 청구된 것으로 본다.

⑥ 행정청이 심판청구 기간을 알리지 아니한

경우에는 제3항에 규정된 기간에 심판청구를 할 수 있다.

⑦ 제1항부터 제6항까지의 규정은 무효등확인심판청구와 부작위에 대한 의무이행심판청구에는 적용하지 아니한다.

제28조(심판청구의 방식) ① 심판청구는 서면으로 하여야 한다.

② 처분에 대한 심판청구의 경우에는 심판청구서에 다음 각 호의 사항이 포함되어야 한다.
1. 청구인의 이름과 주소 또는 사무소(주소 또는 사무소 외의 장소에서 송달받기를 원하면 송달장소를 추가로 적어야 한다)
2. 피청구인과 위원회
3. 심판청구의 대상이 되는 처분의 내용
4. 처분이 있음을 알게 된 날
5. 심판청구의 취지와 이유
6. 피청구인의 행정심판 고지 유무와 그 내용

③ 부작위에 대한 심판청구의 경우에는 제2항 제1호·제2호·제5호의 사항과 그 부작위의 전제가 되는 신청의 내용과 날짜를 적어야 한다.

④ 청구인이 법인이거나 제14조에 따른 청구인능력이 있는 법인이 아닌 사단 또는 재단이거나 행정심판이 선정대표자나 대리인에 의하여 청구되는 것일 때에는 제2항 또는 제3항의 사항과 함께 그 대표자·관리인·선정대표자 또는 대리인의 이름과 주소를 적어야 한다.

⑤ 심판청구서에는 청구인·대표자·관리인·선정대표자 또는 대리인이 서명하거나 날인하여야 한다.

제29조(청구의 변경) ① 청구인은 청구의 기초에 변경이 없는 범위에서 청구의 취지나 이유를 변경할 수 있다.

② 행정심판이 청구된 후에 피청구인이 새로운 처분을 하거나 심판청구의 대상인 처분을 변경한 경우에는 청구인은 새로운 처분이나 변경된 처분에 맞추어 청구의 취지나 이유를 변경할 수 있다.

③ 제1항 또는 제2항에 따른 청구의 변경은 서면으로 신청하여야 한다. 이 경우 피청구인과 참가인의 수만큼 청구변경신청서 부본을 함께 제출하여야 한다.

④ 위원회는 제3항에 따른 청구변경신청서 부본을 피청구인과 참가인에게 송달하여야 한다.

⑤ 제4항의 경우 위원회는 기간을 정하여 피청구인과 참가인에게 청구변경 신청에 대한 의견을 제출하도록 할 수 있으며, 피청구인과 참가인이 그 기간에 의견을 제출하지 아니하면 의견이 없는 것으로 본다.

⑥ 위원회는 제1항 또는 제2항의 청구변경 신청에 대하여 허가할 것인지 여부를 결정하고, 지체 없이 신청인에게는 결정서 정본을, 당사자 및 참가인에게는 결정서 등본을 송달하여야 한다.

⑦ 신청인은 제6항에 따라 송달을 받은 날부터 7일 이내에 위원회에 이의신청을 할 수 있다.

⑧ 청구의 변경결정이 있으면 처음 행정심판이 청구되었을 때부터 변경된 청구의 취지나 이유로 행정심판이 청구된 것으로 본다.

제30조(집행정지) ① 심판청구는 처분의 효력이나 그 집행 또는 절차의 속행(續行)에 영향을 주지 아니한다.

② 위원회는 처분, 처분의 집행 또는 절차의 속행 때문에 중대한 손해가 생기는 것을 예방할 필요성이 긴급하다고 인정할 때에는 직권으로 또는 당사자의 신청에 의하여 처분의 효력, 처분의 집행 또는 절차의 속행의 전부 또는 일부의 정지(이하 "집행정지"라 한다)를 결정할 수 있다. 다만, 처분의 효력정지는 처분의 집행 또는 절차의 속행을 정지함으로써 그 목적을 달성할 수 있을 때에는 허용되지 아니한다.

③ 집행정지는 공공복리에 중대한 영향을 미칠 우려가 있을 때에는 허용되지 아니한다.

④ 위원회는 집행정지를 결정한 후에 집행정지가 공공복리에 중대한 영향을 미치거나 그 정지사유가 없어진 경우에는 직권으로 또는 당사자의 신청에 의하여 집행정지 결정을 취소할 수 있다.

⑤ 집행정지 신청은 심판청구와 동시에 또는 심판청구에 대한 제7조 제6항 또는 제8조 제7항에 따른 위원회나 소위원회의 의결이 있기 전

까지, 집행정지 결정의 취소신청은 심판청구에 대한 제7조 제6항 또는 제8조 제7항에 따른 위원회나 소위원회의 의결이 있기 전까지 신청의 취지와 원인을 적은 서면을 위원회에 제출하여야 한다. 다만, 심판청구서를 피청구인에게 제출한 경우로서 심판청구와 동시에 집행정지 신청을 할 때에는 심판청구서 사본과 접수증명서를 함께 제출하여야 한다.

⑥ 제2항과 제4항에도 불구하고 위원회의 심리·결정을 기다릴 경우 중대한 손해가 생길 우려가 있다고 인정되면 위원장은 직권으로 위원회의 심리·결정을 갈음하는 결정을 할 수 있다. 이 경우 위원장은 지체 없이 위원회에 그 사실을 보고하고 추인(追認)을 받아야 하며, 위원회의 추인을 받지 못하면 위원장은 집행정지 또는 집행정지 취소에 관한 결정을 취소하여야 한다.

⑦ 위원회는 집행정지 또는 집행정지의 취소에 관하여 심리·결정하면 지체 없이 당사자에게 결정서 정본을 송달하여야 한다.

제31조(임시처분) ① 위원회는 처분 또는 부작위가 위법·부당하다고 상당히 의심되는 경우로서 처분 또는 부작위 때문에 당사자가 받을 우려가 있는 중대한 불이익이나 당사자에게 생길 급박한 위험을 막기 위하여 임시지위를 정하여야 할 필요가 있는 경우에는 직권으로 또는 당사자의 신청에 의하여 임시처분을 결정할 수 있다.

② 제1항에 따른 임시처분에 관하여는 제30조 제3항부터 제7항까지를 준용한다. 이 경우 같은 조 제6항 전단 중 "중대한 손해가 생길 우려"는 "중대한 불이익이나 급박한 위험이 생길 우려"로 본다.

③ 제1항에 따른 임시처분은 제30조 제2항에 따른 집행정지로 목적을 달성할 수 있는 경우에는 허용되지 아니한다.

제5장 심리

제32조(보정) ① 위원회는 심판청구가 적법하지 아니하나 보정(補正)할 수 있다고 인정하면 기간을 정하여 청구인에게 보정할 것을 요구할 수 있다. 다만, 경미한 사항은 직권으로 보정할 수 있다.

② 청구인은 제1항의 요구를 받으면 서면으로 보정하여야 한다. 이 경우 다른 당사자의 수만큼 보정서 부본을 함께 제출하여야 한다.

③ 위원회는 제2항에 따라 제출된 보정서 부본을 지체 없이 다른 당사자에게 송달하여야 한다.

④ 제1항에 따른 보정을 한 경우에는 처음부터 적법하게 행정심판이 청구된 것으로 본다.

⑤ 제1항에 따른 보정기간은 제45조에 따른 재결 기간에 산입하지 아니한다.

제33조(주장의 보충) ① 당사자는 심판청구서·보정서·답변서·참가신청서 등에서 주장한 사실을 보충하고 다른 당사자의 주장을 다시 반박하기 위하여 필요하면 위원회에 보충서면을 제출할 수 있다. 이 경우 다른 당사자의 수만큼 보충서면 부본을 함께 제출하여야 한다.

② 위원회는 필요하다고 인정하면 보충서면의 제출기한을 정할 수 있다.

③ 위원회는 제1항에 따라 보충서면을 받으면 지체 없이 다른 당사자에게 그 부본을 송달하여야 한다.

제34조(증거서류 등의 제출) ① 당사자는 심판청구서·보정서·답변서·참가신청서·보충서면 등에 덧붙여 그 주장을 뒷받침하는 증거서류나 증거물을 제출할 수 있다.

② 제1항의 증거서류에는 다른 당사자의 수만큼 증거서류 부본을 함께 제출하여야 한다.

③ 위원회는 당사자가 제출한 증거서류의 부본을 지체 없이 다른 당사자에게 송달하여야 한다.

제35조(자료의 제출 요구 등) ① 위원회는 사건 심리에 필요하면 관계 행정기관이 보관 중인 관련 문서, 장부, 그 밖에 필요한 자료를 제출할 것을 요구할 수 있다.

② 위원회는 필요하다고 인정하면 사건과 관련된 법령을 주관하는 행정기관이나 그 밖의 관계 행정기관의 장 또는 그 소속 공무원에게 위원회 회의에 참석하여 의견을 진술할 것을 요구하거나 의견서를 제출할 것을 요구할 수 있다.

③ 관계 행정기관의 장은 특별한 사정이 없으

면 제1항과 제2항에 따른 위원회의 요구에 따라야 한다.

④ 중앙행정심판위원회에서 심리·재결하는 심판청구의 경우 소관 중앙행정기관의 장은 의견서를 제출하거나 위원회에 출석하여 의견을 진술할 수 있다.

제36조(증거조사) ① 위원회는 사건을 심리하기 위하여 필요하면 직권으로 또는 당사자의 신청에 의하여 다음 각 호의 방법에 따라 증거조사를 할 수 있다.
1. 당사자나 관계인(관계 행정기관 소속 공무원을 포함한다. 이하 같다)을 위원회의 회의에 출석하게 하여 신문(訊問)하는 방법
2. 당사자나 관계인이 가지고 있는 문서·장부·물건 또는 그 밖의 증거자료의 제출을 요구하고 영치(領置)하는 방법
3. 특별한 학식과 경험을 가진 제3자에게 감정을 요구하는 방법
4. 당사자 또는 관계인의 주소·거소·사업장이나 그 밖의 필요한 장소에 출입하여 당사자 또는 관계인에게 질문하거나 서류·물건 등을 조사·검증하는 방법

② 위원회는 필요하면 위원회가 소속된 행정청의 직원이나 다른 행정기관에 촉탁하여 제1항의 증거조사를 하게 할 수 있다.
③ 제1항에 따른 증거조사를 수행하는 사람은 그 신분을 나타내는 증표를 지니고 이를 당사자나 관계인에게 내보여야 한다.
④ 제1항에 따른 당사자 등은 위원회의 조사나 요구 등에 성실하게 협조하여야 한다.

제37조(절차의 병합 또는 분리) 위원회는 필요하면 관련되는 심판청구를 병합하여 심리하거나 병합된 관련 청구를 분리하여 심리할 수 있다.

제38조(심리기일의 지정과 변경) ① 심리기일은 위원회가 직권으로 지정한다.
② 심리기일의 변경은 직권으로 또는 당사자의 신청에 의하여 한다.
③ 위원회는 심리기일이 변경되면 지체 없이 그 사실과 사유를 당사자에게 알려야 한다.
④ 심리기일의 통지나 심리기일 변경의 통지는 서면으로 하거나 심판청구서에 적힌 전화, 휴대전화를 이용한 문자전송, 팩시밀리 또는 전자우편 등 간편한 통지 방법(이하 "간이통지방법"이라 한다)으로 할 수 있다.

제39조(직권심리) 위원회는 필요하면 당사자가 주장하지 아니한 사실에 대하여도 심리할 수 있다.

제40조(심리의 방식) ① 행정심판의 심리는 구술심리나 서면심리로 한다. 다만, 당사자가 구술심리를 신청한 경우에는 서면심리만으로 결정할 수 있다고 인정되는 경우 외에는 구술심리를 하여야 한다.
② 위원회는 제1항 단서에 따라 구술심리 신청을 받으면 그 허가 여부를 결정하여 신청인에게 알려야 한다.
③ 제2항의 통지는 간이통지방법으로 할 수 있다.

제41조(발언 내용 등의 비공개) 위원회에서 위원이 발언한 내용이나 그 밖에 공개되면 위원회의 심리·재결의 공정성을 해칠 우려가 있는 사항으로서 대통령령으로 정하는 사항은 공개하지 아니한다.

제42조(심판청구 등의 취하) ① 청구인은 심판청구에 대하여 제7조 제6항 또는 제8조 제7항에 따른 의결이 있을 때까지 서면으로 심판청구를 취하할 수 있다.
② 참가인은 심판청구에 대하여 제7조 제6항 또는 제8조 제7항에 따른 의결이 있을 때까지 서면으로 참가신청을 취하할 수 있다.
③ 제1항 또는 제2항에 따른 취하서에는 청구인이나 참가인이 서명하거나 날인하여야 한다.
④ 청구인 또는 참가인은 취하서를 피청구인 또는 위원회에 제출하여야 한다. 이 경우 제23조 제2항부터 제4항까지의 규정을 준용한다.
⑤ 피청구인 또는 위원회는 계속 중인 사건에 대하여 제1항 또는 제2항에 따른 취하서를 받으면 지체 없이 다른 관계 기관, 청구인, 참가인에게 취하 사실을 알려야 한다.

제6장 재결

제43조(재결의 구분) ① 위원회는 심판청구가 적법하지 아니하면 그 심판청구를 각하(却下)한다.

② 위원회는 심판청구가 이유가 없다고 인정하면 그 심판청구를 기각(棄却)한다.
③ 위원회는 취소심판의 청구가 이유가 있다고 인정하면 처분을 취소 또는 다른 처분으로 변경하거나 처분을 다른 처분으로 변경할 것을 피청구인에게 명한다.
④ 위원회는 무효등확인심판의 청구가 이유가 있다고 인정하면 처분의 효력 유무 또는 처분의 존재 여부를 확인한다.
⑤ 위원회는 의무이행심판의 청구가 이유가 있다고 인정하면 지체 없이 신청에 따른 처분을 하거나 처분을 할 것을 피청구인에게 명한다.

제43조의2(조정) ① 위원회는 당사자의 권리 및 권한의 범위에서 당사자의 동의를 받아 심판청구의 신속하고 공정한 해결을 위하여 조정을 할 수 있다. 다만, 그 조정이 공공복리에 적합하지 아니하거나 해당 처분의 성질에 반하는 경우에는 그러하지 아니하다.
② 위원회는 제1항의 조정을 함에 있어서 심판청구된 사건의 법적·사실적 상태와 당사자 및 이해관계자의 이익 등 모든 사정을 참작하고, 조정의 이유와 취지를 설명하여야 한다.
③ 조정은 당사자가 합의한 사항을 조정서에 기재한 후 당사자가 서명 또는 날인하고 위원회가 이를 확인함으로써 성립한다.
④ 제3항에 따른 조정에 대하여는 제48조부터 제50조까지, 제50조의2, 제51조의 규정을 준용한다.

제44조(사정재결) ① 위원회는 심판청구가 이유가 있다고 인정하는 경우에도 이를 인용(認容)하는 것이 공공복리에 크게 위배된다고 인정하면 그 심판청구를 기각하는 재결을 할 수 있다. 이 경우 위원회는 재결의 주문(主文)에서 그 처분 또는 부작위가 위법하거나 부당하다는 것을 구체적으로 밝혀야 한다.
② 위원회는 제1항에 따른 재결을 할 때에는 청구인에 대하여 상당한 구제방법을 취하거나 상당한 구제방법을 취할 것을 피청구인에게 명할 수 있다.
③ 제1항과 제2항은 무효등확인심판에는 적용하지 아니한다.

제45조(재결 기간) ① 재결은 제23조에 따라 피청구인 또는 위원회가 심판청구서를 받은 날부터 60일 이내에 하여야 한다. 다만, 부득이한 사정이 있는 경우에는 위원장이 직권으로 30일을 연장할 수 있다.
② 위원장은 제1항 단서에 따라 재결 기간을 연장할 경우에는 재결 기간이 끝나기 7일 전까지 당사자에게 알려야 한다.

제46조(재결의 방식) ① 재결은 서면으로 한다.
② 제1항에 따른 재결서에는 다음 각 호의 사항이 포함되어야 한다.
1. 사건번호와 사건명
2. 당사자·대표자 또는 대리인의 이름과 주소
3. 주문
4. 청구의 취지
5. 이유
6. 재결한 날짜
③ 재결서에 적는 이유에는 주문 내용이 정당하다는 것을 인정할 수 있는 정도의 판단을 표시하여야 한다.

제47조(재결의 범위) ① 위원회는 심판청구의 대상이 되는 처분 또는 부작위 외의 사항에 대하여는 재결하지 못한다.
② 위원회는 심판청구의 대상이 되는 처분보다 청구인에게 불리한 재결을 하지 못한다.

제48조(재결의 송달과 효력 발생) ① 위원회는 지체 없이 당사자에게 재결서의 정본을 송달하여야 한다. 이 경우 중앙행정심판위원회는 재결 결과를 소관 중앙행정기관의 장에게도 알려야 한다.
② 재결은 청구인에게 제1항 전단에 따라 송달되었을 때에 그 효력이 생긴다.
③ 위원회는 재결서의 등본을 지체 없이 참가인에게 송달하여야 한다.
④ 처분의 상대방이 아닌 제3자가 심판청구를 한 경우 위원회는 재결서의 등본을 지체 없이 피청구인을 거쳐 처분의 상대방에게 송달하여야 한다.

제49조(재결의 기속력 등) ① 심판청구를 인용하

는 재결은 피청구인과 그 밖의 관계 행정청을 기속(羈束)한다.
② 재결에 의하여 취소되거나 무효 또는 부존재로 확인되는 처분이 당사자의 신청을 거부하는 것을 내용으로 하는 경우에는 그 처분을 한 행정청은 재결의 취지에 따라 다시 이전의 신청에 대한 처분을 하여야 한다.
③ 당사자의 신청을 거부하거나 부작위로 방치한 처분의 이행을 명하는 재결이 있으면 행정청은 지체 없이 이전의 신청에 대하여 재결의 취지에 따라 처분을 하여야 한다.
④ 신청에 따른 처분이 절차의 위법 또는 부당을 이유로 재결로써 취소된 경우에는 제2항을 준용한다.
⑤ 법령의 규정에 따라 공고하거나 고시한 처분이 재결로써 취소되거나 변경되면 처분을 한 행정청은 지체 없이 그 처분이 취소 또는 변경되었다는 것을 공고하거나 고시하여야 한다.
⑥ 법령의 규정에 따라 처분의 상대방 외의 이해관계인에게 통지된 처분이 재결로써 취소되거나 변경되면 처분을 한 행정청은 지체 없이 그 이해관계인에게 그 처분이 취소 또는 변경되었다는 것을 알려야 한다.

제50조(위원회의 직접 처분) ① 위원회는 피청구인이 제49조 제3항에도 불구하고 처분을 하지 아니하는 경우에는 당사자가 신청하면 기간을 정하여 서면으로 시정을 명하고 그 기간에 이행하지 아니하면 직접 처분을 할 수 있다. 다만, 그 처분의 성질이나 그 밖의 불가피한 사유로 위원회가 직접 처분을 할 수 없는 경우에는 그러하지 아니하다.
② 위원회는 제1항 본문에 따라 직접 처분을 하였을 때에는 그 사실을 해당 행정청에 통보하여야 하며, 그 통보를 받은 행정청은 위원회가 한 처분을 자기가 한 처분으로 보아 관계 법령에 따라 관리·감독 등 필요한 조치를 하여야 한다.

제50조의2(위원회의 간접강제) ① 위원회는 피청구인이 제49조 제2항(제49조 제4항에서 준용하는 경우를 포함한다) 또는 제3항에 따른 처분을 하지 아니하면 청구인의 신청에 의하여 결정으로 상당한 기간을 정하고 피청구인이 그 기간 내에 이행하지 아니하는 경우에는 그 지연기간에 따라 일정한 배상을 하도록 명하거나 즉시 배상을 할 것을 명할 수 있다.
② 위원회는 사정의 변경이 있는 경우에는 당사자의 신청에 의하여 제1항에 따른 결정의 내용을 변경할 수 있다.
③ 위원회는 제1항 또는 제2항에 따른 결정을 하기 전에 신청 상대방의 의견을 들어야 한다.
④ 청구인은 제1항 또는 제2항에 따른 결정에 불복하는 경우 그 결정에 대하여 행정소송을 제기할 수 있다.
⑤ 제1항 또는 제2항에 따른 결정의 효력은 피청구인인 행정청이 소속된 국가·지방자치단체 또는 공공단체에 미치며, 결정서 정본은 제4항에 따른 소송제기와 관계없이 「민사집행법」에 따른 강제집행에 관하여는 집행권원과 같은 효력을 가진다. 이 경우 집행문은 위원장의 명에 따라 위원회가 소속된 행정청 소속 공무원이 부여한다.
⑥ 간접강제 결정에 기초한 강제집행에 관하여 이 법에 특별한 규정이 없는 사항에 대하여는 「민사집행법」의 규정을 준용한다. 다만, 「민사집행법」 제33조(집행문부여의 소), 제34조(집행문부여 등에 관한 이의신청), 제44조(청구에 관한 이의의 소) 및 제45조(집행문부여에 대한 이의의 소)에서 관할 법원은 피청구인의 소재지를 관할하는 행정법원으로 한다.

제51조(행정심판 재청구의 금지) 심판청구에 대한 재결이 있으면 그 재결 및 같은 처분 또는 부작위에 대하여 다시 행정심판을 청구할 수 없다.

제 7 장 전자정보처리조직을 통한 행정심판 절차의 수행

제52조(전자정보처리조직을 통한 심판청구 등) ① 이 법에 따른 행정심판 절차를 밟는 자는 심판청구서와 그 밖의 서류를 전자문서화하고 이를 정보통신망을 이용하여 위원회에서 지정·운영하는 전자정보처리조직(행정심판 절차에 필요

한 전자문서를 작성·제출·송달할 수 있도록 하는 하드웨어, 소프트웨어, 데이터베이스, 네트워크, 보안요소 등을 결합하여 구축한 정보처리능력을 갖춘 전자적 장치를 말한다. 이하 같다)을 통하여 제출할 수 있다.
② 제1항에 따라 제출된 전자문서는 이 법에 따라 제출된 것으로 보며, 부본을 제출할 의무는 면제된다.
③ 제1항에 따라 제출된 전자문서는 그 문서를 제출한 사람이 정보통신망을 통하여 전자정보처리조직에서 제공하는 접수번호를 확인하였을 때에 전자정보처리조직에 기록된 내용으로 접수된 것으로 본다.
④ 전자정보처리조직을 통하여 접수된 심판청구의 경우 제27조에 따른 심판청구 기간을 계산할 때에는 제3항에 따른 접수가 되었을 때 행정심판이 청구된 것으로 본다.
⑤ 전자정보처리조직의 지정내용, 전자정보처리조직을 이용한 심판청구서 등의 접수와 처리 등에 관하여 필요한 사항은 국회규칙, 대법원규칙, 헌법재판소규칙, 중앙선거관리위원회규칙 또는 대통령령으로 정한다.

제53조(전자서명등) ① 위원회는 전자정보처리조직을 통하여 행정심판 절차를 밟으려는 자에게 본인(本人)임을 확인할 수 있는 「전자서명법」 제2조 제2호에 따른 전자서명(서명자의 실지명의를 확인할 수 있는 것을 말한다)이나 그 밖의 인증(이하 이 조에서 "전자서명등"이라 한다)을 요구할 수 있다.
② 제1항에 따라 전자서명등을 한 자는 이 법에 따른 서명 또는 날인을 한 것으로 본다.
③ 전자서명등에 필요한 사항은 국회규칙, 대법원규칙, 헌법재판소규칙, 중앙선거관리위원회규칙 또는 대통령령으로 정한다.

제54조(전자정보처리조직을 이용한 송달 등) ① 피청구인 또는 위원회는 제52조 제1항에 따라 행정심판을 청구하거나 심판참가를 한 자에게 전자정보처리조직과 그와 연계된 정보통신망을 이용하여 재결서나 이 법에 따른 각종 서류를 송달할 수 있다. 다만, 청구인이나 참가인이 동의하지 아니하는 경우에는 그러하지 아니하다.
② 제1항 본문의 경우 위원회는 송달하여야 하는 재결서 등 서류를 전자정보처리조직에 입력하여 등재한 다음 그 등재 사실을 국회규칙, 대법원규칙, 헌법재판소규칙, 중앙선거관리위원회규칙 또는 대통령령으로 정하는 방법에 따라 전자우편 등으로 알려야 한다.
③ 제1항에 따른 전자정보처리조직을 이용한 서류 송달은 서면으로 한 것과 같은 효력을 가진다.
④ 제1항에 따른 서류의 송달은 청구인이 제2항에 따라 등재된 전자문서를 확인한 때에 전자정보처리조직에 기록된 내용으로 도달한 것으로 본다. 다만, 제2항에 따라 그 등재사실을 통지한 날부터 2주 이내(재결서 외의 서류는 7일 이내)에 확인하지 아니하였을 때에는 등재사실을 통지한 날부터 2주가 지난 날(재결서 외의 서류는 7일이 지난 날)에 도달한 것으로 본다.
⑤ 서면으로 심판청구 또는 심판참가를 한 자가 전자정보처리조직의 이용을 신청한 경우에는 제52조·제53조 및 이 조를 준용한다.
⑥ 위원회, 피청구인, 그 밖의 관계 행정기관 간의 서류의 송달 등에 관하여는 제52조·제53조 및 이 조를 준용한다.
⑦ 제1항 본문에 따른 송달의 방법이나 그 밖에 필요한 사항은 국회규칙, 대법원규칙, 헌법재판소규칙, 중앙선거관리위원회규칙 또는 대통령령으로 정한다.

제 8 장 보칙

제55조(증거서류 등의 반환) 위원회는 재결을 한 후 증거서류 등의 반환 신청을 받으면 신청인이 제출한 문서·장부·물건이나 그 밖의 증거자료의 원본(原本)을 지체 없이 제출자에게 반환하여야 한다.

제56조(주소 등 송달장소 변경의 신고의무) 당사자, 대리인, 참가인 등은 주소나 사무소 또는 송달장소를 바꾸면 그 사실을 바로 위원회에 서면으로 또는 전자정보처리조직을 통하여 신고하여야 한다. 제54조 제2항에 따른 전자우편주소

등을 바꾼 경우에도 또한 같다.
제57조(서류의 송달) 이 법에 따른 서류의 송달에 관하여는 「민사소송법」중 송달에 관한 규정을 준용한다.
제58조(행정심판의 고지) ① 행정청이 처분을 할 때에는 처분의 상대방에게 다음 각 호의 사항을 알려야 한다.
1. 해당 처분에 대하여 행정심판을 청구할 수 있는지
2. 행정심판을 청구하는 경우의 심판청구 절차 및 심판청구 기간
② 행정청은 이해관계인이 요구하면 다음 각 호의 사항을 지체 없이 알려 주어야 한다. 이 경우 서면으로 알려 줄 것을 요구받으면 서면으로 알려 주어야 한다.
1. 해당 처분이 행정심판의 대상이 되는 처분인지
2. 행정심판의 대상이 되는 경우 소관 위원회 및 심판청구 기간
제59조(불합리한 법령 등의 개선) ① 중앙행정심판위원회는 심판청구를 심리·재결할 때에 처분 또는 부작위의 근거가 되는 명령 등(대통령령·총리령·부령·훈령·예규·고시·조례·규칙 등을 말한다. 이하 같다)이 법령에 근거가 없거나 상위 법령에 위배되거나 국민에게 과도한 부담을 주는 등 크게 불합리하면 관계 행정기관에 그 명령 등의 개정·폐지 등 적절한 시정조치를 요청할 수 있다. 이 경우 중앙행정심판위원회는 시정조치를 요청한 사실을 법제처장에게 통보하여야 한다.
② 제1항에 따른 요청을 받은 관계 행정기관은 정당한 사유가 없으면 이에 따라야 한다.
제60조(조사·지도 등) ① 중앙행정심판위원회는 행정청에 대하여 다음 각 호의 사항 등을 조사하고, 필요한 지도를 할 수 있다.
1. 위원회 운영 실태
2. 재결 이행 상황
3. 행정심판의 운영 현황
② 행정청은 이 법에 따른 행정심판을 거쳐 「행정소송법」에 따른 항고소송이 제기된 사건에 대하여 그 내용이나 결과 등 대통령령으로 정하는 사항을 반기마다 그 다음 달 15일까지 해당 심판청구에 대한 재결을 한 중앙행정심판위원회 또는 제6조 제3항에 따라 시·도지사 소속으로 두는 행정심판위원회에 알려야 한다.
③ 제6조 제3항에 따라 시·도지사 소속으로 두는 행정심판위원회는 중앙행정심판위원회가 요청하면 제2항에 따라 수집한 자료를 제출하여야 한다.
제61조(권한의 위임) 이 법에 따른 위원회의 권한 중 일부를 국회규칙, 대법원규칙, 헌법재판소규칙, 중앙선거관리위원회규칙 또는 대통령령으로 정하는 바에 따라 위원장에게 위임할 수 있다.

6. 행정소송법

제1장 총칙

제1조(목적) 이 법은 행정소송절차를 통하여 행정청의 위법한 처분 그 밖에 공권력의 행사·불행사등으로 인한 국민의 권리 또는 이익의 침해를 구제하고, 공법상의 권리관계 또는 법적용에 관한 다툼을 적정하게 해결함을 목적으로 한다.

제2조(정의) ① 이 법에서 사용하는 용어의 정의는 다음과 같다.
  1. "처분등"이라 함은 행정청이 행하는 구체적 사실에 관한 법집행으로서의 공권력의 행사 또는 그 거부와 그 밖에 이에 준하는 행정작용(이하 "처분"이라 한다) 및 행정심판에 대한 재결을 말한다.
  2. "부작위"라 함은 행정청이 당사자의 신청에 대하여 상당한 기간내에 일정한 처분을 하여야 할 법률상 의무가 있음에도 불구하고 이를 하지 아니하는 것을 말한다.

② 이 법을 적용함에 있어서 행정청에는 법령에 의하여 행정권한의 위임 또는 위탁을 받은 행정기관, 공공단체 및 그 기관 또는 사인이 포함된다.

제3조(행정소송의 종류) 행정소송은 다음의 네가지로 구분한다.
  1. 항고소송 : 행정청의 처분등이나 부작위에 대하여 제기하는 소송
  2. 당사자소송 : 행정청의 처분등을 원인으로 하는 법률관계에 관한 소송 그 밖에 공법상의 법률관계에 관한 소송으로서 그 법률관계의 한쪽 당사자를 피고로 하는 소송
  3. 민중소송 : 국가 또는 공공단체의 기관이 법률에 위반되는 행위를 한 때에 직접 자기의 법률상 이익과 관계없이 그 시정을 구하기 위하여 제기하는 소송
  4. 기관소송 : 국가 또는 공공단체의 기관상호간에 있어서의 권한의 존부 또는 그 행사에 관한 다툼이 있을 때에 이에 대하여 제기하는 소송. 다만, 헌법재판소법 제2조의 규정에 의하여 헌법재판소의 관장사항으로 되는 소송은 제외한다

제4조(항고소송) 항고소송은 다음과 같이 구분한다.
  1. 취소소송 : 행정청의 위법한 처분등을 취소 또는 변경하는 소송
  2. 무효등 확인소송 : 행정청의 처분등의 효력 유무 또는 존재여부를 확인하는 소송
  3. 부작위위법확인소송 : 행정청의 부작위가 위법하다는 것을 확인하는 소송

제5조(국외에서의 기간) 이 법에 의한 기간의 계산에 있어서 국외에서의 소송행위추완에 있어서는 그 기간을 14일에서 30일로, 제3자에 의한 재심청구에 있어서는 그 기간을 30일에서 60일로, 소의 제기에 있어서는 그 기간을 60일에서 90일로 한다.

제6조(명령·규칙의 위헌판결등 공고) ① 행정소송에 대한 대법원판결에 의하여 명령·규칙이 헌법 또는 법률에 위반된다는 것이 확정된 경우에는 대법원은 지체없이 그 사유를 행정안전부장관에게 통보하여야 한다.

② 제1항의 규정에 의한 통보를 받은 행정안전부장관은 지체없이 이를 관보에 게재하여야 한다.

제7조(사건의 이송) 민사소송법 제34조 제1항의 규정은 원고의 고의 또는 중대한 과실없이 행정소송이 심급을 달리하는 법원에 잘못 제기된 경우에도 적용한다.

제8조(법적용례) ① 행정소송에 대하여는 다른 법률에 특별한 규정이 있는 경우를 제외하고는 이 법이 정하는 바에 의한다.

② 행정소송에 관하여 이 법에 특별한 규정이 없는 사항에 대하여는 법원조직법과 민사소송법 및 민사집행법의 규정을 준용한다.

제2장 취소소송

제1절 재판관할

제9조(재판관할) ① 취소소송의 제1심관할법원은 피고의 소재지를 관할하는 행정법원으로 한다.
② 제1항에도 불구하고 다음 각 호의 어느 하나에 해당하는 피고에 대하여 취소소송을 제기하는 경우에는 대법원소재지를 관할하는 행정법원에 제기할 수 있다.
1. 중앙행정기관, 중앙행정기관의 부속기관과 합의제행정기관 또는 그 장
2. 국가의 사무를 위임 또는 위탁받은 공공단체 또는 그 장

③ 토지의 수용 기타 부동산 또는 특정의 장소에 관계되는 처분등에 대한 취소소송은 그 부동산 또는 장소의 소재지를 관할하는 행정법원에 이를 제기할 수 있다.

제10조(관련청구소송의 이송 및 병합) ① 취소소송과 다음 각호의 1에 해당하는 소송(이하 "관련청구소송"이라 한다)이 각각 다른 법원에 계속되고 있는 경우에 관련청구소송이 계속된 법원이 상당하다고 인정하는 때에는 당사자의 신청 또는 직권에 의하여 이를 취소소송이 계속된 법원으로 이송할 수 있다.
1. 당해 처분등과 관련되는 손해배상·부당이득반환·원상회복등 청구소송
2. 당해 처분등과 관련되는 취소소송

② 취소소송에는 사실심의 변론종결시까지 관련청구소송을 병합하거나 피고외의 자를 상대로 한 관련청구소송을 취소소송이 계속된 법원에 병합하여 제기할 수 있다.

제11조(선결문제) ① 처분등의 효력 유무 또는 존재 여부가 민사소송의 선결문제로 되어 당해 민사소송의 수소법원이 이를 심리·판단하는 경우에는 제17조, 제25조, 제26조 및 제33조의 규정을 준용한다.
② 제1항의 경우 당해 수소법원은 그 처분등을 행한 행정청에게 그 선결문제로 된 사실을 통지하여야 한다.

제2절 당사자

제12조(원고적격) 취소소송은 처분등의 취소를 구할 법률상 이익이 있는 자가 제기할 수 있다. 처분등의 효과가 기간의 경과, 처분등의 집행 그 밖의 사유로 인하여 소멸된 뒤에도 그 처분등의 취소로 인하여 회복되는 법률상 이익이 있는 자의 경우에는 또한 같다.

제13조(피고적격) ① 취소소송은 다른 법률에 특별한 규정이 없는 한 그 처분등을 행한 행정청을 피고로 한다. 다만, 처분등이 있은 뒤에 그 처분등에 관계되는 권한이 다른 행정청에 승계된 때에는 이를 승계한 행정청을 피고로 한다.
② 제1항의 규정에 의한 행정청이 없게 된 때에는 그 처분등에 관한 사무가 귀속되는 국가 또는 공공단체를 피고로 한다.

제14조(피고경정) ① 원고가 피고를 잘못 지정한 때에는 법원은 원고의 신청에 의하여 결정으로써 피고의 경정을 허가할 수 있다.
② 법원은 제1항의 규정에 의한 결정의 정본을 새로운 피고에게 송달하여야 한다.
③ 제1항의 규정에 의한 신청을 각하하는 결정에 대하여는 즉시항고할 수 있다.
④ 제1항의 규정에 의한 결정이 있은 때에는 새로운 피고에 대한 소송은 처음에 소를 제기한 때에 제기된 것으로 본다.
⑤ 제1항의 규정에 의한 결정이 있은 때에는 종전의 피고에 대한 소송은 취하된 것으로 본다.
⑥ 취소소송이 제기된 후에 제13조 제1항 단서 또는 제13조 제2항에 해당하는 사유가 생긴 때에는 법원은 당사자의 신청 또는 직권에 의하여 피고를 경정한다. 이 경우에는 제4항 및 제5항의 규정을 준용한다.

제15조(공동소송) 수인의 청구 또는 수인에 대한 청구가 처분등의 취소청구와 관련되는 청구인 경우에 한하여 그 수인은 공동소송인이 될 수 있다.

제16조(제3자의 소송참가) ① 법원은 소송의 결과에 따라 권리 또는 이익의 침해를 받을 제3자가 있는 경우에는 당사자 또는 제3자의 신청 또는 직권에 의하여 결정으로써 그 제3자를 소송에 참가시킬 수 있다.
② 법원이 제1항의 규정에 의한 결정을 하고자 할 때에는 미리 당사자 및 제3자의 의견을 들어야 한다.
③ 제1항의 규정에 의한 신청을 한 제3자는 그 신청을 각하한 결정에 대하여 즉시항고할 수 있다.
④ 제1항의 규정에 의하여 소송에 참가한 제3자에 대하여는 민사소송법 제67조의 규정을 준용한다.

제17조(행정청의 소송참가) ① 법원은 다른 행정청을 소송에 참가시킬 필요가 있다고 인정할 때에는 당사자 또는 당해 행정청의 신청 또는 직권에 의하여 결정으로써 그 행정청을 소송에 참가시킬 수 있다.
② 법원은 제1항의 규정에 의한 결정을 하고자 할 때에는 당사자 및 당해 행정청의 의견을 들어야 한다.
③ 제1항의 규정에 의하여 소송에 참가한 행정청에 대하여는 민사소송법 제76조의 규정을 준용한다.

제3절 소의 제기

제18조(행정심판과의 관계) ① 취소소송은 법령의 규정에 의하여 당해 처분에 대한 행정심판을 제기할 수 있는 경우에도 이를 거치지 아니하고 제기할 수 있다. 다만, 다른 법률에 당해 처분에 대한 행정심판의 재결을 거치지 아니하면 취소소송을 제기할 수 없다는 규정이 있는 때에는 그러하지 아니하다.
② 제1항 단서의 경우에도 다음 각호의 1에 해당하는 사유가 있는 때에는 행정심판의 재결을 거치지 아니하고 취소소송을 제기할 수 있다.
1. 행정심판청구가 있은 날로부터 60일이 지나도 재결이 없는 때
2. 처분의 집행 또는 절차의 속행으로 생길 중대한 손해를 예방하여야 할 긴급한 필요가 있는 때
3. 법령의 규정에 의한 행정심판기관이 의결 또는 재결을 하지 못할 사유가 있는 때
4. 그 밖의 정당한 사유가 있는 때
③ 제1항 단서의 경우에 다음 각호의 1에 해당하는 사유가 있는 때에는 행정심판을 제기함이 없이 취소소송을 제기할 수 있다.
1. 동종사건에 관하여 이미 행정심판의 기각재결이 있은 때
2. 서로 내용상 관련되는 처분 또는 같은 목적을 위하여 단계적으로 진행되는 처분중 어느 하나가 이미 행정심판의 재결을 거친 때
3. 행정청이 사실심의 변론종결후 소송의 대상인 처분을 변경하여 당해 변경된 처분에 관하여 소를 제기하는 때
4. 처분을 행한 행정청이 행정심판을 거칠 필요가 없다고 잘못 알린 때
④ 제2항 및 제3항의 규정에 의한 사유는 이를 소명하여야 한다.

제19조(취소소송의 대상) 취소소송은 처분등을 대상으로 한다. 다만, 재결취소소송의 경우에는 재결 자체에 고유한 위법이 있음을 이유로 하는 경우에 한한다.

제20조(제소기간) ① 취소소송은 처분등이 있음을 안 날부터 90일 이내에 제기하여야 한다. 다만, 제18조 제1항 단서에 규정한 경우와 그 밖에 행정심판청구를 할 수 있는 경우 또는 행정청이 행정심판청구를 할 수 있다고 잘못 알린 경우에 행정심판청구가 있은 때의 기간은 재결서의 정본을 송달받은 날부터 기산한다.
② 취소소송은 처분등이 있은 날부터 1년(제1항 단서의 경우는 재결이 있은 날부터 1년)을 경과하면 이를 제기하지 못한다. 다만, 정당한 사유가 있는 때에는 그러하지 아니하다.
③ 제1항의 규정에 의한 기간은 불변기간으로 한다.

제21조(소의 변경) ① 법원은 취소소송을 당해 처분등에 관계되는 사무가 귀속하는 국가 또는 공공단체에 대한 당사자소송 또는 취소소송외의 항고소송으로 변경하는 것이 상당하다고 인정할 때에는 청구의 기초에 변경이 없는 한 사실심의 변론종결시까지 원고의 신청에 의하여 결정으로써 소의 변경을 허가할 수 있다.
② 제1항의 규정에 의한 허가를 하는 경우 피고를 달리하게 될 때에는 법원은 새로이 피고로 될 자의 의견을 들어야 한다.
③ 제1항의 규정에 의한 허가결정에 대하여는 즉시항고할 수 있다.
④ 제1항의 규정에 의한 허가결정에 대하여는 제14조 제2항·제4항 및 제5항의 규정을 준용한다.

제22조(처분변경으로 인한 소의 변경) ① 법원은 행정청이 소송의 대상인 처분을 소가 제기된 후 변경한 때에는 원고의 신청에 의하여 결정으로써 청구의 취지 또는 원인의 변경을 허가할 수 있다.
② 제1항의 규정에 의한 신청은 처분의 변경이 있음을 안 날로부터 60일 이내에 하여야 한다.
③ 제1항의 규정에 의하여 변경되는 청구는 제18조 제1항 단서의 규정에 의한 요건을 갖춘 것으로 본다.

제23조(집행정지) ① 취소소송의 제기는 처분등의 효력이나 그 집행 또는 절차의 속행에 영향을 주지 아니한다.
② 취소소송이 제기된 경우에 처분등이나 그 집행 또는 절차의 속행으로 인하여 생길 회복하기 어려운 손해를 예방하기 위하여 긴급한 필요가 있다고 인정할 때에는 본안이 계속되고 있는 법원은 당사자의 신청 또는 직권에 의하여 처분등의 효력이나 그 집행 또는 절차의 속행의 전부 또는 일부의 정지(이하 "집행정지"라 한다)를 결정할 수 있다. 다만, 처분의 효력정지는 처분등의 집행 또는 절차의 속행을 정지함으로써 목적을 달성할 수 있는 경우에는 허용되지 아니한다.
③ 집행정지는 공공복리에 중대한 영향을 미칠 우려가 있을 때에는 허용되지 아니한다.
④ 제2항의 규정에 의한 집행정지의 결정을 신청함에 있어서는 그 이유에 대한 소명이 있어야 한다.
⑤ 제2항의 규정에 의한 집행정지의 결정 또는 기각의 결정에 대하여는 즉시항고할 수 있다. 이 경우 집행정지의 결정에 대한 즉시항고에는 결정의 집행을 정지하는 효력이 없다.
⑥ 제30조 제1항의 규정은 제2항의 규정에 의한 집행정지의 결정에 이를 준용한다.

제24조(집행정지의 취소) ① 집행정지의 결정이 확정된 후 집행정지가 공공복리에 중대한 영향을 미치거나 그 정지사유가 없어진 때에는 당사자의 신청 또는 직권에 의하여 결정으로써 집행정지의 결정을 취소할 수 있다.
② 제1항의 규정에 의한 집행정지결정의 취소결정과 이에 대한 불복의 경우에는 제23조 제4항 및 제5항의 규정을 준용한다.

제4절 심리

제25조(행정심판기록의 제출명령) ① 법원은 당사자의 신청이 있는 때에는 결정으로써 재결을 행한 행정청에 대하여 행정심판에 관한 기록의 제출을 명할 수 있다.
② 제1항의 규정에 의한 제출명령을 받은 행정청은 지체없이 당해 행정심판에 관한 기록을 법원에 제출하여야 한다.

제26조(직권심리) 법원은 필요하다고 인정할 때에는 직권으로 증거조사를 할 수 있고, 당사자가 주장하지 아니한 사실에 대하여도 판단할 수 있다.

제5절 재판

제27조(재량처분의 취소) 행정청의 재량에 속하는 처분이라도 재량권의 한계를 넘거나 그 남용이 있는 때에는 법원은 이를 취소할 수 있다.

제28조(사정판결) ① 원고의 청구가 이유있다고 인정하는 경우에도 처분등을 취소하는 것이 현저히 공공복리에 적합하지 아니하다고 인정하는 때에는 법원은 원고의 청구를 기각할 수 있다. 이 경우 법원은 그 판결의 주문에서 그 처분등이 위법함을 명시하여야 한다.
② 법원이 제1항의 규정에 의한 판결을 함에 있어서는 미리 원고가 그로 인하여 입게 될 손해의 정도와 배상방법 그 밖의 사정을 조사하여야 한다.
③ 원고는 피고인 행정청이 속하는 국가 또는 공공단체를 상대로 손해배상, 제해시설의 설치 그 밖에 적당한 구제방법의 청구를 당해 취소소송등이 계속된 법원에 병합하여 제기할 수 있다.

제29조(취소판결등의 효력) ① 처분등을 취소하는 확정판결은 제3자에 대하여도 효력이 있다.
② 제1항의 규정은 제23조의 규정에 의한 집행정지의 결정 또는 제24조의 규정에 의한 그 집행정지결정의 취소결정에 준용한다.

제30조(취소판결등의 기속력) ① 처분등을 취소하는 확정판결은 그 사건에 관하여 당사자인 행정청과 그 밖의 관계행정청을 기속한다.
② 판결에 의하여 취소되는 처분이 당사자의 신청을 거부하는 것을 내용으로 하는 경우에는 그 처분을 행한 행정청은 판결의 취지에 따라 다시 이전의 신청에 대한 처분을 하여야 한다.
③ 제2항의 규정은 신청에 따른 처분이 절차의 위법을 이유로 취소되는 경우에 준용한다.

제6절 보칙

제31조(제3자에 의한 재심청구) ① 처분등을 취소하는 판결에 의하여 권리 또는 이익의 침해를 받은 제3자는 자기에게 책임없는 사유로 소송에 참가하지 못함으로써 판결의 결과에 영향을 미칠 공격 또는 방어방법을 제출하지 못한 때에는 이를 이유로 확정된 종국판결에 대하여 재심의 청구를 할 수 있다.
② 제1항의 규정에 의한 청구는 확정판결이 있음을 안 날로부터 30일 이내, 판결이 확정된 날로부터 1년 이내에 제기하여야 한다.
③ 제2항의 규정에 의한 기간은 불변기간으로 한다.

제32조(소송비용의 부담) 취소청구가 제28조의 규정에 의하여 기각되거나 행정청이 처분등을 취소 또는 변경함으로 인하여 청구가 각하 또는 기각된 경우에는 소송비용은 피고의 부담으로 한다.

제33조(소송비용에 관한 재판의 효력) 소송비용에 관한 재판이 확정된 때에는 피고 또는 참가인이었던 행정청이 소속하는 국가 또는 공공단체에 그 효력을 미친다.

제34조(거부처분취소판결의 간접강제) ① 행정청이 제30조 제2항의 규정에 의한 처분을 하지 아니하는 때에는 제1심수소법원은 당사자의 신청에 의하여 결정으로써 상당한 기간을 정하고 행정청이 그 기간내에 이행하지 아니하는 때에는 그 지연기간에 따라 일정한 배상을 할 것을 명하거나 즉시 손해배상을 할 것을 명할 수 있다.
② 제33조와 민사집행법 제262조의 규정은 제1항의 경우에 준용한다.

제 3 장 취소소송외의 항고소송

제35조(무효등 확인소송의 원고적격) 무효등 확인소송은 처분등의 효력 유무 또는 존재 여부의 확인을 구할 법률상 이익이 있는 자가 제기할 수 있다.

제36조(부작위위법확인소송의 원고적격) 부작위위법확인소송은 처분의 신청을 한 자로서 부작위의 위법의 확인을 구할 법률상 이익이 있는 자만이 제기할 수 있다.

제37조(소의 변경) 제21조의 규정은 무효등 확인소송이나 부작위위법확인소송을 취소소송 또는 당사자소송으로 변경하는 경우에 준용한다.

제38조(준용규정) ① 제9조, 제10조, 제13조 내지 제17조, 제19조, 제22조 내지 제26조, 제29조 내지 제31조 및 제33조의 규정은 무효등 확인소송의 경우에 준용한다.

② 제9조, 제10조, 제13조 내지 제19조, 제20조, 제25조 내지 제27조, 제29조 내지 제31조, 제33조 및 제34조의 규정은 부작위법확인소송의 경우에 준용한다.

제 4 장 당사자소송

제39조(피고적격) 당사자소송은 국가·공공단체 그 밖의 권리주체를 피고로 한다.

제40조(재판관할) 제9조의 규정은 당사자소송의 경우에 준용한다. 다만, 국가 또는 공공단체가 피고인 경우에는 관계행정청의 소재지를 피고의 소재지로 본다.

제41조(제소기간) 당사자소송에 관하여 법령에 제소기간이 정하여져 있는 때에는 그 기간은 불변기간으로 한다.

제42조(소의 변경) 제21조의 규정은 당사자소송을 항고소송으로 변경하는 경우에 준용한다.

제43조(가집행선고의 제한) 국가를 상대로 하는 당사자소송의 경우에는 가집행선고를 할 수 없다.

제44조(준용규정) ① 제14조 내지 제17조, 제22조, 제25조, 제26조, 제30조 제1항, 제32조 및 제33조의 규정은 당사자소송의 경우에 준용한다.
② 제10조의 규정은 당사자소송과 관련청구소송이 각각 다른 법원에 계속되고 있는 경우의 이송과 이들 소송의 병합의 경우에 준용한다.

제 5 장 민중소송 및 기관소송

제45조(소의 제기) 민중소송 및 기관소송은 법률이 정한 경우에 법률에 정한 자에 한하여 제기할 수 있다.

제46조(준용규정) ① 민중소송 또는 기관소송으로써 처분등의 취소를 구하는 소송에는 그 성질에 반하지 아니하는 한 취소소송에 관한 규정을 준용한다.
② 민중소송 또는 기관소송으로써 처분등의 효력 유무 또는 존재 여부나 부작위의 위법의 확인을 구하는 소송에는 그 성질에 반하지 아니하는 한 각각 무효등 확인소송 또는 부작위법확인소송에 관한 규정을 준용한다.
③ 민중소송 또는 기관소송으로서 제1항 및 제2항에 규정된 소송외의 소송에는 그 성질에 반하지 아니하는 한 당사자소송에 관한 규정을 준용한다.

7. 국가배상법

제1조(목적) 이 법은 국가나 지방자치단체의 손해배상(損害賠償)의 책임과 배상절차를 규정함을 목적으로 한다.

제2조(배상책임) ① 국가나 지방자치단체는 공무원 또는 공무를 위탁받은 사인(이하 "공무원"이라 한다)이 직무를 집행하면서 고의 또는 과실로 법령을 위반하여 타인에게 손해를 입히거나, 「자동차손해배상 보장법」에 따라 손해배상의 책임이 있을 때에는 이 법에 따라 그 손해를 배상하여야 한다. 다만, 군인·군무원·경찰공무원 또는 예비군대원이 전투·훈련 등 직무 집행과 관련하여 전사(戰死)·순직(殉職)하거나 공상(公傷)을 입은 경우에 본인이나 그 유족이 다른 법령에 따라 재해보상금·유족연금·상이연금 등의 보상을 지급받을 수 있을 때에는 이 법 및 「민법」에 따른 손해배상을 청구할 수 없다.
② 제1항 본문의 경우에 공무원에게 고의 또는 중대한 과실이 있으면 국가나 지방자치단체는 그 공무원에게 구상(求償)할 수 있다.

제3조(배상기준) ① 제2조 제1항을 적용할 때 타인을 사망하게 한 경우(타인의 신체에 해를 입혀 그로 인하여 사망하게 한 경우를 포함한다) 피해자의 상속인(이하 "유족"이라 한다)에게 다음 각 호의 기준에 따라 배상한다.
1. 사망 당시(신체에 해를 입고 그로 인하여 사망한 경우에는 신체에 해를 입은 당시를 말한다)의 월급액이나 월실수입액(月實收入額) 또는 평균임금에 장래의 취업가능기간을 곱한 금액의 유족배상(遺族賠償)
2. 대통령령으로 정하는 장례비
② 제2조 제1항을 적용할 때 타인의 신체에 해를 입힌 경우에는 피해자에게 다음 각 호의 기준에 따라 배상한다.
1. 필요한 요양을 하거나 이를 대신할 요양비
2. 제1호의 요양으로 인하여 월급액이나 월실수입액 또는 평균임금의 수입에 손실이 있는 경우에는 요양기간 중 그 손실액의 휴업배상(休業賠償)
3. 피해자가 완치 후 신체에 장해(障害)가 있는 경우에는 그 장해로 인한 노동력 상실 정도에 따라 피해를 입은 당시의 월급액이나 월실수입액 또는 평균임금에 장래의 취업가능기간을 곱한 금액의 장해배상(障害賠償)
③ 제2조 제1항을 적용할 때 타인의 물건을 멸실·훼손한 경우에는 피해자에게 다음 각 호의 기준에 따라 배상한다.
1. 피해를 입은 당시의 그 물건의 교환가액 또는 필요한 수리를 하거나 이를 대신할 수리비
2. 제1호의 수리로 인하여 수입에 손실이 있는 경우에는 수리기간 중 그 손실액의 휴업배상
④ 생명·신체에 대한 침해와 물건의 멸실·훼손으로 인한 손해 외의 손해는 불법행위와 상당한 인과관계가 있는 범위에서 배상한다.
⑤ 사망하거나 신체의 해를 입은 피해자의 직계존속(直系尊屬)·직계비속(直系卑屬) 및 배우자, 신체의 해나 그 밖의 해를 입은 피해자에게는 대통령령으로 정하는 기준 내에서 피해자의 사회적 지위, 과실(過失)의 정도, 생계 상태, 손해배상액 등을 고려하여 그 정신적 고통에 대한 위자료를 배상하여야 한다.
⑥ 제1항 제1호 및 제2항 제3호에 따른 취업가능기간과 장해의 등급 및 노동력 상실률은 대통령령으로 정한다.
⑦ 제1항부터 제3항까지의 규정에 따른 월급액이나 월실수입액 또는 평균임금 등은 피해자의 주소지를 관할하는 세무서장 또는 시장·군수·구청장(자치구의 구청장을 말한다)과 피해자의 근무처의 장의 증명이나 그 밖의 공신력 있는 증명에 의하고, 이를 증명할 수 없을 때에는 대통령령으로 정하는 바에 따른다.

제3조의2(공제액) ① 제2조 제1항을 적용할 때 피해자가 손해를 입은 동시에 이익을 얻은 경우에는 손해배상액에서 그 이익에 상당하는 금액을 빼야 한다.
② 제3조 제1항의 유족배상과 같은 조 제2항의 장해배상 및 장래에 필요한 요양비 등을 한꺼번에 신청하는 경우에는 중간이자를 빼야 한다.

③ 제2항의 중간이자를 빼는 방식은 대통령령으로 정한다.

제4조(양도 등 금지) 생명·신체의 침해로 인한 국가배상을 받을 권리는 양도하거나 압류하지 못한다.

제5조(공공시설 등의 하자로 인한 책임) ① 도로·하천, 그 밖의 공공의 영조물(營造物)의 설치나 관리에 하자(瑕疵)가 있기 때문에 타인에게 손해를 발생하게 하였을 때에는 국가나 지방자치단체는 그 손해를 배상하여야 한다. 이 경우 제2조 제1항 단서, 제3조 및 제3조의2를 준용한다.
② 제1항을 적용할 때 손해의 원인에 대하여 책임을 질 자가 따로 있으면 국가나 지방자치단체는 그 자에게 구상할 수 있다.

제6조(비용부담자 등의 책임) ① 제2조·제3조 및 제5조에 따라 국가나 지방자치단체가 손해를 배상할 책임이 있는 경우에 공무원의 선임·감독 또는 영조물의 설치·관리를 맡은 자와 공무원의 봉급·급여, 그 밖의 비용 또는 영조물의 설치·관리 비용을 부담하는 자가 동일하지 아니하면 그 비용을 부담하는 자도 손해를 배상하여야 한다.
② 제1항의 경우에 손해를 배상한 자는 내부관계에서 그 손해를 배상할 책임이 있는 자에게 구상할 수 있다.

제7조(외국인에 대한 책임) 이 법은 외국인이 피해자인 경우에는 해당 국가와 상호 보증이 있을 때에만 적용한다.

제8조(다른 법률과의 관계) 국가나 지방자치단체의 손해배상 책임에 관하여는 이 법에 규정된 사항 외에는 「민법」에 따른다. 다만, 「민법」외의 법률에 다른 규정이 있을 때에는 그 규정에 따른다.

제9조(소송과 배상신청의 관계) 이 법에 따른 손해배상의 소송은 배상심의회(이하 "심의회"라 한다)에 배상신청을 하지 아니하고도 제기할 수 있다.

제10조(배상심의회) ① 국가나 지방자치단체에 대한 배상신청사건을 심의하기 위하여 법무부에 본부심의회를 둔다. 다만, 군인이나 군무원이 타인에게 입힌 손해에 대한 배상신청사건을 심의하기 위하여 국방부에 특별심의회를 둔다.
② 본부심의회와 특별심의회는 대통령령으로 정하는 바에 따라 지구심의회(地區審議會)를 둔다.
③ 본부심의회와 특별심의회와 지구심의회는 법무부장관의 지휘를 받아야 한다.
④ 각 심의회에는 위원장을 두며, 위원장은 심의회의 업무를 총괄하고 심의회를 대표한다.
⑤ 각 심의회의 위원 중 공무원이 아닌 위원은 「형법」제127조 및 제129조부터 제132조까지의 규정을 적용할 때에는 공무원으로 본다.
⑥ 각 심의회의 관할·구성·운영과 그 밖에 필요한 사항은 대통령령으로 정한다.

제11조(각급 심의회의 권한) ① 본부심의회와 특별심의회는 다음 각 호의 사항을 심의·처리한다.
  1. 제13조 제6항에 따라 지구심의회로부터 송부받은 사건
  2. 제15조의2에 따른 재심신청사건
  3. 그 밖에 법령에 따라 그 소관에 속하는 사항
② 각 지구심의회는 그 관할에 속하는 국가나 지방자치단체에 대한 배상신청사건을 심의·처리한다.

제12조(배상신청) ① 이 법에 따라 배상금을 지급받으려는 자는 그 주소지·소재지 또는 배상원인 발생지를 관할하는 지구심의회에 배상신청을 하여야 한다.
② 손해배상의 원인을 발생하게 한 공무원의 소속 기관의 장은 피해자나 유족을 위하여 제1항의 신청을 권장하여야 한다.
③ 심의회의 위원장은 배상신청이 부적법하지만 보정(補正)할 수 있다고 인정하는 경우에는 상당한 기간을 정하여 보정을 요구하여야 한다.
④ 제3항에 따른 보정을 하였을 때에는 처음부터 적법하게 배상신청을 한 것으로 본다.
⑤ 제3항에 따른 보정기간은 제13조 제1항에 따른 배상결정 기간에 산입하지 아니한다.

제13조(심의와 결정) ① 지구심의회는 배상신청을 받으면 지체 없이 증인신문(證人訊問)·감정(鑑定)·검증(檢證) 등 증거조사를 한 후 그 심의를 거쳐 4주일 이내에 배상금 지급결정, 기각결정 또는 각하결정(이하 "배상결정"이라 한다)을 하여야 한다.

② 지구심의회는 긴급한 사유가 있다고 인정할 때에는 제3조 제1항 제2호, 같은 조 제2항 제1호 및 같은 조 제3항 제1호에 따른 장례비·요양비 및 수리비의 일부를 사전에 지급하도록 결정할 수 있다. 사전에 지급을 한 경우에는 배상결정 후 배상금을 지급할 때에 그 금액을 빼야 한다.
③ 제2항 전단에 따른 사전 지급의 기준·방법 및 절차 등에 관하여 필요한 사항은 대통령령으로 정한다.
④ 제2항에도 불구하고 지구심의회의 회의를 소집할 시간적 여유가 없거나 그 밖의 부득이한 사유가 있으면 지구심의회의 위원장은 직권으로 사전 지급을 결정할 수 있다. 이 경우 위원장은 지구심의회에 그 사실을 보고하고 추인(追認)을 받아야 하며, 지구심의회의 추인을 받지 못하면 그 결정은 효력을 잃는다.
⑤ 심의회는 제3조와 제3조의2의 기준에 따라 배상금 지급을 심의·결정하여야 한다.
⑥ 지구심의회는 배상신청사건을 심의한 결과 그 사건이 다음 각 호의 어느 하나에 해당한다고 인정되면 지체 없이 사건기록에 심의 결과를 첨부하여 본부심의회나 특별심의회에 송부하여야 한다.
1. 배상금의 개산액(槪算額)이 대통령령으로 정하는 금액 이상인 사건
2. 그 밖에 대통령령으로 본부심의회나 특별심의회에서 심의·결정하도록 한 사건
⑦ 본부심의회나 특별심의회는 제6항에 따라 사건기록을 송부받으면 4주일 이내에 배상결정을 하여야 한다.
⑧ 심의회는 다음 각 호의 어느 하나에 해당하면 배상신청을 각하(却下)한다.
1. 신청인이 이전에 동일한 신청원인으로 배상신청을 하여 배상금 지급(배상김 지급) 또는 기각(棄却)의 결정을 받은 경우. 다만, 기각 결정을 받은 신청인이 중요한 증거가 새로 발견되었음을 소명(疏明)하는 경우에는 그러하지 아니하다.
2. 신청인이 이전에 동일한 청구원인으로 이 법에 따른 손해배상의 소송을 제기하여 배상금 지급 또는 기각의 확정판결을 받은 경우
3. 그 밖에 배상신청이 부적법하고 그 잘못된 부분을 보정할 수 없거나 제12조 제3항에 따른 보정 요구에 응하지 아니한 경우

제14조(결정서의 송달) ① 심의회는 배상결정을 하면 그 결정을 한 날부터 1주일 이내에 그 결정정본(決定正本)을 신청인에게 송달하여야 한다.
② 제1항의 송달에 관하여는 「민사소송법」의 송달에 관한 규정을 준용한다.

제15조(신청인의 동의와 배상금 지급) ① 배상결정을 받은 신청인은 지체 없이 그 결정에 대한 동의서를 첨부하여 국가나 지방자치단체에 배상금 지급을 청구하여야 한다.
② 배상금 지급에 관한 절차, 지급기관, 지급시기, 그 밖에 필요한 사항은 대통령령으로 정한다.
③ 배상결정을 받은 신청인이 배상금 지급을 청구하지 아니하거나 지방자치단체가 대통령령으로 정하는 기간 내에 배상금을 지급하지 아니하면 그 결정에 동의하지 아니한 것으로 본다.

제15조의2(재심신청) ① 지구심의회에서 배상신청이 기각(일부기각된 경우를 포함한다) 또는 각하된 신청인은 결정정본이 송달된 날부터 2주일 이내에 그 심의회를 거쳐 본부심의회나 특별심의회에 재심(再審)을 신청할 수 있다.
② 재심신청을 받은 지구심의회는 1주일 이내에 배상신청기록 일체를 본부심의회나 특별심의회에 송부하여야 한다.
③ 본부심의회나 특별심의회는 제1항의 신청에 대하여 심의를 거쳐 4주일 이내에 다시 배상결정을 하여야 한다.
④ 본부심의회나 특별심의회는 배상신청을 각하한 지구심의회의 결정이 법령에 위반되면 사건을 그 지구심의회에 환송(還送)할 수 있다.
⑤ 본부심의회나 특별심의회는 배상신청이 각하된 신청인이 잘못된 부분을 보정하여 재심신청을 하면 사건을 해당 지구심의회에 환송할 수 있다.
⑥ 재심신청사건에 대한 본부심의회나 특별심의회의 배상결정에는 제14조와 제15조를 준용한다.

8. 질서위반행위규제법

제1장 총칙

제1조(목적) 이 법은 법률상 의무의 효율적인 이행을 확보하고 국민의 권리와 이익을 보호하기 위하여 질서위반행위의 성립요건과 과태료의 부과·징수 및 재판 등에 관한 사항을 규정하는 것을 목적으로 한다.

제2조(정의) 이 법에서 사용하는 용어의 뜻은 다음과 같다.
1. "질서위반행위"란 법률(지방자치단체의 조례를 포함한다. 이하 같다)상의 의무를 위반하여 과태료를 부과하는 행위를 말한다. 다만, 다음 각 목의 어느 하나에 해당하는 행위를 제외한다.
   가. 대통령령으로 정하는 사법(私法)상·소송법상 의무를 위반하여 과태료를 부과하는 행위
   나. 대통령령으로 정하는 법률에 따른 징계사유에 해당하여 과태료를 부과하는 행위
2. "행정청"이란 행정에 관한 의사를 결정하여 표시하는 국가 또는 지방자치단체의 기관, 그 밖의 법령 또는 자치법규에 따라 행정권한을 가지고 있거나 위임 또는 위탁받은 공공단체나 그 기관 또는 사인(私人)을 말한다.
3. "당사자"란 질서위반행위를 한 자연인 또는 법인(법인이 아닌 사단 또는 재단으로서 대표자 또는 관리인이 있는 것을 포함한다. 이하 같다)을 말한다.

제3조(법 적용의 시간적 범위) ① 질서위반행위의 성립과 과태료 처분은 행위 시의 법률에 따른다.
② 질서위반행위 후 법률이 변경되어 그 행위가 질서위반행위에 해당하지 아니하게 되거나 과태료가 변경되기 전의 법률보다 가볍게 된 때에는 법률에 특별한 규정이 없는 한 변경된 법률을 적용한다.
③ 행정청의 과태료 처분이나 법원의 과태료 재판이 확정된 후 법률이 변경되어 그 행위가 질서위반행위에 해당하지 아니하게 된 때에는 변경된 법률에 특별한 규정이 없는 한 과태료의 징수 또는 집행을 면제한다.

제4조(법 적용의 장소적 범위) ① 이 법은 대한민국 영역 안에서 질서위반행위를 한 자에게 적용한다.
② 이 법은 대한민국 영역 밖에서 질서위반행위를 한 대한민국의 국민에게 적용한다.
③ 이 법은 대한민국 영역 밖에 있는 대한민국의 선박 또는 항공기 안에서 질서위반행위를 한 외국인에게 적용한다.

제5조(다른 법률과의 관계) 과태료의 부과·징수, 재판 및 집행 등의 절차에 관한 다른 법률의 규정 중 이 법의 규정에 저촉되는 것은 이 법으로 정하는 바에 따른다.

제2장 질서위반행위의 성립 등

제6조(질서위반행위 법정주의) 법률에 따르지 아니하고는 어떤 행위도 질서위반행위로 과태료를 부과하지 아니한다.

제7조(고의 또는 과실) 고의 또는 과실이 없는 질서위반행위는 과태료를 부과하지 아니한다.

제8조(위법성의 착오) 자신의 행위가 위법하지 아니한 것으로 오인하고 행한 질서위반행위는 그 오인에 정당한 이유가 있는 때에 한하여 과태료를 부과하지 아니한다.

제9조(책임연령) 14세가 되지 아니한 자의 질서위반행위는 과태료를 부과하지 아니한다. 다만, 다른 법률에 특별한 규정이 있는 경우에는 그러하지 아니하다.

제10조(심신장애) ① 심신(心神)장애로 인하여 행위의 옳고 그름을 판단할 능력이 없거나 그 판단에 따른 행위를 할 능력이 없는 자의 질서위반행위는 과태료를 부과하지 아니한다.
② 심신장애로 인하여 제1항에 따른 능력이 미약한 자의 질서위반행위는 과태료를 감경한다.
③ 스스로 심신장애 상태를 일으켜 질서위반행위를 한 자에 대하여는 제1항 및 제2항을 적용하지 아니한다.

제11조(법인의 처리 등) ① 법인의 대표자, 법인 또는 개인의 대리인·사용인 및 그 밖의 종업원

이 업무에 관하여 법인 또는 그 개인에게 부과된 법률상의 의무를 위반한 때에는 법인 또는 그 개인에게 과태료를 부과한다.
② 제7조부터 제10조까지의 규정은 「도로교통법」제56조 제1항에 따른 고용주등을 같은 법 제160조 제3항에 따라 과태료를 부과하는 경우에는 적용하지 아니한다.

제12조(다수인의 질서위반행위 가담) ① 2인 이상이 질서위반행위에 가담한 때에는 각자가 질서위반행위를 한 것으로 본다.
② 신분에 의하여 성립하는 질서위반행위에 신분이 없는 자가 가담한 때에는 신분이 없는 자에 대하여도 질서위반행위가 성립한다.
③ 신분에 의하여 과태료를 감경 또는 가중하거나 과태료를 부과하지 아니하는 때에는 그 신분의 효과는 신분이 없는 자에게는 미치지 아니한다.

제13조(수개의 질서위반행위의 처리) ① 하나의 행위가 2 이상의 질서위반행위에 해당하는 경우에는 각 질서위반행위에 대하여 정한 과태료 중 가장 중한 과태료를 부과한다.
② 제1항의 경우를 제외하고 2 이상의 질서위반행위가 경합하는 경우에는 각 질서위반행위에 대하여 정한 과태료를 각각 부과한다. 다만, 다른 법령(지방자치단체의 조례를 포함한다. 이하 같다)에 특별한 규정이 있는 경우에는 그 법령으로 정하는 바에 따른다.

제14조(과태료의 산정) 행정청 및 법원은 과태료를 정함에 있어서 다음 각 호의 사항을 고려하여야 한다.
 1. 질서위반행위의 동기·목적·방법·결과
 2. 질서위반행위 이후의 당사자의 태도와 정황
 3. 질서위반행위자의 연령·재산상태·환경
 4. 그 밖에 과태료의 산정에 필요하다고 인정되는 사유

제15조(과태료의 시효) ① 과태료는 행정청의 과태료 부과처분이나 법원의 과태료 재판이 확정된 후 5년간 징수하지 아니하거나 집행하지 아니하면 시효로 인하여 소멸한다.
② 제1항에 따른 소멸시효의 중단·정지 등에 관하여는 「국세기본법」제28조를 준용한다.

제3장 행정청의 과태료 부과 및 징수

제16조(사전통지 및 의견 제출 등) ① 행정청이 질서위반행위에 대하여 과태료를 부과하고자 하는 때에는 미리 당사자(제11조 제2항에 따른 고용주등을 포함한다. 이하 같다)에게 대통령령으로 정하는 사항을 통지하고, 10일 이상의 기간을 정하여 의견을 제출할 기회를 주어야 한다. 이 경우 지정된 기일까지 의견 제출이 없는 경우에는 의견이 없는 것으로 본다.
② 당사자는 의견 제출 기한 이내에 대통령령으로 정하는 방법에 따라 행정청에 의견을 진술하거나 필요한 자료를 제출할 수 있다.
③ 행정청은 제2항에 따라 당사자가 제출한 의견에 상당한 이유가 있는 경우에는 과태료를 부과하지 아니하거나 통지한 내용을 변경할 수 있다.

제17조(과태료의 부과) ① 행정청은 제16조의 의견 제출 절차를 마친 후에 서면(당사자가 동의하는 경우에는 전자문서를 포함한다. 이하 이 조에서 같다)으로 과태료를 부과하여야 한다.
② 제1항에 따른 서면에는 질서위반행위, 과태료 금액, 그 밖에 대통령령으로 정하는 사항을 명시하여야 한다.

제17조의2(신용카드 등에 의한 과태료의 납부) ① 당사자는 과태료, 제24조에 따른 가산금, 중가산금 및 체납처분비를 대통령령으로 정하는 과태료 납부대행기관을 통하여 신용카드, 직불카드 등(이하 "신용카드등"이라 한다)으로 낼 수 있다.
② 제1항에 따라 신용카드등으로 내는 경우에는 과태료 납부대행기관의 승인일을 납부일로 본다.
③ 과태료 납부대행기관은 납부자로부터 신용카드등에 의한 과태료 납부대행 용역의 대가로 납부대행 수수료를 받을 수 있다.
④ 과태료 납부대행기관의 지정 및 운영, 납부대행 수수료에 관한 사항은 대통령령으로 정한다.

제18조(자진납부자에 대한 과태료 감경) ① 행정청은 당사자가 제16조에 따른 의견 제출 기한 이내에 과태료를 자진하여 납부하고자 하는 경우에는 대통령령으로 정하는 바에 따라 과태료

를 감경할 수 있다.
② 당사자가 제1항에 따라 감경된 과태료를 납부한 경우에는 해당 질서위반행위에 대한 과태료 부과 및 징수절차는 종료한다.

제19조(과태료 부과의 제척기간) ① 행정청은 질서위반행위가 종료된 날(다수인이 질서위반행위에 가담한 경우에는 최종행위가 종료된 날을 말한다)부터 5년이 경과한 경우에는 해당 질서위반행위에 대하여 과태료를 부과할 수 없다.
② 제1항에도 불구하고 행정청은 제36조 또는 제44조에 따른 법원의 결정이 있는 경우에는 그 결정이 확정된 날부터 1년이 경과하기 전까지는 과태료를 정정부과 하는 등 해당 결정에 따라 필요한 처분을 할 수 있다.

제20조(이의제기) ① 행정청의 과태료 부과에 불복하는 당사자는 제17조 제1항에 따른 과태료 부과 통지를 받은 날부터 60일 이내에 해당 행정청에 서면으로 이의제기를 할 수 있다.
② 제1항에 따른 이의제기가 있는 경우에는 행정청의 과태료 부과처분은 그 효력을 상실한다.
③ 당사자는 행정청으로부터 제21조 제3항에 따른 통지를 받기 전까지는 행정청에 대하여 서면으로 이의제기를 철회할 수 있다.

제21조(법원에의 통보) ① 제20조 제1항에 따른 이의제기를 받은 행정청은 이의제기를 받은 날부터 14일 이내에 이에 대한 의견 및 증빙서류를 첨부하여 관할 법원에 통보하여야 한다. 다만, 다음 각 호의 어느 하나에 해당하는 경우에는 그러하지 아니하다.
1. 당사자가 이의제기를 철회한 경우
2. 당사자의 이의제기에 이유가 있어 과태료를 부과할 필요가 없는 것으로 인정되는 경우
② 행정청은 사실상 또는 법률상 같은 원인으로 말미암아 다수인에게 과태료를 부과할 필요가 있는 경우에는 다수인 가운데 1인에 대한 관할권이 있는 법원에 제1항에 따른 이의제기 사실을 통보할 수 있다.
③ 행정청이 제1항 및 제2항에 따라 관할 법원에 통보를 하거나 통보하지 아니하는 경우에는 그 사실을 즉시 당사자에게 통지하여야 한다.

제22조(질서위반행위의 조사) ① 행정청은 질서위반행위가 발생하였다는 합리적 의심이 있어 그에 대한 조사가 필요하다고 인정할 때에는 대통령령으로 정하는 바에 따라 다음 각 호의 조치를 할 수 있다.
1. 당사자 또는 참고인의 출석 요구 및 진술의 청취
2. 당사자에 대한 보고 명령 또는 자료 제출의 명령
② 행정청은 질서위반행위가 발생하였다는 합리적 의심이 있어 그에 대한 조사가 필요하다고 인정할 때에는 그 소속 직원으로 하여금 당사자의 사무소 또는 영업소에 출입하여 장부·서류 또는 그 밖의 물건을 검사하게 할 수 있다.
③ 제2항에 따른 검사를 하고자 하는 행정청 소속 직원은 당사자에게 검사 개시 7일 전까지 검사 대상 및 검사 이유, 그 밖에 대통령령으로 정하는 사항을 통지하여야 한다. 다만, 긴급을 요하거나 사전통지의 경우 증거인멸 등으로 검사 목적을 달성할 수 없다고 인정되는 때에는 그러하지 아니하다.
④ 제2항에 따라 검사를 하는 직원은 그 권한을 표시하는 증표를 지니고 이를 관계인에게 내보여야 한다.
⑤ 제1항 및 제2항에 따른 조치 또는 검사는 그 목적 달성에 필요한 최소한에 그쳐야 한다.

제23조(자료제공의 요청) 행정청은 과태료의 부과·징수를 위하여 필요한 때에는 관계 행정기관, 지방자치단체, 그 밖에 대통령령으로 정하는 공공기관(이하 "공공기관등"이라 한다)의 장에게 그 필요성을 소명하여 자료 또는 정보의 제공을 요청할 수 있으며, 그 요청을 받은 공공기관등의 장은 특별한 사정이 없는 한 이에 응하여야 한다.

제24조(가산금 징수 및 체납처분 등) ① 행정청은 당사자가 납부기한까지 과태료를 납부하지 아니한 때에는 납부기한을 경과한 날부터 체납된 과태료에 대하여 100분의 3에 상당하는 가산금을 징수한다.
② 체납된 과태료를 납부하지 아니한 때에는

납부기한이 경과한 날부터 매 1개월이 경과할 때마다 체납된 과태료의 1천분의 12에 상당하는 가산금(이하 이 조에서 "중가산금"이라 한다)을 제1항에 따른 가산금에 가산하여 징수한다. 이 경우 중가산금을 가산하여 징수하는 기간은 60개월을 초과하지 못한다.

③ 행정청은 당사자가 제20조 제1항에 따른 기한 이내에 이의를 제기하지 아니하고 제1항에 따른 가산금을 납부하지 아니한 때에는 국세 또는 지방세 체납처분의 예에 따라 징수한다.

제24조의2(상속재산 등에 대한 집행) ① 과태료는 당사자가 과태료 부과처분에 대하여 이의를 제기하지 아니한 채 제20조 제1항에 따른 기한이 종료한 후 사망한 경우에는 그 상속재산에 대하여 집행할 수 있다.

② 법인에 대한 과태료는 법인이 과태료 부과처분에 대하여 이의를 제기하지 아니한 채 제20조 제1항에 따른 기한이 종료한 후 합병에 의하여 소멸한 경우에는 합병 후 존속한 법인 또는 합병에 의하여 설립된 법인에 대하여 집행할 수 있다.

제24조의3(과태료의 징수유예 등) ① 행정청은 당사자가 다음 각 호의 어느 하나에 해당하여 과태료(체납된 과태료와 가산금, 중가산금 및 체납처분비를 포함한다. 이하 이 조에서 같다)를 납부하기가 곤란하다고 인정되면 1년의 범위에서 대통령령으로 정하는 바에 따라 과태료의 분할납부나 납부기일의 연기(이하 "징수유예등"이라 한다)를 결정할 수 있다.
1. 「국민기초생활 보장법」에 따른 수급권자
2. 「국민기초생활 보장법」에 따른 차상위계층 중 다음 각 목의 대상자
   가. 「의료급여법」에 따른 수급권자
   나. 「한부모가족지원법」에 따른 지원대상자
   다. 자활사업 참여자
3. 「장애인복지법」 제2조 제2항에 따른 장애인
4. 본인 외에는 가족을 부양할 사람이 없는 사람
5. 불의의 재난으로 피해를 당한 사람
6. 납부의무자 또는 그 동거 가족이 질병이나 중상해로 1개월 이상의 장기 치료를 받아야 하는 경우
7. 「채무자 회생 및 파산에 관한 법률」에 따른 개인회생절차개시결정자
8. 「고용보험법」에 따른 실업급여수급자
9. 그 밖에 제1호부터 제8호까지에 준하는 것으로서 대통령령으로 정하는 부득이한 사유가 있는 경우

② 제1항에 따라 징수유예등을 받으려는 당사자는 대통령령으로 정하는 바에 따라 이를 행정청에 신청할 수 있다.

③ 행정청은 제1항에 따라 징수유예등을 하는 경우 그 유예하는 금액에 상당하는 담보의 제공이나 제공된 담보의 변경을 요구할 수 있고, 그 밖에 담보보전에 필요한 명령을 할 수 있다.

④ 행정청은 제1항에 따른 징수유예등의 기간 중에는 그 유예한 과태료 징수금에 대하여 가산금, 중가산금의 징수 또는 체납처분(교부청구는 제외한다)을 할 수 없다.

⑤ 행정청은 다음 각 호의 어느 하나에 해당하는 경우 그 징수유예등을 취소하고, 유예된 과태료 징수금을 한꺼번에 징수할 수 있다. 이 경우 그 사실을 당사자에게 통지하여야 한다.
1. 과태료 징수금을 지정된 기한까지 납부하지 아니하였을 때
2. 담보의 제공이나 변경, 그 밖에 담보보전에 필요한 행정청의 명령에 따르지 아니하였을 때
3. 재산상황이나 그 밖의 사정의 변화로 유예할 필요가 없다고 인정될 때
4. 제1호부터 제3호까지에 준하는 대통령령으로 정하는 사유에 해당되어 유예한 기한까지 과태료 징수금의 전액을 징수할 수 없다고 인정될 때

⑥ 과태료 징수유예등의 방식과 절차, 그 밖에 징수유예등에 관하여 필요한 사항은 대통령령으로 정한다.

제7조의2(과태료의 징수유예등) ① 행정청은 법 제24조의3 제1항에 따라 과태료의 분할납부나 납부기일의 연기(이하 "징수유예등"이라 한다)를 결정하는 경우 그 기간을 그 징수유예등을 결정한 날의 다음 날부터 9개월 이내로 하여야 한다. 다만, 그 기간이 만료될 때까지 법 제24조의3 제1항에 따른 징수유예등의 사유가 해소되지 아니하는 경우에는 1회에 한정하여 3개월의 범위에서 그 기간을 연장할 수 있다.
② 법 제24조의3 제1항 제9호에서 "대통령령으로 정하는 부득이한 사유가 있는 경우"란 다음 각 호의 어느 하나에 해당하는 경우를 말한다.
1. 도난 등으로 재산에 현저한 손실을 입은 경우
2. 사업이 중대한 위기에 처한 경우
3. 과태료를 일시에 내면 생계유지가 곤란하거나 자금사정에 현저한 어려움이 예상되는 경우
③ 행정청은 제1항에 따라 징수유예등을 결정하는 경우 법 제24조의3 제1항에 따른 징수유예등의 사유를 고려하여 납부기한의 연기, 분할납부의 횟수 및 금액을 정한다.

제24조의4(결손처분) ① 행정청은 당사자에게 다음 각 호의 어느 하나에 해당하는 사유가 있을 경우에는 결손처분을 할 수 있다.
1. 제15조 제1항에 따라 과태료의 소멸시효가 완성된 경우
2. 체납자의 행방이 분명하지 아니하거나 재산이 없는 등 징수할 수 없다고 인정되는 경우로서 대통령령으로 정하는 경우
② 행정청은 제1항 제2호에 따라 결손처분을 한 후 압류할 수 있는 다른 재산을 발견하였을 때에는 지체 없이 그 처분을 취소하고 체납처분을 하여야 한다.

제 4 장 질서위반행위의 재판 및 집행

제25조(관할 법원) 과태료 사건은 다른 법령에 특별한 규정이 있는 경우를 제외하고는 당사자의 주소지의 지방법원 또는 그 지원의 관할로 한다.

제26조(관할의 표준이 되는 시기) 법원의 관할은 행정청이 제21조 제1항 및 제2항에 따라 이의제기 사실을 통보한 때를 표준으로 정한다.

제27조(관할위반에 따른 이송) ① 법원은 과태료 사건의 전부 또는 일부에 대하여 관할권이 없다고 인정하는 경우에는 결정으로 이를 관할 법원으로 이송한다.
② 당사자 또는 검사는 이송결정에 대하여 즉시항고를 할 수 있다.

제28조(준용규정) 「비송사건절차법」제2조부터 제4조까지, 제6조, 제7조, 제10조(인증과 감정을 제외한다) 및 제24조부터 제26조까지의 규정은 이 법에 따른 과태료 재판(이하 "과태료 재판"이라 한다)에 준용한다.

제29조(법원직원의 제척 등) 법원직원의 제척·기피 및 회피에 관한 「민사소송법」의 규정은 과태료 재판에 준용한다.

제30조(행정청 통보사실의 통지) 법원은 제21조 제1항 및 제2항에 따른 행정청의 통보가 있는 경우 이를 즉시 검사에게 통지하여야 한다.

제31조(심문 등) ① 법원은 심문기일을 열어 당사자의 진술을 들어야 한다.
② 법원은 검사의 의견을 구하여야 하고, 검사는 심문에 참여하여 의견을 진술하거나 서면으로 의견을 제출하여야 한다.
③ 법원은 당사자 및 검사에게 제1항에 따른 심문기일을 통지하여야 한다.

제32조(행정청에 대한 출석 요구 등) ① 법원은 행정청의 참여가 필요하다고 인정하는 때에는 행정청으로 하여금 심문기일에 출석하여 의견을 진술하게 할 수 있다.
② 행정청은 법원의 허가를 받아 소속 공무원으로 하여금 심문기일에 출석하여 의견을 진술하게 할 수 있다.

제33조(직권에 의한 사실탐지와 증거조사) ① 법원은 직권으로 사실의 탐지와 필요하다고 인정하는 증거의 조사를 하여야 한다.
② 제1항의 증거조사에 관하여는 「민사소송법」

에 따른다.

제34조(촉탁할 수 있는 사항) 사실탐지·소환 및 고지에 관한 행위는 촉탁할 수 있다.

제35조(조서의 작성) 법원서기관·법원사무관·법원주사 또는 법원주사보(이하 "법원사무관등"이라 한다)는 증인 또는 감정인의 심문에 관하여는 조서를 작성하고, 그 밖의 심문에 관하여는 필요하다고 인정하는 경우에 한하여 조서를 작성한다.

제36조(재판) ① 과태료 재판은 이유를 붙인 결정으로써 한다.
② 결정서의 원본에는 판사가 서명날인하여야 한다. 다만, 제20조 제1항에 따른 이의제기서 또는 조서에 재판에 관한 사항을 기재하고 판사가 이에 서명날인함으로써 원본에 갈음할 수 있다.
③ 결정서의 정본과 등본에는 법원사무관등이 기명날인하고, 정본에는 법원인을 찍어야 한다.
④ 제2항의 서명날인은 기명날인으로 갈음할 수 있다.

제37조(결정의 고지) ① 결정은 당사자와 검사에게 고지함으로써 효력이 생긴다.
② 결정의 고지는 법원이 적당하다고 인정하는 방법으로 한다. 다만, 공시송달을 하는 경우에는 「민사소송법」에 따라야 한다.
③ 법원사무관등은 고지의 방법·장소와 연월일을 결정서의 원본에 부기하고 이에 날인하여야 한다.

제38조(항고) ① 당사자와 검사는 과태료 재판에 대하여 즉시항고를 할 수 있다. 이 경우 항고는 집행정지의 효력이 있다
② 검사는 필요한 경우에는 제1항에 따른 즉시항고 여부에 대한 행정청의 의견을 청취할 수 있다.

제39조(항고법원의 재판) 항고법원의 과태료 재판에는 이유를 적어야 한다.

제40조(항고의 절차) 「민사소송법」의 항고에 관한 규정은 특별한 규정이 있는 경우를 제외하고는 이 법에 따른 항고에 준용한다.

제41조(재판비용) ① 과태료 재판절차의 비용은 과태료에 처하는 선고가 있는 경우에는 그 선고를 받은 자의 부담으로 하고, 그 외의 경우에는 국고의 부담으로 한다.
② 항고법원이 당사자의 신청을 인정하는 과태료 재판을 한 때에는 항고절차의 비용과 전심에서 당사자의 부담이 된 비용은 국고의 부담으로 한다.

제42조(과태료 재판의 집행) ① 과태료 재판은 검사의 명령으로써 집행한다. 이 경우 그 명령은 집행력 있는 집행권원과 동일한 효력이 있다.
② 과태료 재판의 집행절차는 「민사집행법」에 따르거나 국세 또는 지방세 체납처분의 예에 따른다. 다만, 「민사집행법」에 따를 경우에는 집행을 하기 전에 과태료 재판의 송달은 하지 아니한다.
③ 과태료 재판의 집행에 대하여는 제24조 및 제24조의2를 준용한다. 이 경우 제24조의2 제1항 및 제2항 중 "과태료 부과처분에 대하여 이의를 제기하지 아니한 채 제20조 제1항에 따른 기한이 종료한 후"는 "과태료 재판이 확정된 후"로 본다.
④ 검사는 제1항부터 제3항까지의 규정에 따른 과태료 재판을 집행한 경우 그 결과를 해당 행정청에 통보하여야 한다.

제43조(과태료 재판 집행의 위탁) ① 검사는 과태료를 최초 부과한 행정청에 대하여 과태료 재판의 집행을 위탁할 수 있고, 위탁을 받은 행정청은 국세 또는 지방세 체납처분의 예에 따라 집행한다.
② 지방자치단체의 장이 제1항에 따라 집행을 위탁받은 경우에는 그 집행한 금원(김원)은 당해 지방자치단체의 수입으로 한다.

제44조(약식재판) 법원은 상당하다고 인정하는 때에는 제31조 제1항에 따른 심문 없이 과태료 재판을 할 수 있다.

제45조(이의신청) ① 당사자와 검사는 제44조에 따른 약식재판의 고지를 받은 날부터 7일 이내에 이의신청을 할 수 있다.
② 검사는 필요한 경우에는 제1항에 따른 이의신청 여부에 대하여 행정청의 의견을 청취할 수 있다.

③ 제1항의 기간은 불변기간으로 한다.

④ 당사자와 검사가 책임질 수 없는 사유로 제1항의 기간을 지킬 수 없었던 경우에는 그 사유가 없어진 날부터 14일 이내에 이의신청을 할 수 있다. 다만, 그 사유가 없어질 당시 외국에 있던 당사자에 대하여는 그 기간을 30일로 한다.

제46조(이의신청 방식) ① 이의신청은 대통령령으로 정하는 이의신청서를 제44조에 따른 약식재판을 한 법원에 제출함으로써 한다.

② 법원은 제1항에 따른 이의신청이 있은 때에는 이의신청의 상대방에게 이의신청서 부본을 송달하여야 한다.

제47조(이의신청 취하) ① 이의신청을 한 당사자 또는 검사는 정식재판 절차에 따른 결정을 고지받기 전까지 이의신청을 취하할 수 있다.

② 이의신청의 취하는 대통령령으로 정하는 이의신청취하서를 제46조 제1항에 따른 법원에 제출함으로써 한다. 다만, 심문기일에는 말로 할 수 있다.

③ 법원은 제46조 제2항에 따라 이의신청서 부본을 송달한 뒤에 제1항에 따른 이의신청의 취하가 있은 때에는 그 상대방에게 이의신청취하서 부본을 송달하여야 한다.

제48조(이의신청 각하) ① 법원은 이의신청이 법령상 방식에 어긋나거나 이의신청권이 소멸된 뒤의 것임이 명백한 경우에는 결정으로 이를 각하하여야 한다. 다만, 그 흠을 보정할 수 있는 경우에는 그러하지 아니하다.

② 제1항의 결정에 대하여는 즉시항고를 할 수 있다.

제49조(약식재판의 확정) 약식재판은 다음 각 호의 어느 하나에 해당하는 때에 확정된다.
1. 제45조에 따른 기간 이내에 이의신청이 없는 때
2. 이의신청에 대한 각하결정이 확정된 때
3. 당사자 또는 검사가 이의신청을 취하한 때

제50조(이의신청에 따른 정식재판절차로의 이행)
① 법원이 이의신청이 적법하다고 인정하는 때에는 약식재판은 그 효력을 잃는다.

② 제1항의 경우 법원은 제31조 제1항에 따른 심문을 거쳐 다시 재판하여야 한다.

제5장 보칙

제51조(자료제출 요구) 법무부장관은 과태료 징수 관련 통계 작성 등 이 법의 운용과 관련하여 필요한 경우에는 중앙행정기관의 장이나 그 밖의 관계 기관의 장에게 과태료 징수 현황 등에 관한 자료의 제출을 요구할 수 있다.

제52조(관허사업의 제한) ① 행정청은 허가·인가·면허·등록 및 갱신(이하 "허가등"이라 한다)을 요하는 사업을 경영하는 자로서 다음 각 호의 사유에 모두 해당하는 체납자에 대하여는 사업의 정지 또는 허가등의 취소를 할 수 있다.
1. 해당 사업과 관련된 질서위반행위로 부과받은 과태료를 3회 이상 체납하고 있고, 체납 발생일부터 각 1년이 경과하였으며, 체납금액의 합계가 500만원 이상인 체납자 중 대통령령으로 정하는 횟수와 금액 이상을 체납한 자
2. 천재지변이나 그 밖의 중대한 재난 등 대통령령으로 정하는 특별한 사유 없이 과태료를 체납한 자

② 허가등을 요하는 사업의 주무관청이 따로 있는 경우에는 행정청은 당해 주무관청에 대하여 사업의 정지 또는 허가등의 취소를 요구할 수 있다.

③ 행정청은 제1항 또는 제2항에 따라 사업의 정지 또는 허가등을 취소하거나 주무관청에 대하여 그 요구를 한 후 당해 과태료를 징수한 때에는 지체 없이 사업의 정지 또는 허가등의 취소나 그 요구를 철회하여야 한다.

④ 제2항에 따른 행정청의 요구가 있는 때에는 당해 주무관청은 정당한 사유가 없는 한 이에 응하여야 한다.

제53조(신용정보의 제공 등) ① 행정청은 과태료 징수 또는 공익목적을 위하여 필요한 경우 「국세징수법」제110조를 준용하여 「신용정보의 이용 및 보호에 관한 법률」제25조 제2항 제1호에 따른 종합신용정보집중기관의 요청에 따라 체납 또는 결손처분자료를 제공할 수 있다. 이 경

우「국세징수법」제110조를 준용할 때 "체납자"는 "체납자 또는 결손처분자"로, "체납자료"는 "체납 또는 결손처분 자료"로 본다.

② 행정청은 당사자에게 과태료를 납부하지 아니할 경우에는 체납 또는 결손처분자료를 제1항의 신용정보집중기관에게 제공할 수 있음을 미리 알려야 한다.

③ 행정청은 제1항에 따라 체납 또는 결손처분자료를 제공한 경우에는 대통령령으로 정하는 바에 따라 해당 체납자에게 그 제공사실을 통보하여야 한다.

제54조(고액·상습체납자에 대한 제재) ① 법원은 검사의 청구에 따라 결정으로 30일의 범위 이내에서 과태료의 납부가 있을 때까지 다음 각 호의 사유에 모두 해당하는 경우 체납자(법인인 경우에는 대표자를 말한다. 이하 이 조에서 같다)를 감치(監置)에 처할 수 있다.

1. 과태료를 3회 이상 체납하고 있고, 체납발생일부터 각 1년이 경과하였으며, 체납금액의 합계가 1천만원 이상인 체납자 중 대통령령으로 정하는 횟수와 금액 이상을 체납한 경우
2. 과태료 납부능력이 있음에도 불구하고 정당한 사유 없이 체납한 경우

② 행정청은 과태료 체납자가 제1항 각 호의 사유에 모두 해당하는 경우에는 관할 지방검찰청 또는 지청의 검사에게 체납자의 감치를 신청할 수 있다.

③ 제1항의 결정에 대하여는 즉시항고를 할 수 있다.

④ 제1항에 따라 감치에 처하여진 과태료 체납자는 동일한 체납사실로 인하여 재차 감치되지 아니한다.

⑤ 제1항에 따른 감치에 처하는 재판 절차 및 그 집행, 그 밖에 필요한 사항은 대법원규칙으로 정한다.

제55조(자동차 관련 과태료 체납자에 대한 자동차 등록번호판의 영치) ① 행정청은「자동차관리법」제2조 제1호에 따른 자동차의 운행·관리 등에 관한 질서위반행위 중 대통령령으로 정하는 질서위반행위로 부과받은 과태료(이하 "자동차 관련 과태료"라 한다)를 납부하지 아니한 자에 대하여 체납된 자동차 관련 과태료와 관계된 그 소유의 자동차의 등록번호판을 영치할 수 있다.

② 자동차 등록업무를 담당하는 주무관청이 아닌 행정청이 제1항에 따라 등록번호판을 영치한 경우에는 지체 없이 주무관청에 등록번호판을 영치한 사실을 통지하여야 한다.

③ 자동차 관련 과태료를 납부하지 아니한 자가 체납된 자동차 관련 과태료를 납부한 경우 행정청은 영치한 자동차 등록번호판을 즉시 내주어야 한다.

④ 행정청은 제1항에 따라 자동차의 등록번호판이 영치된 당사자가 해당 자동차를 직접적인 생계유지 목적으로 사용하고 있어 자동차 등록번호판을 영치할 경우 생계유지가 곤란하다고 인정되는 경우 자동차 등록번호판을 내주고 영치를 일시 해제할 수 있다. 다만, 그 밖의 다른 과태료를 체납하고 있는 당사자에 대하여는 그러하지 아니하다.

⑤ 제1항부터 제4항까지에서 규정한 사항 외에 자동차 등록번호판 영치의 요건·방법·절차, 영치 해제의 요건·방법·절차 및 영치 일시 해제의 기간·요건·방법·절차에 관하여 필요한 사항은 대통령령으로 정한다.

제56조(자동차 관련 과태료 납부증명서의 제출) 자동차 관련 과태료와 관계된 자동차가 그 자동차 관련 과태료의 체납으로 인하여 압류등록된 경우 그 자동차에 대하여 소유권 이전등록을 하려는 자는 압류등록의 원인이 된 자동차 관련 과태료(제24조에 따른 가산금 및 중가산금을 포함한다)를 납부한 증명서를 제출하여야 한다. 다만,「전자정부법」제36조 제1항에 따른 행정정보의 공동이용을 통하여 납부사실을 확인할 수 있는 경우에는 그러하지 아니하다.

제57조(과태료) ① 제22조 제2항에 따른 검사를 거부·방해 또는 기피한 자에게는 500만원 이하의 과태료를 부과한다.

② 제1항에 따른 과태료는 제22조에 따른 행정청이 부과·징수한다.

9. 청원법

제1조(목적) 이 법은 「대한민국헌법」제26조에 따른 청원권 행사의 절차와 청원의 처리에 관한 사항을 규정하여 국민이 편리하게 청원권을 행사하고 국민이 제출한 청원이 객관적이고 공정하게 처리되도록 함을 목적으로 한다.

제2조(다른 법률과의 관계) 청원에 관하여 다른 법률에 특별한 규정이 있는 경우를 제외하고는 이 법에 따른다.

제3조(적용범위) 국회와 지방의회에 대해서는 제8조부터 제10조까지, 제11조 제2항, 제13조부터 제15조까지 및 제21조부터 제23조까지를 적용하지 아니한다.

제4조(청원기관) 이 법에 따라 국민이 청원을 제출할 수 있는 기관(이하 "청원기관"이라 한다)은 다음 각 호와 같다.
1. 국회·법원·헌법재판소·중앙선거관리위원회, 중앙행정기관(대통령 소속 기관과 국무총리 소속 기관을 포함한다)과 그 소속 기관
2. 지방자치단체와 그 소속 기관
3. 법령에 따라 행정권한을 가지고 있거나 행정권한을 위임 또는 위탁받은 법인·단체 또는 그 기관이나 개인

제5조(청원사항) 국민은 다음 각 호의 어느 하나에 해당하는 사항에 대하여 청원기관에 청원할 수 있다.
1. 피해의 구제
2. 공무원의 위법·부당한 행위에 대한 시정이나 징계의 요구
3. 법률·명령·조례·규칙 등의 제정·개정 또는 폐지
4. 공공의 제도 또는 시설의 운영
5. 그 밖에 청원기관의 권한에 속하는 사항

제6조(청원 처리의 예외) 청원기관의 장은 청원이 다음 각 호의 어느 하나에 해당하는 경우에는 처리를 하지 아니할 수 있다. 이 경우 사유를 청원인(제11조 제3항에 따른 공동청원의 경우에는 대표자를 말한다)에게 알려야 한다.
1. 국가기밀 또는 공무상 비밀에 관한 사항
2. 감사·수사·재판·행정심판·조정·중재 등 다른 법령에 의한 조사·불복 또는 구제 절차가 진행 중인 사항
3. 허위의 사실로 타인으로 하여금 형사처분 또는 징계처분을 받게 하는 사항
4. 허위의 사실로 국가기관 등의 명예를 실추시키는 사항
5. 사인간의 권리관계 또는 개인의 사생활에 관한 사항
6. 청원인의 성명, 주소 등이 불분명하거나 청원내용이 불명확한 사항

제7조(청원기관의 장의 의무) ① 청원기관의 장은 국민의 청원권이 존중될 수 있도록 이 법을 운영하고 소관 관계 법령을 정비하여야 한다.
② 청원기관의 장은 청원사항에 관한 업무를 주관하는 부서 및 담당하는 인력을 적정하게 두어야 한다.

제8조(청원심의회) ① 청원기관의 장은 다음 각 호의 사항을 심의하기 위하여 청원심의회(이하 "청원심의회"라 한다)를 설치·운영하여야 한다.
1. 제11조 제2항에 따른 공개청원의 공개 여부에 관한 사항
2. 청원의 조사결과 등 청원처리에 관한 사항
3. 그 밖에 청원에 관한 사항
② 청원심의회의 구성 및 운영에 필요한 사항은 대법원규칙, 헌법재판소규칙, 중앙선거관리위원회규칙 및 대통령령으로 정한다.

제9조(청원방법) ① 청원은 청원서에 청원인의 성명(법인인 경우에는 명칭 및 대표자의 성명을 말한다)과 주소 또는 거소를 적고 서명한 문서(「전자문서 및 전자거래 기본법」에 따른 전자문서를 포함한다)로 하여야 한다.

② 제1항에 따라 전자문서로 제출하는 청원(이하 "온라인청원"이라 한다)은 본인임을 확인할 수 있는 전자적 방법을 통해 제출하여야 한다. 이 경우 서명이 대체된 것으로 본다.

③ 제2항에 따른 본인임을 확인할 수 있는 전자적 방법은 대법원규칙, 헌법재판소규칙, 중앙선거관리위원회규칙 및 대통령령으로 정한다.

제10조(온라인청원시스템) ① 행정안전부장관은 서면으로 제출된 청원을 전자적으로 관리하고, 전자문서로 제출된 청원을 효율적으로 접수·처리하기 위하여 정보처리시스템(이하 "온라인청원시스템"이라 한다)을 구축·운영하여야 한다.

② 대법원, 헌법재판소 및 중앙선거관리위원회는 별도의 온라인청원시스템을 구축·운영할 수 있다.

③ 온라인청원시스템의 구축·운영 등에 필요한 사항은 대법원규칙, 헌법재판소규칙, 중앙선거관리위원회규칙 및 대통령령으로 정한다.

제11조(청원서의 제출) ① 청원인은 청원서를 해당 청원사항을 담당하는 청원기관에 제출하여야 한다.

② 청원인은 청원사항이 제5조 제3호 또는 제4호에 해당하는 경우 청원의 내용, 접수 및 처리 상황과 결과를 온라인청원시스템에 공개하도록 청원(이하 "공개청원"이라 한다)할 수 있다. 이 경우 청원서에 공개청원으로 표시하여야 한다.

③ 다수 청원인이 공동으로 청원(이하 "공동청원"이라 한다)을 하는 경우에는 그 처리결과를 통지받을 3명 이하의 대표자를 선정하여 이를 청원서에 표시하여야 한다.

④ 청원인은 청원서에 이유와 취지를 밝히고, 필요한 때에는 참고자료를 붙일 수 있다.

제12조(청원의 접수) ① 청원기관의 장은 제11조에 따라 제출된 청원서를 지체 없이 접수하여야 한다.

② 제1항에 따른 청원의 접수에 필요한 사항은 대법원규칙, 헌법재판소규칙, 중앙선거관리위원회규칙 및 대통령령으로 정한다.

제13조(공개청원의 공개 여부 결정 통지 등) ① 공개청원을 접수한 청원기관의 장은 접수일부터 15일 이내에 청원심의회의 심의를 거쳐 공개 여부를 결정하고 결과를 청원인(공동청원의 경우 대표자를 말한다)에게 알려야 한다.

② 청원기관의 장은 공개청원의 공개결정일부터 30일간 청원사항에 관하여 국민의 의견을 들어야 한다.

③ 제2항에 따른 국민의 의견을 듣는 방식, 그 밖에 공개청원의 공개 여부 결정기준 등 공개청원의 운영에 필요한 사항은 대법원규칙, 헌법재판소규칙, 중앙선거관리위원회규칙 및 대통령령으로 정한다.

제14조(접수·처리 상황의 통지 및 공개) ① 청원기관의 장은 청원의 접수 및 처리 상황을 청원인(공동청원의 경우 대표자를 말한다)에게 알려야 한다. 공개청원의 경우에는 온라인청원시스템에 접수 및 처리 상황을 공개하여야 한다.

② 제1항에 따른 통지 및 공개에 필요한 사항은 대법원규칙, 헌법재판소규칙, 중앙선거관리위원회규칙 및 대통령령으로 정한다.

제15조(청원서의 보완 요구 및 이송) ① 청원기관의 장은 청원서에 부족한 사항이 있다고 판단되는 경우에는 보완사항 및 보완기간을 표시하여 청원인(공동청원의 경우 대표자를 말한다)에게 보완을 요구할 수 있다.

② 청원기관의 장은 청원사항이 다른 기관 소관인 경우에는 지체 없이 소관 기관에 청원서를 이송하고 이를 청원인(공동청원의 경우 대표자를 말한다)에게 알려야 한다.

③ 그 밖에 청원서의 보완 요구 및 이송 등에 필요한 사항은 대법원규칙, 헌법재판소규칙, 중앙선거관리위원회규칙 및 대통령령으로 정한다.

제16조(반복청원 및 이중청원) ① 청원기관의 장은 동일인이 같은 내용의 청원서를 같은 청원기관에 2건 이상 제출한 반복청원의 경우에는 나중에 제출된 청원서를 반려하거나 종결처리할 수 있고, 종결처리하는 경우 이를 청원인에게 알려야 한다.
② 동일인이 같은 내용의 청원서를 2개 이상의 청원기관에 제출한 경우 소관이 아닌 청원기관의 장은 청원서를 소관 청원기관의 장에게 이송하여야 한다. 이 경우 반복청원의 처리에 관하여는 제1항을 준용한다.
③ 청원기관의 장은 제1항 및 제2항의 청원(반복청원을 포함한다)이 같은 내용의 청원인지 여부에 대해서는 해당 청원의 성격, 종전 청원과의 내용적 유사성·관련성 및 종전 청원과 같은 답변을 할 수밖에 없는 사정 등을 종합적으로 고려하여 결정하여야 한다.

제17조(청원의 취하) 청원인은 해당 청원의 처리가 종결되기 전에 청원을 취하할 수 있다.

제18조(청원의 조사) 청원기관의 장은 청원을 접수한 경우에는 지체 없이 청원사항을 성실하고 공정하게 조사하여야 한다. 다만, 청원사항이 별도의 조사를 필요로 하지 아니하는 경우에는 조사 없이 신속하게 처리할 수 있다.

제19조(조사의 방법) ① 청원기관의 장은 제18조에 따른 조사를 할 때 다음 각 호의 조치를 할 수 있다. 이 경우 출석하거나 의견진술 등을 한 사람(청원인은 제외한다)에게는 예산의 범위에서 여비와 수당을 지급할 수 있다.
1. 관계 기관 등에 대한 설명 요구 또는 관련 자료 등의 제출 요구
2. 관계 기관 등의 직원, 청원인, 이해관계인이나 참고인의 출석 및 의견진술 등의 요구
3. 조사사항과 관계있다고 인정되는 장소·시설 등에 대한 실지조사
4. 조사사항과 관계있다고 인정되는 문서·자료 등에 대한 감정의 의뢰

② 관계 기관 등의 장은 제1항에 따른 청원기관의 장의 요구나 조사에 성실하게 응하고 이에 협조하여야 한다.

제20조(관계 기관·부서 간의 협조) ① 청원기관의 장은 청원을 처리할 때 관계 기관·부서의 협조가 필요한 경우에는 청원을 접수한 후 청원처리기간의 범위에서 회신기간을 정하여 협조를 요청하여야 하며, 요청받은 관계 기관·부서는 회신기간 내에 이를 회신하여야 한다.
② 협조를 요청받은 관계 기관·부서는 제1항에 따른 회신기간에 협조 요청 사항을 처리할 수 없는 특별한 사정이 있는 경우에는 제21조에 따른 처리기간의 범위에서 청원기관의 장과 협의하여 한 차례만 회신기간을 연장할 수 있다.
③ 협조를 요청받은 관계 기관·부서가 제2항에 따라 회신기간을 연장하는 경우에는 제1항에 따른 회신기간이 끝나기 전에 연장 사유, 진행 상황 및 회신예정일 등을 협조 요청한 청원기관의 장에게 알려야 한다.

제21조(청원의 처리 등) ① 청원기관의 장은 청원심의회의 심의를 거쳐 청원을 처리하여야 한다. 다만, 청원심의회의 심의를 거칠 필요가 없는 사항에 대해서는 심의를 생략할 수 있다.
② 청원기관의 장은 청원을 접수한 때에는 특별한 사유가 없으면 90일 이내(제13조 제1항에 따른 공개청원의 공개 여부 결정기간 및 같은 조 제2항에 따른 국민의 의견을 듣는 기간을 제외한다)에 처리결과를 청원인(공동청원의 경우 대표자를 말한다)에게 알려야 한다. 이 경우 공개청원의 처리결과는 온라인청원시스템에 공개하여야 한다.
③ 청원기관의 장은 부득이한 사유로 제2항에 따른 처리기간에 청원을 처리하기 곤란한 경우에는 60일의 범위에서 한 차례만 처리기간을 연장할 수 있다. 이 경우 그 사유와 처리예정기한을 지체 없이 청원인(공동청원의 경우 대표자를 말한다)에게 알려야 한다.

④ 제1항 단서의 청원심의회의 심의를 거칠 필요가 없는 사항 및 제2항에 따른 처리결과를 알리는 방식 등에 필요한 사항은 대법원규칙, 헌법재판소규칙, 중앙선거관리위원회규칙 및 대통령령으로 정한다.

제22조(이의신청) ① 청원인은 다음 각 호의 어느 하나에 해당하는 경우로서 공개 부적합 결정 통지를 받은 날 또는 제21조에 따른 처리기간이 경과한 날부터 30일 이내에 청원기관의 장에게 문서로 이의신청을 할 수 있다.
  1. 청원기관의 장의 공개 부적합 결정에 대하여 불복하는 경우
  2. 청원기관의 장이 제21조에 따른 처리기간 내에 청원을 처리하지 못한 경우
② 청원기관의 장은 이의신청을 받은 날부터 15일 이내에 이의신청에 대하여 인용 여부를 결정하고, 그 결과를 청원인(공동청원의 경우 대표자를 말한다)에게 지체 없이 알려야 한다.
③ 제1항에 따른 이의신청의 절차 및 방법 등 필요한 사항은 대법원규칙, 헌법재판소규칙, 중앙선거관리위원회규칙 및 대통령령으로 정한다.

제23조(청원제도의 총괄 등) ① 행정안전부장관은 청원의 활성화를 위하여 노력하여야 한다.
② 행정안전부장관은 청원제도의 효율적 운영을 위하여 청원제도의 운영 전반에 관한 사항을 확인·점검·지도하고 그 결과를 공개할 수 있다.
③ 법원·헌법재판소 및 중앙선거관리위원회는 청원제도 운영에 관한 사항을 자체적으로 확인·점검·지도할 수 있다.

제24조(청원의 사후관리) 청원기관의 장은 청원인의 만족 여부 및 개선사항 등을 조사하여 업무에 반영할 수 있다.

제25조(모해의 금지) 누구든지 타인을 모해(謀害)할 목적으로 허위의 사실을 적시한 청원을 하여서는 아니 된다.

제26조(차별대우의 금지) 누구든지 청원을 하였다는 이유로 청원인을 차별대우하거나 불이익을 강요해서는 아니 된다.

제27조(벌칙) 제25조를 위반한 자는 5년 이하의 징역 또는 5천만원 이하의 벌금에 처한다.

10. 개인정보 보호법

제1장 총칙

제1조(목적) 이 법은 개인정보의 처리 및 보호에 관한 사항을 정함으로써 개인의 자유와 권리를 보호하고, 나아가 개인의 존엄과 가치를 구현함을 목적으로 한다.

제2조(정의) 이 법에서 사용하는 용어의 뜻은 다음과 같다.
1. "개인정보"란 살아 있는 개인에 관한 정보로서 다음 각 목의 어느 하나에 해당하는 정보를 말한다.
    가. 성명, 주민등록번호 및 영상 등을 통하여 개인을 알아볼 수 있는 정보
    나. 해당 정보만으로는 특정 개인을 알아볼 수 없더라도 다른 정보와 쉽게 결합하여 알아볼 수 있는 정보. 이 경우 쉽게 결합할 수 있는지 여부는 다른 정보의 입수 가능성 등 개인을 알아보는 데 소요되는 시간, 비용, 기술 등을 합리적으로 고려하여야 한다.
    다. 가목 또는 나목을 제1호의2에 따라 가명처리함으로써 원래의 상태로 복원하기 위한 추가 정보의 사용·결합 없이는 특정 개인을 알아볼 수 없는 정보(이하 "가명정보"라 한다)
1의2. "가명처리"란 개인정보의 일부를 삭제하거나 일부 또는 전부를 대체하는 등의 방법으로 추가 정보가 없이는 특정 개인을 알아볼 수 없도록 처리하는 것을 말한다.
2. "처리"란 개인정보의 수집, 생성, 연계, 연동, 기록, 저장, 보유, 가공, 편집, 검색, 출력, 정정(訂正), 복구, 이용, 제공, 공개, 파기, 그 밖에 이와 유사한 행위를 말한다.
3. "정보주체"란 처리되는 정보에 의하여 알아볼 수 있는 사람으로서 그 정보의 주체가 되는 사람을 말한다.
4. "개인정보파일"이란 개인정보를 쉽게 검색할 수 있도록 일정한 규칙에 따라 체계적으로 배열하거나 구성한 개인정보의 집합물(集合物)을 말한다.
5. "개인정보처리자"란 업무를 목적으로 개인정보파일을 운용하기 위하여 스스로 또는 다른 사람을 통하여 개인정보를 처리하는 공공기관, 법인, 단체 및 개인 등을 말한다.
6. "공공기관"이란 다음 각 목의 기관을 말한다.
    가. 국회, 법원, 헌법재판소, 중앙선거관리위원회의 행정사무를 처리하는 기관, 중앙행정기관(대통령 소속 기관과 국무총리 소속 기관을 포함한다) 및 그 소속 기관, 지방자치단체
    나. 그 밖의 국가기관 및 공공단체 중 대통령령으로 정하는 기관
7. "고정형 영상정보처리기기"란 일정한 공간에 설치되어 지속적 또는 주기적으로 사람 또는 사물의 영상 등을 촬영하거나 이를 유·무선망을 통하여 전송하는 장치로서 대통령령으로 정하는 장치를 말한다.
7의2. "이동형 영상정보처리기기"란 사람이 신체에 착용 또는 휴대하거나 이동 가능한 물체에 부착 또는 거치하여 사람 또는 사물의 영상 등을 촬영하거나 이를 유·무선망을 통하여 전송하는 장치로서 대통령령으로 정하는 장치를 말한다.
8. "과학적 연구"란 기술의 개발과 실증, 기초연구, 응용연구 및 민간 투자 연구 등 과학적 방법을 적용하는 연구를 말한다.

제3조(개인정보 보호 원칙) ① 개인정보처리자는 개인정보의 처리 목적을 명확하게 하여야 하고 그 목적에 필요한 범위에서 최소한의 개인정보만을 적법하고 정당하게 수집하여야 한다.
② 개인정보처리자는 개인정보의 처리 목적에 필요한 범위에서 적합하게 개인정보를 처리하여야 하며, 그 목적 외의 용도로 활용하여서는 아니 된다.
③ 개인정보처리자는 개인정보의 처리 목적에 필요한 범위에서 개인정보의 정확성, 완전성 및 최신성이 보장되도록 하여야 한다.

④ 개인정보처리자는 개인정보의 처리 방법 및 종류 등에 따라 정보주체의 권리가 침해받을 가능성과 그 위험 정도를 고려하여 개인정보를 안전하게 관리하여야 한다.
⑤ 개인정보처리자는 제30조에 따른 개인정보 처리방침 등 개인정보의 처리에 관한 사항을 공개하여야 하며, 열람청구권 등 정보주체의 권리를 보장하여야 한다.
⑥ 개인정보처리자는 정보주체의 사생활 침해를 최소화하는 방법으로 개인정보를 처리하여야 한다.
⑦ 개인정보처리자는 개인정보를 익명 또는 가명으로 처리하여도 개인정보 수집목적을 달성할 수 있는 경우 익명처리가 가능한 경우에는 익명에 의하여, 익명처리로 목적을 달성할 수 없는 경우에는 가명에 의하여 처리될 수 있도록 하여야 한다
⑧ 개인정보처리자는 이 법 및 관계 법령에서 규정하고 있는 책임과 의무를 준수하고 실천함으로써 정보주체의 신뢰를 얻기 위하여 노력하여야 한다.

제4조(정보주체의 권리) 정보주체는 자신의 개인정보 처리와 관련하여 다음 각 호의 권리를 가진다.
1. 개인정보의 처리에 관한 정보를 제공받을 권리
2. 개인정보의 처리에 관한 동의 여부, 동의 범위 등을 선택하고 결정할 권리
3. 개인정보의 처리 여부를 확인하고 개인정보에 대한 열람(사본의 발급을 포함한다. 이하 같다) 및 전송을 요구할 권리
4. 개인정보의 처리 정지, 정정·삭제 및 파기를 요구할 권리
5. 개인정보의 처리로 인하여 발생한 피해를 신속하고 공정한 절차에 따라 구제받을 권리
6. 완전히 자동화된 개인정보 처리에 따른 결정을 거부하거나 그에 대한 설명 등을 요구할 권리

제5조(국가 등의 책무) ① 국가와 지방자치단체는 개인정보의 목적 외 수집, 오용·남용 및 무분별한 감시·추적 등에 따른 폐해를 방지하여 인간의 존엄과 개인의 사생활 보호를 도모하기 위한 시책을 강구하여야 한다.
② 국가와 지방자치단체는 제4조에 따른 정보주체의 권리를 보호하기 위하여 법령의 개선 등 필요한 시책을 마련하여야 한다.
③ 국가와 지방자치단체는 만 14세 미만 아동이 개인정보 처리가 미치는 영향과 정보주체의 권리 등을 명확하게 알 수 있도록 만 14세 미만 아동의 개인정보 보호에 필요한 시책을 마련하여야 한다.
④ 국가와 지방자치단체는 개인정보의 처리에 관한 불합리한 사회적 관행을 개선하기 위하여 개인정보처리자의 자율적인 개인정보 보호활동을 존중하고 촉진·지원하여야 한다.
⑤ 국가와 지방자치단체는 개인정보의 처리에 관한 법령 또는 조례를 적용할 때에는 정보주체의 권리가 보장될 수 있도록 개인정보 보호 원칙에 맞게 적용하여야 한다.

제6조(다른 법률과의 관계) ① 개인정보의 처리 및 보호에 관하여 다른 법률에 특별한 규정이 있는 경우를 제외하고는 이 법에서 정하는 바에 따른다. ② 개인정보의 처리 및 보호에 관한 다른 법률을 제정하거나 개정하는 경우에는 이 법의 목적과 원칙에 맞도록 하여야 한다.

제2장 개인정보 보호정책의 수립 등

제7조(개인정보 보호위원회) ① 개인정보 보호에 관한 사무를 독립적으로 수행하기 위하여 국무총리 소속으로 개인정보 보호위원회(이하 "보호위원회"라 한다)를 둔다.
② 보호위원회는 「정부조직법」 제2조에 따른 중앙행정기관으로 본다. 다만, 다음 각 호의 사항에 대하여는 「정부조직법」 제18조를 적용하지 아니한다.
1. 제7조의8제3호 및 제4호의 사무
2. 제7조의9제1항의 심의·의결 사항 중 제1호에 해당하는 사항

제7조의2(보호위원회의 구성 등) ① 보호위원회는 상임위원 2명(위원장 1명, 부위원장 1명)을 포함한 9명의 위원으로 구성한다.

② 보호위원회의 위원은 개인정보 보호에 관한 경력과 전문지식이 풍부한 다음 각 호의 사람 중에서 위원장과 부위원장은 국무총리의 제청으로, 그 외 위원 중 2명은 위원장의 제청으로, 2명은 대통령이 소속되거나 소속되었던 정당의 교섭단체 추천으로, 3명은 그 외의 교섭단체 추천으로 대통령이 임명 또는 위촉한다.
1. 개인정보 보호 업무를 담당하는 3급 이상 공무원(고위공무원단에 속하는 공무원을 포함한다)의 직에 있거나 있었던 사람
2. 판사·검사·변호사의 직에 10년 이상 있거나 있었던 사람
3. 공공기관 또는 단체(개인정보처리자로 구성된 단체를 포함한다)에 3년 이상 임원으로 재직하였거나 이들 기관 또는 단체로부터 추천받은 사람으로서 개인정보 보호 업무를 3년 이상 담당하였던 사람
4. 개인정보 관련 분야에 전문지식이 있고 「고등교육법」 제2조제1호에 따른 학교에서 부교수 이상으로 5년 이상 재직하고 있거나 재직하였던 사람

③ 위원장과 부위원장은 정무직 공무원으로 임명한다.
④ 위원장, 부위원장, 제7조의13에 따른 사무처의 장은 「정부조직법」 제10조에도 불구하고 정부위원이 된다.

제7조의3(위원장) ① 위원장은 보호위원회를 대표하고, 보호위원회의 회의를 주재하며, 소관 사무를 총괄한다.
② 위원장이 부득이한 사유로 직무를 수행할 수 없을 때에는 부위원장이 그 직무를 대행하고, 위원장·부위원장이 모두 부득이한 사유로 직무를 수행할 수 없을 때에는 위원회가 미리 정하는 위원이 위원장의 직무를 대행한다.
③ 위원장은 국회에 출석하여 보호위원회의 소관 사무에 관하여 의견을 진술할 수 있으며, 국회에서 요구하면 출석하여 보고하거나 답변하여야 한다.
④ 위원장은 국무회의에 출석하여 발언할 수 있으며, 그 소관 사무에 관하여 국무총리에게 의안 제출을 건의할 수 있다.

제7조의4(위원의 임기) ① 위원의 임기는 3년으로 하되, 한 차례만 연임할 수 있다.
② 위원이 궐위된 때에는 지체 없이 새로운 위원을 임명 또는 위촉하여야 한다. 이 경우 후임으로 임명 또는 위촉된 위원의 임기는 새로이 개시된다.

제7조의5(위원의 신분보장) ① 위원은 다음 각 호의 어느 하나에 해당하는 경우를 제외하고는 그 의사에 반하여 면직 또는 해촉되지 아니한다.
1. 장기간 심신장애로 인하여 직무를 수행할 수 없게 된 경우
2. 제7조의7의 결격사유에 해당하는 경우
3. 이 법 또는 그 밖의 다른 법률에 따른 직무상의 의무를 위반한 경우
② 위원은 법률과 양심에 따라 독립적으로 직무를 수행한다.

제7조의6(겸직금지 등) ① 위원은 재직 중 다음 각 호의 직(職)을 겸하거나 직무와 관련된 영리업무에 종사하여서는 아니 된다.
1. 국회의원 또는 지방의회의원
2. 국가공무원 또는 지방공무원
3. 그 밖에 대통령령으로 정하는 직
② 제1항에 따른 영리업무에 관한 사항은 대통령령으로 정한다.
③ 위원은 정치활동에 관여할 수 없다.

제7조의7(결격사유) ① 다음 각 호의 어느 하나에 해당하는 사람은 위원이 될 수 없다.
1. 대한민국 국민이 아닌 사람
2. 「국가공무원법」 제33조 각 호의 어느 하나에 해당하는 사람
3. 「정당법」 제22조에 따른 당원
② 위원이 제1항 각 호의 어느 하나에 해당하게 된 때에는 그 직에서 당연 퇴직한다. 다만, 「국가공무원법」 제33조제2호는 파산선고를 받은 사람으로서 「채무자 회생 및 파산에 관한 법률」에 따라 신청기한 내에 면책신청을 하지 아니하였거나 면책불허가 결정 또는 면책 취소가 확정된 경우만 해당하고, 같은 법 제33조제5호는 「형법」 제129조부터 제132조까지, 「성폭력범죄의

처벌 등에 관한 특례법」 제2조, 「아동·청소년의 성보호에 관한 법률」 제2조제2호 및 직무와 관련하여 「형법」 제355조 또는 제356조에 규정된 죄를 범한 사람으로서 금고 이상의 형의 선고유예를 받은 경우만 해당한다.

제7조의8(보호위원회의 소관 사무) 보호위원회는 다음 각 호의 소관 사무를 수행한다.
1. 개인정보의 보호와 관련된 법령의 개선에 관한 사항
2. 개인정보 보호와 관련된 정책·제도·계획 수립·집행에 관한 사항
3. 정보주체의 권리침해에 대한 조사 및 이에 따른 처분에 관한 사항
4. 개인정보의 처리와 관련한 고충처리·권리구제 및 개인정보에 관한 분쟁의 조정
5. 개인정보 보호를 위한 국제기구 및 외국의 개인정보 보호기구와의 교류·협력
6. 개인정보 보호에 관한 법령·정책·제도·실태 등의 조사·연구, 교육 및 홍보에 관한 사항
7. 개인정보 보호에 관한 기술개발의 지원·보급, 기술의 표준화 및 전문인력의 양성에 관한 사항
8. 이 법 및 다른 법령에 따라 보호위원회의 사무로 규정된 사항

제7조의10(회의) ① 보호위원회의 회의는 위원장이 필요하다고 인정하거나 재적위원 4분의 1 이상의 요구가 있는 경우에 위원장이 소집한다.
② 위원장 또는 2명 이상의 위원은 보호위원회에 의안을 제의할 수 있다.
③ 보호위원회의 회의는 재적위원 과반수의 출석으로 개의하고, 출석위원 과반수의 찬성으로 의결한다.

제9조(기본계획) ① 보호위원회는 개인정보의 보호와 정보주체의 권익 보장을 위하여 3년마다 개인정보 보호 기본계획(이하 "기본계획"이라 한다)을 관계 중앙행정기관의 장과 협의하여 수립한다.
② 기본계획에는 다음 각 호의 사항이 포함되어야 한다.

1. 개인정보 보호의 기본목표와 추진방향
2. 개인정보 보호와 관련된 제도 및 법령의 개선
3. 개인정보 침해 방지를 위한 대책
4. 개인정보 보호 자율규제의 활성화
5. 개인정보 보호 교육·홍보의 활성화
6. 개인정보 보호를 위한 전문인력의 양성
7. 그 밖에 개인정보 보호를 위하여 필요한 사항

③ 국회, 법원, 헌법재판소, 중앙선거관리위원회는 해당 기관(그 소속 기관을 포함한다)의 개인정보 보호를 위한 기본계획을 수립·시행할 수 있다.

제10조(시행계획) ① 중앙행정기관의 장은 기본계획에 따라 매년 개인정보 보호를 위한 시행계획을 작성하여 보호위원회에 제출하고, 보호위원회의 심의·의결을 거쳐 시행하여야 한다.
② 시행계획의 수립·시행에 필요한 사항은 대통령령으로 정한다.

제11조(자료제출 요구 등) ① 보호위원회는 기본계획을 효율적으로 수립하기 위하여 개인정보처리자, 관계 중앙행정기관의 장, 지방자치단체의 장 및 관계 기관·단체 등에 개인정보처리자의 법규 준수 현황과 개인정보 관리 실태 등에 관한 자료의 제출이나 의견의 진술 등을 요구할 수 있다.
② 보호위원회는 개인정보 보호 정책 추진, 성과평가 등을 위하여 필요한 경우 개인정보처리자, 관계 중앙행정기관의 장, 지방자치단체의 장 및 관계 기관·단체 등을 대상으로 개인정보 관리 수준 및 실태파악 등을 위한 조사를 실시할 수 있다.

제11조의2(개인정보 보호수준 평가) ① 보호위원회는 공공기관 중 중앙행정기관 및 그 소속기관, 지방자치단체, 그 밖에 대통령령으로 정하는 기관을 대상으로 매년 개인정보 보호 정책·업무의 수행 및 이 법에 따른 의무의 준수 여부 등을 평가(이하 "개인정보 보호수준 평가"라 한다)하여야 한다.
② 보호위원회는 개인정보 보호수준 평가에 필요한 경우 해당 공공기관의 장에게 관련 자료를 제출하게 할 수 있다.

③ 보호위원회는 개인정보 보호수준 평가의 결과를 인터넷 홈페이지 등을 통하여 공개할 수 있다.
④ 보호위원회는 개인정보 보호수준 평가의 결과에 따라 우수기관 및 그 소속 직원에 대하여 포상할 수 있고, 개인정보 보호를 위하여 필요하다고 인정하면 해당 공공기관의 장에게 개선을 권고할 수 있다. 이 경우 권고를 받은 공공기관의 장은 이를 이행하기 위하여 성실하게 노력하여야 하며, 그 조치 결과를 보호위원회에 알려야 한다.
⑤ 그 밖에 개인정보 보호수준 평가의 기준·방법·절차 및 제2항에 따른 자료 제출의 범위 등에 필요한 사항은 대통령령으로 정한다.

제12조(개인정보 보호지침) ① 보호위원회는 개인정보의 처리에 관한 기준, 개인정보 침해의 유형 및 예방조치 등에 관한 표준 개인정보 보호지침(이하 "표준지침"이라 한다)을 정하여 개인정보처리자에게 그 준수를 권장할 수 있다.
② 중앙행정기관의 장은 표준지침에 따라 소관분야의 개인정보 처리와 관련한 개인정보 보호지침을 정하여 개인정보처리자에게 그 준수를 권장할 수 있다.
③ 국회, 법원, 헌법재판소 및 중앙선거관리위원회는 해당 기관(그 소속 기관을 포함한다)의 개인정보 보호지침을 정하여 시행할 수 있다.

제3장 개인정보의 처리

제1절 개인정보의 수집, 이용, 제공 등

제15조(개인정보의 수집·이용) ① 개인정보처리자는 다음 각 호의 어느 하나에 해당하는 경우에는 개인정보를 수집할 수 있으며 그 수집 목적의 범위에서 이용할 수 있다
1. 정보주체의 동의를 받은 경우
2. 법률에 특별한 규정이 있거나 법령상 의무를 준수하기 위하여 불가피한 경우
3. 공공기관이 법령 등에서 정하는 소관 업무의 수행을 위하여 불가피한 경우
4. 정보주체와 체결한 계약을 이행하거나 계약을 체결하는 과정에서 정보주체의 요청에 따른 조치를 이행하기 위하여 필요한 경우
5. 명백히 정보주체 또는 제3자의 급박한 생명, 신체, 재산의 이익을 위하여 필요하다고 인정되는 경우
6. 개인정보처리자의 정당한 이익을 달성하기 위하여 필요한 경우로서 명백하게 정보주체의 권리보다 우선하는 경우. 이 경우 개인정보처리자의 정당한 이익과 상당한 관련이 있고 합리적인 범위를 초과하지 아니하는 경우에 한한다.
7. 공중위생 등 공공의 안전과 안녕을 위하여 긴급히 필요한 경우

② 개인정보처리자는 제1항제1호에 따른 동의를 받을 때에는 다음 각 호의 사항을 정보주체에게 알려야 한다. 다음 각 호의 어느 하나의 사항을 변경하는 경우에도 이를 알리고 동의를 받아야 한다.
1. 개인정보의 수집·이용 목적
2. 수집하려는 개인정보의 항목
3. 개인정보의 보유 및 이용 기간
4. 동의를 거부할 권리가 있다는 사실 및 동의 거부에 따른 불이익이 있는 경우에는 그 불이익의 내용

③ 개인정보처리자는 당초 수집 목적과 합리적으로 관련된 범위에서 정보주체에게 불이익이 발생하는지 여부, 암호화 등 안전성 확보에 필요한 조치를 하였는지 여부 등을 고려하여 대통령령으로 정하는 바에 따라 정보주체의 동의 없이 개인정보를 이용할 수 있다.

제16조(개인정보의 수집 제한) ① 개인정보처리자는 제15조제1항 각 호의 어느 하나에 해당하여 개인정보를 수집하는 경우에는 그 목적에 필요한 최소한의 개인정보를 수집하여야 한다. 이 경우 최소한의 개인정보 수집이라는 입증책임은 개인정보처리자가 부담한다.
② 개인정보처리자는 정보주체의 동의를 받아 개인정보를 수집하는 경우 필요한 최소한의 정보 외의 개인정보 수집에는 동의하지 아니할 수 있다는 사실을 구체적으로 알리고 개인정보를 수집하여야 한다.

③ 개인정보처리자는 정보주체가 필요한 최소한의 정보 외의 개인정보 수집에 동의하지 아니한다는 이유로 정보주체에게 재화 또는 서비스의 제공을 거부하여서는 아니 된다.

제17조(개인정보의 제공) ① 개인정보처리자는 다음 각 호의 어느 하나에 해당되는 경우에는 정보주체의 개인정보를 제3자에게 제공(공유를 포함한다. 이하 같다)할 수 있다.
1. 정보주체의 동의를 받은 경우
2. 제15조제1항제2호, 제3호 및 제5호부터 제7호까지에 따라 개인정보를 수집한 목적 범위에서 개인정보를 제공하는 경우

② 개인정보처리자는 제1항제1호에 따른 동의를 받을 때에는 다음 각 호의 사항을 정보주체에게 알려야 한다. 다음 각 호의 어느 하나의 사항을 변경하는 경우에도 이를 알리고 동의를 받아야 한다.
1. 개인정보를 제공받는 자
2. 개인정보를 제공받는 자의 개인정보 이용 목적
3. 제공하는 개인정보의 항목
4. 개인정보를 제공받는 자의 개인정보 보유 및 이용 기간
5. 동의를 거부할 권리가 있다는 사실 및 동의 거부에 따른 불이익이 있는 경우에는 그 불이익의 내용

④ 개인정보처리자는 당초 수집 목적과 합리적으로 관련된 범위에서 정보주체에게 불이익이 발생하는지 여부, 암호화 등 안전성 확보에 필요한 조치를 하였는지 여부 등을 고려하여 대통령령으로 정하는 바에 따라 정보주체의 동의 없이 개인정보를 제공할 수 있다.

제18조(개인정보의 목적 외 이용·제공 제한) ① 개인정보처리자는 개인정보를 제15조제1항에 따른 범위를 초과하여 이용하거나 제17조제1항 및 제28조의8제1항에 따른 범위를 초과하여 제3자에게 제공하여서는 아니 된다.

② 제1항에도 불구하고 개인정보처리자는 다음 각 호의 어느 하나에 해당하는 경우에는 정보주체 또는 제3자의 이익을 부당하게 침해할 우려가 있을 때를 제외하고는 개인정보를 목적 외의 용도로 이용하거나 이를 제3자에게 제공할 수 있다. 다만, 제5호부터 제9호까지에 따른 경우는 공공기관의 경우로 한정한다.
1. 정보주체로부터 별도의 동의를 받은 경우
2. 다른 법률에 특별한 규정이 있는 경우
3. 명백히 정보주체 또는 제3자의 급박한 생명, 신체, 재산의 이익을 위하여 필요하다고 인정되는 경우
4.
5. 개인정보를 목적 외의 용도로 이용하거나 이를 제3자에게 제공하지 아니하면 다른 법률에서 정하는 소관 업무를 수행할 수 없는 경우로서 보호위원회의 심의·의결을 거친 경우
6. 조약, 그 밖의 국제협정의 이행을 위하여 외국정부 또는 국제기구에 제공하기 위하여 필요한 경우
7. 범죄의 수사와 공소의 제기 및 유지를 위하여 필요한 경우
8. 법원의 재판업무 수행을 위하여 필요한 경우
9. 형(刑) 및 감호, 보호처분의 집행을 위하여 필요한 경우
10. 공중위생 등 공공의 안전과 안녕을 위하여 긴급히 필요한 경우

③ 개인정보처리자는 제2항제1호에 따른 동의를 받을 때에는 다음 각 호의 사항을 정보주체에게 알려야 한다. 다음 각 호의 어느 하나의 사항을 변경하는 경우에도 이를 알리고 동의를 받아야 한다.
1. 개인정보를 제공받는 자
2. 개인정보의 이용 목적(제공 시에는 제공받는 자의 이용 목적을 말한다)
3. 이용 또는 제공하는 개인정보의 항목
4. 개인정보의 보유 및 이용 기간(제공 시에는 제공받는 자의 보유 및 이용 기간을 말한다)
5. 동의를 거부할 권리가 있다는 사실 및 동의 거부에 따른 불이익이 있는 경우에는 그 불이익의 내용

④ 공공기관은 제2항제2호부터 제6호까지, 제8호부터 제10호까지에 따라 개인정보를 목적

외의 용도로 이용하거나 이를 제3자에게 제공하는 경우에는 그 이용 또는 제공의 법적 근거, 목적 및 범위 등에 관하여 필요한 사항을 보호위원회가 고시로 정하는 바에 따라 관보 또는 인터넷 홈페이지 등에 게재하여야 한다.
⑤ 개인정보처리자는 제2항 각 호의 어느 하나의 경우에 해당하여 개인정보를 목적 외의 용도로 제3자에게 제공하는 경우에는 개인정보를 제공받는 자에게 이용 목적, 이용 방법, 그 밖에 필요한 사항에 대하여 제한을 하거나, 개인정보의 안전성 확보를 위하여 필요한 조치를 마련하도록 요청하여야 한다. 이 경우 요청을 받은 자는 개인정보의 안전성 확보를 위하여 필요한 조치를 하여야 한다.

제19조(개인정보를 제공받은 자의 이용·제공 제한) 개인정보처리자로부터 개인정보를 제공받은 자는 다음 각 호의 어느 하나에 해당하는 경우를 제외하고는 개인정보를 제공받은 목적 외의 용도로 이용하거나 이를 제3자에게 제공하여서는 아니 된다.
1. 정보주체로부터 별도의 동의를 받은 경우
2. 다른 법률에 특별한 규정이 있는 경우

제20조(정보주체 이외로부터 수집한 개인정보의 수집 출처 등 통지) ① 개인정보처리자가 정보주체 이외로부터 수집한 개인정보를 처리하는 때에는 정보주체의 요구가 있으면 즉시 다음 각 호의 모든 사항을 정보주체에게 알려야 한다.
1. 개인정보의 수집 출처
2. 개인정보의 처리 목적
3. 제37조에 따른 개인정보 처리의 정지를 요구하거나 동의를 철회할 권리가 있다는 사실
② 제1항에도 불구하고 처리하는 개인정보의 종류·규모, 종업원 수 및 매출액 규모 등을 고려하여 대통령령으로 정하는 기준에 해당하는 개인정보처리자 제17조제1항제1호에 따라 정보주체 이외로부터 개인정보를 수집하여 처리하는 때에는 제1항 각 호의 모든 사항을 정보주체에게 알려야 한다. 다만, 개인정보처리자가 수집한 정보에 연락처 등 정보주체에게 알릴 수 있는 개인정보가 포함되지 아니한 경우에는 그러하지 아니하다.
③ 제2항 본문에 따라 알리는 경우 정보주체에게 알리는 시기·방법 및 절차 등 필요한 사항은 대통령령으로 정한다.
④ 제1항과 제2항 본문은 다음 각 호의 어느 하나에 해당하는 경우에는 적용하지 아니한다. 다만, 이 법에 따른 정보주체의 권리보다 명백히 우선하는 경우에 한한다.
1. 통지를 요구하는 대상이 되는 개인정보가 제32조제2항 각 호의 어느 하나에 해당하는 개인정보파일에 포함되어 있는 경우
2. 통지로 인하여 다른 사람의 생명·신체를 해할 우려가 있거나 다른 사람의 재산과 그 밖의 이익을 부당하게 침해할 우려가 있는 경우

제20조의2(개인정보 이용·제공 내역의 통지) ① 대통령령으로 정하는 기준에 해당하는 개인정보처리자는 이 법에 따라 수집한 개인정보의 이용·제공 내역이나 이용·제공 내역을 확인할 수 있는 정보시스템에 접속하는 방법을 주기적으로 정보주체에게 통지하여야 한다. 다만, 연락처 등 정보주체에게 통지할 수 있는 개인정보를 수집·보유하지 아니한 경우에는 통지하지 아니할 수 있다.
② 제1항에 따른 통지의 대상이 되는 정보주체의 범위, 통지 대상 정보, 통지 주기 및 방법 등에 필요한 사항은 대통령령으로 정한다.

제21조(개인정보의 파기) ① 개인정보처리자는 보유기간의 경과, 개인정보의 처리 목적 달성, 가명정보의 처리 기간 경과 등 그 개인정보가 불필요하게 되었을 때에는 지체 없이 그 개인정보를 파기하여야 한다. 다만, 다른 법령에 따라 보존하여야 하는 경우에는 그러하지 아니하다.
② 개인정보처리자가 제1항에 따라 개인정보를 파기할 때에는 복구 또는 재생되지 아니하도록 조치하여야 한다.
③ 개인정보처리자가 제1항 단서에 따라 개인정보를 파기하지 아니하고 보존하여야 하는 경우에는 해당 개인정보 또는 개인정보파일을 다른 개인정보와 분리하여서 저장·관리하여야

한다.
④ 개인정보의 파기방법 및 절차 등에 필요한 사항은 대통령령으로 정한다.

제22조(동의를 받는 방법) ① 개인정보처리자는 이 법에 따른 개인정보의 처리에 대하여 정보주체(제22조의2제1항에 따른 법정대리인을 포함한다. 이하 이 조에서 같다)의 동의를 받을 때에는 각각의 동의 사항을 구분하여 정보주체가 이를 명확하게 인지할 수 있도록 알리고 동의를 받아야 한다. 이 경우 다음 각 호의 경우에는 동의 사항을 구분하여 각각 동의를 받아야 한다.
1. 제15조제1항제1호에 따라 동의를 받는 경우
2. 제17조제1항제1호에 따라 동의를 받는 경우
3. 제18조제2항제1호에 따라 동의를 받는 경우
4. 제19조제1호에 따라 동의를 받는 경우
5. 제23조제1항제1호에 따라 동의를 받는 경우
6. 제24조제1항제1호에 따라 동의를 받는 경우
7. 재화나 서비스를 홍보하거나 판매를 권유하기 위하여 개인정보의 처리에 대한 동의를 받으려는 경우
8. 그 밖에 정보주체를 보호하기 위하여 동의 사항을 구분하여 동의를 받아야 할 필요가 있는 경우로서 대통령령으로 정하는 경우

② 개인정보처리자는 제1항의 동의를 서면(「전자문서 및 전자거래 기본법」 제2조제1호에 따른 전자문서를 포함한다)으로 받을 때에는 개인정보의 수집·이용 목적, 수집·이용하려는 개인정보의 항목 등 대통령령으로 정하는 중요한 내용을 보호위원회가 고시로 정하는 방법에 따라 명확히 표시하여 알아보기 쉽게 하여야 한다.
③ 개인정보처리자는 정보주체의 동의 없이 처리할 수 있는 개인정보에 대해서는 그 항목과 처리의 법적 근거를 정보주체의 동의를 받아 처리하는 개인정보와 구분하여 제30조제2항에 따라 공개하거나 전자우편 등 대통령령으로 정하는 방법에 따라 정보주체에게 알려야 한다. 이 경우 동의 없이 처리할 수 있는 개인정보라는 입증책임은 개인정보처리자가 부담한다.
⑤ 개인정보처리자는 정보주체가 선택적으로 동의할 수 있는 사항을 동의하지 아니하거나 제1항제3호 및 제7호에 따른 동의를 하지 아니한다는 이유로 정보주체에게 재화 또는 서비스의 제공을 거부하여서는 아니 된다.
⑦ 제1항부터 제5항까지에서 규정한 사항 외에 정보주체의 동의를 받는 세부적인 방법에 관하여 필요한 사항은 개인정보의 수집매체 등을 고려하여 대통령령으로 정한다.

제22조의2(아동의 개인정보 보호) ① 개인정보처리자는 만 14세 미만 아동의 개인정보를 처리하기 위하여 이 법에 따른 동의를 받아야 할 때에는 그 법정대리인의 동의를 받아야 하며, 법정대리인이 동의하였는지를 확인하여야 한다.
② 제1항에도 불구하고 법정대리인의 동의를 받기 위하여 필요한 최소한의 정보로서 대통령령으로 정하는 정보는 법정대리인의 동의 없이 해당 아동으로부터 직접 수집할 수 있다.
③ 개인정보처리자는 만 14세 미만의 아동에게 개인정보 처리와 관련한 사항의 고지 등을 할 때에는 이해하기 쉬운 양식과 명확하고 알기 쉬운 언어를 사용하여야 한다.
④ 제1항부터 제3항까지에서 규정한 사항 외에 동의 및 동의 확인 방법 등에 필요한 사항은 대통령령으로 정한다.

제2절 개인정보의 처리 제한

제23조(민감정보의 처리 제한) ①개인정보처리자는 사상·신념, 노동조합·정당의 가입·탈퇴, 정치적 견해, 건강, 성생활 등에 관한 정보, 그 밖에 정보주체의 사생활을 현저히 침해할 우려가 있는 개인정보로서 대통령령으로 정하는 정보(이하 "민감정보"라 한다)를 처리하여서는 아니 된다. 다만, 다음 각 호의 어느 하나에 해당하는 경우에는 그러하지 아니하다.
1. 정보주체에게 제15조제2항 각 호 또는 제17조제2항 각 호의 사항을 알리고 다른 개인정보의 처리에 대한 동의와 별도로 동의를 받은 경우
2. 법령에서 민감정보의 처리를 요구하거나 허용하는 경우

② 개인정보처리자가 제1항 각 호에 따라 민감정보를 처리하는 경우에는 그 민감정보가 분실·도난·유출·위조·변조 또는 훼손되지 아니하도록 제29조에 따른 안전성 확보에 필요한 조치를 하여야 한다.

③ 개인정보처리자는 재화 또는 서비스를 제공하는 과정에서 공개되는 정보에 정보주체의 민감정보가 포함됨으로써 사생활 침해의 위험성이 있다고 판단하는 때에는 재화 또는 서비스의 제공 전에 민감정보의 공개 가능성 및 비공개를 선택하는 방법을 정보주체가 알아보기 쉽게 알려야 한다.

제24조(고유식별정보의 처리 제한) ① 개인정보처리자는 다음 각 호의 경우를 제외하고는 법령에 따라 개인을 고유하게 구별하기 위하여 부여된 식별정보로서 대통령령으로 정하는 정보(이하 "고유식별정보"라 한다)를 처리할 수 없다.
1. 정보주체에게 제15조제2항 각 호 또는 제17조제2항 각 호의 사항을 알리고 다른 개인정보의 처리에 대한 동의와 별도로 동의를 받은 경우
2. 법령에서 구체적으로 고유식별정보의 처리를 요구하거나 허용하는 경우

③ 개인정보처리자가 제1항 각 호에 따라 고유식별정보를 처리하는 경우에는 그 고유식별정보가 분실·도난·유출·위조·변조 또는 훼손되지 아니하도록 대통령령으로 정하는 바에 따라 암호화 등 안전성 확보에 필요한 조치를 하여야 한다.

④ 보호위원회는 처리하는 개인정보의 종류·규모, 종업원 수 및 매출액 규모 등을 고려하여 대통령령으로 정하는 기준에 해당하는 개인정보처리자가 제3항에 따라 안전성 확보에 필요한 조치를 하였는지에 관하여 대통령령으로 정하는 바에 따라 정기적으로 조사하여야 한다.

⑤ 보호위원회는 대통령령으로 정하는 전문기관으로 하여금 제4항에 따른 조사를 수행하게 할 수 있다.

제24조의2(주민등록번호 처리의 제한) ① 제24조제1항에도 불구하고 개인정보처리자는 다음 각 호의 어느 하나에 해당하는 경우를 제외하고는 주민등록번호를 처리할 수 없다.
1. 법률·대통령령·국회규칙·대법원규칙·헌법재판소규칙·중앙선거관리위원회규칙 및 감사원규칙에서 구체적으로 주민등록번호의 처리를 요구하거나 허용한 경우
2. 정보주체 또는 제3자의 급박한 생명, 신체, 재산의 이익을 위하여 명백히 필요하다고 인정되는 경우
3. 제1호 및 제2호에 준하여 주민등록번호 처리가 불가피한 경우로서 보호위원회가 고시로 정하는 경우

② 개인정보처리자는 제24조제3항에도 불구하고 주민등록번호가 분실·도난·유출·위조·변조 또는 훼손되지 아니하도록 암호화 조치를 통하여 안전하게 보관하여야 한다. 이 경우 암호화 적용 대상 및 대상별 적용 시기 등에 관하여 필요한 사항은 개인정보의 처리 규모와 유출 시 영향 등을 고려하여 대통령령으로 정한다.

③ 개인정보처리자는 제1항 각 호에 따라 주민등록번호를 처리하는 경우에도 정보주체가 인터넷 홈페이지를 통하여 회원으로 가입하는 단계에서는 주민등록번호를 사용하지 아니하고도 회원으로 가입할 수 있는 방법을 제공하여야 한다.

④ 보호위원회는 개인정보처리자가 제3항에 따른 방법을 제공할 수 있도록 관계 법령의 정비, 계획의 수립, 필요한 시설 및 시스템의 구축 등 제반 조치를 마련·지원할 수 있다

제25조(고정형 영상정보처리기기의 설치·운영 제한) ① 누구든지 다음 각 호의 경우를 제외하고는 공개된 장소에 고정형 영상정보처리기기를 설치·운영하여서는 아니 된다.
1. 법령에서 구체적으로 허용하고 있는 경우
2. 범죄의 예방 및 수사를 위하여 필요한 경우
3. 시설의 안전 및 관리, 화재 예방을 위하여 정당한 권한을 가진 자가 설치·운영하는 경우
4. 교통단속을 위하여 정당한 권한을 가진 자가 설치·운영하는 경우
5. 교통정보의 수집·분석 및 제공을 위하여 정

당한 권한을 가진 자가 설치·운영하는 경우
6. 촬영된 영상정보를 저장하지 아니하는 경우로서 대통령령으로 정하는 경우

② 누구든지 불특정 다수가 이용하는 목욕실, 화장실, 발한실(發汗室), 탈의실 등 개인의 사생활을 현저히 침해할 우려가 있는 장소의 내부를 볼 수 있도록 고정형 영상정보처리기기를 설치·운영하여서는 아니 된다. 다만, 교도소, 정신보건 시설 등 법령에 근거하여 사람을 구금하거나 보호하는 시설로서 대통령령으로 정하는 시설에 대하여는 그러하지 아니하다.

③ 제1항 각 호에 따라 고정형 영상정보처리기기를 설치·운영하려는 공공기관의 장과 제2항 단서에 따라 고정형 영상정보처리기기를 설치·운영하려는 자는 공청회·설명회의 개최 등 대통령령으로 정하는 절차를 거쳐 관계 전문가 및 이해관계인의 의견을 수렴하여야 한다.

④ 제1항 각 호에 따라 고정형 영상정보처리기기를 설치·운영하는 자(이하 "고정형영상정보처리기기운영자"라 한다)는 정보주체가 쉽게 인식할 수 있도록 다음 각 호의 사항이 포함된 안내판을 설치하는 등 필요한 조치를 하여야 한다. 다만, 「군사기지 및 군사시설 보호법」 제2조제2호에 따른 군사시설, 「통합방위법」 제2조제13호에 따른 국가중요시설, 그 밖에 대통령령으로 정하는 시설의 경우에는 그러하지 아니하다.
1. 설치 목적 및 장소
2. 촬영 범위 및 시간
3. 관리책임자의 연락처
4. 그 밖에 대통령령으로 정하는 사항

⑤ 고정형영상정보처리기기운영자는 고정형 영상정보처리기기의 설치 목적과 다른 목적으로 고정형 영상정보처리기기를 임의로 조작하거나 다른 곳을 비춰서는 아니 되며, 녹음기능은 사용할 수 없다.

⑥ 고정형영상정보처리기기운영자는 개인정보가 분실·도난·유출·위조·변조 또는 훼손되지 아니하도록 제29조에 따라 안전성 확보에 필요한 조치를 하여야 한다.

⑦ 고정형영상정보처리기기운영자는 대통령령으로 정하는 바에 따라 고정형 영상정보처리기기 운영·관리 방침을 마련하여야 한다. 다만, 제30조에 따른 개인정보 처리방침을 정할 때 고정형 영상정보처리기기 운영·관리에 관한 사항을 포함시킨 경우에는 고정형 영상정보처리기기 운영·관리 방침을 마련하지 아니할 수 있다.

⑧ 고정형영상정보처리기기운영자는 고정형 영상정보처리기기의 설치·운영에 관한 사무를 위탁할 수 있다. 다만, 공공기관이 고정형 영상정보처리기기 설치·운영에 관한 사무를 위탁하는 경우에는 대통령령으로 정하는 절차 및 요건에 따라야 한다.

제25조의2(이동형 영상정보처리기기의 운영 제한)
① 업무를 목적으로 이동형 영상정보처리기기를 운영하려는 자는 다음 각 호의 경우를 제외하고는 공개된 장소에서 이동형 영상정보처리기기로 사람 또는 그 사람과 관련된 사물의 영상(개인정보에 해당하는 경우로 한정한다. 이하 같다)을 촬영하여서는 아니 된다.
1. 제15조제1항 각 호의 어느 하나에 해당하는 경우
2. 촬영 사실을 명확히 표시하여 정보주체가 촬영 사실을 알 수 있도록 하였음에도 불구하고 촬영 거부 의사를 밝히지 아니한 경우. 이 경우 정보주체의 권리를 부당하게 침해할 우려가 없고 합리적인 범위를 초과하지 아니하는 경우로 한정한다.
3. 그 밖에 제1호 및 제2호에 준하는 경우로서 대통령령으로 정하는 경우

② 누구든지 불특정 다수가 이용하는 목욕실, 화장실, 발한실, 탈의실 등 개인의 사생활을 현저히 침해할 우려가 있는 장소의 내부를 볼 수 있는 곳에서 이동형 영상정보처리기기로 사람 또는 그 사람과 관련된 사물의 영상을 촬영하여서는 아니 된다. 다만, 인명의 구조·구급 등을 위하여 필요한 경우로서 대통령령으로 정하는 경우에는 그러하지 아니하다.

③ 제1항 각 호에 해당하여 이동형 영상정보처

리기기로 사람 또는 그 사람과 관련된 사물의 영상을 촬영하는 경우에는 불빛, 소리, 안내판 등 대통령령으로 정하는 바에 따라 촬영 사실을 표시하고 알려야 한다.

④ 제1항부터 제3항까지에서 규정한 사항 외에 이동형 영상정보처리기기의 운영에 관하여는 제25조제6항부터 제8항까지의 규정을 준용한다.

제27조(영업양도 등에 따른 개인정보의 이전 제한) ① 개인정보처리자는 영업의 전부 또는 일부의 양도·합병 등으로 개인정보를 다른 사람에게 이전하는 경우에는 미리 다음 각 호의 사항을 대통령령으로 정하는 방법에 따라 해당 정보주체에게 알려야 한다.
1. 개인정보를 이전하려는 사실
2. 개인정보를 이전받는 자(이하 "영업양수자 등"이라 한다)의 성명(법인의 경우에는 법인의 명칭을 말한다), 주소, 전화번호 및 그 밖의 연락처
3. 정보주체가 개인정보의 이전을 원하지 아니하는 경우 조치할 수 있는 방법 및 절차

② 영업양수자등은 개인정보를 이전받았을 때에는 지체 없이 그 사실을 대통령령으로 정하는 방법에 따라 정보주체에게 알려야 한다. 다만, 개인정보처리자가 제1항에 따라 그 이전 사실을 이미 알린 경우에는 그러하지 아니하다.

③ 영업양수자등은 영업의 양도·합병 등으로 개인정보를 이전받은 경우에는 이전 당시의 본래 목적으로만 개인정보를 이용하거나 제3자에게 제공할 수 있다. 이 경우 영업양수자등은 개인정보처리자로 본다.

제3절 가명정보의 처리에 관한 특례

제28조의2(가명정보의 처리 등) ① 개인정보처리자는 통계작성, 과학적 연구, 공익적 기록보존 등을 위하여 정보주체의 동의 없이 가명정보를 처리할 수 있다.

② 개인정보처리자는 제1항에 따라 가명정보를 제3자에게 제공하는 경우에는 특정 개인을 알아보기 위하여 사용될 수 있는 정보를 포함해서는 아니 된다.

제28조의3(가명정보의 결합 제한) ① 제28조의2에도 불구하고 통계작성, 과학적 연구, 공익적 기록보존 등을 위한 서로 다른 개인정보처리자 간의 가명정보의 결합은 보호위원회 또는 관계 중앙행정기관의 장이 지정하는 전문기관이 수행한다.

② 결합을 수행한 기관 외부로 결합된 정보를 반출하려는 개인정보처리자는 가명정보 또는 제58조의2에 해당하는 정보로 처리한 뒤 전문기관의 장의 승인을 받아야 한다.

③ 제1항에 따른 결합 절차와 방법, 전문기관의 지정과 지정 취소 기준·절차, 관리·감독, 제2항에 따른 반출 및 승인 기준·절차 등 필요한 사항은 대통령령으로 정한다.

제28조의4(가명정보에 대한 안전조치의무 등) ① 개인정보처리자는 제28조의2 또는 제28조의3에 따라 가명정보를 처리하는 경우에는 원래의 상태로 복원하기 위한 추가 정보를 별도로 분리하여 보관·관리하는 등 해당 정보가 분실·도난·유출·위조·변조 또는 훼손되지 않도록 대통령령으로 정하는 바에 따라 안전성 확보에 필요한 기술적·관리적 및 물리적 조치를 하여야 한다.

② 개인정보처리자는 제28조의2 또는 제28조의3에 따라 가명정보를 처리하는 경우 처리목적 등을 고려하여 가명정보의 처리 기간을 별도로 정할 수 있다.

③ 개인정보처리자는 제28조의2 또는 제28조의3에 따라 가명정보를 처리하고자 하는 경우에는 가명정보의 처리 목적, 제3자 제공 시 제공받는 자, 가명정보의 처리 기간(제2항에 따라 처리 기간을 별도로 정한 경우에 한한다) 등 가명정보의 처리 내용을 관리하기 위하여 대통령령으로 정하는 사항에 대한 관련 기록을 작성하여 보관하여야 하며, 가명정보를 파기한 경우에는 파기한 날부터 3년 이상 보관하여야 한다.

제28조의5(가명정보 처리 시 금지의무 등) ① 제28조의2 또는 제28조의3에 따라 가명정보를 처리하는 자는 특정 개인을 알아보기 위한 목적으로 가명정보를 처리해서는 아니 된다

② 개인정보처리자는 제28조의2 또는 제28조의3에 따라 가명정보를 처리하는 과정에서 특정 개인을 알아볼 수 있는 정보가 생성된 경우에는 즉시 해당 정보의 처리를 중지하고, 지체 없이 회수·파기하여야 한다.

제28조의7(적용범위) 제28조의2 또는 제28조의3에 따라 처리된 가명정보는 제20조, 제20조의2, 제27조, 제34조제1항, 제35조, 제35조의2, 제36조 및 제37조를 적용하지 아니한다.

제4장 개인정보의 안전한 관리

제32조의2(개인정보 보호 인증) ① 보호위원회는 개인정보처리자의 개인정보 처리 및 보호와 관련한 일련의 조치가 이 법에 부합하는지 등에 관하여 인증할 수 있다.
② 제1항에 따른 인증의 유효기간은 3년으로 한다.

제33조(개인정보 영향평가) ① 공공기관의 장은 대통령령으로 정하는 기준에 해당하는 개인정보파일의 운용으로 인하여 정보주체의 개인정보 침해가 우려되는 경우에는 그 위험요인의 분석과 개선 사항 도출을 위한 평가(이하 "영향평가"라 한다)를 하고 그 결과를 보호위원회에 제출하여야 한다.
② 보호위원회는 대통령령으로 정하는 인력·설비 및 그 밖에 필요한 요건을 갖춘 자를 영향평가를 수행하는 기관(이하 "평가기관"이라 한다)으로 지정할 수 있으며, 공공기관의 장은 영향평가를 평가기관에 의뢰하여야 한다.

제5장 정보주체의 권리 보장

제35조(개인정보의 열람) ① 정보주체는 개인정보처리자가 처리하는 자신의 개인정보에 대한 열람을 해당 개인정보처리자에게 요구할 수 있다.
② 제1항에도 불구하고 정보주체가 자신의 개인정보에 대한 열람을 공공기관에 요구하고자 할 때에는 공공기관에 직접 열람을 요구하거나 대통령령으로 정하는 바에 따라 보호위원회를 통하여 열람을 요구할 수 있다.

제39조(손해배상책임) ① 정보주체는 개인정보처리자가 이 법을 위반한 행위로 손해를 입으면 개인정보처리자에게 손해배상을 청구할 수 있다. 이 경우 그 개인정보처리자는 고의 또는 과실이 없음을 입증하지 아니하면 책임을 면할 수 없다.
③ 개인정보처리자의 고의 또는 중대한 과실로 인하여 개인정보가 분실·도난·유출·위조·변조 또는 훼손된 경우로서 정보주체에게 손해가 발생한 때에는 법원은 그 손해액의 5배를 넘지 아니하는 범위에서 손해배상액을 정할 수 있다. 다만, 개인정보처리자가 고의 또는 중대한 과실이 없음을 증명한 경우에는 그러하지 아니하다.
④ 법원은 제3항의 배상액을 정할 때에는 다음 각 호의 사항을 고려하여야 한다
1. 고의 또는 손해 발생의 우려를 인식한 정도
2. 위반행위로 인하여 입은 피해 규모
3. 위법행위로 인하여 개인정보처리자가 취득한 경제적 이익
4. 위반행위에 따른 벌금 및 과징금
5. 위반행위의 기간·횟수 등
6. 개인정보처리자의 재산상태
7. 개인정보처리자가 정보주체의 개인정보 분실·도난·유출 후 해당 개인정보를 회수하기 위하여 노력한 정도
8. 개인정보처리자가 정보주체의 피해구제를 위하여 노력한 정도

제39조의2(법정손해배상의 청구) ① 제39조제1항에도 불구하고 정보주체는 개인정보처리자의 고의 또는 과실로 인하여 개인정보가 분실·도난·유출·위조·변조 또는 훼손된 경우에는 300만원 이하의 범위에서 상당한 금액을 손해액으로 하여 배상을 청구할 수 있다. 이 경우 해당 개인정보처리자는 고의 또는 과실이 없음을 입증하지 아니하면 책임을 면할 수 없다.
② 법원은 제1항에 따른 청구가 있는 경우에 변론 전체의 취지와 증거조사의 결과를 고려하여 제1항의 범위에서 상당한 손해액을 인정할 수

있다.
③ 제39조에 따라 손해배상을 청구한 정보주체는 사실심의 변론이 종결되기 전까지 그 청구를 제1항에 따른 청구로 변경할 수 있다.

제6장 개인정보 분쟁조정위원회

제40조(설치 및 구성) ① 개인정보에 관한 분쟁의 조정을 위하여 개인정보 분쟁조정위원회(이하 "분쟁조정위원회"라 한다)를 둔다.
② 분쟁조정위원회는 위원장 1명을 포함한 30명 이내의 위원으로 구성하며, 위원은 당연직위원과 위촉위원으로 구성한다.
③ 위촉위원은 다음 각 호의 어느 하나에 해당하는 사람 중에서 보호위원회 위원장이 위촉하고, 대통령령으로 정하는 국가기관 소속 공무원은 당연직위원이 된다.
1. 개인정보 보호업무를 관장하는 중앙행정기관의 고위공무원단에 속하는 공무원으로 재직하였던 사람 또는 이에 상당하는 공공부문 및 관련 단체의 직에 재직하고 있거나 재직하였던 사람으로서 개인정보 보호업무의 경험이 있는 사람
2. 대학이나 공인된 연구기관에서 부교수 이상 또는 이에 상당하는 직에 재직하고 있거나 재직하였던 사람
3. 판사·검사 또는 변호사로 재직하고 있거나 재직하였던 사람
4. 개인정보 보호와 관련된 시민사회단체 또는 소비자단체로부터 추천을 받은 사람
5. 개인정보처리자로 구성된 사업자단체의 임원으로 재직하고 있거나 재직하였던 사람

④ 위원장은 위원 중에서 공무원이 아닌 사람으로 보호위원회 위원장이 위촉한다.
⑤ 위원장과 위촉위원의 임기는 2년으로 하되, 1차에 한하여 연임할 수 있다.
⑥ 분쟁조정위원회는 분쟁조정 업무를 효율적으로 수행하기 위하여 필요하면 대통령령으로 정하는 바에 따라 조정사건의 분야별로 5명 이내의 위원으로 구성되는 조정부를 둘 수 있다. 이 경우 조정부가 분쟁조정위원회에서 위임받아 의결한 사항은 분쟁조정위원회에서 의결한 것으로 본다.
⑦ 분쟁조정위원회 또는 조정부는 재적위원 과반수의 출석으로 개의하며 출석위원 과반수의 찬성으로 의결한다.
⑧ 보호위원회는 분쟁조정 접수, 사실 확인 등 분쟁조정에 필요한 사무를 처리할 수 있다.
⑨ 이 법에서 정한 사항 외에 분쟁조정위원회 운영에 필요한 사항은 대통령령으로 정한다.

제43조(조정의 신청 등) ① 개인정보와 관련한 분쟁의 조정을 원하는 자는 분쟁조정위원회에 분쟁조정을 신청할 수 있다.
② 분쟁조정위원회는 당사자 일방으로부터 분쟁조정 신청을 받았을 때에는 그 신청내용을 상대방에게 알려야 한다.
③ 개인정보처리자가 제2항에 따른 분쟁조정의 통지를 받은 경우에는 특별한 사유가 없으면 분쟁조정에 응하여야 한다.

제44조(처리기간) ① 분쟁조정위원회는 제43조제1항에 따른 분쟁조정 신청을 받은 날부터 60일 이내에 이를 심사하여 조정안을 작성하여야 한다. 다만, 부득이한 사정이 있는 경우에는 분쟁조정위원회의 의결로 처리기간을 연장할 수 있다.
② 분쟁조정위원회는 제1항 단서에 따라 처리기간을 연장한 경우에는 기간연장의 사유와 그 밖의 기간연장에 관한 사항을 신청인에게 알려야 한다.

제46조(조정 전 합의 권고) 분쟁조정위원회는 제43조제1항에 따라 분쟁조정 신청을 받았을 때에는 당사자에게 그 내용을 제시하고 조정 전 합의를 권고할 수 있다.

제48조(조정의 거부 및 중지) ① 분쟁조정위원회는 분쟁의 성질상 분쟁조정위원회에서 조정하는 것이 적합하지 아니하다고 인정하거나 부정한 목적으로 조정이 신청되었다고 인정하는 경우에는 그 조정을 거부할 수 있다. 이 경우 조정 거부의 사유 등을 신청인에게 알려야 한다.
② 분쟁조정위원회는 신청된 조정사건에 대한 처리절차를 진행하던 중에 한 쪽 당사자가 소를

제기하면 그 조정의 처리를 중지하고 이를 당사자에게 알려야 한다.

제49조(집단분쟁조정) ① 국가 및 지방자치단체, 개인정보 보호단체 및 기관, 정보주체, 개인정보처리자는 정보주체의 피해 또는 권리침해가 다수의 정보주체에게 같거나 비슷한 유형으로 발생하는 경우로서 대통령령으로 정하는 사건에 대하여는 분쟁조정위원회에 일괄적인 분쟁조정(이하 "집단분쟁조정"이라 한다)을 의뢰 또는 신청할 수 있다.
⑥ 제48조제2항에도 불구하고 분쟁조정위원회는 집단분쟁조정의 당사자인 다수의 정보주체 중 일부의 정보주체가 법원에 소를 제기한 경우에는 그 절차를 중지하지 아니하고, 소를 제기한 일부의 정보주체를 그 절차에서 제외한다.
⑦ 집단분쟁조정의 기간은 제2항에 따른 공고가 종료된 날의 다음 날부터 60일 이내로 한다. 다만, 부득이한 사정이 있는 경우에는 분쟁조정위원회의 의결로 처리기간을 연장할 수 있다.
⑧ 집단분쟁조정의 절차 등에 관하여 필요한 사항은 대통령령으로 정한다.

제7장 개인정보 단체소송

제51조(단체소송의 대상 등) 다음 각 호의 어느 하나에 해당하는 단체는 개인정보처리자가 제49조에 따른 집단분쟁조정을 거부하거나 집단분쟁조정의 결과를 수락하지 아니한 경우에는 법원에 권리침해 행위의 금지·중지를 구하는 소송(이하 "단체소송"이라 한다)을 제기할 수 있다.
1. 「소비자기본법」 제29조에 따라 공정거래위원회에 등록한 소비자단체로서 다음 각 목의 요건을 모두 갖춘 단체
    가. 정관에 따라 상시적으로 정보주체의 권익증진을 주된 목적으로 하는 단체일 것
    나. 단체의 정회원수가 1천명 이상일 것
    다. 「소비자기본법」 제29조에 따른 등록 후 3년이 경과하였을 것
2. 「비영리민간단체 지원법」 제2조에 따른 비영리민간단체로서 다음 각 목의 요건을 모두 갖춘 단체
    가. 법률상 또는 사실상 동일한 침해를 입은 100명 이상의 정보주체로부터 단체소송의 제기를 요청받을 것
    나. 정관에 개인정보 보호를 단체의 목적으로 명시한 후 최근 3년 이상 이를 위한 활동실적이 있을 것
    다. 단체의 상시 구성원수가 5천명 이상일 것
    라. 중앙행정기관에 등록되어 있을 것

제52조(전속관할) ① 단체소송의 소는 피고의 주된 사무소 또는 영업소가 있는 곳, 주된 사무소나 영업소가 없는 경우에는 주된 업무담당자의 주소가 있는 곳의 지방법원 본원 합의부의 관할에 전속한다.
② 제1항을 외국사업자에 적용하는 경우 대한민국에 있는 이들의 주된 사무소·영업소 또는 업무담당자의 주소에 따라 정한다.

제8장 보칙

제58조(적용의 일부 제외) ① 다음 각 호의 어느 하나에 해당하는 개인정보에 관하여는 제3장부터 제8장까지를 적용하지 아니한다.
2. 국가안전보장과 관련된 정보 분석을 목적으로 수집 또는 제공 요청되는 개인정보
4. 언론, 종교단체, 정당이 각각 취재·보도, 선교, 선거 입후보자 추천 등 고유 목적을 달성하기 위하여 수집·이용하는 개인정보
② 제25조제1항 각 호에 따라 공개된 장소에 고정형 영상정보처리기기를 설치·운영하여 처리되는 개인정보에 대해서는 제15조, 제22조, 제22조의2, 제27조제1항·제2항, 제34조 및 제37조를 적용하지 아니한다.
③ 개인정보처리자가 동창회, 동호회 등 친목도모를 위한 단체를 운영하기 위하여 개인정보를 처리하는 경우에는 제15조, 제30조 및 제31조를 적용하지 아니한다.
④ 개인정보처리자는 제1항 각 호에 따라 개인정보를 처리하는 경우에도 그 목적을 위하여 필요한 범위에서 최소한의 기간에 최소한의 개인정보만을 처리하여야 하며, 개인정보의 안전한

관리를 위하여 필요한 기술적·관리적 및 물리적 보호조치, 개인정보의 처리에 관한 고충처리, 그 밖에 개인정보의 적절한 처리를 위하여 필요한 조치를 마련하여야 한다.

제58조의2(적용제외) 이 법은 시간·비용·기술 등을 합리적으로 고려할 때 다른 정보를 사용하여도 더 이상 개인을 알아볼 수 없는 정보에는 적용하지 아니한다.